顾明远文集

池際笔

顾明远文集

第九卷

杂草集
野花集

顾明远 著

滕珺 整理

北京师范大学出版集团
BEIJING NORMAL UNIVERSITY PUBLISHING GROUP
北京师范大学出版社

目 录

杂 草 集

杂 谈 编

育 人 编

教　学　编

教　师　编

访问记编

野 花 集

综 合 编

素质教育编

教 师 编

杂 感 编

西行漫记和随感编

杂 草 集[*]

---

* 顾明远：《杂草集：顾明远教育随笔（一）》，福州，福建教育出版社，2013。

杂草记——七十抒怀（代前言）

五十年前，
我无意迈进了一块园地，
那里杂草丛生，异花争奇。
我留在这块园地上，
为小花培土，
给杂草修理。
梦想着，
小花开出奇葩，
幼苗长成大树，
草园充满生机。

五十年啊！
这漫长的岁月。
花盛开了一批又一批，
杨已成行柳成荫，
杂草仍铺满大地。
我漫步在这园地上，
寻觅又寻觅。

想找回逝去的年华，
耕耘的足迹。
思索又思索，
培花有无经验，
修草有啥成绩。
隐隐然若有所悟，
茫茫然难表心意。

啊，明白了！
我，
就是园里的小草，
借奇花生辉，
靠大树庇荫。
虽是小草，
却点缀着园地。
但愿化为沃土，
培养千株桃李。

1999年炎夏

杂 谈 编

思想的解放，观念的变化[*]

党的十一届三中全会召开到今天已是整整20年。如果有人要问，20年来教育科学研究的成绩是什么，可能谁也说不周全。但也可以用一句话来概括，这就是再大的成就也莫过于思想的解放，观念的变化。这种思想解放，使广大教育工作者科学研究的热情一下子迸发出来，于是在教育科学领域中呈现了百花争艳的局面。可以说，在我国教育发展史上从来没有过这么多教师和教育科研工作者参加到教育科研队伍中来，也从来没有这么多科研成果问世。这20年是广大教育工作者热情奔放的20年，也是反思探索的20年。

从"读书无用"到"科教兴国"

回想20年前，不仅教育事业被破坏殆尽，而且最可怕的是搞乱了人们的思想，那种认为世界是没有知识的人所创造的，"知识分子是精神贵族、是吸血鬼"，"大学就是大家都来学"等奇谈怪论广为流行，"读书无用"成为一种时尚。1977年邓小平同志提出要"尊重知识，尊重人

---

* 原载《中国教育学刊》1998年第6期，原题为《教育观念的根本转变：思想解放的20年》。

才"。他说："我们要实现现代化，关键是科学技术要能上去。发展科学技术，不抓教育不行。"同时提出，要恢复高等学校入学考试。这项措施大大地改变了人们的教育价值观。人们纷纷重新拿起书本，"读书无用论"一下子就烟消云散了。以后，邓小平同志又提出干部要"革命化、年轻化、专业化"，再一次激发了青年学习的热情。

我国社会的进一步改革开放，社会主义市场经济体制的建立，科学技术的迅猛发展，越来越使人们认识到知识和人才对实现社会主义现代化的重要性，是立国之本。中国的穷，不在于资源的贫乏，而在于知识的贫困，人才的缺乏。中国要赶上世界先进水平，必须尊重知识，尊重人才。百年大计，教育为本。党的十五大进而把"科教兴国"定为国策。

从"读书无用"到"科教兴国"，这就是20年来人们教育价值观念的变化。这种观念的转变所产生的巨大能量还将在今后的社会发展中进一步显示出来。

从"阶级斗争的工具"到"为社会主义现代化建设服务"

我国历次政治运动总是先从教育领域开始。虽然历次运动被淘汰下来的人，家庭出身不好的、不能进入党政部门工作的人都被安置到教育部门，但教育却被认为是"阶级斗争的工具"，是无产阶级专政的工具。这看来是矛盾和不可思议的，但却是一种现实的存在。在我国历史上往往把知识分子视作犯上作乱的不安定因素，但历来君王又总是要利用一部分知识分子来帮助他们维持统治。这就是这种矛盾之所以产生的原因。列宁曾经讲过"学校应当成为无产阶级专政的工具"，指的是要"从思想上、组织上、教育上实现无产阶级对劳动群众中的半无产的和非无产的阶层的影响"，并非作为阶级斗争的工具，更非作为政治斗争的工具，也并不是制造知识分子斗知识分子现象，更不是像"四人帮"那样把教育作为他们进行反革命政治斗争的工具。十一届三中全会后一场关于教育本质的大讨论，对于澄清人们对教育的本质和功能的认识起了重要的作用。教育是人类发展的必要条件，也是人的发展的需要。教育对于社会，不仅有政治的功能，还有经济的功能、文化的功能。在现阶段，我国社会要发展，就要进行社会主义现代化建设，教育要为社会主义现代化建设服务。1985年中共中央做出的《关于教育体制改革的决定》明确提出，"教育必须为社会主义建设服务，社会主义建设必须依靠教育"，从而使教育走上了正确的轨道。这是思想解放的伟大成果，也是教育价值观念的巨大转变。这种转变为教育事业的发展奠定了思想基础，也为教育科学研究开辟了道路。

教育具有促进社会发展和促进人的发展的功能，而教育促进社会发展是通过促进人的发展来实现的。但是从教育是"阶级斗争的工具"的观点出发，就只强调教育促进社会发展的功能，忽视或者反对教育促进人的发展的功能，把教育促进人的发展斥之为"人本主义"思想，从而扼杀了教育的活动，压制了人的个性发展和文化素养的提高。这显然是错误的。教育要为社会主义现代化建设服务，必须重视人的素质的提高，重视人的个性和创造才能的培养。

从封闭到开放

20世纪60年代，是世界教育大发展、大改革的年代，是世界教育进入现代化的重要历史时期。可惜这时我们正在大闹"文化大革命"，对世界上发生的重大的变革一无所知。我个人就曾经闹出过极大的"笑话"。1974年联合国教科文组织召开第十八届大会，我作为代表团的顾问参加了这次会议。在讨论教育委员会的提案中发现工业发达国家提出

"终身教育"的提案很多，而发展中国家大多只提到扫除文盲和普及初等教育的项目。什么叫"终身教育"，在我国教育界无人知晓，甚至认为既然"终身教育"是资本主义发达国家提出来的，无疑它是一种资产阶级教育思想。在一次招待会上，一位澳大利亚的代表问我，中国如何解决青年的失业问题。我告诉他，中国没有失业，中学毕业生全部上山下乡，农村有广阔的天地。这样回答，立场不可谓不坚定，然而却不科学。现在回想起来都觉得脸红，这是一个多么愚蠢的回答。实际上，马克思在150年以前就论述过，"现代工业的技术基础是革命的，而所有以往的生产方式的技术基础本质上是保守的"，又说，"大工业的本性决定了劳动的变换、职能的更动和工人的全面流动性"。如何适应工业生产的不断变革和工人的全面流动性？唯一的办法是学习，把生产劳动和教育结合起来，培养全面发展的人。"终身教育"主张教育不是在学校一次完成，而是要不断学习，终身学习，才能适应现代社会的变革。这与马克思在150年以前的预言是一致的，是一种科学的教育思想。但是由于我国长期不开放，我们不了解世界科技发展和教育发展的形势，对马克思主义的基本原理也没有学透彻，而是用一种小生产者的眼光去看待外界的事物，就闹出了这种"笑话"。

改革开放以来，我们打开了眼界，积极引进国外先进的教育思想、教育内容和方法，才使我们的教育事业和教育科学有了长足的发展。特别是早在1977年，邓小平同志指示"要引进外国教材，吸收外国教材中的有益东西"，在外汇十分紧缺的情况下，中央在邓小平同志的指示下，挤出10万美元从美国、英国、西德、法国、日本等国家选购了大批教材，促进了我国课程和教材的现代化改革。

从封闭到开放，是一种巨大的转变。这种转变使我国教育能够跟上世界教育发展的步伐，担负起为社会主义现代化建设服务的任务。

从"一枝独秀"到"百花齐放"

在改革开放以前，教育科学可以说只是"一枝独秀"，一本教育学唱独角戏。虽然教育学有多种版本，但大同小异。改革开放以后，教育科学开始呈现出百花齐放的局面。经过4个五年规划，涌现出了大批科研成果。教育科学再也不是一本教育学所能囊括得了的，而是成为一个学科群，出现许多新的学科和交叉学科，如教育哲学、教育经济学、教育社会学、教育管理学等。各级各类教育也建立了自己的理论体系。教育科研队伍不断壮大。各种新的教育实验如雨后春笋般出现，各种新的教育思想竞妍争艳。这是教育事业和教育科学繁荣昌盛的景象。这个局面来之不易，是思想解放20年的结果，是教育观念转变的结果。

当前，我国教育和教育科学正面临着机遇和挑战。机遇是世界正处于新的变革之中，各国都在寻求应付变革的对策，都十分重视教育的作用。我国教育虽然还落后于世界先进水平，但是教育的进步并不像经济的增长那么困难，尤其是我国是教育大国，人才济济，只要我们把握时机，增加教育的投入，进一步解放思想，实施有力度的教育改革，就能培养出适应时代要求的大批人才，从而促进我国社会主义现代化建设的发展。

教育遇到的挑战也是多方面的。新的科学技术的发展，经济体制的转型，教育资金的严重不足，都要求教育深化改革。教育体制要改革，以增加学校办学的活力；教育内容和方法要改革，以提高教育质量，培养基础宽厚、有创新意识和能力的人才。

教育改革首先仍然是教育观念的转变，要高举邓小平理论伟大旗帜，"解放思想，实事求是"。例如，当前克服"应试教育"的弊端，推行素质教育的进程为什么那么艰难？关键在于人们的思想还不够解放。为什么不能把高等教育的大门适当开大一点，以缓解升学的竞争？资金不足是原因之一，但更重要的是有许多思想障碍。为什么不能把课程要求降低一点，为什么不能实行多级多本？这也是由于有种种思想障碍。因此，只有克服思想障碍，思想得到解放，才能寻找到许多新的出路和办法。思想解放离不开实事求是，特别要注意我国的国情，教育改革要与我国实际相结合。实事求是本身也是一种思想解放。只有思想解放才能真正做到实事求是。我国教育领域现在还有许多形式主义的、不实事求是的地方，也正是因为思想不解放。"解放思想，实事求是"是邓小平理论的精髓。20年来，邓小平理论指引的我国的教育事业发生了翻天覆地的变化，今后它仍将是指引我国教育健康地走向新的世纪的根本指针。

教育工作者要学点教育理论[*]

　　常常听到一些同志批评，教育理论工作者脱离实际，或者说教育理论落后于教育实践。这里恐怕有两层含义：一是说教育理论工作者没有去研究教育实践中的理论，而是关在屋子里研究纯粹的空洞理论；二是说教育理论工作者对教育实践缺乏周密的调查研究，特别是缺乏科学实验，因而对教育实践中的理论问题只能作空泛的议论，缺少对教育实践具有指导性、可操作性的内容。这两种问题都存在，确实是教育理论工作者应该注意认真解决的。

　　什么叫理论？理论是实践的总结，是系统化了的理性认识。理论产生于实践，又指导实践。科学的理论是在社会实践的基础上产生并通过了社会实践的检验和证明的理论。因此任何理论都离不开实践。这是很明白的道理。但是，理论又是有层次的。一般可以分为基础理论和应用理论两大类。应用理论较贴近于实际，是具体指导人们的实践活动的。基础理论有时表面上看来与实际缺乏联系，但实质上它对实践有着重大的指导意义。重大的基础理论的产生往往会改变实践活动的价值取向和方向。例如，爱因斯坦的相对论的发现，20世纪70年代人体基因的发现，社会科学中"科技是第一生产力""实践是检验真理的唯一标准"

---

*　原载《深圳信息职业技术学院学报》1999年第1期。

的论断等都对社会发展起着无可比拟的作用。因此，衡量理论是否脱离实际，不能用眼前它能否指导实际活动为唯一标准，而要看它是否贴近真理。当然，它必须受到社会实践的检验。但是这种检验不是一时一事的，往往要经过一定的历史阶段。

教育理论也可以分为基础教育理论和应用教育理论两大类。教育哲学就属于基础理论一类。它对教育实践中产生的问题作哲学思考和解释。它不解决教育实践中的具体操作问题，而是解决教育工作者对教育实践的认识问题。有了正确的认识才能有正确的行动。因此，教育哲学虽然不能解决具体的教育教学工作中的问题，但它却指导着教育工作者的行为。例如，对教育价值观的认识，就会影响到对教育在社会发展中的地位和作用的认识，影响到国家对教育的投入；又如，对人才观的认识就会影响到教育目标、教育内容、教育方法的选择。

我认为，当前在我国教育实践中，一方面，教育理论远远落后于我国丰富的教育实践，表现在教育实践中的许多理论问题得不到理论的解释，表现在教育实际活动缺乏科学的指导和总结，特别是我们的教育理论还不能在我国经济体制转轨改型中指导教育改革。另一方面，教育实践也有脱离教育理论的现象，表现在许多教育实际工作者缺乏应有的教育理论修养，不能按教育规律办事。教育理论确有落后于教育实践的一面（从某种意义上讲，理论总是落后于实践的），但是经过几千年来教育理论家、教育思想家的总结概括，已经有较完备的教育理论体系，有些教育理论经过长期的教育实践的检验证明是接近真理的。但是，不少教育实际工作者，包括教育行政部门的一些领导，没有学过教育理论；有些同志甚至轻视教育理论，似乎教育是人人都知道的事，没有什么理论可言，认为教育理论讲的一套都是脱离实际的，有时甚至听都不想听。一方面不学教育理论，另一方面又批评教育理论脱离教育实践，这种现象正说明某些领导缺乏理论修养之可悲。

教育是人类最基本的社会实践之一，它和其他社会实践一样是有规律可循的。教育工作者要想透彻地认识教育规律，就只有投身到教育实践中去，同时注意学习前人总结的经验和理论。只有边实践，边学习，才能创造出能够指导教育实践的新理论，缺少哪一个方面都是不可能的。

教育工作者，特别是教育领导干部学习教育理论之所以重要，是因为教育理论是前人实践经验的总结，只有学习了才能提高自己的教育理论修养。教育理论修养对一个教育工作者，特别是领导干部来讲是至关重要的。其所以重要，不在于他们是否能用教育学教科书上的条条去指导日常教育教学工作，而在于他们的头脑中有无正确的教育观念，能否用正确的思维方法去处理教育实践中的问题。我常常在想，为什么毛泽东同志在抗日战争那样艰苦繁忙的年代里还抽出时间来撰写《矛盾论》和《实践论》等哲学著作，目的就是提高干部的理论修养，培养干部的正确的思想方法，即用马克思列宁主义的立场、观点、方法武装干部，使全党干部能够运用科学的方法去认识、处理当时国内国际的矛盾，为赢得抗日战争和解放战争的胜利奠定思想理论基础。

教育工作者也应该学习教育理论，除了一般的马列主义理论修养外，还要有教育理论的修养，才能适应教育实践的需要，才能用正确的、科学的教育思想指导教育实践。另外，如果广大教育工作者都具有较高的教育理论修养，则教育实践中的经验就会比较容易地上升为理论，比较容易做到教育理论和实际的结合。

中华人民共和国成立以来，特别是改革开放以来教育实践丰富多彩，我们有一大批优秀的教师，他们创造了丰富的教育经验。这是一份宝贵的财富。但是，由于许多教师缺乏理论修养，要把他们的经验上升到理论就十分困难。所以，要丰富我们的教育理论宝库，要让教育理论真正能够指导实践，就需要从两方面努力。教育理论工作者要深入教育实际，向工作在第一线的教师学习，同时亲身参加教育实践，探索教育规律；广大教育实际工作者要努力学习教育理论，提高教育理论修养，从而把自己的实际经验上升为理论。光提倡教育理论工作者和教育实际工作者结合是不够的。如果教育理论工作者自己不参加教育实践，他不可能真正体会到优秀教师的经验的实质和丰富多彩，所以，许多由教育理论工作者帮助总结的教育经验，总让人读起来感到枯涩和苍白；而许多优秀教师因为平时缺乏理论训练，他们自己总结的经验又让人感到缺乏理论的味道。因此只有两者真正融合，两者都把理论和实践融于一身，才能总结出内容充实、思想丰富的教育理论。

漫谈教育现代化与素质教育[*]

　　现在教育界有两个热门话题：一个是教育现代化；一个是素质教育。在实际工作中，许多教师搞不明白它们之间是什么关系。因此有必要从理论上加以说明并澄清一些模糊认识。

　　实际上，这是从两个不同的侧面来谈当前的教育改革的。教育现代化是我们追求的目标，素质教育是教育现代化的重要内容。社会的现代化包括人的现代化，教育的现代化是实现人的现代化的重要途径。《中国教育改革和发展纲要》明确提出了"经过几十年的努力，建立起比较成熟和完善的社会主义教育体系，实现教育的现代化"的目标。那么，什么是教育现代化？它包含哪些内容？教育现代化的内容很多，包括教育思想、教育内容（课程）、教育制度、教育手段和方法、教育管理等的现代化，而它的最终目的是要把人的素质提高到空前的高度，以适应现代社会对人的要求，这就是素质教育。

　　从总体来讲，中华人民共和国成立近五十年来，我国教育是有很大成绩的。当前各级领导和技术骨干都是中华人民共和国成立以后培养起来的，这就是最好的证明。但是也应当承认，我国教育中存在着严重的弊端。目前我国基础教育中存在的很大的弊端就是"应试教育"，它以

---

* 原载《中国教育学刊》1998年第3期。

应付升学考试，而不以提高学生的素质为目的，因而出现了一些不容乐观的现象，如忽视大多数学生，只重视少数能够考上学的学生；只重视智育，忽视德育、体育、美育和劳动技术教育；只重视知识的传授，忽视能力的培养，方法是死记硬背，题海战术，使得学生学业负担过重，一部分学生甚至厌学逃学。这种情况不改变，必然会影响到人才的培养。特别是近十多年来，由于人民生活水平有了较大的提高，对独生子女升学的期望值增高，这就与国家对教育发展的承受能力以及就业机会发生较大的矛盾，从而引发了考试的竞争。这是一种社会问题，是短期内改变不了的。但是这种由升学竞争而引起的"应试教育"的弊端却不能不引起教育界的忧虑。因此在这种情况下提出素质教育，也是十分自然和必要的。但这并不是提倡素质教育的全部原因。

素质教育的提出是时代的要求。不同的社会对教育有不同的要求。原始社会，由于生产力水平很低，教育水平也很低，教育活动是在社会成员共同劳动和共同生活中进行的。人类进入阶级社会以后，生产力有了较大的发展，由于脑力劳动和体力劳动的分工，开始出现专门从事教育工作的教师，产生了专门的教育机构——学校。但是学校教育却被少数统治者所垄断，教育目的是培养统治人才，教育内容主要是统治权术，方法是经院式的死记硬背。随着封建自然经济的解体，出现了资本主义生产，资本主义大工业生产需要掌握科学技术的人才和熟练工人，教育成为发展生产的必要条件，于是教育得以普及，各级各类学校才得以建立。因此我们说，现代教育是现代生产的产物，它是随着现代生产的发展而发展的。教育的目标、教育的内容也要随着现代社会的发展而发生变化。

现代社会如果从工业化开始算起的话，发展到今天已经进入了工业社会向信息社会发展的阶段。信息社会最基本的特征是信息化、智能化。信息社会的核心工业是"智力工业""知识工业"，信息社会的经济是"知识经济"。与之相适应，它要求教育培养出高素质的、具有现代意识的人才。这就是当前强调素质教育的根本意义。

知识经济时代（即信息社会）的到来，必将引起教育的巨大变革。根据现有的认识，知识经济的基本特征是，知识和信息是社会生产的基本要素，是经济和社会发展的驱动力。如果说，传统农业是以土地、劳动力为其基本的生产要素，传统工业是以资本为其基本的生产要素，那么知识经济则是以知识为其基本的生产要素。这种知识，不是我们一般理解的书本上的知识，而是不断创新的科学技术知识。知识的不断创新，必将引起生产的不断变革，从而促进整个国民经济的增长，促进社会的不断进步。知识是要靠人来掌握的，因此高素质人才的培养，即人才资本的投入，就成为知识经济发展的最重要的条件。

信息社会对人才的要求，不同于以往的社会。如果说在工业社会初期，在学校学习的书本知识就可以应付一生职业的需要，那么在今天，面对瞬息万变的世界，学生在学校学习的书本知识，可能到毕业的时候不少已经变得陈旧。因此，最好的方法就是在学校里不满足于学习现有知识，更重要的是学会学习，学会获取知识的方法，这就是我们常常提到的"能力"。教育不仅要教给学生知识，而且要培养学生的能力。培养能力是素质教育的重要内容。

现代高度发展的科学技术具有两重性。一方面，科学技术发展使社会生产力空前提高，给人类带来了丰富的物质财富；另一方面，盲目地运用它，也会带来资源的浪费、环境的污染、生态的破坏，以及人们的道德水准下降等社会问题。解决这些问题固然仍要靠科学技术的发展，但更需要人们具有高度的社会责任感，高尚的思想品质。面临着社会种种危机，世界上许多有识之士提高了对教育的重要作用的认识，并提出了新的人才培养的目标。联合国经合组织（OECD）在1988年就提出一个人走向社会需要有3张教育通行证的看法。这3张教育通行证，一张是学术性的，一张是职业性的，一张是证明他有事业心和开拓精神的。1996年由雅克·德洛尔任主席的国际21世纪教育委员会向联合国教科文组织提交了一份报告，题为《学习——财富蕴藏其中》。在这份报告的序言中提出教育的4大支柱：（1）学会认知。必须把相当广泛的常识与就少量问题进行深入研究的可能性结合起来。这种常识是接受终身教育的许可证，它使人对终身学习产生兴趣并为其奠定基础。（2）学会做事。必须获得一种能力，能够应付各种情况，能促进集体劳动。（3）学会生存。21世纪要求人人都有较强的自主能力和判断能力，要求加强每个人在实现集体命运过程中的责任。这些能力包括记忆、推理能力、想象、体力、审美观、与他人交流的能力、领导者的气质等。（4）学会共同生活。即通过增进对他人及他族历史、传统和精神价值的了解，共同生活。

可见，现代教育的基本内容，或者说基本要求，就是素质教育。其目的是提高人的素质。

教育现代化是传统教育向现代教育转化的过程。传统教育是传授知识的教育，现代教育则是要在传授知识的基础上，培养人的能力，提高人的素质。知识、能力、情感态度是构成现代教育目标的3个基本要素。光有知识没有能力，知识就不可能应用于实际；有了知识和能力，缺乏高尚的思想品质和健康的心理素质，能力可能发挥不出来，或者知识被应用到邪道上。有的人知而不能，有的人有知有能就是不为，或者为而不当。只有把三者结合起来，才能构成一个完善的人，现代教育尤其如此。

素质教育不仅是基础教育的事，各级各类教育都要加强素质教育，都要把提高学生的素质放在重要位置上。这是因为，知识和能力还不是素质的全部。固然知识是基础，人们素质的提高是建立在丰富的自然科学、社会人文科学知识的基础上的，但是有了知识并不一定就有高的素质。高等学校是培养专门人才的地方，有的学生掌握了专门知识，却缺乏高尚的思想品质和健康的身体心理素质，结果事业无成。基础教育是打基础的，是教育的奠基工程，更应该重视素质教育。

当前开展素质教育需要认清几个误区：

其一，把素质教育和考试对立起来。实施素质教育并不排除考试。考试是一种教育手段，是评价、检查学习效果的一种方法，也是选拔人才的方法。运用得法可以促进、激励学生学习。特别是检查性考试，可以反馈给学生，使其了解自己的学习效果，改进学习方法。但是如果把考试这种手段当作目的，以应付考试为目的，或者把它作为教育评价的唯一手段，则消极作用是非常大的。这是大家有目共睹的，不用赘述。

有些教师认为应付考试也是一种能力。例如，奥林匹克数学、物理、化学等竞赛，都是通过考试来进行的，必须有临场能力才能取得好成绩。的确是这样，包括高考，不能说考分高的，学生素质就不高。"高分低能"的说法不全面。但是应试的能力应当建立在扎实的文化科学教育的基础上，而不是靠猜题、押题，或者是其他手段。更何况应试能力还包括健康的心理素质等多种因素。同时应该指出，我们今天反对"应试教育"并不是不要学生具有应试的能力，而是从教育思想上来讲的。"应试教育"是一种错误的思想，它把应试当作目的，而不是手段；在具体做法上违背了教育规律，扼杀了学生的才能和特长，它造成了严重的后果。有些论者总喜欢偷梁换柱，似乎反对"应试教育"就是反对一切考试。只有走出这个误区，才能提高对素质教育重要意义的认识。

其二，把素质教育与全面发展教育对立起来。素质教育其实质就是全面发展教育。正是因为全面发展的教育方针受到"应试教育"的干扰，才提出素质教育来，目的在于克服"应试教育"的弊端，更好地贯彻全面发展的教育方针。许多同志对"转轨"的提法有意见。似乎过去走的道路（轨道）错了，现在要转过来。对这个问题可以这样来理解：

所谓"转轨",不是指方向的问题,而是指方法的问题;是指教育思想的转变,不是指教育方针的转变;是克服弊端,而非改变教育全部。我想"转轨"这个词不能确切表达当前教育改革的内涵,最好不要再使用这个词。

其三,把培养学生的特长当作素质教育。把素质教育理解为全面发展加特长,这也是一种误解。全面发展是使每个学生的智力和体力都得到充分的发展,而每个人的智力、体力的生理、心理基础是不同的,因此要因材施教,充分发挥学生的潜在能力。培养学生的特长,就是为了发挥某种特殊潜能。但这不是每个人都有的。把培养特长变成每个人的必修课,势必会增加学生的负担,影响他的正常潜能的发展。一个人的特长总是与他的兴趣爱好联系在一起的,只有顺其自然,为培养其兴趣爱好创造条件,他的特长才能得到发展。

其四,把课外活动当作素质教育的主渠道。一些学校在实施素质教育时不是在课堂教学上下功夫改革,而是大搞课外活动,而且把课外活动也排在课表中,名之为"活动课程"。结果形成所谓学科课程(课堂教学)是"应试教育",活动课程(课外活动)是素质教育的奇怪看法。实施素质教育首先要改革"应试教育"的课堂教学模式,让学生学得生动活泼主动,提高素质。课外活动是课堂教学的重要补充,是学生获取知识和培养能力,满足他的特殊的兴趣和爱好的另一个渠道。课外活动的特点是它的自主性、自愿性、趣味性。学生可以自愿参加,自主活动,不受法定的教学计划、教学大纲的束缚,没有心理负担和压力。把课外活动变成了活动课程,变成了第二课堂,就会失去课外活动的特点,增加学生的负担。

教育现代化的一个最重要内容,就是实现从传统的旧的教育思想到新的符合现代化要求的教育思想的转变。有的同志一听教育现代化,以为一定要有先进的校舍和设备。固然,教育现代化包括了教育条件(包括设备、手段）的现代化，但是更重要的是教育思想的现代化。只有教育思想现代化了，才能改变旧的教育传统。如果设备、手段等条件现代化了，但教育思想还是旧的，则只能成为教育投资的一种浪费。只要想一想，在抗日战争那样艰苦的条件下，西南联合大学怎么能培养出那么多高质量的人才，就是因为那里有一批学术造诣深厚，教育思想先进的教师。当然，现在时代不同了，先进的设备还是需要的，但要根据我国的财力而定，要随着我国经济的不断增长而不断改善，但教育思想不必等有了条件才改变，应该有超前性，这是任何条件下都能做到的。我希望广大教师能够认识到这一点。

基础教育要打什么基础*

人们常常讲，基础教育是教育的奠基工程，是打基础的。但是打什么基础，似乎并不是所有老师都明白。有的老师说，打基础就是让学生掌握基本知识和基本技能；有的老师说，打基础就是让学生掌握读、写、算的能力；也有的老师说，打基础就是教会学生做人等。这些都是有道理的，但都不全面，没有反映出基础教育的基本性质和任务，也没有反映出时代对基础教育的要求。

我认为，基础教育要为人的全面发展，即为人的脑力和体力的充分自由的发展打好基础，要为人的高素质的发展打好基础。主要有三个任务，也即要打好三方面的基础。

第一，要打好儿童、青少年身心健康成长的基础。我国义务教育阶段正是儿童、青少年生理、心理发育成长的时期，是由不成熟向成熟发展的时期，有如植物生长的发芽的时期、幼苗的时期。这个时期需要特别的爱护和培育，嫩芽和幼苗才能茁壮成长，开出美丽的花朵，结出丰硕的果实。任何粗暴的态度和行为都会摧残他们，使他们不能开花结果。

但是，在我们的幼儿园、小学里却有一些老师不懂得这个道理，随

---

* 写于1998年6月。

意伤害学生。有些老师把孩子分成三六九等：有的是聪明的，有的是愚笨的；有的是听话的，有的是爱捣乱的。有的老师喜欢挖苦学生，或者用损人的语言伤害学生，动不动就训斥学生；或者当着家长面数落学生的缺点，严重伤害学生的自尊心和自信心，打击了学生的积极性和强烈的求知欲。这样就会严重地影响他们身心的健康成长。苏联著名教育家苏霍姆林斯基曾经说过，如果一个人从小就失去自信心，长大了你对他还能有什么希望呢？因此打好儿童青少年身心健康成长的基础是基础教育的首要任务。

第二，要打好学生终身学习的基础。终身教育是现代教育的基本特征。掌握知识固然重要，它是增进智慧、提高能力的基础，但是现代科学文化知识增长的速度很快，学校教育阶段不可能也没有必要掌握人类创造的全部知识。学校教育的任务，特别是基础教育的任务是教会学生学习，使他们在走出校门以后能够自己去获取新的知识。因此义务教育阶段最重要的是要培养学生自学的能力。除了学懂学通学校规定的内容以外，要学会自己到图书馆检索、自己看书、自己判断和处理来自各方面的信息。尤其是现代社会信息媒体高度发达，学生可能从多种渠道获得信息，因此要教会他们如何从这些信息中获取有用的知识。

可是我国当前学校教育只教给学生现有的书本知识，记住老师讲解的结论，而不教给学生如何去获取知识。

为了学会学习，就需要创造性地学习。这就需要在教学中培养学生的判断能力、创新思维。要做到这一点，只有把学生放在学习的主体地位，让他们积极主动地参与教学，而不是被动地接受知识。

第三，要打好走入社会的基础。每个学生将来都要走入社会，成为社会的一员。除了必须有谋生的技能以外，更重要的是要具有作为社会公民的意识：有对社会的责任感；有对他人的正确态度，懂得尊重他人、理解他人，和他人友好相处；懂得环境对社会发展的重要性，能用实际行动来保护环境；有就业的意识，准备为社会的进步、祖国的繁荣做贡献。

当前学校教育的一个严重弊端就是不重视对学生进行走向社会的教育，只教学生如何应付升学考试，造成学生"两耳不闻窗外事，一心只读圣贤书"的现象。这种弊端不克服，学生一旦走入社会就难以适应。

现在人们都在谈论素质教育，说得简单一点，素质教育就是要提高人的素质，在义务教育阶段如果打好了上述三方面的基础，就为人的高素质奠定了基础。

知识经济与终身教育[*]

中国古时候就有一句成语"学无止境",或者俗话叫"活到老学到老",指的是一个人要不断学习,才能求得高深的学问,提高个人的修养,达到孔子主张的"君子"的境界。这是一种古老的终身教育的思想。

今天我们所说的终身教育,已经不是那种古老的思想,而是一种具有时代意义的全新的教育观点。这种观点的提出,有着宏观的历史时代背景。

第一,科学技术与生产的结合,促进了生产过程的不断变革,需要工程技术人员、生产劳动者不断学习以适应这种变革。追溯历史,可以从18世纪的工业革命算起。科学技术一旦与生产相结合,有如巨龙生出了翅膀,打破了传统的保守性,使生产过程不断变革,造成了"劳动的变换,职能的更动和工人的全面流动性"(马克思)。现代工业使得许多传统职业在社会上消失,同时新的职业不断涌现,一个人一辈子固定在一个工作岗位上已不可能,如果不继续学习,他很快就会被抛出现代生产以外。

第二,科学技术与生产的结合不仅促进了生产的变革,而且也是科

---

* 写于1998年7月。

学技术发展的动力。从工业革命到今天，科学技术已经历了多次革命，特别是在20世纪后半叶以后，由于核子、电子技术的发明和应用，使人类进入了信息时代，知识急剧增长。据估计，人类知识总和的90%是最近30年创造的。知识的爆炸和不断更新，使得一个人不可能在短短的学龄期间（一般指6～24岁）掌握人类创造的全部知识，需要不断学习、终身学习才能适应这种变革。正如终身教育的创始人郎格朗所说：把人的一生分为两半，前半生用于学习，后半生用于工作，是没有科学依据的。终身教育要为每个社会成员在他需要的时候给他提供学习机会。

第三，科学技术的进步使人类更深刻地认识到人与自然、人与社会的关系，认识到人类自身的发展和责任。人类要想不断发展、可持续发展，就要善待自然，不断提高自身的素质。科学技术是中性的，它可以用来创造可供人类享受的物质财富，同时也可用来制造毁灭人类自身的武器。只有不断提高人类自身的认识，才能使科学技术造福人类。

就是在这种时代背景下，20世纪60年代提出了终身教育的思想。这种思想一经提出，就受到社会的极大关注，许多国家把它列入国家发展的战略，有的国家为此立了法来加以保证。起初，大家把终身教育看作是职工教育的同义词，谈到终身教育，总是和职工的培训和继续教育连在一起。后来人们逐渐地认识到，只从职工教育的角度来理解终身教育是不够的，需要把整个教育系统纳入终身教育的体系之中。知识经济时代的到来使终身教育具有更新的意义。所谓知识经济，根据现有的认识，它的基本特征是：知识和信息是社会生产的基本要素，是经济和社会发展的驱动力。如果说，传统农业是以土地、劳动力为其基本的生产要素，传统工业是以资本为其基本的生产要素，那么，知识经济则是以知识（信息）为其基本的生产要素。而这种知识，不是我们一般理解的书本上的知识，现存的知识，而是不断创新的科学技术知识。知识的不断创新，必将引起生产的不断变革，从而促进整个国民经济的持续增长，促进社会的不断进步。这种知识的掌握和创新不能只靠学校教育，要靠职工在生产实践中，结合自己的工作不断学习、不断创新，要靠学校教育（职前教育）和职后教育相结合，因而终身教育具有更为重要的意义。

在知识经济的时代，我们对终身教育应有如下一些新的认识：

第一，终身教育是一种知识更新、知识创新的教育。终身教育不同于一般的职工教育或成人教育。一般的职工教育或成人教育包含着一部分文化补偿教育或学历教育成分在内。终身教育从广义上讲也包含着这些内容，但更重要的它是一种知识更新和知识创新的教育，它是为了适应科学技术的不断进步和生产的不断变革而提出来的，它要使人们适应这种变化，促进这种变化。当然，职工教育、成人教育也担负着这种任务，因此它也是终身教育体系的组成部分。

第二，要把整个教育系统纳入终身教育体系之中。以往人们把教育分为正规教育和非正规教育、普通教育和成人职工教育，认为终身教育只是非正规教育的任务，或者是成人职工教育的任务，属于正规教育以后的继续教育。这是很大的误解。终身教育是一种教育思想，体现这种思想的教育体系就是终身教育体系。它贯穿于人的一生。普通的正规教育不仅要为人的终身学习打好基础，而且同时也担负着继续教育的任务。

普通中小学教育是打基础的教育。这种基础就包括了终身教育的基础。为了使中小学毕业生有终身学习的基础，就不能只传授现有的书本上的死的知识，更重要的是要教会学生学习，使他们具有自学的能力，走出校门以后有自己获取新的知识的能力。这就要克服当前"应试教育"的模式，提倡素质教育。

普通高等教育是一种专业教育，是培养专门人才的教育。但在知识经济时代，专门人才要能适应科学技术的不断发展，只有继续学习，不断学习。因此高等学校不能只传授现存的知识，更重要的是培养学生的能力，要以终身教育思想来设计课程和学习。

现代高等学校区别于传统大学的基本特征就是创新知识，现代高等学校的职能不仅在于保存、传播和发扬人类创造的已有知识，更重要的是要创造新的知识，创造新的思维方式和价值观。

因此，整个教育系统都要用终身教育贯穿起来，各级各类教育都是整个终身教育的一部分。

第三，为了使整个教育系统都纳入终身教育体系，就必须研究各级各类学校的衔接和转换的问题。终身教育思想是要使每一个人都不断学习、终身学习，因此无论哪一类教育都要给毕业生以继续学习的出路和机会。教育结构的多样化是必然的，只有教育结构的多样化才能满足社会生产和社会生活多样化的要求，才能适应不同学生不同的要求。但是社会的需求和个人的需要也是不断变化的，因此我们的教育体系就要适应这种变化，使各级各类学校相贯通，能够相互转换。当前我国的学校制度还缺乏这种连贯性，如职业高中的毕业生基本上断绝了继续学习的路子。要把整个教育系统都纳入终身教育体系，就要为这部分学校找出路，要使他们的毕业生在需要的时候能够得到学习的机会。当然，职工教育、成人教育的大门是比较宽的，任何人都可以进入职工学校或成人学校学习。但是从正规学校系统来说，我国当前的学制却是不连贯的。需要研究一个办法，使它连贯起来。例如，加强高等职业学校的建设，在普通高校中设预科等，使任何青年需要学习的时候都有可能继续深造。

第四，职工教育、成人教育是终身教育的重要组成部分，在知识经济的时代具有更为广泛的职能。对职工教育、成人教育要改变以往那种只是补偿教育性质的看法，赋予创新学习的职能。总的来说，职工教育、成人教育应有以下一些职能：

（1）补偿教育：包括扫盲教育和文化补习以及各种学历教育；

（2）转岗教育：给因资产重组、生产转型而需变换工作岗位的职工以接受再教育的机会，给以再培训的教育；

（3）创新教育：给予职工最新的科学技术的教育，使职工了解科学技术的前沿动态及其发展趋势，启发他们在工作中创新。这是一种高水平的教育。这种教育要由普通高等学校和科研单位结合起来进行。

终身教育是信息时代、学习社会的产物，是现代教育的基本特征。1995年3月18日第八届全国人民代表大会第三次会议通过的《中华人民共和国教育法》第十一条规定："国家适应社会主义市场经济发展和社会进步的需要，推进教育改革，促进各级各类教育协调发展，建立和完善终身教育体系。"第四十一条规定："国家鼓励学校和其他教育机构、社会组织采取措施，为公民接受终身教育创造条件。"可见，我国十分重视终身教育，同时也把各级各类教育纳入到整个终身教育体系之中。因此要认真落实这条法律，就要深入推进教育改革，各级各类教育都要贯彻终身教育的精神。

教改，重要的是教育观念的改变[*]

为了使教育改革能够顺利进行并取得成功，就必须首先从陈腐的传统教育观念的束缚中解放出来，对教育进行一次再认识。特别对于我国，这种认识更有必要。因为，我国虽然有悠久的教育历史，但是我们背负着因循守旧的沉重包袱，有些思想至今还束缚着人们的头脑。例如，小生产的狭隘意识、"学而优则仕"的教育价值观、轻视职业技术教育的旧观念等都在阻碍着教育改革的进行。因此，我们需要面向世界，了解世界教育改革的形势和动向，在教育观念上来一个根本的转变。

其一，教育概念需要扩大。过去我们对教育的理解主要限于学校教育，是给一定的年龄阶段（六七岁至二十四五岁）的人们提供学习的机会，让他们从学校中获得足够的知识，终身受用不尽。现在这种观念已经被否定了。

从年龄上讲，教育已经不只是给儿童和青少年提供学习的机会，而且应该为所有年龄阶段的人们，当他们需要学习的时候，提供必要的学习机会。所以，学校教育已经不只是职业前的教育，而且担负着继续教育，甚至闲暇教育的任务。现在需要把学校教育纳入终身教育的轨道中

---

* 原载《光明日报》1987年1月23日，略有修改。

去，把教育扩大到所有年龄阶段。

从教育活动的范围来讲，教育已经远远超出了学校的范围。过去，受教育必须进学校。现在，获得知识不一定需要进学校，人们可以通过广播、电视、录像、书报杂志、网络等多种渠道接受教育，教育的空间扩大了。

只有树立这种终身教育、全民教育、全时空教育的新观念，才能把教育放到社会发展的总系统中去考察并使它受到应有的重视，才能打破学校教育的封闭的模式。

其二，人才观的转变。什么是人才？在传统的教育观念中，似乎只有上了大学，成了专家、学者、科学家、发明家，或者对社会做出特殊贡献的政治家才是人才，这种观念是片面的。不能把人才和天才的概念混淆起来。凡是有高度的社会责任感，勤奋工作，勇于创新，为社会做出一定贡献的人都是人才。天才则是人才中的出众者，是有高度禀赋才能、在某个领域内做出卓越贡献的人，这种人是极少数。我们教育工作者当然希望，并且应该注意发现和培养出能够获得诺贝尔奖的、有创造发明的、享誉世界的高级人才和天才。但是这种高层次的人才和天才毕竟是少数。如果教育工作者的着眼点只放在这些少数人身上，把它作为我们的培养目标，势必忽视大多数，就不能为社会主义建设培养各级各类的人才，社会主义建设就会受到损失。

其三，学生观的转变。传统的教育把学生看作被动地接受教育的对象，看不到学生的主观能动性，也就不注意培养学生的主动精神和独立能力。现代教育把学生看作教育的主体（即主人翁），学生不是被动地接受教育，而是具有主观能动性。

什么是好学生？过去认为，听老师的话，循规蹈矩，学会死记硬背，考试能得高分就是好学生。但是这种学生缺乏创造性和进取精神，将来在事业上不会有出色的成绩。是教育学生"唯书""唯上"，唯唯诺诺，还是培养学生生动活泼、勇于创新，这是两种对立的教育观。使学生生动活泼地得到发展是时代的要求。现代科学技术的发展日新月异，如果一个学生只会读死书，死读书，缺乏创新精神和独立见解，就难以适应时代的要求。使学生生动活泼地得到发展是社会主义建设的需要，社会主义建设需要有理想、有献身精神和创新精神的人才。因此，只有树立正确的学生观，才能培养出符合时代要求的社会主义现代化的建设人才。

其四，教学观的转变。传统的教育把传授知识作为学校的唯一任务。但是，科学技术的迅猛发展带来的知识总量的迅速膨胀，使得学校教育不可能，也没有必要在学生短短十几年的学习时间内把人类积累起来的所有知识都传授给学生。要使学生跟上科技发展的形势，除了教给学生最基本的知识外，主要要发展学生的能力，使他们学会在已有知识的基础上探索新知识。正如美国教育家布鲁纳所说的："不仅要教育成绩优良的学生，而且也要帮助每个学生获得最好的智力发展。"近几十年来生理学、心理学对人脑的功能的研究，为发展学生的能力提供了科学的根据。生理学家和心理学家都认为，学龄初期儿童的大脑已经接近成人，儿童智力发展的潜力很大，教师不能低估儿童的潜力，要注意用启发的方法去发展他们的智力。

现代的教学观应该树立以下几个观点：

（1）教学不是把现存的结论教给学生，而是引导学生自己探索，寻求事物发生发展的起因，探讨它与其他事物的联系，从中找出规律，形成概念。

（2）提倡教师和学生之间、学生和学生之间双向和多向地交流信息。传统的教学方法是教师滔滔地讲，学生静静地听，学生在教学过程中处于被动的状态。现代教学提倡师生互相讨论，学生的思维处于积极的状态，同时通过讨论能够互相补充、互相启发，对概念的理解更深刻更全面。

（3）注意发展学生的求异思维。传统的教学只求同，不求异，书本知识是经典，教师的讲演也是经典，书上怎么写，教师怎么讲，学生就怎么答，不允许存在不同意见。这种只求同不求异的方法抑制了学生的创造能力。要启发学生敢于提出不同见解，敢于向权威挑战。

（4）注意因材施教，结合每个学生不同的特点进行不同的教育。班级授课制是教育发展史上的一大进步，它改变了教学的手工业方式，提高了教学的效率。但它用一个模式要求全班学生，容易忽视学生的个别特点。现代教育强调发展学生的个性，就要注意因材施教，注意现代科学技术在教学中的应用，为教师进行个别指导和学生自学创造条件。

总之，任何一项改革都要以一种思想为指导，教育改革也不例外。20世纪80年代是改革的年代，但改革总是从观念的转变开始的。传统教育中优秀的教育思想要继承和发扬，一切不适应时代要求的教育思想要改变。

三言两语（一）[*]

一

关于私立学校，我有两句话，叫作"二要""二不要"。

私立学校还是要办的，因为社会有这种需要。既然社会存在多种所有制、多种经营方式，学校也就需要多样化。私立学校是公立学校的一种补充。

但私立学校不要办成贵族学校。私立学校的设备条件好一些、服务周到一些是可以的，但要和公立学校一样贯彻社会主义的教育方针，让学生养成艰苦奋斗、勤劳勇敢的品德，不能培养贵族少爷。

我提倡集资办学，但反对办学集资。有些企业赚了钱，拿出一部分钱来办学，是企业有远见的做法，不仅培养了人才，也为企业创了牌子。但有些企业却打着办学的招牌，收取高额教育储备金，变成了为企业集资，这是不可取的。私立学校收取教育储备金也是可以的，但这种储备金应成为学校基金，增值后又用于办学，而不是作为企业的资金从中牟利，也就是说，不能把教育资金转移为产业资金。收取教育储备金也应有一定的限度，不能像炒股票那样越炒越热，越收越多。不能因为

---

[*]　原载《教育参考》1996年第5期。

家长愿意出钱就认为学校可以收钱。家长愿意出钱可以捐给学校作为学校基金，不能无限制地提高教育储备金的价额。

二

百年大计，教育为本。办好教育的条件很多，但教师队伍的质量是关键。要建设一支数量足够、相对稳定的高质量的教师队伍，就要办好师范教育。

要改变一种错误观念，即认为师范教育可以是低水平的，只要懂得中小学的教材就可以了。这是一种陈旧的观念。人类已将进入21世纪，科学技术有了极大的发展。教师如果没有深博的知识是难以胜任的。常言道："要给学生一杯水，教师要有一桶水。"在当今科技迅速发展的信息化时代，教师不仅要有一桶水，而且要有长流水。那种认为师范院校不必搞科学研究的观念也是错误的。因此，要办好教育，首先要舍得给师范教育投资。

任何一种社会职业，专业性越强，越能得到社会的承认，社会地位越高。教师要受到社会的尊重，就要不断提高自己的业务水平。

三

办学校不能在物资设备上攀比，应在教育质量上争攀高峰。有些地方办学追求校舍的壮观、设备的先进，但缺乏应有的软件，不注意教师的培训、进修、提高，不重视图书的采集，不重视学校制度、传统的建设。在中小学购置"486""586"计算机，教室设茶色玻璃，搞监控电视网络都是给人参观的，实用性不强，这是一种严重的浪费。我国教育经费很紧缺，一分钱应当成两分钱使用，要精打细算，不能盲目攀比。

三言两语（二）[*]

一

　　近几年来，教育技术发展得很快，许多学校不仅装备了计算机，而且装备了多媒体，这就给优化教学过程提供了条件。现代化教育技术有许多优越性：制作得好的教学软件可以生动形象地把教学内容呈现在学生面前，可以设计问题情境，引起学生的兴趣，启发学生的思维；多媒体软件更是有声有色，学生可以与计算机对话，便于学生自学；计算机联网以后，学生可以在网上找到许多资料，可以通过网络与老师、同学交谈。最近又出现了网上学校、虚拟学校。这一切无不冲击着传统的教学模式和方法，因而也出现了一些新的教育思想。有人说，学校将消亡，课堂将消失，有纸载体将被无纸载体所代替，当然教师也就可有可无了。我不认为这是正确的。

　　教育，从大教育观来讲，当然也包括自我教育，即通过自学提高自己的文化程度和文化素养，但从教育的本质来讲，它是人类为了生命的延续，把自己的经验传给下一代的培养人的活动。学校是人类进步的产物，它使培养人的活动有了专门的场所，有了专业的人员——教师，使

＊　写于1999年10月，部分载《教育参考》2000年第1期。

得教育更有目的、有计划、有组织。青少年儿童在这样的环境中成长自然比自我教育有利得多，即使在自学工具十分发达的今天也不例外。学校是一种特别的社会组织，学校的育人环境、文化氛围、文化传统是任何其他社会组织所不能替代的。

教师也是不可替代的。不仅因为教师有专门的育人知识和能力，而且教师的人格魅力对学生的影响是无可估量的，更何况最优秀的计算机教学软件也必须有教师的参与才能制作出来。

至于有纸载体，即课本，恐怕短时期内也是取消不了的。且不说我国广大农村地区现在还没有利用现代教育技术的条件，即使有了这种条件，课本也有它的优越性：课本容易编写和制作，学生容易携带和使用。

当然，现代教育技术在教学中的应用，必然会引起教学过程的变革，必然要求教育观念有所转变。要改变老师滔滔地讲、学生静静地听的传统教学模式，把学生放到教学的主体地位，充分利用现代教育技术的优越性，使学生学得主动，学得生动。

有些发达地区的学校装备了多媒体教室，教师都自己制作课件，很少使用黑板。那么，是否可以说要告别黑板与粉笔呢？我想也不必这样说。黑板也有它的优越性，黑板简便易用，老师在课堂上想到什么就可以在黑板上写什么画什么，用不着事先制作好。当然老师也可以在投影仪上写和画，但黑板的成本就低得多。

二

解放思想，活跃学术，是件大好事，有利于学术繁荣。提出新观点，建立新理论，也是大好事，它可以丰富学术宝库。但是有些同志却总是急于建立新体系，这也叫"学"，那也叫"学"，似乎他的论点不叫

"学"就不过瘾似的。学者，学科之谓也。一门学科的建立谈何容易。科学从哲学中分化出来经过了几千年，科学分为物理、化学、生物等众多学科又不知经过了多少年。近百年来，科学技术有了飞速的发展，学科不断分化和综合，出现了许多新兴学科和交叉学科，教育科学也不例外。但是建立一门学科体系却不是容易的事，不是随便安上一个"学"字就成的。必须有自己的概念、范畴，有内在的逻辑体系，有完整的理论体系。切不可为了提高某种理论或观点的地位就把它称为"学"。

由此而想到，现在有些教育实验缺乏理论指导，动不动就提出一些新经验、新观点、新理论。其实有些观点并不新，不过是换了一些新名词。教育理论工作者不能不为之担心。我不反对标新立异，更不反对新观点、新理论的提出，但总希望提出的新理论能真正指导实践，经得起时间的考验。我想，在当今变革的时代，出新经验、新理论的时代，教育理论工作者更要戒骄戒躁，踏踏实实地做一番艰苦的工作。

三言两语（三）[*]

一

　　教育技术，特别是多媒体、互联网的普及，给学习带来方便，使其丰富多彩。学生可以在网上自学，可以利用各种课件自我学习，有利于学生开动脑筋自己思索，自己寻找答案，培养创造性思维和实际能力，也有利于个别教学，因材施教。好处可以列举许多许多。但是在想到它的好处之余，又不免为之担忧。可以调查统计一下，有电脑的家庭，孩子用于学习的有多少，用于玩游戏的有多少。我常常听到一些父母抱怨孩子迷恋游戏机。更有甚者，有的孩子躲在自己小屋子里玩着不健康的游戏。最近还常常听到报道，某些地方出现宣扬日本军国主义的游戏软件。学生沉溺于电脑游戏，不仅影响学业，而且有害身体健康。黄色、黑色的游戏，还会严重地腐蚀学生的思想，损害他们的心理健康。

　　可见，科学技术是中性的。人们可以利用它做好事，也可以使用它做坏事。电脑也是这样，利用得好可以受益无穷，使用不好便会贻害不浅。怎样才能做到避害就利？从政府部门来讲，需要对互联网的控制加以立法，要严厉打击非法音像出版物。对新闻出版界，特别是新闻媒体

---

* 　写于1999年10月，部分载《教育参考》2000年第1期。

而言，要多从教育的观点出发，少一点无聊的题材和无聊的炒作，多制作一点有教育意义的内容。教育部门更要把这项工作重视起来，把它看作是一场争夺青少年的斗争。更重要的是社会各界都来重视，努力编制出生动活泼的、青少年喜爱的软件，把不好的软件挤出阵地。

二

最近几年来电视媒体似乎成了清王朝的天下，不是戏说乾隆，就是雍正皇帝，不是康熙皇帝，就是慈禧太后，前不久又出来个"还珠格格"。内容都是皇帝微服私访，为民除害；或者宣扬皇帝武功高强，天下无敌；要不就是玩世不恭，与宫女太监嬉戏游乐。无怪乎有位小学生看了说："清朝时候真自由。"如果孙中山先生听到了这句话，不知作何想；为辛亥革命流血牺牲的战士听到这句话又作何想。

中国人民150年来的斗争不就是为了推翻封建主义、帝国主义等三座大山吗？三座大山在制度上确已推翻了，似乎在思想上还有人留恋它。

由此而想到关于继承和发扬民族文化传统的问题。近些年来似乎又有一股小小的复古风，似乎不讲"古已有之"，就是忘了老祖宗。其实，任何一个民族，她的文化传统中总有优秀的或糟粕的两部分，我们应该继承和发扬的应是优秀的传统，不能笼统地说继承民族文化传统。即使是优秀的传统，今天也需要加以鉴别和改造，赋予时代的意义，才有益于今天的新文化的建设。

最近《教育史研究》杂志要我题词，我写了以下两句话：

研究昨天，理解今天，为了美好的明天；
回顾过去，正视现实，走向光明的未来。

这就是我的历史观。

为更多人提供学习机会*

据报纸公布，我国卫星电视教育节目将在今年（1986年——编辑注）7月1日开始试播，10月1日正式播出。这是我国文化教育事业发展的一件大事，也是我国人民的一件大喜事。

卫星电视教育在国外叫远程教育，是20世纪70年代才开始发展起来的新的教育形式。它的产生大大扩大了教育的范围，能比较充分地满足人们学习的需求，具有强大的生命力。许多国家开始发展这种教育形式。那么，它的生命力在什么地方呢？

首先，它不受学校条件的限制，不需要一般学校的校舍和设备，也就是不受空间的限制，只要把教学内容制作成电视录像片，就可以通过卫星传播到所有能够接收的地方，为所有年龄阶段需要学习的人提供学习机会。

其次，它不受时间的限制。不像学校教育那样，每节课都固定在一段时间内，学生错过了这段时间就不能接受教育。卫星教育可以将同一内容在不同的时间段内反复播放，便于有职业的成年人选择合适的时间学习。

最后，可以选择最优秀的教师作电视讲演，并利用电视这种特殊技

---

* 原载《电大教育》1986年第4期，1998年修改。

术手段演示平常肉眼看不到的宏观世界和微观世界。也就是说它可以把事物放大，也可以把事物缩小；把远方的事物拉到近处来；把事物发生发展的时间缩短或延长，便于学习者观察，接收最佳的信息。

当然，卫星电视教育也有它的局限性，这就是它不能使教师和学生面对面对话，缺乏交流，也缺乏信息反馈。但是，如果把电脑和卫星电视结合起来，这个局限性也是可以克服的。

卫星电视教育和学校教育一样，最重要的是教学质量问题。提高教学质量的关键在于如何处理好教师、学生、教材三者的关系，使三者处于最佳状态。这三者的关系在各级各类学校中所起的作用是不相同的。在卫星电视教育中，因为教师和学生不能直接接触，教材的作用就要比在一般学校中重要得多。因此，编好电视教材，编好学生自学辅导材料，对于提高教学质量就是至关重要的问题了。卫星电视教育开通了，希望有关部门能够编写出好的教材，各地教育部门和各个单位能够充分利用它来提高文化素质和业务水平。

教育过程的一次革命[*]

电化教育又称现代教育技术，是教育现代化的标志之一，它的开展必将引起教育过程的一场新的革命。

班级授课制的产生改变了过去手工业式的个别教学形式，大大地提高了教育效率。但是，无论是个别教学还是集体教学，都没有摆脱教师讲学生听的局面。在这个过程中，学生的视听觉器官没有被充分利用，从而影响到学生对客观世界的认识。电化教育的开展改变了这种局面。这种变革可以从几方面来理解：

首先，它改变了学生在教学过程中认识事物的过程。传统的教学过程是由感知教材、理解教材、巩固知识和运用知识几个环节连续地组成的。电化教育打乱了这几个环节的顺序，把感知、理解、巩固、运用融合为一体。电化教育有形有声，不仅有较强的直观性，而且能够引导学生直接揭开事物的本质和内在的联系。心理学告诉我们，教学过程中运用的感觉器官越多，它们的作用发挥得越充分，对学习的知识就越容易理解和巩固。而且许多肉眼看不到的宏观世界和微观世界以及一些事物的运动规律都可以在电化教育中看到，使学生容易理解和掌握事物的本质，有利于学生思维能力的培养和发展。

---

* 原载《北京电化教育》1991年第4期，略有修改。

其次，它改变了某些教学原则。传统教育学中的直观性和循序渐进的原则强调教学要由近及远，由浅入深，由具体到抽象。电化教育改变了这个顺序，它可以把远方的东西放到学生的眼前，把复杂的东西变得简单，把抽象的事物化为具体。它既可以把时间和空间放大，又可以把时间和空间缩小，怎样有利于学生的认识就怎样做。

再次，它改变了教学内容和教材形式。通过电化教育，许多过去不容易理解的新科技的内容可以增加到教学内容中，使教学内容现代化。同时，电化教材不同于普通的书面教材，电化教材把声、像和文字结合起来，而且以声像为主，增加了教材的艺术感染力。

最后，它改变了教学过程中教师、学生、教育影响三者之间的关系。这三者是构成教学过程的要素，它们互相影响，互相作用。但是在传统的教学过程中，教育影响仅是指教材。电化教育使教育影响中增加了教学技术手段，而且它越来越起到重要的作用。所以有些学者把教育技术手段称为第四个要素。教育技术手段的运用，改变了旧的师生关系。在传统的教学过程中，学生往往处于被动的局面；在电化教育中，学生的各种感觉器官被调动起来，学生变得积极主动。优秀的电教教材，学生可以自己使用、自己学习，便于因材施教、个别教学。当然，有些学者认为，电化教育将改变班级授课制的说法根据还不足，但它确实改变了旧的班级授课制的某些固定模式。

电化教育的出现，不能简单地看作是一种教育手段问题、方法问题。它对教育过程的影响是很深刻的，必将引起教育过程的革命。

考试，要有利于人才培养[*]

　　考试，似乎是无人不知、无人不晓的事情，一个人如果上过学校，则一生中会遇到无数次考试。但是，什么叫考试，为什么要考试，如何组织考试，并不是所有人都了解。考试已经成为人们生活中不可或缺的活动，有必要认真地加以研究，使它真正成为促进人才培养、成长和选拔的有效方法。

　　考试是检查、评定被试者的知识和能力的一种方法。根据考试的目的，可以分为诊断性考试、合格考试、选拔考试、评优考试等。例如，对小学生的智力测验，就是诊断学生智力水平的一种考试；又如，入学初期，为了掌握学生的实际知识水平，便于分班教学或因材施教，往往要进行一次所谓摸底考试，这都属于诊断性考试。期末考试或毕业考试是评定学生是否学业成绩合格，有否资格升级或毕业，属于合格考试；社会上各种职业要求的合格证书考试，也属于合格考试。入学考试、用人单位的招聘考试，则是从众多考生中选拔优秀人才，属于选拔考试。各种智力竞赛，如数学、物理奥林匹克竞赛，则属于评优考试。

　　考试具有评定、诊断、反馈、预测和激励的功能。考试，似乎大家

---

[*]　原载《考试》1993年创刊号，有删节。

都讨厌它，但又都要利用它。因为对用人单位来讲，可以鉴定被试者的知识能力水平，因材录用；对学校来讲，可以评定学生是否合格，还可以了解教学质量，及时改进教学；对于被试者来讲可以升级、毕业、获得学历、被聘用或晋升，改变个人的社会地位。但是，为什么大家都讨厌它呢？这是因为，考试又有强制、压抑、消极的一面。考试往往使受试者心理紧张，考试失败意味着不能升级，不被录用，不能晋升。尤其是如果考试的命题离开了考试应达到的目的或脱离考生的实际水平，往往更引起考生及家长的不满。

大家都说考试是学校的指挥棒，一点不假。由于社会运用考试来评价和选拔人才，考试自然成了应试者达到目的的敲门砖，都要按照考试的要求进行教学和学习。有的同志提出要打断这根指挥棒，这是不可能的。因为，在现代社会中只有考试才能稍稍体现出人的平等。如果取消考试，其后果已在"文化大革命"中受到检验，无须赘述。因此只能改善这根指挥棒，使它符合教育方针和培养目标的要求，不能取消这根指挥棒。因此研究考试的科学性、考试的信度和效度就是十分重要的问题了。科学的考试制度能够引导学校和学生沿着正确的方向教育和学习，能够正确反映应试者的实际状况，激励学生努力学习，提高自己的知识水平和思想业务能力。反之，则会把学校教育教学引向邪路，压抑人才的成长。

中国是最早采用考试进行教育评价和选拔人才的国家。特别是隋唐采用科举制度以后，把培养人才纳入选拔人才的轨道中，使政治和教学合一。科举制度在中国巩固封建统治中起了巨大的作用，但遗毒甚深。因为科举考试注重帖经墨义，代圣贤立言（经义），考试内容是远离实际生活的记问之学。明中叶以后又要求采用八股形式，更使士人的思想受到极大的束缚，死记硬背，不重实际，不重能力的培养，成了旧教育的最大的祸害。这种影响至今在我国教育界还未能消除。我们不能小看这种消极的影响，我们需要在人才观、教育观上转变旧的观念，树立符合时代要求的新观念。考试仅仅是一种手段，根本的目的是要培养符合时代精神和社会要求的人才。考试要有利于人才的成长和发展，不能压抑人才；考试是对人才的一种评价，但反过来要用人才的标准对考试进行再评价，看它是否科学、有效、可信。

语言、传统、教育和交流*

世纪末的思考

1989年12月，联合国教科文组织在北京召开了一次以"满足21世纪可预见的需求对当今教育质量的要求"为专题的国际研讨会及圆桌会议。许多代表在会上发言，讲到21世纪人类面临着新的科技革命的挑战。新的科技革命一方面将促进人类的进步和物质生活水平的提高，另一方面却将带来许多严重问题：由于相互竞争而造成的国家民族之间的争斗；地球资源的枯竭；生态环境遭到严重破坏，致使人类的生存受到威胁；还有人口问题、种族平等问题、普及教育问题、伦理道德问题等等。有的代表提出，为了21世纪的和平与发展，人们不仅要"学会生存"，而且要"学会关心"，互相了解，互相关心，和平相处，共同与自然做斗争。

这可以说是一种世纪末的思考。20世纪行将结束，21世纪即将到来。在这世纪交替的最后10年，我们教育要为下个世纪做些什么准备呢？"学会关心"似乎是一个很好的主题。但是现实世界能做到这一点吗？世界上存在着不同的国家、不同的社会制度、不同的文化传统和不

---

* 原载《特区教育》1992年第1期。

同的经济文化发展水平，他们都各自为自己的利益而争斗。如果真要做到"学会关心"，我想首先要承认当今世界的现实，尊重不同国家和不同民族的价值观念，尊重各民族的文化传统，尊重他们所选择的社会制度和切身利益。要做到这一点，第一步，也是最重要的一步，就是要互相了解。怎样才能互相了解呢？这就要靠交流。教育的交流尤为重要，因为它不仅促进了成年一代人的相互了解，而且将影响到我们的教育对象——下一代的相互了解，他们将是21世纪的主人。

许多世纪以来，世界文化和教育都是以欧洲为中心。欧洲国家和北美国家的教育只讲欧洲文化，不讲东方文化；只教授欧洲语言，不教授东方语言，因而西方国家的人民不了解东方国家人民的文化和价值观念。他们把中国和印度看作是神秘莫测的国家。第二次世界大战以后，这种情况已经逐步改变。特别是在信息化的时代，地球变得越来越小了。欧洲中心已经不复存在。中国是占有世界人口五分之一的大国，它与外国的交流是至关重要的。中国实行改革开放政策以来，东西方的教育交流有了很大的发展，但是至今仍有许多外国朋友告诉我们，他们不了解中国。因此开展国际交流是极为必要的。

语言的交流

交流靠什么？首先要靠语言。语言既是思维的工具，又是交流的工具。1989年7月在蒙特利尔召开的第七次世界比较教育大会的主题就是"语言、交流和发展"。许多代表就学习第二语言的重要意义发表了意见。

汉语是世界上使用人口最多的语言之一。但遗憾的是非华裔西方人懂得汉语的人甚少，这就影响到我们之间的交流。当然，中国正在普及外语教学。中国规定外国语是中学和大学的必修课，城市小学也有列为必修课的。经过中学六年和大学的学习，他们基本上可以较好地掌握一门外国语。大学里还设有第二外语的选修课，有关外国研究的机构都配有懂得各种外语的专家，这样就为与国外教育机构的交流提供了方便。但是我们也希望能有更多的外国朋友学习汉语。

许多外国朋友总以为汉语难学。实际上汉语应该说是比较容易学习的语言。因为汉语不仅有音，而且有形。音形结合，人的视听器官都能用得上，因此便于识记。

文化的交流

文化是一个十分广泛的概念。从广义上讲，科学技术也属于文化。这里我指的是狭义的文化，主要是指不同国家和民族的思想、观念、习俗、习惯等。文化传统是指一个民族长期积累下来的、相对稳定的观念和习俗，其核心是价值观念。科学技术的交流固然重要，通过科学技术的交流可以共享人类征服自然的成果，共同发展，但文化的交流更为重要，因为它能沟通人们的思想感情，促进相互了解、理解和友谊。有了这种感情，科学技术的交流和合作才能搞得更好。

中国是一个具有悠久历史的文明古国，它的文化传统是十分丰富的。儒家思想是中国传统文化的重要内容。儒家文化哺育了中国人民几千年，它有许多优秀的东西。但也不能否认，它也有许多封建主义的东西，不适应现代社会要求的东西。今天我们对待儒家的思想是要取其精华，去其糟粕，即把优秀的东西弘扬光大，把不适应现代社会要求的东西舍而不取。同时，即使对它的优秀的思想观念也需要用现代社会的观念来加以改造和创新。

儒家思想的核心是"仁"。"仁"者爱人，主张要互相尊重，互相友好。孔子说："己所不欲，勿施于人。"这就是说不要把自己不喜欢的东西强加于人。这种思想是不是与现代有的人讲的要"学会关心"不谋而合？孔子还主张"义"。所谓"义"，就是一切行为要符合道德标准，不道德的事不能做。他主张舍利求义，即不符合道德的钱财宁可不取。在当今激烈竞争的时代，这些思想还是值得发扬的。

西方文化中也有许多值得我们学习的东西，如欧洲人的务实精神，北美新兴国家的开拓创新精神等。通过交流不仅可以互相了解，而且可以取长补短，学到别人的长处。

教育的交流

任何交流都代替不了教育的交流。前面说到，教育的交流不仅影响到现在成年的一代人，而且通过他们影响到下一代人。现在在校的学生，是21世纪的主人。他们应该从小就了解世界，了解地球生活着许多国家、许多民族，他们有着不同的语言和文化。现代许多国家都强调要培养国际化的人，我想就是这种意思。为了使我们的学生了解世界，我们教师首先要了解世界，这就是教育交流的目的。也就是说，教育交流的目的就是为了培养国际化的人才。

当然，教育交流的内容是很广泛的。上面讲到的语言、文化和科学技术的交流都要通过教育来进行。因此可以说，教育交流是一切交流活动的基础。

教育交流的领域也是广阔的，从幼儿教育直到高等教育都可以开展交流。

中国是一个人口众多的国家，教育发展是很不平衡的。但是中华人民共和国成立40多年来发展的速度是相当快的，教育质量也是有保证的。无论是普及教育还是扫除文盲，无论是发展幼儿教育还是培养高级专门人才，都取得了巨大的成绩。但是我们不满足于这些成绩，我们还在不断改革，使我们的教育制度更完善，教育质量更高，因此我们迫切需要学习别国有益的经验。基于这种想法，我们派遣了大量留学生到外国，学习他们的科学技术，经营管理、教育管理等经验。这种学习是一种形式，但这种学习形式是一种单向的交流，往往学习的理论与本国的实际不相吻合。因此我主张除了派遣留学生之外，应该提倡双边的或多边的合作研究，这样可以把学习研究与本国的实际相结合，也才能更好地互相了解。

时代、期望、教育和教师*

20世纪即将成为历史，21世纪的曙光已经依稀可见。我们这一代教育工作者将送走20世纪的最后岁月，迎接新世纪的到来。在这世纪交替的最后几年，我们教育将为下个世纪做些什么准备呢？为了回答这个问题，我们不妨回顾一下历史，总结一下20世纪教育所取得的成就，看一看还有什么问题亟待解决。

20世纪在教育上的最大成就，我认为有三件大事：一是发达的工业国家完成了中等教育的普及和实现了高等教育的大众化；二是发展中国家由极端落后的教育向普及教育迈进；三是实现了教育现代化，建立了完整的现代教育体系，改革了教育内容和方法。这三件事为实现20世纪世界经济的繁荣、科学技术的进步和社会的发展培育了人才，做出了贡献。但是20世纪的教育发展并不是尽如人意的：当今世界上还有十多亿人是文盲；许多发展中国家初等教育至今仍未普及，有些国家连温饱都顾不上，缺乏足够的资金发展教育；发达国家虽然教育得到了普及，但是教育质量不高，学生犯罪率增加、知识阶层失业率较高等社会问题，使人们深感忧虑。为了迎接21世纪，教育工作者还有许多事情要做。

---

* 原载《教育研究》1994年第3期，略有删节。

教育是未来的事业，今天我们教育的学生将主要在21世纪发挥作用。因此我们首先要认识21世纪的时代特点。

时代

21世纪将是什么时代呢？我不是未来学家，并且由于我的知识所限，我不能预测21世纪的发展，但是我想说几点与教育有关的看法。

（1）21世纪将是科学技术更高更快发展的时代，人类将进一步认识自然，开辟新的资源，征服癌症、艾滋病等疑难病症。一方面，新的科技发展将给人类带来更丰富的物质财富；另一方面，工业的发展，人类的滥用资源，将使地球上的资源进一步枯竭，环境污染日益严重，人类的生存受到严重威胁。

（2）世界局势虽然已经有所缓和，但是经济领域的竞争将会越来越激烈。有些大国为了争夺市场、争夺资源，妄想称霸世界，对世界和平造成威胁。21世纪面临着争斗甚至战争的危险。

（3）人类受教育的年限将不断增加。但是由于世界贫富差距的扩大，教育的两极分化将加大。发展中国家由于人口过速增长，普及教育的任务将更加艰巨，文盲人数的绝对数字难以下降。发达国家难以摆脱周期性的经济危机，教育发展和青年就业的矛盾将更加突出。

（4）由于物质的极度丰富，在一部分人中滋生享乐主义思想，道德沦丧，人际关系淡漠，人类遇到道德的危机。

总之，人类在21世纪面临着种种挑战，有机遇也有困难。

期望

我们对21世纪抱有什么期望呢？

我们希望21世纪保持世界持久和平。科学技术的进步使世界变得越来越小，人类不论贫富都生活在同一个地球村里，彼此交往日益频繁，只有互相关心、互相帮助才能克服世界面临的危机。因此许多教育家提出，未来的教育要"学会关心"。但是现实世界能做到这一点吗？世界上存在着不同的国家，社会制度不同，文化传统和经济文化发展水平也不同，他们都为自己的利益而争斗。要真正做到"学会关心"，我想首先要承认现实，尊重不同国家和不同民族的价值观念，尊重各民族的文化传统，尊重他们所选择的社会制度和切身利益。要做到这一点，最重要的就是要互相了解。

我们期望21世纪科技进步给人类带来更多的幸福。科学技术要为人类进步做贡献，要反对利用科学技术制造危害人类进步的武器、毒品和一切残害人体和精神的制品。当前电子技术已经进入了每个家庭，电脑、电视等媒体一方面给人类带来了方便，但另一方面也给人类带来灾难。尤其是青少年和婴幼儿童，长时间看电视和玩电子游戏不仅耽误了他们的学业，而且有损他们的健康。这种情况应该引起教师、家长和社会各界人士的重视。

我们期望21世纪教育得到更大的发展。尤其是发展中国家将摆脱贫困，有更多的资金投入教育，尽快地普及教育，扫除文盲。发达国家将克服教育的弊端，提高教育质量，克服失业给教育带来的消极影响。

教育

我们对21世纪的期望要靠什么来实现呢？要靠全人类的努力，靠政治家、企业家、银行家的觉醒，但也要靠我们教育工作者的努力。教育从总体上来讲总是服务于一定的政治和经济的，有时在政治动荡、经济衰退面前显得软弱无力。但是，教育并非无所作为，它的力量是潜在的、持久的，我们只要想一想：我们的文化传统是靠什么积淀、传承和发展下来的？就是靠教育。教育不仅有传播文化的功能，而且有选择文化、融合文化的作用，它能在潜移默化中改变人的价值观念和精神面貌。

21世纪要求人类"学会关心"，要做到这一点，最重要的第一步就是要能够互相了解。怎样才能互相了解呢？就要靠交流。教育的交流尤为重要，因为它不仅促进了成年一代人的相互了解，而且将影响到我们的教育对象——下一代的相互了解，而下一代将是21世纪的主人。

多少世纪以来，世界文化和教育都是以欧洲为中心的。欧洲国家和北美国家的教育只讲欧洲文化，不讲东方文化；只教授欧洲语言，不教授东方语言。因而西方国家的人民不了解东方国家人民的文化和价值观念。他们甚至把两大文明古国中国和印度看作是神秘莫测的国家。20世纪中叶以来随着科学技术的进步，通讯、交通工具的发达，这种情况已经逐渐在改变。特别是在信息化的今天，文化交流日益频繁，东西方文化正在互相吸引、互相吸收。但是，能够实地考察别国文化的毕竟是极少数人，因此教育就显得更为重要，它起到文化交流，促进青少年、儿童了解别国文化的作用。

21世纪科学技术将有更大的发展，它给教育提出许多新问题。

首先，科学技术在生产和社会生活中的广泛应用，要求每个人从小了解科学技术。一个人如果缺乏科技知识，就会成为一个科盲，就会像20世纪的文盲那样难以生活。因此在学校里要加强科技教育，让每个人从小爱科技、学科技、懂科技。

其次，科学研究越来越深入，使得学科越来越分化，同时又越来越综合。教育要深入研究科学发展的问题，研究如何在学校教育的有限时间内把最基本的和最先进的科学知识教给学生；教育要研究在"知识爆炸"的时代如何提高教育质量。这就要改进教育内容，改革教育方法。

再次，科学技术的发展不仅使自然科学互相联系、互相交叉，也使自然科学与社会科学结成联盟。科学技术在生产和社会生活中的广泛应用使社会各方面发生重大的变革，促使人们的价值观念产生变化，并由此而引起许多社会问题，如人口问题、人际关系（淡漠）问题、伦理道德问题、环境（污染）问题，这些都不是单靠自然科学就能解决的，要运用政治学、经济学、社会学、法学、心理学、教育学等社会科学的知识。21世纪的教育不仅要加强科技教育，而且要加强人文科学的教育，要使每一个人懂得本国的文化和别国的文化，了解本国的历史和世界发展的历史，从而养成高尚的品德和思想情操。

最后，21世纪要加强道德教育。要教育每个青少年热爱自己的祖国，只有热爱祖国才能热爱世界；要教育青少年关心他人，关心集体，使他们懂得今天已经不是鲁滨孙时代，不可能在孤岛上生活，只有互相帮助才能生存；要教育青少年坚持真理、反对虚伪，坚持正义、反对邪恶；要教育青少年在物质极其丰富的时候仍要节俭，否则地球的资源将进一步枯竭，人类的生存圈将进一步恶化。

当代在科技革命的巨大洪流中出现了一种反科学主义流派，他们把包括道德堕落在内的一切社会灾难都归之于科学技术的发展，提出了"或是科技进步或是人的进步"的口号。他们认为，科学技术发展造成物质和社会环境剧烈变化，使人与客观环境失去平衡而感到难以适应，人与人之间的稳定联系被破坏，消极性消费不断增长，变动不安的生活使人感到动荡不安，从而对未来失去信心，这一切都将导致道德的危机。但是，我们认为，科学技术发展与道德进步是不矛盾的。科学技术的发展为道德的进步提供了物质前提，科学对道德具有深远的影响。在原始社会中，由于缺乏科学知识，人们无论对自己还是自然界都采取畏惧和神秘的态度，人们处于一种愚昧落后的状态，只能以敬神和恪守各种禁忌为最高道德。随着科学技术的不断发展，出现了许多新的工作和生活领域，人类在享受物质文明的同时享受丰富的文化生活。因此，科技落后、物质生活贫乏、文化生活空虚才是造成道德落后的重要原因。当今时代，科学技术高度发展，人类的物质生活日益丰富，道德的范围也在不断扩大，内容在不断增加。例如，科学技术迅猛发展要求人们遵守时间和爱惜时间，时间观念就成为道德的内容；科学技术在各种社会生活中应用后，产生了许多新的职业和新事物，要求人们在自己的工作中遵守应有的职业道德。

我们还认为，道德反过来又能影响科学技术的发展。在科学技术活动中道德因素有着十分重要的作用，科学工作者所具备的献身精神、协调合作、追求和坚持真理、尊重前辈和提携新秀等高尚品格，都是推动科学发展的动力。

因此，我们认为，科学技术发展和道德进步是相互促进、相互影响的。人们健全的心理发展和高尚品德的形成，从根本上讲有赖于科学技术的进步和社会的发展，这种相互关系的形成则有赖于教育。

教师

在新的世纪里，教师将起到更加重要的作用。

当前理论界出现一种言论，即所谓"学校消亡论"。持这种主张的人认为：电脑可以代替教师，自学可以代替教学；由于强调发展学生个性，采用个别化教学，学校教师都是多余的了。持这种主张的人虽然不多，但它的影响极坏。我们认为学校教育在今后的世纪里不是会削弱，而是还会加强；教师的作用是无可替代的，即使有最完善的教材、最先进的教学设备，最终也要依靠教师来设计、来使用。如果没有教师，就没有人编写教材。教材不是任何人都能够编写的。编教材的人必须懂得学生的认识规律，懂得学生的年龄特征和不同的心理特征，懂教育的方法，有丰富的教学经验。学生用以自学的电脑教学程序，也要靠教师来设计。更何况，教育不是单纯地使学生获取知识，教育还要培养学生具有完善的人格，这只有依靠教师的循循善诱才能办到。

也有的教育家认为，要培养学生的独立思考、独立工作能力，就要强调学生的自主性，就要淡化教师的作用。我认为这种说法不完全正确。为了培养学生的独立思考和独立工作能力，教师固然要改变旧的教育观念，不能越俎代庖，但却需要加强引导和指导，学生才不至于走弯路。就像登山运动员攀登一座陌生的高山那样，固然需要运动员自己的努力，但向导是必不可少的。

因此，教师在人才的培养上是极为重要的，教师本身素质的高低是教育成败的关键。

那么，教师需要具备什么样的素质，才能适应21世纪教育的要求呢？我认为应该有三个方面：

第一，必须具备教师的职业意识，即热爱学生，热爱教育事业，愿意为教育事业而献身。有了这样的事业心，他才能认真地钻研业务，认真负责地对待每个学生。

第二，要有较强的业务能力，这里包含两个方面：教师本身要有较渊博的知识，同时又要善于把必要的知识传授给学生。

第三，教师必须具备较好的心理素质和思想品质。它表现为有理想，有道德，善于处理人际关系，能够以身作则，为人师表。

上述三个方面缺一不可。有了献身教育的事业心，才能时时想到自己是一个教师，以身作则；具有丰富的知识和较强的教学能力，才能受到学生的尊敬，才能培养出新世纪的合格人才。

继承、发现、选择和创造*

　　任何国家的教育都是传统和时代的产物。教育作为文化的一部分，总是受制于整个文化传统。各个民族有不同的文化传统，因而也就形成了自己的教育传统。因此，不了解一个民族、一个国家的文化传统，就很难理解该国的教育。但是教育是为社会培养人才的，社会又是不断发展的，教育要为一定社会培养服务于该社会、促进该社会发展的人才，就必须具有时代性。教育的时代性与教育的传统会产生一定的矛盾。解决这个矛盾的方式就是教育的变革。这种变革不是离开教育的传统另搞一套，而是对教育传统的继承和改造。因此，研究教育的传统和变革，对于建立具有民族特色的现代化教育体系具有重大的理论意义和现实意义。当前，我们要建设有中国特色的社会主义教育体系，就不能不研究我国的教育传统和教育现代化的关系。

　　教育传统是经过长期的历史积淀而形成的具有一定特色的教育体系。教育传统是文化传统的一部分，一定的历史时期有一定的文化传统，也就有一定的教育传统。这种教育传统是受当时的政治经济以及文化的影响而形成的，同时也是对过去的教育传统的继承和发展。例如中国历史上长期存在的科举取士的传统是在封建制度发展中形成的。这种

---

*　写于1997年10月。

科举制度把学校教育和人才的选拔制度结合起来，相对于过去的世袭制度或者荐举制无疑是一种进步。但它本身也存在着许多弊端。清朝末年，列强的侵略和中国资本主义的萌发后，科举制度终于随着政治经济的剧烈变革而彻底破灭。

但是，教育制度的改变，并没有完全抛弃原来的某些教育传统。这是因为教育传统和文化传统一样具有多种层面：物质的、制度的、思想的层面。制度的改变总比思想的改变要容易得多。我国科举制度作为一种制度在清朝末年就消亡了，但是与科举制度相伴随的教育思想仍有可能在人们的头脑中残存下来。

教育传统本身不能简单地一概加以肯定或者否定。教育传统中有好的优秀的教育思想、制度和方法。有些教育思想、制度和方法符合教育发展规律，符合人们认识发展规律，就是优秀的教育传统，就会世代流传下来。例如，我国古代"因材施教""教学相长"等教育思想，至今仍然有强大的生命力。教育传统中有些教育思想、制度和方法在当时的历史条件下是进步的、可取的，但随着时代的变化和社会的进步，可能会变成落后的、腐朽的、不可取的，就要把它摈弃或者加以改造，使它符合时代的要求。

教育的传统和变革的过程是十分复杂的，但离不开继承（或叫传递）、发现、选择和创造这四个基本环节。

所谓继承，是接受原有的教育思想、制度和方法。但这种继承不可能是原封不动的，总是要经过改造，总是会有发展。

所谓发现，是指挖掘和利用已经存在的但未曾得到注意的教育传统。可以分为两种，一种是时间上的，是指过去的教育传统，如我国古代教育家孔子主张"因材施教""不愤不启，不悱不发"，这个传统长期被人忽视，今天我们重新发现和发扬；另一种是空间意义上的，即对别国的教育传统的发现和借鉴，如清朝末年中国知识分子发现西方的教育制度比中国的先进，遂引入我国。

所谓选择，就是对传统教育重新加以审视，用时代的标准加以选择，把符合时代要求的教育思想、制度和方法加以继承和发扬，不符合时代要求的加以摈弃。

所谓创造，是建立前所未有的、新质的教育体系，它包括起始意义的创造和在原有教育传统基础上的再创造。在教育领域更多的是后者。

这四个环节是互相渗透、相辅相成的。教育的传统和变革，就是一个不断继承、发现、选择、创造的过程。教育传统在时间上有继承和发展，在空间上有发现和选择，而无论是对本国教育传统的继承和发展，还是对外国教育传统的发现和选择，都是一个再创造的过程。因而创造是主要的，没有创造就不可能有符合时代要求的教育体系，教育就不可能为当今的社会服务，教育本身也不可能得到发展。但是，创造并不是凭空捏造，而是在传统的基础上的再创造。

对本国的教育传统要通过继承、发现、选择、创造来建立新的教育传统，对外国的教育传统也要通过继承、发现、选择、创造来为我所用，融化于我国的教育传统之中。当今，教育的国际性和开放性是现代教育的重要特征。随着科学技术的进步，国与国之间的交通越来越便捷，信息交流越来越快速，某一个国家的某一项教育改革会迅速传遍全世界。大量在国外学习的留学生，在异国工作的外国专家和顾问，在世界各地举办的国际会议，学者间的信函往来、资料交换，都促进了国际教育的交流。

中国改革开放以来，注意进行国际交流，学习外国的教育理论和经验，促进本国的教育改革和发展。但是在学习外国的教育理论和经验时，都会遇到如何与中国的教育实际相结合的问题，这就是选择和创造的问题。教育是文化的组成部分，各国教育都要受到各国文化传统的影响，它是文化传统与时代结合的产物。各国教育有共性，这是时代的标志。现代教育是各国互相学习的结果，在教育的功能上、教育制度和结构上、教育内容和方法上都有共同的特点，可以互相学习，互相借鉴。但各国教育又都有各自的特性，都有该国文化传统的烙印。我们在学习外国教育理论和经验时，首先当然要寻找时代的共性，看看别的国家是如何紧跟时代的步伐的，不断改进和完善自己的教育系统的。但是也不能忽视各国教育的特性（个性），因为共性总是通过个性表现出来的。不了解它的个性也就不能了解它是如何与时代相适应的。因此我总是主张研究外国教育应与研究该国的文化传统结合起来，才能真正理解该国教育的实质。

香港中文大学杜祖贻教授与我有相同的观点。他认为外国社会科学理论不能生搬硬套地用到中国。首先要了解外国社会科学理论的本质含义，然后要研究这种理论如何与中国的社会实际相结合，成为我们能够接受和运用的理论，这样才能真正促进中国社会的发展。这就是所谓的理论本土化问题。

自行车和木牛流马*

　　鸦片战争，外国的坚船利炮轰开了中国长期封闭的大门，也打破了中国统治阶级"中国中心"的美梦。但是中国士大夫阶级在思想上都不认输，总是背着沉重的传统包袱，总认为中国的儒家文化优于西方百倍，西方不过有些"雕虫小技"，而且这些技艺也都源于中国，形成了一套"西学源出于中学"的说法。有一次，清朝有位官员叫斌椿，出使到欧洲法国，第一次看到自行车，他就认为这是中国古代"木牛流马之遗意"。这正是这种心态的反映。

　　这当然已经是一百多年以前的事了。但是这种思想近几年来却在一些知识分子中又有了市场。他们看到亚洲"四小龙"的崛起而兴奋不已，认为得力于儒家文化。新加坡李光耀总理治国有方，犯罪可以用鞭刑，据说也是继承了儒家治国的遗风。听说西方科学家在巴黎聚会、发表宣言，宣称西方现代化带来的问题要到东方求解决方案，欲求助于孔子哲学，心中不免又泛起了一种喜悦。于是"半部论语治天下"的说法又流行起来；于是就有人起来反对"五四运动"，说"五四运动""打倒孔家店"是"左倾"，鲁迅说的"不读少读中国书"是全盘西化、不要中国的传统等。

---

*　写于1999年酷夏。

儒家文化真是那么有用吗，真是东方现代化的动力吗？同属儒家文化圈的日本，也是在外国侵略者的炮击下走上现代化道路的，在时间上同中国差不多，但他们在明治维新后重视吸取西方文化，很快走上现代化的道路。而中国却背着儒家文化的沉重包袱，不能吸纳西方新文化，只能步履维艰地蹒跚而行。造成这一切的原因，也许就是日本背负的儒家文化的包袱比我们要轻得多，儒家文化对他们来讲同样是一种外来文化，而在我国它却是一种"国粹"。

我丝毫没有贬低儒家文化在中国历史上的作用的意思，也不否认儒家文化中有值得我们继承和发扬的优秀成分。而且现代化绝对不是西方化。中国现代化的道路只有在中国传统文化的基础上才能建立起来。但是继承和发展不是原封不动地照搬，而是要选择，要创造。儒家文化毕竟是旧时代的产物，要使它在新时代能够起作用，就要选择其中的精华，赋予时代的新气息。

弘扬中华民族文化传统也不能一概而论，要弘扬中华民族文化传统中的优秀部分，剔除糟粕的部分。中华民族文化传统中有许多优秀的东西，如自强不息、热爱祖国、勤劳勇敢、谦让中和、天人和谐等，都需要我们认真发掘，赋予时代的新气息而继承和发扬；也有许多不健康的东西，如宗法主义、家族至上、官本位主义、唯书唯上等带有封建小生产色彩的思想，如果不破除这些思想，现代化社会难以建成。例如，官本位主义就影响到我国的法治，要依法治国就要破除官本位主义。又如宗法主义，有些个体户发了财，不是把资金投入扩大再生产，而是去为祖宗盖坟陵，甚至为自己造陵。还有贪大求全、好大喜功等思想都影响着我国现代化的进程，不加以批判、澄清就难以前进。中国知识分子应该做的，正如鲁迅所说，应该是托住因循守旧的传统的闸门，让青年们走出去，吸纳新思想，改造旧传统，建设有中国特色的现代化的新世界。

什么叫"学校办出特色"*

　　"要把学校办出特色",已经成为教育改革的时髦话。但是,什么叫"办出特色",却并非所有讲这句话的校长们都能说得很清楚。比较普遍的说法是,全面发展+特长=特色。全面发展好理解,即贯彻德、智、体、美等全面发展的教育方针。特长是指学生在全面发展的基础上还要具备某些独特的技能,如会唱歌、会跳舞、会绘画,是体育运动员,或是科技小能手等。为了办出所谓特色,不少学校就在这些技能上下功夫,把学校办成音乐艺术特色校、体育特色校、外语特色校等。我参观过不少这样的学校,虽然感到这些学校培养了一些有特长的学生甚至人才,学生在这些活动中也显得生动活泼,但总感到有些困惑,这样办学算不算就是办出了特色? 如果有人问我,什么叫"学校办出特色",我又觉得也回答不出来。

　　去年10月参观成都市青羊区实验小学分校,使我悟出了一些道理来。实验小学分校是为因改造府南河滨而拆迁的居民孩子办的一所学校。小学生都是从河滨原来的棚户区拆迁过来的,父母大多文化水平较低,素质也较差,不仅不知道如何教育孩子,而且行为粗野。学校办学之初,针对这种情况,确定了把办学校与建设社区文化结合起来的方

―――――――――

*　写于1999年春节。

针：通过学校教育来影响家庭教育、社区教育，然后反过来，家庭、社区教育促进学校教育，形成学校、家庭、社区的教育的互动和合力。校长在介绍情况时说，学校办学之初，开家长会时，有些家长光着脊梁、穿着裤衩来开会。学校一方面对家长进行宣传教育，要求家长按照学校的要求配合学校做好孩子的教育工作，另一方面动员学生做好家长工作，让孩子对家长提出要求。有些家长参加家长会时衣衫不整洁，孩子就会批评家长："你看人家的爸爸妈妈穿得多整洁！"父母都有疼孩子、爱面子之心，以后就再也没有衣衫不整来开会的家长了，家长说脏话的也少了。久而久之，整个学校、整个社区、家庭都形成一种讲文明、讲礼貌的风尚。学校同时又继承实验小学总校的传统，狠抓教育质量，学校整体质量不断提高，短短几年就成为成都市远近闻名的好学校。

我听了他们的介绍感到很兴奋。我暗暗在想：这才真正叫作"学校办出了特色"。

学校要办出特色。何谓特色，顾名思义，是指不同于一般，不是平平常常，而是要有所创新，具有个性，而且这种个性能够形成传统，代代相传。因此要把学校办出特色，就要有新思想、新思路，要结合本校的具体情况，发挥优势和特长。这种特长可以表现在各个方面。可以是在教育（德育）工作上，也可以是在教学工作上；可以是在课外活动上，也可以是在课堂教学上；可以是在办学模式上，也可以是在教育方法上。教育是丰富多彩的社会活动，特色也应该是丰富多彩的。

要使学校办出特色，就要给学校一点自主权。我在编纂《教育大辞典》的时候就发现，一些名牌学校在写他们的历史的时候，内容很丰富，让人感到这些学校很有特色，但写到中华人民共和国成立以后的工作反而写不出特色来，千篇一律，都是什么"全面贯彻教育方针"啦，"重视对学生进行品德教育"啦，"努力提高教学质量"啦，等等。为什么写不出特色来？就是因为中华人民共和国成立以后对学校统得太死，全国一个教学计划、一套教学大纲、一套教科书，学校没有自主办学的空间，在这种形势下要求学校办出特色，也实在难为校长们。因此，要使学校办出特色，就要改变过去统得过死的管理体制，让学校有点办学的自主权。例如课程改革，除了全国统一要求的基本课程外，是不是可以允许学校自行设置他们认为有必要开设的课程，或者有特色的课程；又如教材要改革，就应打破一套教材一统天下的局面，允许学校选用自己认为好的教材，也可以自编教材。只有这样，学校才能结合本地的实际和学校的实际，发挥学校的优势和特长，真正把学校办出特色。

基础教育与创新精神[*]

现在大家都在谈论知识经济，谈论知识经济对人才培养的要求。这就给教育界提出了一项重要的课题。要解决这个课题绝非三言两语能说清楚的，我只想说说基础教育与创新的关系。

我想首先要弄清楚，支撑知识经济的知识，绝非书本上的死的知识，必须是创新的知识，也就是前人没有说过没有写过的知识。如果是人人都知道的知识（书本上的知识是人人都能读到的），你怎么就能去促进知识的发展，怎么能去与人家竞争？昨天，即1999年3月3日《科技日报》上刊登了一条消息，使我很受启发。消息说："海尔总是与众不同。目前，海尔龙系列电脑隆重推出，其鲜明的'无师自通'个性化电脑软件设计和'伴随终身'的个性化技术服务让消费者感到耳目一新，给电脑产业增色不少。"消息还附加评论说："如今市场上商品琳琅满目、应有尽有，似乎没有同类商品的立足之处，其实针对许多同类产品，只要在技术创新上下功夫，便能在市场上异军突起，独领风骚，成为激烈市场竞争的胜者。"这条消息充分说明了创新知识的重要，不能亦步亦趋跟在人家的后面。

创新知识从何而来？我想有两个必要条件：一是扎实的基础知识，

---

* 原载《中国教育学刊》1999年第2期。

二是创造性思维，二者缺一不可。创新并非异想天开，而是在扎实的基础知识上，掌握了有关学科的前沿知识，运用创造性思维，举一反三，发现和创造新的知识。只有扎实的基础知识，而不去与实际相联系，不去进一步思考，这种知识只是死的知识，没有生命力，有如一株已经枯萎的大树，虽然根扎得很深，但已失去吸收营养的能力，树的枝叶也就失去了生长的可能。但是如果只有想象力（创造力的重要因素）而无扎实的基础知识，则想象会变成幻想、空想。例如几个世纪以来，总有人异想天开地企图发明永动机，就是荒谬的空想。

　　由此可见基础知识与创新的密切关系。但关于基础教育与创新的关系，在教育工作中却有两种意见：一种认为基础教育就是打基础的，不可能要求几岁或十来岁的娃娃有什么创新；另一种认为基础教育要打破陈旧的教育观念，主要不是传授知识，而是培养创新能力。这两种意见都有一定的片面性。其实两者是不矛盾的，只有掌握了扎实的基础知识才能创新，同时也只有培养学生具有创造性思维，他们才能深刻理解基础知识，把知识学活。创新能力的培养首先是创造性思维的培养。中小学的任务是给学生打基础，这种基础不仅是指掌握基础知识，而且也包括基本能力的培养，其核心是创造性思维。我们不能要求中小学生有重大的发明创造，但我们可以要求学生能创造性地学习，并且要培养他们的创新意识，使他们认识到世界是发展的，人对世界的认识也是在发展的，因而知识也是在发展的。创新意识是要从小培养的，从小就有一种探索精神，凡事问一个为什么，可不可以从另一个角度思考、用另一种方法解题。从小有了这种创新意识，长大了，成熟了，掌握的知识丰富了，他就能够在事业上有所创新。

　　我国基础教育有优秀的传统，就是重视基础知识、基本技能的训练。这个传统应该继承和发扬。但是基础教育的实际工作却有严重的不足，就是不重视对学生创造性思维的培养，特别是受到"应试教育"的干扰，考什么教什么，教什么背什么，处处都以标准答案为准，这就抑制了学生的创造性思维，长此以往，养成唯书唯权威是从的思维定势，怎么能适应知识经济、创新时代的需要。因此，改变教育观念，把传授基础知识和培养学生的创造性思维、创新意识结合起来，是教育界的当务之急。

靠高考改革解决教育供求矛盾是缘木求鱼*

高等学校入学考试的问题是当前社会上议论最多的问题之一，也是关系到千家万户的问题。人们普遍有一种意见，认为高考是指挥棒，当前应试教育的弊端，学生负担过重，都是源于高考，因此高考制度必须改革。我觉得，这样的结论未免过于简单。

应试教育是一个表面现象，应试教育的背后隐藏着一个重大的社会问题，就是青年的出路问题。追求升学，追求学历，说到底是追求一个好的职业。这是一个社会问题，这个问题的存在有着深刻的社会历史根源。

第一，我国经济不够发达，特别是长期实行计划经济，就业机会不充分。青年追求升学，就是追求就业，因为学历越高，就业的机会就越多。过去高等学校毕业包分配，考上大学就像进了保险箱，必然能够得到一份像样的工作。现在虽实行了双向选择，但人们总觉得上了大学找份工作总不是难事。

第二，是我国长期以来形成的劳动人事制度造成的。我国的劳动人事制度，只讲学历不讲能力。哪一级学校毕业，工资级别就是哪一等，不论能力的大小，不论学校的质量，一律按学历划等级。升学是人们追求升迁的途径，这在哪个国家都如此，但在我国尤其突出，因此追求升

* 原载《人民论坛》1999年第7期。

学也就不足为奇了。

第三，除了上述经济原因和人事制度外，还有更深层的文化根源。中国文化有重视教育的优良传统，无论达官贵人，还是庶民百姓，只要有条件，总是想让自己的子女多读一些书，这是好的一面。另外一面是讲究学历，"学而优则仕""读书做官"以及科举制度的影响，都为现在的学历主义埋下了文化的根子。

第四，人们生活水平提高了，对教育的需求也相应增加。常常听到许多家长讲，过去自己没有条件上大学，现在无论如何要让孩子上大学。特别是独生子女增多，家长总希望他们能上学，这是情理中的事。

第五，对于学校来讲，追求升学率就是追求学校的声誉，这也关系到学校和老师的切身利益。

说到底，对教育的社会需求越来越高涨，然而教育的资源却是有限的，也就是说高等教育为青年提供的机会是有限的。拿我国每年出生人口与高校招生的比例来说，高等学校的入学率（不包括成人教育）大致在5%左右，加上各种类型的成人高校也只能达到9%左右，也就是说有很多的青年永远不可能接受高等教育。因此，追求升学率实质上反映了教育资源的供求矛盾问题。

高考在这里面起什么作用呢？起到教育资源分配调剂的作用，起到"阀门"的作用。因此，仅靠改革高考制度来解决教育供求的矛盾是缘木求鱼，是一种天真的想法。

包括中学考试问题，实际上也是一个教育资源分配问题。这里面还隐藏着一个"公平"和"效率"的关系问题。取消小学升初中的考试，就近入学，看来解决了一个升学竞争的问题，似乎也解决了一个公平问题，但又带来另一个不公平。因为学生的能力有差别，学生勤奋努力的程度有差别，学校也有办得好坏的差别，抹杀这些差别，一律由电脑分配，对学习好的学生是极大的不公平，也不利于出人才。事实上，尽管考试科目减少，学校的作业负担减轻，但回到家里，家长却会主动地增加学生的负担。这样，作业负担可能减轻，学生的心理负担一点也没有减轻。

因此，要缓和升学压力，光靠改革考试制度是不够的，必须从根本上找出路。也就是要发展经济，拓宽就业门路；改革人事制度，重视能力，参考学历，把学历证书与资格证书分开；要改革整个教育制度，建立终身教育体系，使学生不至于一次考试定终身，能够有再学习、终身学习的机会；同时可改变教育观念，克服重理论、轻实践，重学术、轻技术的思想，建立行行出状元、人人都能成才的思想。有人说，苏南乡镇企业的发展全靠高考落榜生的贡献。这句话很有意义。确实是这样，上大学的学生几乎都在外面工作，留在县里或农村的，一部分是没有参加高考的中学毕业生，一部分就是高考落榜生。他们在乡镇企业的创建和发展中发挥了很重要的作用，现在他们许多成了企业家，成为企业管理的人才。当然，在管理现代化企业中他们有一个再学习的问题。这就给我们提出两个问题。其中一个问题就是什么叫人才的问题，不只是考上大学、当了干部的才是人才，而是只要勤奋努力，能为社会做出贡献的就是人才。另一个问题就是要建立终身教育体系的问题，没有上大学的人也能有机会继续学习、终身学习，不断提高文化科学水平和业务能力。这样，暂时不能上大学的青年才有一个不断前进的方向和出路。

总之，高考制度改革只能解决如何择优选拔人才的问题。改革得好，选择制度变得更合理、更完善，就更有利于普通教育推行素质教育，但不能从根本上解决高等教育供求的矛盾。要解决高等教育的供求矛盾，减轻升学竞争的压力，只有两条出路，一是扩大招生名额，把大学的门开得大一些；二是建立终身教育制度，使青年有再学习的机会，打破现在普通中学和职业高中的双轨制，建立互相沟通的渠道，特别是沟通职业高中通向高等学校的渠道，允许职业高中毕业生报考任何一所高校。这是一个理论问题，更是一个实际问题。

教育质量是民办学校的生命线[*]

最近民办教育成为教育界谈论的热点。其实，从世界教育发展历史来讲，民办教育远远早于公办教育，特别是现代意义上的学校，都是私立学校办学在前，公立学校不过是近两百年来的事。所以在国外私立学校资格最老、办学质量最高。例如，美国的哈佛、耶鲁，英国的牛津、剑桥，日本的庆应、早稻田都是世界上的名牌大学。我国过去也是教会办的洋学堂在先，然后在20世纪初清廷"废科举、兴学堂"，才办起公办的学校。中华人民共和国成立以后，把私立学校一律收归国有，统一学制，统一计划，按照计划经济的模式办起统一的社会主义的学校。今天又要办民办学校，其发展轨迹就与世界各国的民办教育不一样了。

民办教育的产生和发展应该说是客观的需要。这种需要在我国可以分两种情况。一种情况是高等教育，主要是因为我国高等教育的投入不足，教育资源供不应求。许多青年要求接受高等教育，许多家长希望自己的子女接受高等教育，但政府提供不了这么多学额，于是民办高等学校应运而生。另一种情况是中小学教育中各种学校条件不同，水平不齐。家长要求子女接受较好的教育，进较好的学校；或者有些家长有一些特殊的要求，如一部分家长因工作关系无暇照看孩子，要求子女能寄

* 原载《光明日报》1999年8月25日。

宿在学校中，于是最先就出现了一些条件较好的寄宿制学校。两种需要虽有所不同，但都是教育供求之间矛盾的产物。

这两种不同的需要就决定着民办高等学校和民办中小学的办学要求和方向要有所不同。民办高等学校是补公办高等学校之缺，为广大青年提供受教育的机会，因此他们的办学方向应该是低重心的，紧密结合社会主义建设实际的，专业的应用性较强，不能要求办高水平的、基础性强的专业。之所以是这样，还因为有许多条件制约着民办高等学校的发展。

首先，中国的民办高等学校没有像国外名牌私立学校那样的资格和条件。一般说来，办好一所名牌大学，即使资金充足，也需要50年。我国汕头大学就是一个很好的例子。而现在的民办高等学校都不具备这种条件。

其次，没有充足的资金。国外私立大学都是由财团、宗教团体或基金会主办的，都有充足的资金为后盾。例如，美国全国就有2 000多个基金会，平均每个基金会的基金达5 000万美元。而我国没有私人财团，也没有资金雄厚的基金会，主要是靠集资办起来的，所以学校不能办得太大、太高级。据说有些学校的规模已达几千人、几万人，但也只是短平快的专业。

最后，生源不如公办学校。

正因为上述原因，民办高等学校还是初创的，条件还远不如公办学校，因此考试成绩优秀的毕业生不可能报考民办高校。今年普通高校大规模扩大招生，许多民办高校就深感生源不足。

以上条件制约着民办高校的办学方向。因此民办高校要生存和发展就要研究市场的需要，办出特色，努力提高质量。

民办中小学教育就是另一回事。民办中小学是应家长的择校需要而产生的，因此民办中小学的办学只有朝着高水平高质量的方向才有发展前途。义务教育阶段不用说，国家已经包下来，儿童不怕没有学可上，家长是希望上条件好的学校、质量高的学校；高中阶段虽然不是义务教育，但家长要求子女上高中总希望将来能考上大学，因此他们追求的也是条件好、质量高的学校，因此民办中小学一定要办成高质量的有特色的学校，才有生命力。

因此，不管是民办高校，还是民办中小学，卓越的质量是他们的生命线，不过质量的含义有所不同。各级各类不同的教育都应有自己的不同的质量要求。什么叫质量？总括起来讲，就是满足社会不同群体需要的教育就是有质量的，当然满足也有程度的不同。

权利与义务[*]

公民教育很重要的一项内容是要教育学生懂得将来作为一个公民应该重视自己的权利和义务。权利和义务是对立的统一。每个公民要想享受自己的权利，就必须对社会、对他人承担义务。只有每个公民都承担了义务，才能享受到权利。就拿交通来说，"行"是每个人的权利，遵守交通规则是每个人的义务，如果人人都不遵守交通规则，那么你也别想"行"得通。纳税也是这样，纳税是公民的义务，享受公共福利是公民的权利，如果没有人纳税，公共福利就没有经费的保证，你要想享受这种权利也就不可能。

但是，我时时、处处感到，中国人的思想中权利思想多了些，义务观念少了些。有几件事使我感受极深。有一次在国际机场登机。安全检查口前面划了一道黄线，旅客应该站在黄线外面，一个一个依序检查，目的是维护秩序，这是十分必要的，国外早已通行，但国人似乎还不习惯，总是往前拥。有一位高高大大的机场工作人员过来吆喝着，把旅客推开去。我以为他是来维持秩序的，谁知他把人推开以后带着两位熟人加塞进去了。啊！原来他是来行使他的"权利"的。又一次，乘机到厦门。由于是夏天，身上穿得薄，机上有冷气，旅客感到有些凉，开始有

旅客要求空姐给条毯子，我也说要一条，空姐撂给我一句话："这又不是发的。"我感到受到极大的侮辱。后来我想：为什么会这样？恐怕与缺乏公民教育有关。她只知道有发毯子的权利，不知道有为旅客服务的义务。其实这种事情多得很，为什么举机场的例子？因为在机场、机上工作的人员大多都有较高的文化水平，有较高文化水平的人都是这样，何况其他人员。到各个机关去办事，都会遇到这样的干部，权要用足了，义务却可以打折扣。

中国人还有一种施恩观点，为你办事，似乎是给你恩典，而不是他的义务、他的职责。所以你要躬身下气，赔着笑脸去求他，否则他一挥手，你只好高兴而来、败兴而归。前不久《参考消息》上刊登了一位日本人的随感。他说，在日本商店购买东西，售货员总是双手提给你；在中国商店购买东西，售货员总是把商品扔给你，有一种高高在上、施恩给你的感觉。这位日本人的感觉真是入木三分。

为什么会这样？我在想，恐怕与我国长期处于封建社会有关。封建社会是重视权力的社会，谈不上有为人民服务的思想。今天国人之重权、用权，恐怕与这种封建传统思想有关。毛泽东早在中华人民共和国成立前就提出了"全心全意为人民服务"的口号，中华人民共和国成立后又树立了雷锋的榜样，但终究还是敌不过长期形成的传统思想。

恐怕与我们的教育也有关。长期以来，道德教育只讲阶级斗争，不讲公民的权利与义务。其实，每一个工作人员为他的服务对象服务，这是一种义务，是工作人员的职责。毛泽东提倡的"为人民服务"是一种思想，一种品德，也是一种义务。但是这句话到了某些干部的嘴里似乎也变成了一种恩典，使它染上了某种封建的色彩，有时候听起来，使人不舒服。

所以我希望，我们的公民教育要把权利与义务讲透彻；我们的干部要多讲点义务，少讲点权利。

让不该发生的事再也不发生[*]

3月1日首都各报都发表了江泽民《关于教育问题的谈话》，这是一篇十分重要的谈话，提出了社会主义教育发展方向的重大问题。江泽民全面论述了我国社会主义的教育方针，号召全社会都要关心和支持教育事业，正确引导青少年学生健康成长，使他们德、智、体、美等方面能够全面发展。

江泽民提到前不久发生的一些不该发生的事。这些事使人感到很痛心，也值得大家反思。虽然是偶发事件，但是却有深刻的根源。教育本来是培养人才的活动，但如果教育方向不正确，思想不端正，教育方法不对头，就不仅不能培养人才，而且会摧残人才。当前教育中遇到的最大问题是升学与素质教育的矛盾，实质上是教育供求的矛盾。学生负担过重，主要来自升学压力。如今大多数是独生子女家庭，家长"望子成龙"的心情是可以理解的。但是社会是由各种人才组成的，同时每个儿童差异性很大，不一定人人都适合上大学，也不能用一个标准去要求学生，不能只是升学一条出路。全社会都要树立正确的人才观：行行都能出状元。特别是当今信息时代、学习社会，学习的机会多得很，没有哪一种学校能够保证一个人一辈子的职业，最重要的是要打好素质教育的基础。

教育部《关于在小学减轻学生过重负担的紧急通知》（以下简称

---

*　写于2000年3月4日。

《通知》）发出以后，今年学生过了一个轻松的寒假。但是许多家长和老师心里却不踏实，总是不放心。这说明思想上还没有扭过来。因此，要想彻底落实《通知》，除了不折不扣地落实《通知》中的各项要求外，还要认真学习江泽民这次谈话，树立正确的教育价值观、教育质量观。要使每一个老师认识到，素质教育关系到每个学生能否健康成长，我们的国家民族能否兴旺发达。使每个家长都认识到，减轻学生学业负担不仅不会降低质量，而且会学得更好；学习只有靠学生的兴趣和自觉，强迫和压服只会适得其反。

老师要树立良好的职业道德，要热爱学生。老师和家长要明白一个道理："没有爱就没有教育，没有兴趣就没有学习。"老师和家长要多关心学生的思想，加强思想政治教育、道德品质教育、纪律法制教育，使他们能够正确对待自然、正确对待社会、正确对待他人、正确对待自己，也即有正确的世界观和人生观。有了正确的思想、高尚的品德，又有文化知识，将来一定能成才。

老师和家长都要研究教育方法。鲁迅在20世纪30年代就批评过两种极端的教育方法。一种是"任其跋扈，一点也不管，骂人固可，打人亦无不可，在门内或门前是暴主，是霸王，但到外面，便如失了网的蜘蛛一般，立刻毫无能力"；另一种是"终日给以冷遇或呵斥，甚而至于打扑，使他畏葸退缩，仿佛一个奴才，一个傀儡"，父母还以为是"听话"，以为是教育的成功，等到放他到外面去，"则如暂出樊笼的小禽，他决不会飞鸣，也不会跳跃"（《南腔北调集·上海的儿童》）。这种教育方法至今不是依然存在吗？而且更多了一种溺爱的方法。父母什么也不让孩子做，以致走到外面连最基本的生活都不能自理，遇到挫折还会走向绝路。正确的教育方法是了解孩子，理解孩子，严格要求而又循循善诱；启发学生的自觉，尊重学生正当的选择。只有这样，他们才能具有创新精神和独立工作的能力，以后不论从事何种工作都能做出成绩。

屁股指挥脑袋*

旧社会，做媳妇的总要受婆婆的欺侮。婆婆施起淫威来，可打可骂，媳妇苦不堪言。但是等到媳妇当上婆婆以后，她又以同样的态度对待她的媳妇。就因为她的屁股换了地方，换到婆婆坐的椅子上了。今天的婆婆已经无法施展淫威了，但有旧脑筋的婆婆心中也总还是有点耿耿于怀。这就是屁股指挥脑袋的最通俗的例子。

实际上，现实生活中这种现象比比皆是。一个小老百姓对领导不满意，可以天天发牢骚，骂领导，一旦他当了领导，他又讨厌起老百姓的牢骚来了。记得改革开放的初期，我们想搞一次教育改革的实验，包括学制改革的实验，找了一位老同志商量，他十分赞成。但等到他恢复工作，当上领导以后，却又不积极了。我并非批评这位同志，他是一位好同志，为我国教育事业做出了很大贡献，对我的帮助尤其大。我只是想说明一个问题，岗位变了，或地位变了，他考虑的角度就不同了。这种不同，一般说来，不存在谁对谁错的问题。只说明，一个人的思想行为总是随着他的岗位或地位变化的。再举个例子，我们在大学工作，当老师的总是埋怨后勤部门不为教学科研服务。后来，干脆调一位老师去当后勤的领导，结果和原来没有什么两样。这就是因为坐的板凳变了，思

---

* 写于2000年3月5日。

想感情也变了。

以上说的是日常生活。如果放大一点，不同的利益集团、不同的阶级，思想行为也会不同，这就是立场和观点的关系。马克思主义讲立场、观点和方法。现在许多年轻人不再相信什么立场和观点这一套了，可这确是客观的存在，谁也否定不了。我们在处理任何事情的时候，都避不开因为立场不同而观点就大不相同的问题。不愿意叫立场和观点，那就叫屁股和脑袋吧。

我们在处理日常事务遇到矛盾时，只要不是敌对的阶级、冲突的利益集团，就应该站在对方的立场上想一想，也就是最好大家坐在一条板凳上想一想。屁股同在一条板凳上，脑袋就会往一处想，矛盾就容易解决。最近江泽民发表了关于教育问题的谈话，陶行知研究会和中国教育学会发起开一次教师座谈会来学习江泽民的谈话。我们立即想到应该请教育工会参加，因为我们都是教师的团体，都坐在一条板凳上。谁知道教育工会的某些人却在开会时背着我们向新闻单位发放新闻稿，把自己的屁股坐到婆婆的位子上去了，确实是我们没有想到的。

我们要树立什么教育观念[*]

1999年第三次全国教育工作会议，中共中央和国务院做出了《深化教育改革，全面推进素质教育》的决定，并且制定了一系列措施。认真贯彻全教会的精神，需要教师、家长以及全社会成员解放思想，摆脱传统教育观念的束缚，树立正确的教育观念。最近发生的几起学生暴力事件，虽说是个别偶发事件，但不能不令人痛心和震惊。痛定思痛，这反映了什么问题呢？除了片面追求升学的社会根源外，就是不正确的教育观念和错误的教育方法所酿成的恶果。江泽民的谈话指出，全社会都要关心支持教育事业，深刻地阐明了正确引导和帮助青少年学生健康成长的重要性。要做到这一点，一定要有正确的指导思想和教育方法。正确的指导思想就是正确的教育观念。那么，我们需要树立哪些正确教育观念呢？

一是，树立正确的教育价值观。教育的价值观是人们对教育的作用和意义的认识。不同的历史时期有不同的教育价值观，不同的阶级、不同的利益集团有不同的教育价值观。但是都不能离开教育的本质来谈教育价值。教育的本质是什么呢？教育的本质就是培养人，就是根据一定社会的要求，传递社会生产和生活经验，促进人的发展，培养该社会所需要的人才。这里面包含两个意思，一是促进人自身的发展；二是培养

---

* 原载《中国教育学刊》2000年第2期。原题"解放思想 转变观念"。本文略有修改。

社会所需要的人才。这二者是不矛盾的，是相互依存的。特别是在当今时代，需要人在德、智、体、美等方面全面发展，才能成为我国社会主义社会所需要的人才。但是，在现实生活中，不少人却认识不到这个教育本质，只从个人的利益来考虑教育的目的和作用。家长想的是，自己的孩子能不能考上重点中学或大学，至于孩子是不是得到全面发展，是不是符合社会的要求，考虑甚少；各级领导只关心每年的升学率，于是给下面学校下指标，把升学率看作他的政绩；校长和教师在这种强大的压力下，只知道强迫学生学习，用考试和分数压学生，片面追求升学率。这样的教育价值观必然会扭曲教育的本质，如果再加上使用错误的教育方法，必然会使教育走向反面。教育本来是培养人的活动，却变成了摧残人的活动。

家长都希望自己的子女多读一些书，特别是独生子女家庭，"望子成龙"的心情是可以理解的。但要有正确的方向，也即正确的教育价值观。其实，仔细分析一下，每个家长"望子成龙"的思想动机并不相同。可以分为以下几种类型：一种是补偿型。学生的家长许多受到"文化大革命"之累，未能上大学，总想自己没有机会上大学，绝不能让孩子步自己的后尘，千方百计要让孩子上大学。另一种是面子型。一部分家长，特别是干部和知识分子家庭，觉得如果孩子没有考上大学，家长就很没有面子。有的孩子就看穿了这一点，和父母吵架时就说："你们老说为我好，还不是为了你们自己的面子。"第三种是利益型。有些农村的家长希望孩子"跳出农门"；有些城里的家长希望孩子上了大学能够找到好的工作。当然，也有许多家长是有正确的教育价值观的。即使是上述几种类型的家长，其思想动机也不是单一的，也总是想让孩子将来成为对社会有用的人才。但由于教育价值观不端正，往往只重视孩子的学习，很少关心孩子的思想；只重视孩子的分数，不关心孩子能力的发展，再加上家长在孩子面前表现出来的担心、急躁情绪，会给学生带来心理上的沉重压力，处理不当，会引发一些消极的，甚至反面的后果。

我们要从国家的盛衰、民族的兴亡高度来认识教育的作用和意义，正确引导和帮助青少年学生健康成长。不仅要加强对学生的文化知识教育，而且要切实加强思想政治教育、品德教育、纪律教育、法制教育，使学生在德、智、体、美等方面全面发展，成为社会主义事业的建设者和接班人。

二是，要树立正确的人才观。人们往往把人才和天才混淆起来。我认为，一个人能够勤奋学习和工作，对社会有高度的责任感，并为社会做出一定贡献，就是人才。天才只是少数，是指那些有异常的资质，在认识自然和社会方面有重大发现或发明，或为社会做出重大贡献的人。社会是由各种人才组成的，社会主义建设需要各类人才。1985年《中共中央关于教育体制改革的决定》中就指出，要造就数以亿计的工业、农业、商业等各行各业有文化、懂技术、业务熟练的劳动者；数以千万计的具有现代科学技术和经营管理知识，具有开拓能力的厂长、经理、工程师、农艺师、经济师、会计师、统计师和其他经济、技术工作人员；数以千万计的能够适应现代科学文化发展和新技术革命要求的教育工作者、科学工作者、医务工作者、理论工作者、文化工作者、新闻和编辑出版工作者、法律工作者、外事工作者、军事工作者和各方面党政工作者。这还只是一种概括性分类，如要按照国际劳工组织的国际标准职业分类（ISCO），则社会的职业可分为8大类、83小类、284细类以及1 506个职业项目，每个职业项目还有许多具体职业，多到上万种。缺了哪一个具体职业社会都难以运转。例如，今年（2000年）春节，送奶的民工回乡过年了，北京有些居民就没有牛奶喝。有一年我在巴黎，正遇上清洁工罢工，结果满街都是垃圾。当然，每个家长都希望自己的孩子有一份好的工作，收入高的、所谓体面的工作。但是，一个人的能力有大小，人的天赋、兴趣、爱好都有差异，工作自然有差别。任何工作只要勤奋好学都能做出成绩，都会受到人民的尊敬。不久前去世的伐木和植树英雄马永顺就是全国人民的榜样。俗话说，三百六十行，行行出状元，真是一点不假。再说当今变革的时代，一个人已经不太可能一辈子固定在一个职业上，也没有哪一种学校能够保证其毕业生一辈子的职业。学校教育重要的是打好素质教育的基础，学生走向社会再不断地学习。一个青年只要善于学习，改变职业的机会多得很。去年（1999年）我在巴黎第八大学讲学，接待我们的是一位获得博士学位不久的高级讲师，他就曾经当过十年火车司机。我想，我国终身教育体系建立以后，这种现象一定也会出现。

三是，要树立正确的学生观。这里包含两个问题，一是：什么是好学生？二是：怎样对待所谓差生？传统的教育观念中，听话的就是好学生，或者学习好的又听话的才是好学生。事实上，听话的孩子很少有创造性。孩子有活泼好动的天性。但是不知道从哪一年开始，也不知道发源地是哪个学校，全国小学生都要背着手上课。为什么这样？就是不让学生乱说乱动。许多小学的学生干部大多是女孩子，因为女孩子听话。我参观一所小学，布告栏上公布的"十佳少年"，九个是女孩。难道男孩子中真的就没有好学生？恐怕不是，而是老师的偏见。用"听话"作为衡量学生的标准，自然就不会培养学生的创新精神和创造性思维。

有些老师把学生分成三六九等，谁是最聪明的，谁是最笨的；有的老师给学生排队，一号种子、二号种子、三号种子；有的老师当着孩子的面在家长面前数说孩子的缺点。这样很伤学生的自尊心和自信心。一个人如果从小就失去了自尊心和自信心，长大了他还能有什么进取精神！

我们应该相信，每个孩子都有优点，都有进步的愿望，包括差生。对待差生，老师应该给予更多的关怀。因为差生总有一种自卑心态，常常不愿意积极参加各种活动。如果老师嫌弃他，不放心交给他任务，他就没有信心改正自己的缺点，他就会疏远学生集体；如果老师再用恶语伤他的心，他可能更走下坡路；如果再在社会上结交一些坏人，就可能走入歧途。对待差生，老师要拉一把，而不是推一把。要尽量寻找他内心深处哪怕一点点进步的火花，通过肯定、鼓励把它点燃起来。有些老师对差生爱不起来，这就是学生观的问题。我们要用培养下一代人才的责任感来热爱每一个学生，包括差生。

四是，要树立正确的教学质量观。传统的教学质量观是学生学到的知识越多越好，考试的分数越高越好。现代教育则重视培养学生的能力和对事物的态度。布鲁纳早在20世纪60年代就说过："我们也许可以把培养优异成绩（的学生）作为教育的最一般的目标；但是，应该弄清楚培养优异成绩这句话指什么意思，它在这里指的，是不仅要教育成绩优良的学生，而且也要帮助每个学生获得最好的智力发展。"（布鲁纳:《教育过程》，上海人民出版社）当今时代，科学技术迅猛发展，知识日新月异，学校教育在短短的几年时间里不可能也没有必要把人类所有知识教给学生。更重要的是要教会学生学习。教育质量的高低要看学生的智力发展水平。学到的知识也不是越多越好，要看他能不能举一反三，能不能迁移。

有的老师要求学生门门功课都要优秀，这是不符合学生成长的规律的。人是有个别差异的。每个学生兴趣爱好都不同。要求一个学生门门优秀，就必然会抑制甚至扼杀他的特殊兴趣和才能。用这种标准来培养人才就不会有普希金，也不会有钱锺书。

全面的教育质量观是既重视德、智、体、美等方面的全面发展，又特别重视学生有没有创新精神和实践能力，有没有特长和爱好，个性是否得到充分的发展。

五是，要树立正确的教学观。教学过程是师生双边活动的过程。但是传统教育却把教学变成老师一方的活动，"老师滔滔地讲，学生静静地听"，学生处于一种被动的地位。教学过程对学生来说就是学习过程。学习要靠大脑的积极活动。如果被动地接受知识，没有通过大脑的活动，这些知识就不容易理解，也不容易记忆，更不可能迁移。子曰："学而不思则罔。"要让学生在教学中思考，问一问为什么。教学的启发式和注入式的根本区别就在于能不能促进学生的积极思维。注入式教学着重把现存的结论教给学生，不要求学生思索，更不喜欢提出问题；启发式教学则要求学生积极思维，提出疑问，寻求答案。所以说，启发式教学中老师不仅提问，而且要能启发学生提问。我们的老师往往习惯于按照自己的思维方式设计一套问题，当然有经验的老师总结了以往学生学习中的问题，希望学生沿着他的思路去思索，这也许能少走弯路，但却限制了学生的思路。这种方法还不能算是真正的启发式教学。今天，我们提倡培养学生的创新精神，就要培养他们积极思维，敢于提出疑问，敢于提出与老师不同的意见。可以说，不会提问的学生不是一个好学生。

我们教学中的毛病是只重视学习的结果，不重视学习的过程。我们有的老师上课不能说不认真，讲得越细越好，唯恐学生听不懂，效果却适得其反。就像婴儿吃惯稀烂的食物，消化的能力就会衰退。外国许多国家的教学很重视教学的过程，课堂上学生非常活跃。这是值得我们学习的。

要启发学生的思维，就要把学生放到主体地位，并为学生留有自主学习的空间。减轻学生学业负担的目的也就是给学生更多自主学习的空间。让他们自主地学，自觉地学，学自己感兴趣的知识。学生的主体性并不妨碍老师的主导作用，而是对老师的要求更高。老师的主导作用要表现在能否启发学生的主体性上。

六是，要树立正确的师生观。师生关系是一股巨大的教育力量。师生关系融洽，教育就不是难事。师生关系紧张，学生对你的教导就会产生一种抵触情绪，你讲的课他也没有心思听。要建立什么样的师生关系呢？过去讲民主平等的师生关系。我认为还不够，应该建立一个民主、平等、和谐的伙伴关系。师生应该是一种最亲密的关系，仅次于父母子女的血缘关系。教师还应该成为学生的伙伴，要能互相交心。这种关系的基础是理解和依赖。老师在学生心目中是很有权威的，这种权威可能产生两种不同的结果：一种是敬爱、依赖；一种则是惧怕、疏远。要让学生敬爱、依赖你，老师首先要了解学生，理解学生，依赖学生。一般说来，老师总是热爱学生的。教师的爱主要体现在理解学生、相信学生上。但是也有的老师往往由于不了解学生，提出的要求不切合实际，不能为学生所接受。有些老师就会使出教师的权威，说什么"都是为你们好"，学生却不领情。有的老师甚至在"都是为你们好"的美丽辞藻下掩盖了错误的教育方法。有的老师教学水平很高，可是因为师生关系不够好，教学只能是事倍功半。

父母和子女之间也应该建立一个民主、平等、和谐的伙伴关系。不能总是借口"都是为你好"而把要求强加给孩子。即使是合理的要求，也应让孩子理解。有些父母虽然对孩子不那么严厉，但关怀得过多，使孩子感到一种无形的心理压力，也容易出问题。

总之，"没有爱就没有教育，没有兴趣就没有学习"，这恐怕是亘古不变的真理。

加强基础教育是西部开发的基础工程[*]

党中央做出开发西部的决策，对于我国实现21世纪50年代达到中等发达国家水平的目标，具有重要的战略意义。西部有广阔的土地，丰富的资源，只要我们开发得当，一定会造福世代中国人民。开发西部，先要建设好几项基础工程，如要治理水土，要修路建桥，要引进人才等，但我认为最最基础的工程是加强基础教育，夯实人才的基础。治山治水、修路建桥是十分必要的，有了基本设施，才能吸引投资。但是，开发西部需要运用现代化的观念，先进的科学技术，不能走旧工业化的老路；要吸引投资，消化投资，这都需要有一批具有改革精神和开放思想、掌握先进科学技术的技术人才和管理人才，还要有一大批有文化的高素质的劳动者。无数事实证明，当地人民具有一定的文化素质，是经济开发最基本的条件。

但是，西部人民的文化素质却不能令人满意。据有关方面测算，北京、上海的人口平均受教育年限已超过8年，沿海省份为6～7年，而西部的青海、云南、甘肃、贵州等省尚未达到5年（参见张力：《面对贫困——中国贫困地区教育发展的背景·现状·对策》，广西教育出版社，1998年版）。又据1997年人口变动抽样调查数据统计，6岁及6岁以上人

---

* 2000年6月3日写于北京，原载2000年7月26日《光明日报》。

口中不识字或识字很少的人数，北京占0.68%，上海为0.9%，沿海5省为15.6%，而贵州为22.48%，云南为22.17%，甘肃为23.46%，青海为41.23%，宁夏为23.07%；6岁及6岁以上人口中有大专以上文化水平的，北京占13.43%，上海为11.82%，沿海5省为2.37%，而贵州为2%，云南为1.24%，甘肃为1.65%，青海为2%，宁夏为3.26%（根据1998年《中国教育统计年鉴》，人民教育出版社）。从统计数字可以看到，西部地区有大专以上文化水平的人才的比例与沿海地区相差不是太大，但人口中的文盲和半文盲的比例却比沿海地区大得多。又据悉，到2000年我国已在85%的人口地区普及了九年义务教育，还有15%的人口地区尚未普及。这15%的人口地区大多是在西部。因此，应该把普及九年义务教育、加强基础教育作为西部开发的基础工程。

西部地区是中华民族母亲河长江、黄河的发源地，但因长年过度的森林砍伐，水土流失严重。1998年的长江洪水，已经给人们敲起了警钟。大家已经认识到植树造林的重要性，西部许多省也制定了许多法规来保护森林，但是偷伐森林的事却屡禁不止。固然也有一部分原因是当地太贫困，人民只有靠利用自然资源来生存。但大多是一些不法之徒为牟取暴利而肆意破坏的，而当地百姓也意识不到要保护他们赖以生存的自然资源。因此，西部要治山治水，首先要"治"人，也即要提高当地人民的文化水平，提高整体素质。

西部要引资建设，除了要有交通、动力、通讯、后勤服务等基本设施外，还需要有科技人才和管理人才，有大批有一定文化水平的熟练工人，更要有广大人民群众的理解和配合。也就是说，开发西部，不能只见物不见人。人的素质是最重要的基础，从人的素质来讲，广大人民群众的素质尤其重要，高级科技人才可以用高薪引进，但老百姓的文化素质却无法引进。因此，加强基础教育，把它放在西部大进军的先锋地位，优先发展，才能取得西部开发的大胜利。

教育的地位何在[*]

据2000年7月4日《光明日报》载：全国社科系统邓小平理论研究中心2000年年会近日在无锡召开，会议的主题是"邓小平的现代化理论与实践"。报章报道了与会同志对邓小平理论中包含的极为丰富而深刻的现代化思想的认识，举了十大点。我阅读了数遍，就是找不到邓小平关于要优先发展教育的思想。开始怀疑自己的眼睛，后来怀疑起记者的报道来，一定是记者无意中漏掉了。否则，邓小平现代化理论中怎么会没有发展教育的思想呢？记得早在1977年邓小平在同中央两位同志谈话时就提到："我们要实现现代化，关键是科学技术要能上去。发展科学技术，不抓教育不行。"1978年在全国科学大会上又强调："科学技术人才的培养，基础在教育。"1983年又给景山学校题词："教育要面向现代化，面向世界，面向未来。"可见，发展教育，培养人才，是邓小平现代化理论的重要组成部分，研讨邓小平的现代化理论与实践，切不可忘记了邓小平关于优先发展教育的思想。

邓小平同志在设计建设有中国特色的社会主义现代化蓝图时，始终把教育作为事关社会主义现代化建设全局的战略问题加以考察，发表了一系列精辟的论述，形成了具有中国特色和时代的特征、内涵十分丰富

---

* 写于2000年7月15日。

而深刻的教育思想体系。如关于教育在社会主义现代化建设中的战略地位的论述；关于尊重知识、尊重人才的论述；关于加强和改进思想政治教育、培养"四有"新人的论述；关于"教育要面向现代化，面向世界，面向未来"和教育改革的论述；关于提高教师地位和待遇的论述；关于领导要抓教育的论述；等等。邓小平同志总是高瞻远瞩，着眼全局来重视教育。他认为，教育不是小事，是关系到国家的命运和民族的未来的大事。他确立了教育在社会主义建设中优先发展的战略地位。他曾经提出，宁可在别的方面忍耐一些，甚至牺牲一点速度，也要把教育问题解决好。他还说："忽视教育的领导者，是缺乏远见的、不成熟的领导者，就领导不了现代化建设。"但可惜的是，正如李岚清1994年在邓小平教育思想研讨会上的讲话中所说，"坦率地说，我们现在做的还是不够的，虽然口头上大家都讲教育是应该发展的，不是一般的战略地位，而是优先发展的战略地位，但是思想认识与行动的落实跟口头上的说法还有相当大的差距"。

以邓小平理论为指导，党的十五大确立了"科教兴国"的战略，1999年召开了全国教育工作会议，发布了《关于深化教育改革全面推进素质教育的决定》，今年2月江泽民又发表了关于教育问题的谈话。教育受到全社会的普遍重视，教育事业有了较大的发展。因此，研究邓小平现代化理论，必须研究邓小平的教育理论。希望社会科学工作者不要忘记这一点。

育人编

"教书育人"析[*]

中国文字有一个非常突出的特点，就是简练而寓意深刻。"教书育人"这四个字就概括了教育活动的本质。教育作为人类社会特有的活动，它的本质就是使一个作为生物个体的自然人变为一个作为社会成员的社会人。也就是说，教育要使一个人获得赖以生存的生产劳动的经验和社会生活的经验，包括一定社会的思想观念、道德准则、行为习惯，从而使人类社会得以存在和发展。所以，教育的本质就是培养一定社会所需要的人。

当人类的生产知识和生活知识还十分贫乏的时候，知识教学和思想教育是分不开的。学校教育的目的主要是为统治阶级培养人才，思想教育在学校教育中占主要地位。随着社会的发展、人类知识的不断积累和各门学科的建立，学校教育的内容越来越丰富，知识教学与思想教育就有了不同的任务和内容，教书和育人似乎就变成了两回事，但是实际上仍是分不开的。首先，不论是知识教学还是思想教育，都是为了培养一定社会所需要的人才。其次，教师在传授知识的同时总是会把一定社会的思想意识、道德观念传授给学生。这不仅因为教学内容本身具有一定的思想性，而且还因为教师在传授知识的时候，总是要把自己的思想观

---

* 原载《教书育人》1987年创刊号。

点、行为品德暴露给学生，学生又总是把教师作为自己的楷模来模仿和学习。因此，教师的一言一行无不随着教学过程深刻地影响着学生。

在教学过程中教师对学生的思想影响有时是有意识的，有目的的；有时则是无意识的，无目的的。但不论是有意的还是无意的，都会对学生产生巨大的影响。不过它们的区别在于：有意识有目的的影响总是积极的，总是教师所希望学生接受的影响，产生的效果总是正效果（当然，也可能因为教师的错误观点或者方法的不当而产生消极的效果）；而无意识无目的的影响则可能是积极的，也可能是消极的，也就是说它的效果可能是正的，也可能是负的。

总之，教书和育人本来就是一回事，只教书不育人的现象在世界上恐怕是没有的。但是，为什么现在要强调既教书又育人呢？似乎这两者是分开的，现在要把它们结合起来。这是因为近些年来有些学校和有些教师片面追求升学率，只重视知识教学，不重视或者忽视学生的思想教育，也就是说，一些教师在传授知识的时候忽视了有意识有目的地对学生的思想施加正面的影响。这种忽视就意味着教师只是盲目地无意识地在影响着学生的思想。由于是盲目的、无意识的，所以影响的内容难免有消极的东西，难免产生负效果。而且忽视思想教育本身就是一种消极的影响，其效果就是使学生忽视政治，脱离实际，忽视自己的思想品德修养，将来就不可能成为社会主义建设所需要的人才。强调教书育人，就是提醒教师一刻也不能放松有意识地、有目的地向学生进行思想教育，否则，消极的影响就会乘虚而入。

提倡教书育人还因为教师在学生心目中是最可信赖、最受尊敬的人，教师的教诲最容易被学生所接受。特别是在传授知识的同时对学生进行思想教育，效果更好。

教师要做到教书育人，就需要有明确的教育目的、正确的教育思想，还需要懂得教育规律，掌握教育方法。我国的教育目的是培养德、智、体、美、劳诸方面都得到发展的社会主义的建设者。是不是所有教师对这个目的都很明确呢？实际工作中暴露出来的问题，如片面追求升学率，只重视智育，忽视德育，学生负担过重等现象说明有些教师对我国的教育目的并不明确，教育思想并不端正。当然，也有些教师不懂得教育规律，因而在教学中不能达到教书育人的积极效果。

但是，在实际工作中，我们有更多的教师是既有明确的教育思想，又有丰富的教育经验的。他们在教书育人方面做出了巨大的成绩，他们的事迹是我们的宝贵财富。总结和传播他们的经验，有利于帮助大家端正教育思想，掌握教书育人的方法，推动教书育人这一具有时代意义的运动的发展。

学生既是教育的客体，又是教育的主体[*]

　　教师是教育者，学生是被教育者，或者叫受教育者，这似乎是天经地义的事。于是教师可以滔滔地讲，学生只能静静地听。老师讲什么，学生就学什么、记什么，考试的时候就答什么。但是常常是学生不理解老师讲的是什么，因此答的时候就答不正确。于是有的老师提出要采用启发式教学，启发学生去思考。这似乎进了一大步。但是在实践中却遇到一个难题：有的学生启而不发，你怎么启发他，他都是呆若木鸡，无动于衷。怎么办？恐怕应该探寻一个究竟了。

　　记得20世纪50年代《光明日报》上刊登过一组漫画，第一幅是一位大人，大约是爸爸吧，给一个儿童搭积木，搭了一座很壮观的房子；第二幅是儿童一脚把它踢倒了；第三幅是儿童自己搭起一座歪歪斜斜的房子，而且表现出很得意的样子。这位漫画家很懂得儿童心理，他把儿童的主动性惟妙惟肖地表现出来了。教师是不是可以从这组漫画中得到什么启发呢？

　　通常我们讲，教育就是教育者对受教育者施加影响，把他培养成符合社会要求的人。学生是教育的对象，正像生产过程中的生产对象一样，将来要成为一定规格的产品。但是教育对象与生产对象不同：第

---

[*]　1997年12月8日写于日本鸣门市大桑岛。

一，他是活生生的人，每个人的素质不同；第二，学生不是被动地接受教育的，他具有主观能动性。学生不是录音机，不是录像机，可以把老师讲的都录下来。他接受教育时是有选择的，他感兴趣的知识就接受下来，并且会自己主动地去探索，他不感兴趣的就不去接受它。所以说，一切教育影响都要通过学生自身的活动才能被他所接受。因此，无论是教学过程，还是教育过程，都必须在教师指导下，通过学生自己的活动去取得知识，去接受一个观点或者一个信念。要让学生主动地接受教育，就要确定学生的主体地位。学生作为教育的对象，他是教育的客体；但通过自身的活动来接受教育，他就变成了教育的主体。因此学生既是教育的客体，又是教育的主体。

强调学生是教育的主体，是不是会削弱教师的主导作用呢？我想不会。教师的主导作用恰恰就在于要调动学生的主动性。事实上，教师自顾自讲课，不问学生是不是真正接受了，这才真是没有起到教师的主导作用。教师的主导作用应该表现在以下几方面：第一，充分了解学生，研究学生；第二，根据学生的实际情况，设计学习环境，引导学生参与学习；第三，指导学生自我活动，并在活动中学到知识，发展能力，建立信念。这一切都需要把学生放到主体地位才能做得到。

承认学生是教育的主体，也并非是放任自流，由学生说了算。而是确立一个教育观念：学生是教育实践的主体，只有通过学生自己的实践，通过自身的矛盾斗争，即知与不知的矛盾、能与不能的矛盾、是与非的矛盾等的斗争，才能真正获得知识、发展能力、建立信念。

只有了解学生，才能教育学生*

通常把教师比作园丁，儿童比作幼苗，只有园丁精心培育幼苗才能苗壮成长，儿童只有在教师的精心教导下才能成为社会的栋梁。这个比喻是不差的，但似乎还不够贴切。幼苗是无思想、无意识的，它是被动地被培植的；儿童却是有主观能动性的，而且每个儿童的素质都不相同，存在着个性差异。因此教师对待儿童更要精心培养。

要做到精心，就要了解儿童，了解每一个儿童的思想、感情、兴趣、爱好、经历和家庭的文化背景。儿童长大了，成了少年、青年学生，他们的思想复杂了，感情丰富了，兴趣爱好更为多样化了，更需要老师去了解。只有充分了解他们，才知道他们需要什么，感兴趣的是什么，什么教育方式他们易于接受。然后才能设计教育环境，选择最佳的教育方式方法。如果把儿童比作幼苗，那么每个儿童就是不同的树苗，有的树苗需要碱性的肥料，有的树苗需要酸性的肥料，如果不了解清楚，肥料施错了，会适得其反，抑制幼苗的生长。教育学生更是这样，对学生了解透彻了，教育就有针对性，就会事半功倍，取得较好的教育效果。

怎样才能了解学生？方法是多种多样的。可以通过观察、谈话，或

---

* 1997年12月9日写于日本鸣门市大桑岛。

从他的同伴那里了解，访问他的家庭从家庭中了解。但是我认为最重要的是要和学生交朋友，直接从他本人那里了解他。侧面的了解总是间接的，而且总带有别人的主观意识，有些可能是不全面的，只有从他本人那里了解到的，才是最真实的，最可靠的。只有与学生交友，建立了互相信任的基础，学生才会向老师说心里话，才能了解到学生内心深处的思想和感情。

了解了学生的情况，还需要有正确的分析和认识，要懂得学生的年龄特点和个性特点。有些现象反映的是年龄特点，有些则是个性特点，所以教师在了解了学生的思想、兴趣、爱好以后要进行分析：哪些是符合他们的年龄特点的，是正确的；哪些是不正确的。不要轻易下结论。了解情况不是目的，目的是教育。了解情况只是教育的前提条件，了解清楚了，分析得又正确，才有根据采取必要的教育手段，才能做到有的放矢，收到应有的教育效果。

只有尊重学生，才能要求学生[*]

中小学生是教育的对象，又是小孩子，老师和家长往往不把他们放在眼里，似乎他们只有听话的义务，没有发表意见的权利。事实上孩子最具有自尊心，不喜欢大人把他们当作小孩子看待。特别是到了十二三岁的时候，独立性增强，不愿意依附家长和老师，愿意单独行动；他们的好奇心很强，许多事情都想试一试，但另一方面他们的能力又有限，有时事与愿违。这时期的心理处于愿望与能力不相适应的矛盾状态中，特别需要别人引导、帮助，而不喜欢别人指斥，说他们是小孩子，不懂事。

苏联教育家苏霍姆林斯基的教育思想中最突出的也就是尊重学生。他总是千方百计地发掘学生自身的积极因素，从小培养学生的自尊心和自信心。他曾经说过："一个人从童年时代起就失去了自尊心，那对他还有什么可指望的呢？最重要的教育任务之一就是使每一个孩子在掌握知识过程中体验到人的自尊心和自豪感。"要培养学生的自尊心，教师和家长就要注意充分地尊重学生，善于听取学生的意见，以平等的态度和学生讨论问题。

我们的老师是不是注意到了这一点呢？有的老师因为一点小事，甚

---

* 1997年12月写于日本鸣门市大桑岛。

至于并非学生的过错，就向学生大发雷霆；有时还讽刺挖苦，想尽方法去伤害学生的自尊心；现在法律规定教师不能体罚学生，但有的老师却借家长之手体罚学生。所以学生中流传着一个顺口溜，叫作"天不怕，地不怕，就怕老师到我家"。学生对老师常常有一个公正的评价。学生并不会讨厌要求严格的老师，恰恰相反，学生不喜欢松松垮垮的老师，但最不喜欢爱"损人"的老师。他们喜欢的是对学生亲切、尊重学生、和学生平等相待、教书认真、要求严格的老师。

马卡连柯曾经说过，只有更多地尊重学生，才能更多地要求学生。老师尊重学生，学生理解老师，就会按照老师的要求去做。这时老师的严格要求中充分体现了对学生的尊重。因为，正是尊重学生才严格地要求他，如果对他失去了信心，也就不会对他提出什么要求了。有的老师既不尊重学生，又想要求学生，这就近乎霸道了，其效果恐怕只会适得其反。

没有爱就没有教育[*]

1958年秋天，全国轰轰烈烈大炼钢铁，学校也不例外。我所在的中学里，操场上小平炉林立，师生们彻夜奋战，欲夺取"大跃进"的胜利。一天清晨我忽然发现会议室里睡着一位女学生。第一天没有在意，以为炼钢炼得太晚了，无法回家。可是一连几天这个女孩子都没有回家。这引起了我的注意。我问她为什么不回家，她回答说不愿意回家。再三劝说、教育都不愿意回家。

经过调查了解，才知道，她是一位领导同志的孩子，生于革命战争的艰苦年代，出生后就被寄养在老百姓家里，中华人民共和国成立后才被接回家，因此与父母思想感情上有一些距离。再加上母亲要求过严，据说姥姥还有点重男轻女的思想，对待她与对待她的哥哥不一样，孩子觉得缺乏家庭温暖，因此拒绝回家。经过再三劝说都无效，只好把她安排在宿舍中。以后我曾多次与她的母亲联系，劝她多给孩子一些温暖，有了感情才能对她提出要求。但是，她的父母却觉得学校对她要求不严，因而使她思想不稳定，学习成绩欠佳。我们在教育思想上发生了分歧。后来他们甚至认为学校的态度是没有阶级观点的"母爱"的表现，差一点在批判"母爱"时把我也捎进去。

---

* 1999年春节写于北京求是书屋。

苏俄革命家捷尔任斯基曾经说过：没有爱就没有教育。我认为这是一句教育箴言。马卡连柯的捷尔任斯基公社就是在这个思想基础上建立起来的，改造了许多流浪儿童，并为苏维埃培养了大批人才。马卡连柯一个很重要的教育原则——"只有更多地尊重学生，才能更多地要求学生"，其实也是"没有爱就没有教育"的另一种表述。对孩子的爱表现在哪里？不只是表现在物质的供应上和主观的感情上，更主要的是表现在尊重他们、理解他们、信赖他们上。一般家长总以为给孩子穿好吃好就是热爱他们，但是孩子不领这个情，他们不光满足于物质上的丰富，更需要感情上的关怀。而这种感情上的关怀又不是抽象的、父母主观上的，而是孩子们能够体会到的、理解到的。有些父母总对孩子讲："都是为你好！"孩子并不理解。而且这一句话往往掩盖了父母或老师对孩子的一切不符合教育原则的行为。

有些父母对孩子有一种"恩施"的观念，认为养育孩子是对孩子的恩施。因为是恩施，所以给你什么，你就只能接受什么。这种"恩施"的观点，其实在20世纪初就被批判过。鲁迅早在1919年就写过一篇文章叫《我们现在怎样做父亲》，批判了父母对子女的恩施观点。他在文章中写道："便是依据生物界的现象，一，要保存生命；二，要延续这生命；三，要发展这生命（就是进化）。生物都这样做，父亲也就是这样做。"又说："饮食的结果，养活了自己，对于自己没有恩；性交的结果，生出子女，对于子女当然也算不了恩——前前后后，都向生命的长途走去，仅有先后的不同，分不出谁受谁的恩典。"因此他要求："此后觉醒的人，应该先洗净了东方古传的谬误思想，对于子女，义务思想须加多，而权利思想大可切实核减……"鲁迅的文章距今已经整整80年了，做父母的该已经觉醒了：少一点恩施的思想，及由此而产生的权利的思想；多一点义务的思想。

当然，父母之对于子女，要养育，责任是极其重大的；子女之对待父母要尊重、要热爱，这是子女应尽的义务。中国尊老扶幼的优良传统应该发扬，但却不是谁对谁有恩典，因此不能借口有恩来施加自己的权威。热爱孩子也是父母的义务，不是什么恩典。"都是为你好！"这里面多少含着点恩典的思想。孩子却不领这个情，什么是好，什么是坏，孩子有自己的标准。因此对孩子的爱，首先应该表现在尊重、理解、信赖上。父母与子女有了这尊重、理解、信赖的关系，教育就是比较容易的事了。

"没有爱就没有教育"，对父母是如此，对老师更是如此。老师对于学生的爱，更是一种义务。教育是群体生命的延续、民族生命的延续的需要。老师要使教育收到实效，就要热爱学生。这种热爱也应该表现在尊重、理解、信赖上，在这个基础上建立和谐的师生关系。有了这种关系，教育也就变得容易了。但是我们有些老师却不明白这个道理，总想以势压人，用老师的威严来压服学生，结果只能导致教育的失败。像鲁迅告诫天下父亲那样，我也希望老师少些权利的思想，多一些义务的思想；少施一些权威，多加一些热爱。

没有兴趣就没有学习*

前不久，课程改革课题研究小组请了几位中科院院士和科学家来座谈基础教育中的科学教育问题。课题研究小组的同志们总想从他们那里得到有关学生应该掌握哪些科学知识、养成哪些科学品质的建议，但没有想到，院士和科学家们却大谈教育要听其自然，首先要使学生对学习科学感兴趣，而不是要给他多少知识的问题。

黄祖洽院士说，对小孩子的教育，最好是不要折磨他。本来他生下来就有许多天性，如模仿、好奇，假如不去折磨他，他会很好地发展。他还说，要培养他们的兴趣，小孩主要是玩儿，在玩儿中学习，玩儿的时候学习的效率是最高的。他说，他小时候喜欢看小说，后来对科学感兴趣了，一下子就学得很好。其实小学的一些知识，只要孩子有兴趣，很快就能掌握。

黄祖洽先生说得多么透彻。这是每个教师都应该具备的信念，即"没有兴趣就没有学习"。

兴趣是孩子学习的动力，或叫内驱力。如果一个学生对某门学科不感兴趣，他就不可能去学习它，钻研它；如果他对它发生了兴趣，他就会想方设法探究它。那么兴趣从何而来？首先，来自孩子求知的天性。孩子生下来，接触到外部世界各种事物，他感到很新鲜，总想问个为什

---

* 写于1999年春节假日中，原载《教师之友》2000年第1期。

么。"鸟为什么会飞？""鱼为什么会游？""星星为什么会发光？"都是孩子们常常提出的问题。这就是儿童的好奇心，这种好奇心会驱动他们去模仿，去学习，去问个究竟。苏俄革命诗人马雅可夫斯基曾经写过一首儿童诗，把6～7岁的孩子称为"为什么的小探究家"，用儿歌塑造了一个好奇儿童的形象：他什么都感兴趣，什么都要问个为什么。

其次，是来自实践，来自儿童的活动，环境的影响。达尔文小时候嗜好博物学，喜欢采集植物标本。达尔文在自传中曾经介绍过他年轻时如何迷恋于自己的事业的故事。有一次他去采集甲虫，剥去老树皮，发现两只罕见的甲虫，于是一手抓了一只。就在这时候，他又瞧见了第三只新种类的甲虫。他不愿意放走它，就把右手抓的甲虫塞到嘴里。谁知这只甲虫排出一种极辛辣的液体，把他的舌头灼得极痛难忍，只得把它吐出来。这就是实践使兴趣越变越浓的例子。正是这种兴趣驱使他差不多花了五年时间乘着贝格尔舰航游世界，收集了无数标本，创建了进化论。

那么，为什么有些学生对学习缺乏兴趣呢？我想，除了外界对他有什么意外伤害外，恐怕就要怪我们的教育不得法了。有一次，一位中学校长对我说，前几年江泽民提出要重视国情教育，学校里选了不少优秀的影片放映给学生看，学生饶有兴趣，反应热烈，后来教育领导部门规定国情教育也要考试，学生一下子兴味索然，只顾着去记背影片的主题思想、教育意义，却不能从中接受真正的影响。这就是教育不得法，伤害学生兴趣的典型事例。

教育不得法不仅表现在教学过程中、教学方法上，有时还表现在情绪上、师生关系上。学生对老师的不满，也会压抑他对老师所教的那门课程的兴趣。所以黄祖洽先生讲，不要折磨孩子。我们现在的教育正在折磨孩子。把他们的兴趣都折磨完了，他们怎么能学习得好！

每一个教育者（父母、老师、辅导员……）都要切记：没有兴趣就没有学习。

从理论联系实际谈起*

郭宇平同学在给编辑部的信中，提出了关于教育与生产劳动相结合的许多问题，其中有对劳动的看法，也有对学习的看法。这些问题确实是部分同学所弄不清楚的。由于对这些问题弄不清楚，就影响到他们正确地来处理学习和劳动的关系。对于学生参加劳动，自从讨论以来，同志们发表了很多意见，这些意见我基本上都同意，今天我只想谈谈学习方面的一些问题。我觉得一些同学要求每门课都和劳动结合起来，这种用心是好的，现在学校也在尽量使同学们的学习和生产劳动结合，但是要求每门课、每堂课都这样做，这不但是不可能的，而且对学习也是有害的。

要弄清楚这个问题，必须从理论联系实际的问题谈起。

马克思列宁主义教导我们，理论是从实践中产生的，人们对事物的认识都是从实践开始的。人们如果没有尝过梅子，就不会知道梅子是酸的。只有经过反复多次的实践——尝试，才会得出结论：梅子都是酸的。这个结论就变成了概括梅子特点的理论。理论来自实践，同时又反过来指导实践。你学了电学，知道了电的规律，你就可以制服它、使用它。所以，马克思列宁主义认为人们对事物认识过程的公式应该是：实

---

* 原载《北京青年报》1959年5月12日。

践—理论—实践。这也就是毛主席说的："认识从实践始，经过实践得到了理论的认识，还须再回到实践去。"

同学们在学校里学习的过程，也是一个认识事物的过程。大家在掌握书本的理论知识时，要先从具体的东西开始，渐渐地深入到比较抽象的理论，然后把学到的理论拿到实践中去检验、运用。旧时的学校，理论与实际是脱节的，学生学了电学，连电灯也不敢碰一下；学了生物，连麦子和韭菜也分不清。我们的学校要培养有社会主义觉悟的有文化的劳动者，因此同学们学习时必须善于把理论和实际联系起来。

但是，教学过程和人的认识过程毕竟不完全是一回事。认识必须从实践开始，教学就不能每门课、每堂课都是先实践，然后从实践中总结出理论来。因为同学们所学的是前人已经认识并且为实践所证明了的东西，特别是普通中学的课程，都是些科学的基础知识，这些知识是千百年来人类劳动的结晶，是经过人们反复实践所证明了的真理。如果我们事事都要去实践，不但时间、设备等条件不允许，而且这样使教学工作也无法正常进行。再说，人的知识也不能样样都从自己的实践中来，如关于古代和外国的事，你就无法直接去实践。毛主席教导我们说，"一个人的知识，不外直接经验的和间接经验的两部分。而且在我为间接经验者，在人则仍为直接经验"，又说，"事实上多数的知识都是间接经验的东西"。我们办学校的一个重要目的，就是要把历史的经验和外域的经验，去粗取精，科学地集中起来，以便学生能在较短的时期内加以掌握，有利于扩大知识领域和缩短认识过程。所以，我们目前在学校中学习，一方面必须尽量和实际联系，反对读死书，死读书；另一方面也不能把理论联系实际看成什么知识都得亲自反复地去实践，去总结。

有的同学对这点认识不够，在贯彻执行党的教育方针时，认为只有每门课、每堂课都和生产劳动相结合才符合教育方针的精神，否则就是理论脱离实际，学起来没有什么意思。显然，这种想法是妨碍我们学习的。我们既不能够轻视直接经验，也不能够轻视间接经验，对待学习必须要有全面观点。无论直接经验或间接经验，只要是有用的知识，我们都应该认真学习。特别是基础理论知识，是为将来进一步学习打下基础的，这些知识如果我们在中学不学好，将来进入高等学校学习就会感到困难。因此，我们必须正确地认识理论联系实际的问题，在学校里好好学习每门课、每堂课，使自己成为一个又红又专的全面发展的新人。

纪律教育中的严格要求[*]

我们的纪律教育与旧时学校的教育是有根本区别的。只有社会主义社会才有自觉的纪律，因此，启发学生的自觉性和积极性就是我们教育工作的重要原则。

培养自觉纪律是一个长期的艰巨的教育过程。在这个过程中，对学生提出严格要求是问题的关键所在，而且在自觉纪律还没有形成的时候，这种要求就带有一定的强制性。说到强制，有人会提出疑问：自觉和强制不是矛盾的吗？是的，自觉和强制是有矛盾的，但又是统一的，是教育方法的对立和统一的两个方面。因为教育过程本身就包括矛盾的对立和统一的两个方面：一方面要发展和培养学生共产主义道德品质；另一方面又要抑制和克服学生已经受到的不良影响，或者防止学生受到这些影响。当然，在这两者之中，自觉是主要的，强制是辅助的；而强制的目的又正是为了培养学生的自觉，为了帮助学生更顺利地培养和发展优良品质。

对学生提出严格要求，正是包含着自觉和强制两方面的意思。严格要求应当始终一贯地贯穿在整个教育过程中，当自觉纪律还没有形成的时候固然需要严格要求，就是自觉纪律已经形成以后，也不能放松要求。只有这样一贯地去做，使严格要求成为传统，学校才能始终保持良

---

* 原载《北京日报》1962年10月21日。

好的纪律。

　　培养学生自觉纪律的方法，除了说服教育之外，就是要提出具体的要求，使学生在执行要求的过程中，不仅明白了道理，而且养成遵守纪律的习惯。

　　提出要求的时候，需要注意什么问题呢？

　　第一，要有明确的目的性。不仅教师本人要清楚地了解每一个要求要达到什么目的，而且要让学生了解要求的目的和意义。只有这样才能启发学生的自觉性，才能形成正确的公众舆论。

　　第二，要有明确的规章制度。严格要求不是一句空话，必须要有具体的措施，这就是学校的规章制度。学校不可一日无制度，没有制度就不可能有学校的正常秩序。孟子说过："大匠诲人，必以规矩，学者亦必以规矩。"就是这个意思。

　　第三，提出的要求要适当。也就是说要考虑到这些要求确是学生能够做到的，是合情合理的，符合学生年龄特点的。

　　第四，严格要求要有坚持性和一贯性。有了规章制度，并不等于已经做到严格要求了。要使规章制度成为严格要求，就要有贯彻执行规章制度的决心和恒心。只有十分齐全的规章制度而不去认真执行，或是执行得很少，这就不能收到好的效果。

　　第五，严格要求要有统一性，即全体教师的统一行动。如果有些教师这样要求，另一些教师又是那样要求；或者有些教师要求严格，另一些教师要求不严格，那么就都不能达到要求的目的。

　　严格要求包括积极的诱导和消极的限制。积极和消极、诱导和限制也是有矛盾的，但又是统一的。有些同志过于强调积极诱导的意义，而多少忽视了消极限制的作用，这是不对的。我认为"导"是绝对必要的，首要的，但适当的"堵"也是不可少的。

　　个别学生如果坚决不执行老师的要求，严重违反纪律，老师用尽一切努力也不见效，那么适当的处分也是需要的。处分与自觉纪律也是又矛盾又统一的。处分是强制的一种方式，是教育的一种手段，它的目的是使被处分的学生意识到自己的行为是错误的，从而开始自觉地遵守纪律。我们都知道：只有有了正确的公众舆论，同时当被处分的学生认识到自己错误的时候，处分才会有效。一般说来这是正确的。但是这也并不是说当大多数学生和受处分的学生本人还没有认识的时候就不能处分，因为通过处分可以给大家指出是非，强调错误的严重性；同时公众舆论也不是不变的，通过说服教育以及处分的过程，可以教育群众建立正确的公众舆论。这种处分和惩办主义是不同的。惩办主义的错误就在于它不明确自觉纪律的教育目的，不讲究教育效果，企图用恫吓来压服学生。

处分并不是体罚。所谓体罚，顾名思义就是有伤肉体的惩罚。体罚是我们应该坚决反对的。体罚不仅有伤少年儿童的身体健康，而且有伤他们的心灵，它是以恫吓压服为基础的，它不相信少年儿童有自觉性。体罚使教育者和被教育者站在敌对的立场上，使被体罚的儿童失去自尊心，失去了对别人的信任，甚至使他认为：人们之间的关系是残酷的，对立的。因此体罚不是我们社会主义教育的方法。

在我们教育工作中，还常常听到"变相体罚"一说。什么是变相体罚，什么是真正的处分，往往不容易搞清楚。但是我想如果根据上述体罚的特征来看，一切符合那些特征的就是体罚或变相体罚；如果以启发自觉为目的，而且不伤害学生身体的，就是正当的处分。

确实，有很多问题的界限是不容易划清楚的，具体的问题有待具体研究和分析。我们教育工作者的一切方法和措施都要从教育效果出发。这里说的教育效果，不是暂时的、表面的效果，而要看到长远的、深刻的效果——培养学生遵守纪律的良好品德。培养自觉纪律的途径是多方面的，方法是多种多样的。我们这里来不及一一加以探讨。以上只就严格要求学生这一问题中的某些思想认识问题，发表自己粗浅的意见，还希望大家指正。

表扬和批评*

为了使学生认真达到学校提出的要求，表扬和批评是不可少的教育手段。表扬和批评都是对学生行为的一种评价，通过这种评价，可以直接影响学生的道德情感，从而对他们的行为起着推动或抑制的作用。表扬和批评也是树立集体舆论的一种重要手段，它明确地指出学生行为的是非。特别是当集体舆论还没有很好地形成和巩固的时候，表扬和批评就有着更为重要的教育意义。

表扬不仅使受表扬的学生个人得到鼓舞和教育，而且给全体学生树立榜样，指出方向，使全体学生都受到教育。教师在严格要求的过程中就要注意运用这个手段。对低年级学生更应该特别注意表扬。因为年纪小的孩子的活动往往带有冲动性，还不善于控制自己的感情，他们做了好事或犯了错误，往往不是自觉的，有时甚至是无意识的。但他们的模仿性又很强，所以，应该随时肯定学生的优良行为，巩固他们的成绩，使他们知道这样做是好的，逐步自觉地向好的方向发展。但是，表扬也不能滥用，不能为了表扬而表扬，不然就会失去它的教育意义。在运用表扬的时候应该注意教育效果。表扬的标准应该随着对学生要求的不断

---

* 原载《文汇报》1963年4月20日。

提高而提高。在最初，当自觉纪律还没有形成，严格要求刚刚开始执行的时候，表扬标准可以放低一些，以便鼓励学生进步的信心；当自觉纪律已经形成，在严格要求已经能够顺利地得到贯彻的情况下，表扬的标准就要提高一些。如果滥用表扬，就会使学生习以为常，不重视它，不珍惜它，这就不能收到教育效果。

如果学生不能认真达到学校的要求，教师就应该提出批评，指出他的行为错在哪里，提醒他以后不应当再这样做。批评的教育意义在于激发学生对集体所应负的责任心，从而克服不良的行为，使自己的行为符合集体的要求。

批评可以采取单独的或当众的两种方式。应该多采用单独的方式，即教师和学生单独地面对面批评，这样可以更多地听取学生的意见，更细致地进行教育。但是学生犯了严重错误，或者对集体有严重的不良影响，那就应该在适当的场合下当众批评，帮助犯错误的学生认识错误的严重性，更加激发他对集体的责任感。

批评是一种教育方法，教师必须慎重地运用，绝不能滥用。学生如果犯了不论大小的错误都受到批评，就会使学生失去进步的信心，或者习以为常，不重视批评，那么批评也就失去了教育作用。批评也是说服教育的方式之一，批评的目的是帮助学生自己去认识错误，改正缺点，绝不是为了教师的个人威信。因此教师在批评的时候要注意摆事实，讲道理，耐心地说服，决不可意气用事，不要使学生感到批评是教师与学生个人之间的关系问题，而要通过批评使学生产生对集体的责任感。但是批评是严肃的，耐心地说服并不排斥批评的严肃性和原则性。批评的时候，教师的态度应该鲜明，是非分明，毫不含糊，却又是诚恳的。

不论是表扬还是批评，都需要特别注意调查研究，做到表扬与批评有根有据，合情合理。不合情理的批评会变成简单粗暴，不合情理的表扬也反而会引起不好的效果。

　　总之，表扬和批评都是为了教育好学生，使学生养成优良的品德、行为和习惯。对身心正在成长的青少年来说，表扬应该是主要的方法，批评只能是辅助的方法。而且表扬和批评都只是教育学生的一种方法，并不是唯一的方法。只有各种方法配合起来运用，才能收到良好的教育效果。

不要把学生分成三六九等*

有一次，一位老朋友对我说，他的孙女刚上小学一年级，过不了两个星期回家告诉他，她是班上第二号种子。问她是怎么回事，她说：老师把班上的同学排了一个队，最聪明的是第一号种子，她是第二号。过了大约一个学期，他的孙女回家对他说："爷爷，我们班上有8个笨蛋。"问她这又是怎么回事，她说："今天下午开班会，老师问，谁是笨蛋站起来，班上8个同学站了起来。"这位老朋友叹一口气说，怎么现在还会有这样的老师。而我更感到十分的悲哀。

最近听到学校中的几位青年教师说，怕到小学去开家长会，怕被老师训斥。老师对家长也敢于训斥，可见他们怎样对待学生了。有一位回国不久的留学生，送孩子上幼儿园。由于孩子在国外生活久了，不习惯国内幼儿园的规矩。这位留学生到幼儿园接孩子的时候总要受到幼儿园老师的"教训"，特别使她不能容忍的是，当着孩子的面数落孩子的"缺点"。这一类不尊重孩子的事并非个别现象。

过去我写过，只有尊重孩子才能要求孩子，其实也只有尊重孩子才能教育孩子，才能把孩子教育好。有的老师天天在数落孩子，以为是在教育孩子，实际上是在摧残孩子。

---

* 原载《教育参考》1998年第6期。

自尊心是一个人的基本品质，丧失了自尊心，也就丧失了人格。而自尊心是要通过老师和家长对孩子从小尊重而培养起来的。

　　自尊心又是和自信心连接在一起的。有了自尊心就会建立起自信心；反过来，有了自信心就会促进自尊心的确立。因此，对于中小学生来说，自尊心和自信心是一种巨大的教育力量，有了它，学生就能够自己教育自己。因此，每个老师都要重视它，从小培养学生的自尊心和自信心。苏霍姆林斯基曾经说过：如果学生从小对学习就失去了信心，那么长大了对他还能抱什么希望呢？因此他十分认真地对待这个问题，为了从小培养学生的自尊心和自信心，他不等学生真正学会了不给学生打分数，也不轻易地给学生打不及格的分数。他说，如果是学生不会做，那么老师就应该教会他；如果是学生没有用心做，那么老师就应该要求学生重新用心做，这样来使学生获得优良的成绩。他还说，一年级的小学生进校以后往往要经过几个月才能得到第一次分数，要使学生认识到分数是很重要的，要经过一定的努力才能得到好的分数，从而培养他们克服困难的精神，获得胜利的喜悦。一个人从小有了这种心理品质，长大以后对于工作就会有事业心、进取心。如果相反，学生对自己的学习好坏淡漠不管，将来要求他有事业心和责任心就很困难了。所以，他说，一个孩子如果一连得几次2分，他对学习就觉得无所谓了，"这是在孩子的精神生活中发生的最可怕的事"。这些思想不是很值得我们广大教师学习吗？

　　为此，我建议取消"三好学生"的评选。评选"三好学生"过去曾经起过鼓励优秀的作用，但是近些年来已流于形式，而且把它与升学联系起来，不仅失去了鼓励先进的作用，反而产生了一些弊端。据说有一个学校，一位市级领导的孩子在那里学习，年年被评为"三好学生"。如果确实优秀当然会受到同学尊重，事实恰恰又不是这样，因此在学生中造成很不好的影响。取消"三好学生"的评选，可以改为"进步奖"。

进步奖可以因人而异，只要比过去有进步就可以获奖，这是一种积极鼓励的办法，不会把别人评下来，没有消极影响。

我还建议，学生干部民主选举，实行轮换制。从小只能当干部不能当普通学生，会造成他们心理上的扭曲。现实生活中就有这种情况：有的学生在小学当惯了干部，到中学因为人才集中，他（她）当不上干部了，轻则消极，表现一落千丈，重则有走上绝路的。我常常在学校看到一些小干部那种管人的样子，心里极不舒服。我心里想，从小养成了管人的习惯，长大了必定会变成官僚。

不取消形式主义的考试，
政治课就上不好*

　　几年以前，有一位初中毕业生问我：《共产党宣言》的意义有几点？我说，大致有两点吧：《共产党宣言》在思想上武装了工人阶级，在组织上为各国工人阶级政党的建立起到了组织准备作用。她说："不对，应该有五点。答这样两点怎么能考上高中？！"我为之愕然。

　　中学的政治课，实际上包括了道德课，内容是很广泛的。目的是要提高学生的政治觉悟，坚持社会主义的政治方向，提高学生的思想道德品质，而不是死记政治课教材中的知识。政治课内有一部分知识性内容，如属于社会科学知识的哲学、政治经济学的内容，又如什么叫四项基本原则，什么叫爱国主义、集体主义，什么叫"四有"人才等知识。但这些知识是要学生去理解的，理解了，也自然容易记住，并不需要刻意去背诵。但是，为了应付考试，学生就必须背诵死的知识；老师讲课的时候也就要依照考试的要求，一条一条地教给学生，让学生记住这些条条。无怪乎大多数中学生既认为政治课重要，但又都不喜欢它。最近一位研究生调查了上海、北京的中学生，认为开设政治课为必需的学生，上海占被调查人数的98.5%，北京也是98.5%；但喜欢上政治课的分

＊　写于1995年。

别为55.4%、43.5%。这种结果不能不令人深思。

早几年我就提出过，不取消形式主义的考试，政治课就上不好。绝大多数政治课老师都反对我。他们都强调中学设政治课是我国教育的特色，是我国教育坚持社会主义方向的最重要的标志，取消考试，似乎就会取消或削弱政治课。我却认为相反，谁也没有说政治课不重要，而是说如何把政治课上得更好、更有成效。考试，不仅不能加强政治课的效果，而且削弱了政治课的效力。取消考试，没有考试的束缚，老师可以讲得更生动更活泼，更能结合现实社会生活中的问题讲得更透彻，使学生真正受到政治教育，所谓让学生听得进、入得脑。所以我给政治课老师讲：大家放心，我不是想砸各位的饭碗，而是要砸掉各位头上的紧箍咒，给老师们松绑。我相信，没有考试的约束，政治课老师会把政治课讲得更加生动活泼。当然，有的领导也担心，在当前形势下，不考政治课，可能有些学校政治课就不上了。有这种可能。就看地方的教育干部的水平，看校长的水平了。同时，再反过来想一想：像现在这样上法，上了又怎么样？学生只会口头上背几个条条，觉悟并没有提高，政治课上不上也没有多大差别。上了，也许养成学生当面一套、背后一套的坏习惯，那样，不是更可怕吗？

也有的老师很赞成我的主张。有一个学校的校长对我说：前几年，江泽民提倡国情教育，我们选了一百部爱国主义影片给学生看，起初学生饶有兴趣，看了电影，互相议论，收效甚好。但是，过了不多久，忽然上级下指示，国情教育也要考试，看了电影要考试。结果学生电影看得兴味索然。

事实教育我们：要少搞点形式主义，多点实事求是，才能真正达到预期的目的和效果。

学习科学，摆脱愚昧*

我们正在努力建设一个具有高度物质文明和高度精神文明的社会主义现代化强国。物质文明的建设在党的十一届三中全会的正确路线和政策的光辉照耀下已经取得了很大的成绩，人民生活水平正在不断提高。现在社会主义精神文明的建设就显得特别重要。

我国原本是具有悠久历史的文明古国。但是，由于长期的封建统治和一百多年的帝国主义的侵略和压迫，广大人民挣扎在水深火热之中，文化落后。文化落后是半封建半殖民地的象征，因为愚昧是帝国主义赖以掠夺的条件。人民革命的胜利本来已经为文明建设创造了条件，但是，国家忙于经济建设和各项政治运动，精神文明建设工作始终没有引起足够的重视，知识被看作是微不足道的东西，知识分子被看作是改造的对象，广大人民群众仍然处于文化落后的愚昧状态。正是因为愚昧，所以才那么容易地发动起史无前例的"文化大革命"。因此，必须摆脱愚昧，民族才有希望，国家才能兴旺。列宁曾经深刻地指出："俄国文化不发达是什么意思？它对苏维埃政权有什么影响？苏维埃政权在原则上实行了高得无比的无产阶级民主，对全世界做出了实行这种民主的榜

---

* 1986年8月13日写于北京。

样，可是这种文化落后性却贬低了苏维埃政权并使官僚制度复活。"中国的实践不是也证明了这一点吗？

要摆脱愚昧，就要提高全民族的文化素质，首先要让人民大众有知识。不仅要人人识字，而且要懂得科学。现在世界上出现一个新的词，叫功能性文盲。过去把不识字的叫文盲，认识一定的字、能够阅读简易的读物，就可以摘掉文盲的帽子。在现代社会里，这已经远远不够了，如果只认识几个字而没有科学知识，就是功能性文盲。

掌握知识在现代社会的重要性已经远远超出于为了谋生，为了工作。人们每天除了工作以外，还有其他个人生活，无不需要科学文化知识。因此人们要学习的不仅是与自己的工作有关的知识，而且需要学习更广泛的知识。英国资产阶级教育家斯宾塞曾经把人类的主要活动分为五大类，即（1）直接保全自己的活动；（2）获得生活必需品而间接保全自己的活动；（3）目的在抚养教育子女的活动；（4）与维持正常社会政治关系有关的活动；（5）在生活中的闲暇时间满足爱好和感情的各种活动。斯宾塞是从资产阶级个人主义的角度提出问题的，都是从个人的生存和发展出发来看人类的活动，但是他提出的这五个方面，确实反映了人类活动的主要方面。不过我们强调的是首先要保全人类集体的生存和发展，当然这个集体里也包含着个人，而且只有集体得以生存和发展，个人才能生存和发展，这一点是我们与斯宾塞不同的地方。斯宾塞根据他认为的人类五方面的活动来说明人们必须掌握的知识，他的主张不是没有道理的。

在现代社会里，由于生产力的高度发展，人们的余暇时间越来越多了。一个人除了工作所需的知识外，还需要家庭生活、余暇时间的文化生活等所需的知识。工作所需的知识可以从学校里、培训班里获得，家庭生活和余暇文化生活的知识从哪里获取呢？就是要靠书籍，靠自己阅读。但是现代知识有如长河，书籍浩如烟海，要从这海洋般的书库中选择自己需要的知识，要费一番脑子。信手拈来、博览群书固然很好，但是一个人的时间总是有限的，要利用最少的时间达到最好的效果，就要有点计划，有点选择。计划如何制订，选择以什么为标准，这可能是因人而异的，但我们至少有一个原则可以遵循，那就是：我们学习的目的归根结底是为了掌握科学知识，摆脱愚昧思想。

张老谈人生价值[*]

张敷荣先生是我国教育界的老前辈。我虽然没有直接受教于他，却一直把他视为老师。每次去西南师大讲学，我总要去拜访他，请教他。去年1998年10月到西南师大开会，匆匆仅几小时，未及去看望他，只托人带去一点小礼品以表敬意。万万没有想到11月初就接到噩耗，张先生与我们永别了，享年94岁。

近十来年张老身体一直欠佳，但思维敏捷，思路清晰，而且健谈。每次去看望他，他总是滔滔不绝地谈国家大事，谈教育。我印象最深的一次是1994年4月的一个晚上，我去看望他，他与我谈起教育与人生的问题。他说，他最关心的是当前青年的思想教育问题，教育是塑造人的活动，要着力把青少年塑造成高尚的、有价值的人。他说，现在青年人爱谈人生价值、自我价值，但并不真正理解什么是人生价值，应该树立什么样的自我价值。他说，人生价值主要表现在自己与别人的关系上。一个人的生活、工作对社会有贡献，对他人有帮助，说明这个人有价值。一个人仅仅是自我存在，就不能说有价值。他还告诉我，他常常和青少年讨论什么叫好人、什么叫坏人的问题。他说这个问题其实很简单。世界上有五种人：第一种人公而忘私，不利己只利人；第二种人利

---

* 1999年3月15日写于求是书屋。

己也利人，既考虑个人利益，也考虑他人利益；第三种人无损于己，但有利于人；第四种人损人利己；第五种人既损人又损己。用这个标准去衡量，什么是好人，什么是坏人不就一目了然了吗？

张老这一席话多么通俗易懂，又多么深刻。确实是这样，青年人爱讲要实现自我价值，但有些青年却把自我价值理解为自我表现，我行我素，为所欲为，把个人与社会游离开来，与他人游离开来。实际上，这样不可能实现他的人生价值。价值一词源于商品的交换。按《辞海》的解释，价值是"凝结在商品中的一般的、无差别的人类劳动。是商品生产者之间交换商品的社会联系的反映，不是物的自然属性"，但后来"引申为意义"。价值总是体现在关系之中。人生价值是指一个人对社会、对他人的意义，不是人的自然属性。张老没有用哲学的语言来谈价值，却用最通俗的语言把人生价值说得十分透彻。

什么是好人，什么是坏人，是小孩子在看小人书、电影电视时常常用的语言，但内容却包含着深奥的人生哲学。有什么样的人生价值就会表现成什么样的人。现代的青年，乃至现在当官的干部不太爱讲好人坏人了，似乎那是小孩子的语言，但他们的言行却逃脱不了张老前面讲的五种人的范畴。可见，任何深奥的哲理总是体现在最普通的现象之中，也总是蕴含在最普通的道理之中。现在有些干部爱讲大话、空话、套话，我希望他们能向张老这样的大学问家学习，多讲点普通话，做点普通事，真正实现有利于他人、有利于社会的人生价值。

学校管理要有利于学生生动活泼主动地发展[*]

听到湖南省衡东县某中学初一一名学生自杀的消息，感到非常痛心。学校本来是培养人才的地方，但是教育思想不端正，教育方法不正确，就会变成摧残人才的场所。儿童本来有爱好学习的天性，但是如果不能正确引导，简单地用考试的分数来要求他，评价他，他就会把学习当成负担，失去学习的兴趣。教育是促进人的发展和成长的活动，但是如果不按教育的规律行事，不遵循学生的年龄特点、发展规律进行管理，就会压抑他的发展。许多事实证明了这些道理。

教育工作中常常遇到这样一个问题：是管理得严一点好还是宽一点好？学校教育有这个问题，家庭教育也有这个问题。其实问题不在于严与宽，而在于是不是按照教育规律办事，要求是否合理。合理的严格要求，只要道理讲清楚，学生是会接受的。不合理的要求，即使是成年人也不能忍受，何况少年儿童。特别是人类社会即将进入21世纪，民主是社会的主旋律，学校和家庭都不能用封建的、家长式的方法来管理学生。应该运用民主管理方法，鼓励和组织学生自我管理。

教育管理中还有一个堵和导的问题。严格要求，堵绝不良行为的发

---

[*]　2000年7月18日写于北京。

生是必要的，但更重要的是要疏导，引导学生开展健康的活动。堵是消极的，规定了许多清规戒律，这也不能做，那也不能做，那么能做什么呢？导才是积极的。告诉学生可以做什么，应该做什么，怎样做，引导学生开展各种生动活泼的活动。学生有事可做，有他们喜爱的活动，他们就不会再去做不正当的活动。少年儿童还有一种逆反心理，你不让他干的事，他偏要干。因此，教育中要更多地提倡疏导。即使不许学生做什么，也要讲清道理。讲道理也是一种疏导。

教育管理中还有一个批评和表扬的问题。学生做错了事，要适当地批评；但更多地要表扬，要鼓励。每一个学生都有上进心，但每一个学生都会犯错误。正如每个学生都有优点，但也都会有缺点。教师的责任是帮助学生克服缺点，发扬优点。教师要相信每个学生，他们都有上进心，都能成才。没有这种信念就不配当一名教师。如果你都不相信自己的学生，还要你这个教师干什么。犹如一位建筑师，如果他都没有信心把房子盖好，他盖的房子你敢去住吗？学生可能会犯错误，要耐心地教育，不能批评了事。批评也要做到让学生口服心服。无论大人、小孩总是喜欢受表扬。表扬能够起到积极的鼓舞作用。往往有的学生屡犯错误屡受批评而不改，但是偶然受过一次表扬就转变了。因为表扬使他有了改正错误的信心，表扬给他指明了努力的方向。

总之，学校管理要营造一个民主的、和融的、向上的育人环境，有利于学生生动活泼地主动地发展。

希望广大校长和教师都来学习"全教会"和江泽民关于教育问题的谈话精神，端正教育思想，改进教育方法，包括学校管理，引导学生健康地成长。

教　学　编

改革课堂教学是实施素质教育的主渠道*

　　素质教育已经推行了好几年了，但有些同志似乎对素质教育还不甚理解，因而在实施中往往走入误区。

　　素质教育与全面发展教育是什么关系？许多同志提出这样的问题。有的同志说，全面发展在共产主义社会才能实现，素质教育是全面发展的初级阶段。有的同志相反，说素质教育比全面发展要求更高。这些都是误解。我可以明确地说，素质教育就是全面发展教育，只是从不同的角度提出来的。全面发展教育是我国的教育方针，是写在《中华人民共和国教育法》中的，但是多年以来全面发展的教育方针受到来自应试教育的干扰。为了克服应试教育弊端，所以提出素质教育，使全面发展的教育方针得以切实贯彻。当然，素质教育的提出也不仅是针对应试教育的，这也是时代的要求。社会已经进入信息时代、知识经济的时代，知识成为生产的主要要素。知识要成为生产的要素，就不能是书本上的死的知识，而应该是创新的知识。应试教育以应付考试为目的要求，不可能培养学生的创新能力。素质教育是以提高人的素质为目的的教育，它要培养学生有创新知识的能力和应付时代变化的各种能力。素质教育实质上是一种时代要求的高质量的教育。国外没有提素质教育，但20世纪

---

* 　原载《人民教育》1998年第7、8期。

80年代以来普遍提出要提高教育的质量，实际上也就是提倡素质教育。

素质教育确切地说，不是一种教育模式，而是一种教育思想，一种教育理念。推行素质教育可以有各种模式，各种实验。愉快教育、成功教育、创造教育、情境教育等都可以是实施素质教育的好的实验尝试，好的方法或形式。但这些实验本身也有一个教育思想作指导的问题，不能单纯追求形式。

实施素质教育，既然目的是更好地贯彻全面发展的教育方针，提高教育质量，因而它涉及学校的整体工作，包括教书育人、管理育人、环境育人。学校要创设实施素质教育的良好环境。但是学校是以教学为中心的，这已经是大家形成的共识。因此，实施素质教育也要以教学为中心，即通过改革课堂教学来实施。就说素质教育是克服应试教育的弊端吧。应试教育主要表现在课堂教学中以考试作为教学的指挥棒，考什么就教什么，教什么就背什么、练什么，于是作业负担过重，心理压力过重。素质教育就要克服这种缺点，把课堂教学搞得生动活泼，使学生学到活的知识，而且培养创造性思维和各种能力，学有兴趣，学得轻松。

但是有些学校却"创造"了一种素质教育的"新模式"，即"课堂教学+课外活动"，或者美其名为"学科课程+活动课程"。这在理论上是混乱的，在实际上是逃避素质教育的做法。其后果是课堂教学依然故我，还是搞应试教育的一套，课外又增加了学生的负担。学生的负担不是减轻了，反而加重了。即使课外活动真正搞得好的学校也只能做到：课堂教学是应试教育，课外活动是素质教育，这不是与素质教育背道而驰吗？

把课外活动说成是活动课程，在理论上尤其错误。20世纪二三十年代，美国进步主义教育学派代表人物杜威，为了反对传统教育学派赫尔巴特"教师是中心，学科是中心，课堂是中心"的主张，提出要以"儿童为中心，兴趣为中心，活动为中心"。也即是说，学生获得知识，不必从课本中求系统的知识，要以学生自己的经验为基础，在活动中获取知识。学科课程和活动课程是两种对立的不同的课程设计思想。中华人民共和国成立后一直批判杜威实用主义教育思想，包括儿童中心的思想，认为杜威的教育思想不可能给儿童系统的科学文化知识，因此我国历来实行的是学科课程的编排方法。但是20世纪七八十年代，许多课程理论专家认为，不能把学科课程和活动课程对立起来，一个人的成长，不仅靠课堂上的系统的学科知识，还要依靠学生的各种活动。以学科课程编制的课堂教学也要注意学生的活动，要把学科课程和活动课程结合起来。当然，这种活动课程也包含了我们平时说的课外活动，但绝对不是把课外活动也当作传统观念的课程排到课表里去把它叫作活动课程。20世纪80年代把学科课程和活动课程两种课程理论结合起来，形成了一种新的课程理论。认为一个人的成长既要依靠系统的学科知识的传授，又要依靠学生的活动，在传授系统学科知识的过程中要有学生的活动，在学生自我活动中也渗透学科知识。这是一种开放的课程理论，是课程理论的一大进步。我们今天来理解它就不能用原来的学科课程、活动课程的旧眼光，用原来那种封闭的课程理论来看待，或者是简单地把两者相加起来当成新理论。

实施素质教育，改革传统的课堂教学是主渠道。抛弃课堂教学的改革，去抓课外活动，这是舍本求末。课堂教学如何改革？就是要强调学生在教学过程中的主体作用，改变学生被动接受知识的局面。教师仍然应该起主导作用，这种主导作用表现在引导学生去理解知识，灵活地运用知识，创造性地思考学习中遇到的各种问题，而不是接受现成的结论，死记硬背这些结论；教师要启发学生的学习兴趣，使他们由不爱学到爱学，不会学到会学；教师要引导学生参与教学过程，参与就是活动，参与式的课就是活动课。课堂教学既是一门学问，又是一门艺术，课堂教学的改革在实践中已由许多优秀教师创造了许多好的经验，不是我这篇文章所能说得清的。我只是提出一个看法，即实施素质教育，学校要把主要精力放到课堂教学改革上。

我赞成“愉快教育”*

　　不久前，国家教委基础教育司陈德珍司长送来北京第一师范附属小学开展“愉快教育”的实验报告，要我提意见。我觉得这个报告很好，出发点很正确，就是要减轻学生的负担，让学生学得愉快，学得主动。前几天在国家教委又听取了上海一师附小、无锡一师附小等七所小学开展“愉快教育”“快乐教育”的实验汇报。感到这是一个好势头。说明确有不少学校认识到当前教育中的弊端，想找一条出路。这种实验值得提倡，这种精神尤其值得鼓励。

　　毛泽东在20世纪60年代就曾经批评过学业负担太重，教学又不得法，考试以学生为敌人，不能使青少年在德智体诸方面生动活泼主动地发展的现象。毛泽东在“文化大革命”中对教育问题曾说过一些错话，但希望学生能够生动活泼主动地发展，却是他一贯的思想，也是十分正确的思想。“愉快教育”的实质就是要使学生在德智体诸方面生动活泼主动地发展。

　　“愉快教育”想让儿童乐于学习，变“要我学”为“我要学”“我会学”。孔子早就说过：“知之者不如好之者，好之者不如乐之者。”说明要乐于学习才能学得好。从心理学的角度来说，就是要有学习动机。美

---

* 1989年写于北京。

国著名教育家布鲁纳在《教育过程》中说过这样一段话："追求优异的成绩，看来包含有几件事情。这些事情不但同我们教什么有关系，而且同我们怎么教和怎样引起学生兴趣也有关系。"引起兴趣就是培养学生的学习动机。"愉快教育"就是要引起儿童的学习兴趣，培养良好的学习动机。

学习动机的产生，是学生对客观世界学习要求在学生大脑里的反映。学习动机有正确与不正确之分。正确的动机可以激发学生努力学习。学习动机还可以分为外部动机和内部动机两种。所谓外部动机，是指它的目的不在于学习本身所得，而是想通过学习得到其他东西，如想得到好的分数，想得到奖赏，或迫于某种压力想逃避谴责等。所谓内部动机，是指学习的价值使学生产生的学习动力，学生的学习行为是由学习的内容、学习本身的吸引力引起的。布鲁纳认为，学习的最好动机乃是对所学材料本身发生兴趣，不宜过分重视奖励、竞争之类的外在刺激。学习动机当然包括学习的目的，学习目的和学习动机不完全是一回事，但它们之间有联系。学习目的主要是指学生的学习理想，有了理想就有了强大的学习动力。对小学生来讲，培养远大的理想是必要的，但他们还不大能理解理想是怎么一回事，因此培养学生的学习兴趣，引起学习的动机就十分重要。当然，学习的外部动机也能转化为学习的内部动机。例如，有的儿童对学习不感兴趣，或者没有信心，但经过老师的鼓励帮助，使他有了信心，逐渐对学习发生了兴趣，从而产生了渴求学习的内部动力。"愉快教育"就是通过快乐的学习活动使学生产生渴望学习、喜爱学习的内部动力。

"愉快教育"不是简单地减轻学生的学业负担，但它却起到了减轻学业负担的作用。正如上海一师附小的经验中讲到的："如果教师在教学中不能激起学生学习的兴趣和积极性，即使没有作业，学生光是坐在教室里，心理负担已经超重。如果教师能从情感教育入手，改革教材和教学方法，调动学生内在的学习积极性，即使不布置作业，学生也会主动地、努力地去钻研。"这是很正确的。要减轻学生的学业负担，首先要解除学生心理上的压力，让学生愉快地学习，生动活泼地学习。

当前小学生的负担过重表现在两个方面：一方面是作业过多，这是有形的压力；还有一种无形的心理压力，就是升学的压力。后者比前者更沉重，而且是前者产生的根源。因此要真正解决学生的负担问题，还需要把他们从升学考试的压力中解放出来。

"愉快教育"不是一个方法问题，而是教育观念问题，如果教师的教育观念不更新，光从形式上、方法上讲究，"愉快教育"是不能持久地开展下去的。要让学生愉快地接受教育，教师首先要在思想上热爱教育事业，热爱学生，充分地相信学生，尊重学生，优化师生关系，同时努力提高自己的业务水平和教育艺术。有了和谐的愉快的师生关系，再加上教师精湛的教育艺术，必然会使学生愉快地生动活泼地学习。

愉快教育和刻苦学习[*]

因为我赞成愉快教育的实验，并为它说了几句话，好心的朋友就劝我，别去讲什么愉快教育了，学习本来就是刻苦的事，不刻苦焉能成才？乍一听很有道理，历史上的名家、大师哪一位不是刻苦攻读出来的，哪有小时候不用功，以后会成才的？所谓"少壮不努力，老大徒伤悲"，这是老师常常用来教育学生的箴言。我们小时候，老师还常常给我们讲囊萤映雪、悬梁刺股的故事来激励我们刻苦读书。但是仔细想一想，刻苦学习并不见得不愉快呀！小时候似乎也算得上用功，虽然不太刻苦，但并没有感到不愉快，也没有像现在不少孩子那样感到压力沉重，没有时间玩耍，把学习当作苦差事。难道刻苦学习就不能愉快了，或者愉快了就算不上刻苦了？

再请教一下心理学，发现愉快和刻苦属于两种不同的心理品质。愉快属于情感的体验，刻苦却是意志的表现。愉快的对立面是痛苦，而不是刻苦；刻苦的对立面是懒惰、懈怠，而不是愉快。所以愉快和刻苦是可以结合在一起的，而且两者是相互促进的，学生对某门功课感兴趣了，他就会愉快地、刻苦地去学。同时，经过刻苦努力，胜利地完成了学习任务，得到了好的成绩，他在心理上得到一种胜利的满足，或者叫

---

* 1989年末写于北京。

成功的愉悦，这就愉快了。愉快以后又会激励他再去刻苦学习。如此循环往复达到感情和意志的新的境界。

愉快学习和克服挫折也是不矛盾的。有位中学校长对我说，现在的孩子经不起挫折，应该从小让学生经受挫折的考验，怎么能事事愉快。这是从另一个角度反对愉快教育。实际上愉快和克服挫折的能力也是两种不同的心理品质，克服挫折也属于意志力的表现。学生在学习中总是会遇到挫折的，但是遇到挫折以后是让他消极地忍受痛苦呢，还是帮助他克服困难，取得胜利？当然要帮助他克服困难，战胜挫折。胜利地完成了学习任务，他在心理上又会产生成功的愉悦。

所谓愉快教育，并非嬉嬉耍耍，轻松快乐，毫无压力。而是要教会学生学习，使学生克服一个个困难，取得一个个胜利，获得一次次成功的喜悦，从而对学习产生浓厚的兴趣，使压力变为动力，达到自觉地刻苦学习的目的。

读书、思索、观察[*]

鲁迅在《读书杂谈》一文中谈到读书、思索、观察三点，这是一个人学习过程必不可少的三个重要方面，也是教学过程必不可少的三个方面。

教学过程是在教师的指导下，学生从不知到知，从知之不多到知之较多的学习过程，是一种特殊的认识过程。说它是特殊的认识过程，是因为它是学生认识客观世界的过程，具有人类认识客观世界过程的共同规律性，又有特殊性，因为它是在教师有目的、有组织、有计划的指导下进行的，学习的东西是前人已经认识了的事物，总结成了书本知识。学生是大量地通过书本知识（通常称为间接经验）来认识客观世界的。因此，读书，就是教学过程中最主要的环节；指导学生读书，就是教师的主要任务。一个优秀的教师善于根据学生的不同年龄特点培养学生的读书能力，使学生饶有兴趣地读书，不仅从读书中获得丰富的知识和技能，逐步地认识世界，而且从读书中得到乐趣，养成读书的习惯，不断地去获取人类知识宝库中的珍宝。一个拙劣的教师只知道把书本中的知识生硬地塞给学生，使学生不仅学不到真正的知识，而且甚至于使学生厌恶书本，见到书本就望而生畏。这就不是发展学生的能力，而是扼杀

---

* 原载《人民教育》1981年第2期。

学生的能力了。

北京市第二实验小学的特级教师霍懋征老师非常注意培养学生读书的能力。她在三年级接过一个班教语文。开始时，学生连整句都不会说。经过霍老师半年的教学，学生不仅会作文，而且爱读书。语文课本上一学期只有26篇课文，但霍老师教了95篇。霍老师的出发点是认为学生有很大的学习潜力，只要启发得当，就可以把学生的学习潜力挖掘出来，使学生学得多点，学得好点。她的工作的着力点就是放在培养学生的读书能力上。课文教得多少不是绝对的，不能说教得多就发展了学生的能力，教得少就没有发展学生的能力。但霍老师教得既多且好，考试的成绩反映了她的教学效果，学生的作文、学生课外阅读的积极性以及学生在课堂上的一切活动更说明了她教学的成效。因而这个"多"，也就说明了学生的能力有很大的提高。

多与少的问题实际也反映了不同的教育思想。课本是根据一般学生的发展水平和能力编写的。优秀的教师在运用课本的时候总是根据学生的不同情况不同地对待每一篇课文，讲解时有详有略，在掌握课本知识的基础上适当补充教材以启发学生进一步读书的兴趣和积极性。这是多快好省地进行教学。相反，有的教师认识不到学生的学习能力，把课文嚼得很碎，一点一滴地喂给学生，往往半年过去了，课本规定的课文都没有教完。这种教学方法，因为不去启发学生读书的积极性，不仅不能使学生牢固掌握知识，而且会抑制学生读书的兴趣和能力。这就是少慢差费地进行教学。我并不是说，每个教师都要给学生读许多补充教材。这是不容易做到的，只有具有丰富经验的教师才能做得到。但是我们应该向优秀教师学习，学习他们的教育思想和方法，注意培养学生的读书兴趣和能力，不要因为教学不得法而抑制他们的兴趣和能力。

要教会学生读书，重要的环节就是要教会学生观察和思索。学生在课堂上学习的主要是书本知识，但教学过程和认识过程有共同的普遍规律，这就是列宁讲的"从生动的直观到抽象的思维，并从抽象的思维到实践，这就是认识真理，认识客观实在的辩证的途径"。学生学习，大量的是间接经验，但必须有直接经验作为它的基础，然后去想象、推理。生动的直观，就是要观察，去取得直接经验；抽象的思维，就是要思索，把感性认识上升为理性认识。所以，教学中所谓发展学生的能力，主要就是指发展学生的观察力和思维力。当然，也有注意力、记忆力、意志力、想象力等。

有的教师善于通过教学培养学生的观察力。北京市黄城根小学许嘉琦老师常常出一些小作文（或者日记）的题目让学生描写动物和静物：节日的街头，回家的路上等；她还带领学生到公园去参观花展，到工厂农村去观察生产，然后让学生描述出来。通过不断的努力，学生的观察能力就有了很大的提高。一个四年级的学生在一篇小作文中这样描写傍晚的景色："那天，我做完值日，背起书包走出教学楼，已经五点多钟了。我站在操场上，回头向教学楼望去，只见夕阳照在教学楼上，把它映得一片金黄。我又抬头看看天，夜幕已经降临，但天空中火红的晚霞还久久不肯散去，有几颗星星却已经急不可待地跳了出来，发着淡淡的光……"学生的观察力增强了，写作能力随之增强，读书的能力当然也增强了。

教学中培养学生的思维能力尤其重要。只读书，不思索，对课文就不能理解，就不能使感性认识上升为理性认识。教学过程不是教师向学生灌输知识的过程，而是学生在教师指导下学习的过程。只有通过学生自己思索才能把客观的知识物化到学生自己身上，成为他自己的知识。所谓思维能力，就是指比较、分析、综合、判断、演绎、推理等能力。优秀的教师善于利用教学来培养这些能力。霍懋征老师在讲《陶罐和铁罐》一文时，充分运用了这些思维方法来训练学生。她在黑板上上下两行分别写着陶罐和铁罐，然后问学生，陶罐有什么优点和缺点，铁罐有什么优点和缺点。学生经过分析讨论得出判断：陶罐的优点是不生锈，缺点是容易碎；铁罐的优点是不易碎，缺点是会生锈。霍老师分别把它们写在黑板上陶罐和铁罐的行内，对两者进行比较。学生得出结论：铁罐的优点刚好是陶罐的缺点，铁罐的缺点恰恰是陶罐的优点。因此不应该互相瞧不起。可是铁罐偏偏瞧不起陶罐。几个世纪过去了，铁罐生了锈，氧化成了碎片，陶罐却还完好无缺。通过两节课的教学，学生掌握了课文，学习和运用了分析比较等思维方法，受到了思想品德教育。当然，培养学生的思维能力，并不是几节课就能做到的，而是应该把它放在每一节课的教学目的中，注意长期的训练和培养。

读书、思索、观察三者是辩证的关系。读书对学生来讲是中心环节，但怎样才能把书读懂呢？就要思索和观察。鲁迅说："自己思索，自己观察。"他又转述萧伯纳的话说："较好的是思索者，因为能用自己的生活力了。但还不免是空想，所以更好的是观察者，他用自己的眼睛去读世间这一部活书。"鲁迅又说："这是的确的，实地经验总比看，听，空想确凿。"鲁迅这里讲的用"眼睛去读""实地经验"当然不是指简单地用感官去感觉，而是包含着观察和深深地思索之义。读书不经过思索和观察，就会成为死读书。但是只观察不读书不思索，就不能把观察到的认识上升到理论，同时也不能观察得更深。因此，要提高观察力，就还要读书和思索。只思索不观察不读书行不行呢？当然不行，那就会陷于空想，就得不到真正的知识。所以，只有把读书、思索、观察三者结合起来，才能更好地完成教学任务，提高教学质量。

成才之诀：兴趣与勤奋[*]

　　达尔文在自传中说："就我所能回忆的我在学校时期中的性格来说，其间对我后来发生好影响的就是，我有强烈的和多样的兴趣，非常热爱使我感兴趣的东西，并且深喜理解任何复杂的问题和事物。"达尔文从小就嗜好博物学，上小学的时候就喜欢采集植物标本，为植物定名；喜欢钓鱼，捉昆虫；阅读了《世界奇观》就想到遥远的地方去旅行。正是他这种对自然界的广泛兴趣，使他不断地去探索自然的奥秘，终于成为伟大的科学家、进化论的奠基人。

　　兴趣是推动人们学习和探索的内驱力，也是成才的第一要诀。如果一个人对事物不感兴趣，漠不关心，他就不可能去学习它，钻研它，当然也就谈不上有什么成就。一个人对某项事物发生了兴趣，就会想去了解这一事物的发生和发展情况，着迷于对这种事物的研究，久而久之，就会做出成绩，有益于社会，这就是人才。达尔文在自传中还介绍了一段饶有趣味的故事，说明他如何着迷于他喜爱的事业。他写道："在剑桥的时候，没有一项工作比搜集甲虫使我更为热心、更感兴趣了……我愿意用以下的例子来证明我的热心：有一天我剥去一些老树皮，看到两只罕见的甲虫，于是我两手各捉了一只，就在这时候，我又瞧见了第三

---

[*]　写于1988年。

只新种类的甲虫，我不忍把它放走，于是我把右手里的那只放入嘴中。哎呀！它排出了一些极辛辣的液体，灼痛了我的舌头，我不得不把这只甲虫吐出，它便跑掉了，而第三只甲虫也没有捉到。"正是兴趣，促使达尔文花费了差不多五年的时间乘着贝格尔舰航游世界，收集了无数标本，揭示了生物进化的奥秘。

但是，兴趣还只是攀登事业高峰的一位"向导"，能否登上高峰，还要看你有没有毅力，是不是勤奋。每个人在创业的道路上，即使是你感兴趣的事业，也会遇到许多困难和障碍，只有毅力和勤奋才能帮助你克服困难和越过障碍。如果没有毅力和勤奋，遇到困难，你的兴趣就会被削弱乃至于消失。通过勤奋，克服了困难，就会使你对该事物产生更大的兴趣和探求的欲望。你对事物的兴趣越大，你克服困难的毅力就越强，促使你更勤奋努力地去学习它，探索它。所以说，兴趣和勤奋是相互关联、相互促进的。有如通向成才之路的两只车轮，缺一不可；又如牵引爬坡的列车上的两辆机车，需要一辆在前面拖，一辆在后面推，才能使列车通过高山峻岭。

那么兴趣从何而来呢？往往我们听到青年朋友们谈论，"我对某某事业不感兴趣""我天生就不喜爱做什么工作"。看来，兴趣好像是天生的，是遗传的。不对！兴趣不是来自遗传，而是来自实践，来自环境的影响。即使一个音乐天才，如果他不接触钢琴，他也不会对演奏钢琴感兴趣。有时候，你开始对某事物并无兴趣，但当你接触它以后，你逐渐地就有了兴趣。就拿当教师这件事来说，有些同学开始不感兴趣，但经过教育实习，通过与青少年学生的接触，了解到教师职业的特点，对教师的职业产生了兴趣。以后在教师的岗位上，尝到做教师的乐趣，就越来越热爱教师的职业，从而在工作中勤奋学习，不断更新，终于成为一名优秀的人民教师。可见，对某一件事物，先不要决然地说不感兴趣，必须要你去做的事情，你先去接触它，实践它，培养对它的兴趣。有了兴趣，你的行动将更自觉，将来的成就将更大。

让胃口小的吃饱胃口大的吃好[*]

大家都说，考试是指挥棒。考什么老师就教什么。老师教什么，学生就要记什么，背什么。其实考试后面还有一根指挥棒，这就是教学大纲和课本。大纲规定什么，就要考什么，课本中有什么就要考什么。现在的课程太深太难是众所周知的。它源出于20世纪60年代的课程改革。那次课程改革一方面促进了课程的现代化，在课程中反映了20世纪以来的科学技术成果，另一方面大大加强了课程的难度和深度。国外在20世纪七八十年代进行过几次调整，难度已有所降低。我国改革开放以后引进了国外课程改革的成果，于80年代初编写了一套新的教材，以后也经过几次调整，80年代后期到90年代初又重新编写了义务教育大纲和教材。几次调整始终未能把内容的深难程度降下来。与国外发达国家中小学的课程相比，我国的课程的深度、难度都要大。为什么降不下来？有一个重要的思想障碍，就是怕降低教学质量，怕埋没人才。有的专家甚至认为，降低一些课程的深度和难度就会降低整个民族的素质，贻误一代青年。这样的大帽子压下来，当然很难让人说话了。但是现实情况令人不得不再仔细想一想。

现实的情况是，学生普遍觉得课程难学，因而负担很重。也有不少

---

* 原载《教育参考》1998年第3期。

学生由难学到厌学。据某省调查，中学生辍学大致都在初中二年级，主要原因是学习跟不上。有些地方有些教师也觉得跟不上，不能把问题讲透彻。总的情况是，有的学生学不下去，有的学生虽然能够学好，但没有时间学习课外的、自己感兴趣的东西。吕型伟同志形象地比之说，一部分学生消化不良，一部分学生没有胃口再吃些喜欢吃的东西。长此下去，恐怕真会贻误一代青年，而且造成极大的教育浪费。

适当降低课程的深度和难度，就是要让胃口小的人吃饱，使他能够把学习的内容消化吸收；让胃口大的人吃好，使他能够有余力去学习他所喜爱的学科，做他所喜爱的事情，充分发挥他的天赋才能。这样，不仅保护了广大学生的学习积极性，保证了大多数国民的基本素质，而且可能冒出一些天才。毛泽东曾经说过，历史上许多名家都不是状元出身。意思是说，按部就班的学习，考得好的并不一定有成就，相反，自己学习、自己钻研的可能出名家。要让学生有时间自己钻研喜爱的东西，发挥他们的特长和爱好，就要把他们从课程要求的作业负担中解放出来。

不会提问的学生不能算是好学生*

　　学习是一种积极紧张的脑力活动。学习得来的信息在大脑中会引起紧张繁忙的活动。神经细胞要对新的信息加以识别，引起联想，从旧的贮存（记忆）着的信息中迅速地检索，看有没有类似的信息，并加以比较、分析、综合、归纳；把新的信息与有关信息相联系，思索它们之间的关系等，这就是我们通常讲的思维活动。在积极的思维活动中，必然会产生矛盾，从而引起不少疑问。因此在学习中提出问题，是积极思维的结果。学问学问，学和问是结合在一起的，学而不问就不能长进学问。子曰"学而不思则罔"，还可以加一句"思而不问则盲"。有了疑问而不提出来寻求解决，则只能永远成为知识的盲人。同时，科学的发展就在于创造，如果没有疑问，就不会有新的见解；没有新的见解，一切都以书本为经典，以老师的讲课为准绳，就不可能有创造，科学也就得不到发展。因此，要让学生求得真正的知识，长进学问，发展他们的想象创造力，培养创新精神，就要鼓励学生提问，特别是提出不同的见解。

　　教学的启发式与注入式的根本区别就在于能不能促进学生的积极思维，从而提出疑问，寻求正确的答案。注入式教学着重把现有的结论教

*　原载《福建教育》1998年第10期。

给学生，不要求学生思索，更不喜欢学生提出问题，只要记住那些结论就可以了。启发式教学则要求学生积极思维，提出疑问，寻求答案。所以说，启发式教学不仅是老师提问，而且要能启发学生提问。

我们在观摩教学中看到老师采用的"启发式"往往只是老师向学生提问，却很少看到学生向老师提问。为什么会出现这种现象呢？是学生没有疑问吗？不会的，只要积极思维，总是会有疑问的。往往是老师把学生可能产生的疑问都思考到了，由老师提出来。也就是说，老师代替学生思维。这不能不说也算是一种启发式。但为什么不启发学生自己提出问题呢？老师提出问题，固然可以促进学生思考，但总是被动的，只有学生思考时产生疑问才是最积极的。我们的老师一般习惯于按照自己的思维方式（当然有经验的老师总结了以往学生学习中产生的问题）设计一套问题，希望学生沿着他的思路去思索。这也许能少走弯路，但却限制了学生的思路，限制了学生思维的广度和深度，这种方法实际上仍然不能算作是启发式的方法。

常常有人批评我们现在的教育缺乏创造性，不重视学生创造能力的培养。怎样才能培养学生的创造能力？首先要从培养他们积极思维，从学会提出疑问开始。不会提问的学生不能算是好学生。如果他没有疑问，说明他缺乏积极思维，没有用心去比较、分析、综合、归纳所获得的信息；说明他缺乏想象力，没有去联想有关信息；说明他缺乏独立判断的能力，总是人云亦云。总之，说明他缺乏创造能力，没有创造力的人只能是一个平平庸庸的人，不可能希望他将来做出多大成就。

不重视学生提问，不是一个方式问题，而是一种教育观念问题，是学生观的反映。我们传统的旧教育的学生观总喜欢学生唯唯诺诺，听话，不乱说乱动。这是一种保家立业的小农经济思想的反映。现代教育的学生观要求学生能独立思考，敢想敢干，勇于创新。有的留学生比较了中西方家长对孩子学习的态度，曾经说过这样一个现象：在学生放学回家的时候，中国的家长总要问："今天你考了几分？"而西方的家长则问："今天你给老师提了几个问题？"如果这是真的话，这是反映了两种不同的教育观念：中国家长只重视孩子学习的结果，西方家长则重视孩子学习的过程；中国家长只重视孩子记住了多少知识，西方家长则重视孩子是否进行了思考，有没有自己的创见。这种现象难道不值得我们思考吗？

过程与结果*

在一次会上，清华大学教授、中科院院士吴澄讲了一个故事。他说他曾经问过一位留学美国的学生，美国大学老师的教学与中国老师的教学有些什么不同。学生回答说："中国老师讲课是唯恐学生听不懂，美国老师讲课是唯恐学生听懂了。"吴澄教授说，确实是这样，中国教学的传统是老师要把课讲得明明白白、详详细细，把现存的知识都传授给学生；而欧美国家的教学是重视启发学生去思考，提出疑问，探求答案。

由这个故事我想到另一个故事。据一位留学生回来讲，小孩放学回家，中国的家长总爱问："你今天考了几分？"而美国的家长则爱问："你今天给老师提了几个问题？"

这就是两种不同的教育思想。中国的老师和家长非常重视学生学习的结果，不问学习的过程。结果当然很重要，结果可以说明学生掌握知识的程度。但是恐怕过程更重要，过程说明知识是如何掌握的，使学生不仅知其然，而且知其所以然。几年前《比较教育研究》上刊登过一篇北京牛栏山中学李二东老师访美回来写的文章，叫《对传统教育观念的挑战》，其中也有一个故事，不妨抄录下来供大家参考。

---

* 原载《物理教学探讨（中教版）》2000年第1期。

我曾和一位小学女教师共同上了一节科学课。我负责给每组学生（每组两人）倒一杯汽水，女教师给每组发三粒葡萄干和一张观察报告单。女教师首先让大家思考：如果把葡萄干放入汽水中，会有什么现象发生？孩子们开始议论。有人说下沉，有人说先浮后沉。教师把大家的看法一一写在黑板的左面，然后让大家开始实验，边实验边观察。葡萄干进入汽水中先下沉，然后表面出现气泡，气泡带动葡萄干上浮，到表面气泡消失，葡萄干再度下沉。一时间教室里一片欢腾，孩子们边观察边填写报告单。最后讨论为什么，有的孩子说，有气泡就能浮上来，就像潜水艇；有的说气泡到表面消失是大气压的原因；有的说葡萄干表面生出气泡是汽水的作用。老师把结论一一写在黑板的右面。然后让学生思考，怎样把浮沉现象和后面的理由联系起来，写在报告单上。下课以后，我问教师，有的观察不准确，结论不对，怎么不讲一讲？教师说，有对有错，让学生多思考一下有好处。况且，从不同时间、不同角度观察，结论可能不一样，不要绝对肯定或否定一种结论。

　　上面的几个故事中，无论是大学的教学还是小学的教学，在美国，很重视教学的过程，却不大重视教学的结果。重视过程是为了让学生多思考，自己得出结论。也许结论不对，但经过不断思考，不断学习，他自己会得出正确的结论。而且，这样得出结论会对问题理解得更深刻，更全面，也更能牢记。这种重过程的教学培养了学生的思维能力。

　　是不假思索地接受老师讲授的知识，还是经过大脑的加工，真正理解老师讲授的知识，是两种不同的学习方法。显而易见，前者只是机械的记忆，不可能通过它举一反三，而且记忆也不是牢固的。后者则是真正建构了自己的概念，遇到相似的问题能够迁移，能够举一反三。因此在教学中应该重视教学的过程，让学生在教学过程中充分运用他的大脑，思考，探索，然后将老师讲的知识、教科书中的知识内化为自己的知识，这种知识才能成为他真正掌握的知识。

大家都在谈论知识经济时代即将到来，所谓知识经济，按照字面的理解就是依赖知识发展的经济。这种知识必然是创新的知识，不可能是教科书中的死的知识。否则，人类的知识早已是浩如烟海，何以到今天才产生知识经济。知识经济说明知识将成为经济增长的动力，因此这种知识必然是活的知识，是创新的知识。掌握这种创新的知识就需要学生在教学过程中动脑筋，培养学生的探索精神，凡事总要问一个为什么。这种探索的精神就是创新的精神。这样获得的知识就是创新的知识。有了这种精神，掌握了这样的知识，将来在事业上他就能创新，就能开拓。

要做到这一点，就需要老师转变教学观念。上课时是老师讲得越多越好呢，还是留有余地，让学生自己去琢磨一下、讨论一下好呢？我们有的老师，唯恐学生听不懂，总想讲得越详细越好，谁知道适得其反。就如我们小时候看见有的妈妈喂孩子食物一样，把食物嚼碎了喂给孩子，这实际上伤害了孩子的胃，使他缺乏消化能力。今天，大家讲卫生了，这种蠢事已经很少了。但教学上有的老师还在做这种蠢事。这种蠢事做下去，只能使学生丧失求知的乐趣，丧失探究的意识，丧失创新的能力。

当然，这也不能怪教师，因为我们的考试就是只求结果，不问过程的。看来改革还要从多方面着手。

"精讲多练"辨[*]

20世纪60年代以来，我国教学改革中出现了一种教学方法，叫作"精讲多练"。它要求在课堂教学中，老师讲课要讲得精细一些，腾出较多的时间让学生练习。这种方法在我国流行了几十年，至今还有重大影响，因此有必要用现代教育观念对它评析一番。

教学是学生在老师指导下自己获取知识，发展智力，提高思想，丰富情感的过程。这里有两个含义：一是教学的目标不只是获得知识和技能，还要发展学生的智力和思想情感。近些年来各国教学改革特别重视对学生思想情感的培养，要求通过教育教学培养学生高尚的思想品质，丰富的思想情感，对社会、对环境有高度的责任感，能够正确对待他人、正确对待自己，成为一名负责任的公民。二是在教学过程中学生是主体，要充分发挥学生的主体性。教师在教学中起主导作用，而主导作用就体现在能否启发学生发挥主体性、主动性上。

"精讲多练"的方法显然不能完成上述教学目标，也不能体现现代教学的特点。"精讲多练"只是一种传授基本知识和学生获取基本技能的方法，而且并非最好的方法。

---

* 1999年6月24日写于北京。

老师讲课当然十分重要，在当前我国还没有充分利用现代多媒体技术的条件下，老师讲课还是课堂教学的主要形式。但课讲得好不好，很难用一个"精"字来概括。我认为，老师讲的课，最主要的是要能启发学生的思考。学生只有通过思考，而不是接受现成的结论，才能真正获得知识，并且发展思维能力，也即智力，才能激发情感。当今建构主义思潮很流行，且不说它的哲学基础是否科学，有一点是值得借鉴的，就是它认为，学生建立一个概念不是直接把这个概念接受过来，而是必须与前概念相对照，通过对前概念的解构来重构新的概念。说得通俗一点，就是学生不是一块白板，他在上课的时候已有过去的经验和知识，听老师讲了新的知识，他必然会与过去的经验和知识联系起来，看有没有矛盾，如果有矛盾，他就要提出疑问，通过与老师、同学的讨论，通过自己的思考来解决这些矛盾。解决的结果，或者是推翻原来的认识，或者是补充原来的认识，从而建构新的认识、新的概念。这中间提出问题，讨论问题，解决问题的过程都是积极思考的过程。老师讲课如能做到这一点，就能说他的课讲得好。

精讲的"精"字可以作多种解释。一种是精练的意思，经过挑选，提炼出精华讲给学生听；一种是精细的意思，精雕细刻。应该说，这两种精神在老师讲课中都是值得提倡的。但是如果把精细理解为讲得越细越好，就会走向"精讲"的反面。精练、精细都要求老师备课认真、深入，把内容的要点、难点突出出来；认真了解学生的实际，注意启发学生思考，把课讲得精当。

"多练"是培养学生技能的一种方法。但是，练习是否越多越好呢？未必是这样。题海战术的出现，学生学业负担的过重，毛病就出在这个"练"字上。在教学过程中，练当然也很重要，但更重要的是思。古人曰："学而不思则罔。"不思而练是盲目的练，不可能使学生举一反三，知识得到迁移。有的老师为了应付考试，要求学生把所有的题型都练到，恨不得练完天下所有习题，结果是把学生弄得晕头转向，辨别不了方向。可见，练习也要建立在思考的基础上，练习中要引导学生思考。而且练习的数量也要恰当，才能腾出时间来让学生多思考。因此当前不是要提倡多练，而是要提倡多思。

总之，课堂教学不应再提倡"精讲多练"了，而是要大力提倡"少讲多思"。

还课外活动的本来面目[*]

最近中小学兴起了一阵搞活动课程之风，许多地方把课外活动变成了"活动课程"。因为它是课程，于是就要编制教学大纲，编制课本。有一个市，小学二年级学生的书包中居然有12种课本。既然它是课程，于是有些地方把它编为"必修课"和"选修课"，这样一来本来负担很重的中小学生又增加许多负担。

把课外活动称为"活动课程"缺乏科学根据。追溯历史，活动课程的提法出自杜威进步主义教育思想，杜威在批判赫尔巴特以学科为中心的课堂教学理论时提出要以学生的活动为中心，因而教育界称赫尔巴特的课程论为学科课程，杜威的课程论为活动课程。20世纪60年代以来，课程理论有了很大发展，认为影响学生认知和非认知方面的成长的不仅有设定在课表中的课程，而且有课外学生的活动，学生在课外活动中也可以获得知识，发展能力，因而课外活动也可以算作一种"课程"。中国学者把它称为"第二课堂"或"第二渠道"。这本来是课程理论的一种发展，促使教育工作者重视课堂以外的教育因素。但是不知道什么时候教育工作者就走入了误区，把课外活动也纳入传统的课程中去，课外活动就变成了现在的"活动课程"，这只能说是传统的课程理论在作怪。

---

* 原载《教育参考》1997年第5期。

课外活动的最大特点是学生的自愿性和自主性，也是它的优越性。参加课外活动完全是自愿的，没有课堂教学的必须参加的压力；课外活动的计划是学生在教师指导下自己拟定的，不像课堂教学有教学大纲、教科书，具有强制性。学生在课外活动中可以充分发挥自己的特长和才能，因此各校的课外活动（包括校外活动）能培养出许多优秀的人才。把课外活动作为"活动课程"纳入课表中，把自愿变为强制，把自主变为被动，也就抹杀了课外活动的优越性，增加了学生的负担，其弊害可想而知。因此我希望理论工作者和实际工作者还课外活动的本来面目。

什么玩具儿童最喜爱*

走进商店，儿童玩具真是琳琅满目，有最现代化的飞机、汽车，也有最时髦的洋娃娃，还有什么变形金刚、电子宠物等。它们都造型美观、色彩鲜艳、技术先进，着实招儿童喜爱，做父母的见到这些玩具也不免忍痛掏腰包为孩子买几件。但是不知道大家发现没有，儿童对这些玩具虽然一见则喜，总想得到它，但玩不多久就把它掷到一旁，又去追求新的了。所以，每个孩子的玩具箱里恐怕都有一堆这样的新式玩具。

我的小女儿出生很晚，比他哥哥晚了十多年，自然全家都很疼爱她。可惜她生不逢时，正值"文化大革命"时期，儿童玩具极少。于是在寻觅新式玩具的同时，给她制作了我儿时玩过的玩具，如兔子灯、竹蜻蜓、翻双杠的小人等。可惜她都不怎么喜欢。想不到有一件东西她竟爱不释手，那就是奶奶给她扎的一只"小狗狗"。有一次，奶奶在哄她睡觉时用被子的角窝起来扎了一个球，告诉她这是一只"小狗狗"，说："它陪着你睡觉，看你睡得香不香。"于是它就成了我小女儿的好伙伴，每天睡觉前总要捧着它，又是亲，又是和它说话，给它讲故事。有一次她妈妈给她拆洗被子，把这只"小狗狗"给拆了，结果她大哭大闹一场，给她别的玩具她都不要，妈妈给她重新扎一只，她说不像，不是原

---

* 原载《学前教育》1999年第3期。

来的"小狗狗"。最后还是奶奶来解围,给她重新扎了一只,才算勉强通过。于是,每次拆洗被子后总要注意快把"小狗狗"扎好,这只"小狗狗"差不多一直陪伴女儿到上小学高年级。

用被子的角扎起的一个小疙瘩,从我们大人的角度来看,既算不上什么玩具,更看不出像什么"小狗狗",但我的女儿却很喜爱它。这是什么道理,开始闹不明白,后来发现女儿常常和它说话,有时还像大人那样教训它。原来她把它人格化了,把它当作自己的小伙伴,充分运用自己的想象力和它玩耍。

富有想象力是儿童的天性。为什么儿童总是喜欢神话或童话故事呢?就是因为神话和童话都富于幻想,可以把儿童带到他们幻想的地方。我们常常看到许多儿童画,它们的特点不是反映事物的逼真,而是反映儿童的丰富的想象。儿童画往往是粗犷的,不是很精细的,但它给人们留下了广阔的想象余地。由此想到,儿童玩具也应该是粗犷的,不需要做得太精细,太讲究,而是要给儿童留有广阔的想象空间。这样的玩具才有利于儿童的智力发展,也才是儿童最喜爱的。幼儿园里的积木是最传统的玩具,我们小时候就搭积木,当然不是去幼儿园。几十年来积木仍然是儿童最喜爱的玩具,为什么?就是因为积木可以让儿童堆积起各种各样的物件。儿童可以把它搭成小房子,也可以把它搭成火车、汽车,随心所欲。因此,幼儿园里有经验的老师常常根据儿童这种天性,利用废弃物品做玩具。例如,用易拉罐或纸盒当积木,堆积各种物件,做这种游戏时儿童特别开心。

留给学生自主学习的空间[*]

前不久，教育部发布了《关于在小学减轻学生过重负担的紧急通知》，引起了社会各界极大的反响。大多数老师和家长都赞成，但也有些老师和家长表示疑虑。学生的学业负担减轻了，空余时间干什么？会不会降低教育质量？有的校长怕自己减负了别的学校不减白吃亏；学校不统一订复习资料了，家长学生自己去书店购买；有的学生说，减负是对学习差的学生有好处，学习好的更紧张，以后没有补习班了，只好靠自己了。各种议论都有。我想这些疑虑是对减负的目的和意义不够清楚所致。

首先要明确，减负是减轻学生的过重学业负担，不是不要负担。学习是一种艰苦的脑力劳动，没有负担是不可能的。但是，目前的状况是学生的学业负担过重，每天的作业量过大，学生除了要完成教学大纲的要求外，还要根据各地出的辅导材料做许多作业，还要上补习班。每天学习的时间长达十多小时。而睡眠时间不足，没有时间玩儿，没有时间参加自己喜爱的活动。身体搞垮了，思想僵化了，不利于学生的健康成长。

减轻学生过重的学业负担的目的是提高教育质量。首先，学生学业

---

[*] 2000年3月3日写于求是书屋。

负担轻了，有利于加强学生的思想政治教育、道德品质教育、纪律法制教育，有利于学生思想品德的提高。这是教育质量的最重要的标准。其次，学业少一些却能学得好一些，让所有的学生都能理解和消化教学大纲中的要求，而学习好的学生有余力去学习他所喜欢的学科和知识。也就是说，可以给学生留有自主学习的空间，让学生自主地学，自觉地学，主动地学。这种学习效果最好，质量最高。教育学、心理学的常识告诉我们：兴趣是学习之母，自主学习要比强迫学习的效率高出几倍几十倍。同时，学生的智力、兴趣、爱好、特长都是有差别的。如果都用过重的作业负担占满了学生的时间，他们的爱好和特长就会被抑制和扼杀，将来我们可能失去一些天才。因此，减负有利于因材施教，有利于出各种人才。最后，减负有利于教师的教学改革。老师也可以从作业堆里解放出来，更多地思考改革教学，把课讲活，引导学生理解思考，而不是单纯做题，最终是有利于教育质量的提高。

减负不是简单地减少一些作业。据说有的老师减负后没有事情可做了，似乎老师也轻松了。这是错误的认识。减负以后老师的责任更重大，要做的工作更多。首先，老师要更认真地备好课上好课，要向40分钟要质量。学生在课堂上学懂了，学业负担就减轻了大半。老师要钻研教学方法，启发学生多思考，培养学生的创造性思维。其次，是要组织学生参加课外活动，培养他们的实践能力。还要指导学生课外阅读，丰富学生的知识。减负不是不要学生读书，而且要让学生从无用的作业堆里解放出来，读他们喜欢读的书，读更多的书。我小时候四年级读《西游记》，五年级读《三国演义》，觉得好处很大。我的孩子也是到三年级我就让她读《西游记》，我觉得对她的想象力、思维的培养很有帮助。因此，在减负中，家长也要加重责任，要引导孩子参加有益的活动，读有益的书。

要做到这一点，老师和家长都要转变教育观念：不是学业负担越重越好，质量越高。苏联教育家巴班斯基提倡过教学最优化。什么叫最优化？就是教师和学生用最少的时间和精力，达到最好的教学效果。北京第22中学孙维刚老师一学年讲完初中三年的数学课程，学生并不觉得负担重；实验二小霍懋征老师曾经一学期讲过90篇课文，学生学得很轻松。这就是教学艺术。这种艺术来源于正确思想，即教给学生方法，启发学生自学。所以，靠加重作业负担来求质量，不仅是极笨的办法，而且是缘木求鱼，只能培养高分低能的书呆子。

还要提一下，减轻负担还包括减轻学生的心理负担。如果学校的学业负担减轻了，而老师和家长仍然天天絮叨着升学压力，学生的心理负担并未减轻，他就不能自主地轻松地去学习。

总之，减轻学生的学业负担是为了给学生留有自主学习的空间，使他们主动地学，自主地学，在德、智、体、美等方面健康地成长。

教师编

父母是儿童的第一任老师[*]

一

人们常常有这样一种错觉，一说起教育，总以为这是学校和老师的事情。有的孩子不听话，学习不努力，就认为这是学校的责任，是老师没有教好。其实，一个人在他成长过程中，总要接受来自三方面的教育，这就是家庭教育、学校教育和社会教育。它们互相联系，互相影响，而家庭教育在人的成长过程中起着重要的作用。

家庭教育是最早期的教育，它是一切教育的基础。俗话说，"先入为主"，家庭教育给儿童的印象最深刻、最牢固。儿童从出生的第一天起就开始接受家庭教育，父母就是他的第一位老师。他首先从父母那里学习语言，学习认识周围的事物，学习生活习惯。如果儿童从小在家庭里受到良好的教育，以后学校教育就能顺利地继续下去；如果儿童在家庭里受到了不良的教育，从小养成了不好的思想和习惯，那么进入学校以后，学校就要对他进行再教育，矫正他的错误和缺点。生活的经验告诉我们，在幼年时期，教育儿童是不那么困难的，但是，再教育就要困难得多，就要付出更大的力量，更大的耐心。另外，家庭教育的影响是

---

[*]　原载《山西教育》1982年第2、3期。

潜移默化的，我们不可能用统一的计划和内容要求父母，但是，父母的一言一行、一举一动时时刻刻在影响着儿童的思想和行为习惯。父母是儿童的亲人，他们共同生活在一个家庭里，他们接触的时间最多。特别是儿童总是把父母当作最可信赖的人，父母的教育往往在儿童心灵上起着决定的作用。

家庭教育是培养人的一个不可缺少的重要环节，应该把家庭教育作为一门科学来研究。每个父母都要学习这门科学，懂得家庭教育的规律、内容和方法，使每个儿童都能在家庭中受到科学的良好的教育，为儿童入学打好基础。

家庭教育有着丰富的内容。首先，父母对儿童的健康负有重要的责任。现在父母对子女的营养都比较重视，但是，光注意营养还不够，还要注意对儿童进行卫生教育，养成卫生习惯，预防疾病的发生。体育锻炼也很重要，父母要经常带孩子出去散步，节假日带孩子到公园或者郊外游玩，这样做，既可以锻炼身体，又可以通过郊游活动使孩子增长知识；稍大一些，可教孩子游泳，增强孩子的体质，为他的学习和工作打下基础。但是，我们也往往看到，有些父母缺乏儿童生理、卫生、心理和教育方面的知识，使儿童养成不卫生的习惯，饮食不定时，挑食吃，甚至弄得孩子体弱多病，影响了健康，妨碍了学习。

父母对儿童的智力发展起着重要的作用。据现代生理学家和心理学家的研究，人的大脑的生理发育的关键时期是出生后第五个月到第十个月之间，到两周岁的时候，大脑就基本上完成了它的成长过程。许多研究说明，在生命的头四年时间内营养不良使儿童到入学年龄时表现得智力平庸。但是，营养不是唯一的条件，缺乏教育或者教育不良，即使儿童的生活条件很优越，也会使他的大脑受到损害。这些研究都说明，对儿童进行早期教育不仅是可能的，而且是必要的。所谓早期教育，不是让幼小的儿童认识许多字，学会算几十以内的算术题，而是要发展儿童的智力。父母应该有意识地引导儿童观察周围世界，培养他们思考的能力和学习的兴趣。儿童幼年时，父母可以购买或者制作一些有启发性的玩具，给儿童讲解一些有教育意义的故事。儿童到四五岁的时候，知识丰富起来，疑问也多起来，常常喜欢问长问短，说明他有旺盛的求知欲，父母要注意保持和发扬他的这种求知欲，耐心地回答他提出的问题。有的父母对孩子提出的问题表示不耐烦，甚至于有时候还因为问题提得不恰当而呵责他，这样儿童的求知欲就会被扑灭，儿童智力发展的道路就会被截断，这是十分危险的事。

儿童的智力早期得到了发展，就给入学打下了良好的基础，他去学校学习一般就不会遇到什么困难。儿童入学以后，学校会有计划有目的地向他传授知识，发展他的能力，但父母仍然有责任关心他的学习。要经常和学校取得联系，配合学校，对孩子提出合理的严格的要求，定期地督促检查孩子学习的情况。

培养儿童的道德品质是家庭教育的重要内容，父母要有意识地培养儿童对待祖国、对待集体、对待劳动、对待长者、对待同伴的正确态度，从小养成爱祖国、爱人民、爱劳动、爱科学和爱护公共财物的优秀品质。有的父母认为儿童的年龄还小，不注意对他进行思想品德的教育。有时候，儿童做了一些不诚实的事情，父母不是及时教育，反而夸他聪明、机灵。这样，儿童就会渐渐养成不良的思想和习惯，甚至误入歧途，长大以后成为社会的罪人。家庭教育和学校教育一样，都要按照党的教育方针，把孩子培养成为有社会主义觉悟的、有文化的、身体健康的社会主义的建设者。如果家庭教育和学校教育目标一致，要求一致，互相配合，互相促进，孩子就会茁壮成长；如果家庭教育和学校教育要求不一致，不能互相配合，就会造成教育上的矛盾，互相抵消力量，给孩子的成长带来严重的后果。

二

当前，家庭教育的重要意义已逐渐地被社会各方面所认识到。但是家庭教育不同于学校教育，它有自己的规律。

首先，家庭教育要符合青少年儿童年龄发展的特点。教育活动只有符合青少年儿童心理发展的规律才能起作用。例如，儿童的思维是由具体思维发展到抽象思维的，三四岁的儿童，只知道一个苹果、两个苹果，一只白兔、两只白兔，他还没有抽象的数字概念。因此，对幼儿进行教育要具体，通过讲故事、做游戏来进行，切忌用抽象的概念对他们说教。又如，儿童的注意力是不稳定的、不持久的，我们进行教育就要注意形式生动活泼，引起他的兴趣。有些父母急于求成，不注意儿童的年龄特点，除了学校布置的作业以外，还增加许多家庭作业，结果适得其反，既加重了儿童负担，又影响了儿童健康，这就叫作拔苗助长。

十四五岁的少年和幼儿不同。他们的基本心理特点是：独立生活的要求很强烈，不愿意依附家长和老师，而愿意单独行动；他们好奇心很强，许多事情都想试一试。但是他们认识能力又有限，不能正确地判断是非，处在愿望和能力不相适应的矛盾状态中。这个时期的教育特别要注意诱导，把他们的好奇心引导到正确的方面去。有的父母不了解少年的这个特点，采取简单粗暴的教育方法，这样不仅会压制少年的好奇心和求知欲，还会产生反抗心理，拒绝教育，造成严重的后果。总之，每个年龄都有不同的特点，家庭教育只有根据这些特点来进行，才能得到良好的效果。

其次，父母亲还要把热爱孩子与严格要求结合起来。我们常常遇到两种错误的教育方法：一种是对孩子溺爱，父母只知道想方设法满足孩子的吃和穿，对他们的错误思想和行为姑息迁就，任其发展，使孩子轻则养成任性、固执等坏脾气，重则因为追求享乐而好逸恶劳，直至误入歧途，这种父母名为爱子，实为害子；另一种是对孩子简单粗暴，动不动就打骂，使孩子变得谨小慎微、胆小怕事、性情怪僻，也有的表面顺从，背地里干坏事，家长还以为他听话老实，等到坏事被揭露，才吓了一跳。这两种方法都很难把孩子教育成为社会主义的新人。正确的方法应该是把热爱孩子与严格要求结合起来。为此，就要按照党的教育方针，在德、智、体几方面对他提出严格要求，把热爱孩子体现在严格要求上。当然，这些要求应符合孩子的年龄特点，是孩子能够做得到的。

对孩子要严格要求，但不能简单粗暴，更不能体罚孩子，要培养他们的自尊心和自信心。如果粗暴地对待孩子、体罚孩子，就会损害孩子的自尊心和自信心，孩子得不到父母的温暖，认为周围的人都看不起他，从而产生憎恶一切人的错误的思想感情。我们在青少年管教所里遇到过不少孩子，都是从小失去母爱，受到父亲的虐待，由于在家里、学校里找不到温暖，他就到社会上去找，遇到坏人的引诱，就把坏人引为知己，走上犯罪的道路。有的人会说，"棒头上出孝子""不打不成器"。这是封建社会培养奴隶的办法。我们现在是要培养社会主义的新人，他们应该有社会主义觉悟，用棒子是打不出社会主义觉悟来的。

家庭教育和学校教育最大的区别，是家庭教育没有教材，没有课堂，它的教育力量就在于父母的榜样作用。儿童的天性是模仿，从咿呀学语开始，就模仿父母的语言和动作。以后父母的一言一行，无不深刻地印入儿童的脑海里。父母的好思想、好品德、好习惯会潜移默化地传给孩子；父母的坏思想、坏品德、坏习惯也会不知不觉地影响到子女。

家庭教育还包括如何合理地安排孩子的学习和生活。一个人每天的生活都有一定的节奏，什么时候起床，什么时候学习和工作，什么时候休息，这就叫作生物钟。如果生活有规律性，那么他的神经系统运转正常，精神愉快，学习工作都很顺利；如果违反了生物钟的节奏，生活没有秩序，那就会使神经系统的运转混乱，使人心情烦躁，总觉得学习和工作不顺利。大人如此，小孩子更是如此。因此父母就要从小合理地安排孩子的生活，按时起床，按时吃饭，按规定时间做家庭作业，让孩子从小养成按时作息的有秩序的生活习惯。有些父母以为这是生活小事，让孩子自由作息，不仅影响了劳逸结合，而且损害了健康。当父母的切不可对孩子的生活小事等闲视之。

家庭教育是一门科学，要使儿童在家庭里打好德、智、体全面发展的基础，父母就要懂得生理学、心理学、教育学，要有卫生学、营养学等方面的知识。

提高教师素质是提高教育质量的关键[*]

办好一所学校，必须具备几个条件：一是必要的校舍和设备；二是一套切合学生实际，又反映当代科学文化发展水平的教材；三是训练有素的教师（当然包括校长）。其中最重要的是教师。我经常在想，西南联大在抗日战争那么艰苦的条件下，为什么能培养出那么多人才来？就是因为有一批著名的学者在那里当教师。当然，现在的条件不同了，我们已经有了较好的物质基础来改善学校的办学条件，但是教师的作用仍然是主要的。

教师集体是学校的灵魂，他们塑造着学校的精神风貌、文化氛围，即一所学校的校风。学生在这种氛围中潜移默化地受到教育。

教师是智慧的启迪者。教师不仅要把书本知识传授给学生，而且要开启学生的心智，使他们变得聪明，有能力自己去获取更多的知识，有能力解决生活中遇到的实际问题。

北京市已经实现了普及九年义务教育，教师也已经基本上达到国家规定的学历要求。但是，教育质量是否已经达到令人满意的程度了呢？恐怕还不是。比如，还存在少数基础薄弱学校，家长们不愿意把自己的孩子送进这类学校。于是就出现了挤入重点中学的激烈竞争。这种

---

* 原载《北京教育》1997年第6期。

竞争势必走入"应试教育"的怪圈，造成学生课业负担过重，影响人才的成长。为改变这种状况，北京市采取有力措施，加强基础薄弱学校的建设。如何建设？我认为关键仍是教师，要把重点放在教师队伍的建设上。设备条件固然重要，但最好的、最先进的设备还要靠教师去使用。

要尽快提高小学教师的学历规格。中师毕业生教小学，这在世界上已经很少存在。中师毕业生的文化程度还比不上普通中学毕业生，怎么能适应当代科学技术发展的要求，满足儿童强烈的求知欲望？由于他们本身文化素质低，因此在学校中常常出现违反教育规律的事。

要不断提高中学教师的文化素质和业务能力。过去有一种偏见，认为掌握了中学教科书上的基本知识就能当好中学教师。中学是人才成长最重要的阶段，站在进入人生、进入知识和艺术殿堂的门槛上。有水平的教师能够很快地把学生引入殿堂，而水平低的教师却会使学生永远徘徊在殿堂之外。

要提高教师的素质，除了提高教师的学历层次外，更重要的是加强继续教育，应该对教师的继续教育立法。继续教育的方法最好是到高等学校中去选修学分。小学教师通过自学考试获得高一级的学历，固然是一种途径，但自学考试本身有它的局限性，它只是一种"应试教育"，缺乏高等学校校园文化的熏陶。中学教师的教研活动固然也很必要，但它只局限于教材教法的研究，缺乏对学科前沿的接触和了解。只有经常到高等学校走一走，才能获得学科的最新信息，才能受到学术的熏染。总之，教育质量的提高，与教师的素质息息相关。而教师的素质不能仅仅看作是一种教学能力，应该是思想道德、文化科学、生理心理的全面质量。提高教师的整体素质是提高教育质量的关键。

必须使教师职业具有不可替代性[*]

一项职业，工资待遇比较优厚，自然具有吸引力而为社会上的人所羡慕。也就是说，有了经济地位才可能有社会地位。但是，这只是问题的一个方面。任何一项职业，越具有很强的不可替代的职业性，它的社会地位才越高。可以认为，一项人人都可以干的职业，是不会受到社会的重视和尊重的。比如在我国，医生的工资待遇和教师的差不多，但医生受到社会的重视和尊重，就是因为医生是要受过专门训练的，别人不能替代。

我国教师地位的低下，是20世纪50年代以来"左"的路线搞乱了教师队伍的结果。50年代中期开始的历次政治运动，总在运动后把一批批不能在机关当干部的人"下放"到教师队伍，这就造成了一种似乎教师在政治上"不纯洁"的社会印象。过去的小学教师，在农村是最有学问的。他可以帮助村民写家信，逢年过节写对联，很受村民们的尊重。但自从把"不纯洁"的人下放到农村学校后，教师的形象在村民中发生了变化。因为你是"右派"、是"反革命"，所以村干部可以打骂你，群众可以侮辱你。特别是到了"知识越多越反动"的十年浩劫的年代，教师的社会地位更是一落千丈。这是一方面的原因。

---

* 原载《瞭望》1989年第22～23期。

另一方面的原因是教师队伍本身的素质下降。20世纪60年代以来，我国的教育事业发展很快。这本来是件好事，但教师跟不上，于是就有一批不合格的人进入了教师队伍。小学毕业教小学，初中毕业教初中的现象比较普遍。在农村甚至有的干部把识字不多的三亲六故派到学校当民办教师。社会上包括一些领导干部，头脑中有一种错误的观念，似乎只要识点字，人人都可以当教师。这种人人都能干的职业，自然就不会有较高的社会地位。

因此，要提高教师的社会地位，必须从两个方面着手。一方面，尽快提高教师的工资待遇，使教师的职业在社会上有一定的吸引力。另一方面，我认为更重要的是尽快提高教师队伍的素质，加强教师队伍建设，使之成为一支训练有素的不可替代的专业队伍。

加强教师队伍的建设，首先必须实行教师合格证书制。经过专门训练并考试合格的，领到教师合格证书才能当教师。有人会说，现在人们不愿意当教师，你要求这么严格，就更没人愿意当教师了。我说不！实行合格证书制度，正是真正地保护了教师的利益，它犹如一道屏障，可以挡住不合格的人进入教师队伍，从而保持教师队伍的纯洁性、职业性。只有这样，教师的职业才真正具有吸引力，教师的社会地位才能提高。我国的东邻日本就实行教师合格证书制度，大学毕业后要经过两次考试才能被录取当教师；德国也是这样，大学毕业要经过国家考试才能当见习教师，然后再经过第二次考试合格才能成为正式教师。所以，在那些国家，教师受到全社会的尊重。

提高教师队伍素质的途径有两条，一是把教师职前的培训搞好，即加强师范教育；二是使现有不合格的教师通过进修，提高文化素质和业务能力，再通过考试成为合格的教师。

办好师范教育当前面临的最大问题是生源不足。优秀青年不愿意报考师范，改变这种状况与改变整个教师队伍社会地位有关，根本的解决是在教师的社会地位提高以后才有可能。但眼下还是可以做一些工作，例如，提高师范生的奖学金；规定师范毕业生一定的服务年限，使青年感到师范的门可进可出，来去自由。这样反而会吸引青年人。再有不断改善教师待遇，实行大学毕业生不包分配、双向选择等政策，教师职业的吸引力是会有所增强的。此外，解决师范学校的生源问题还必须增加对师范教育的投入。过去师范教育不被重视，师范院校的教师队伍和设备条件都比同级的学校差。这样怎么能吸引青年报考？青年人都有好强的心理，都愿意报考好学校。因此如果能把师范院校办成同级院校中水平较高、设备条件较好的学校，青年人也就会去报考了。

对于在职教师的进修提高，各级政府和教育部门应该拨专款进行，要看到这是一项有深远影响的战略性投资。同时，也一定要严格实行合格证书的考试制度。我最担心合格考试走过场。如果这次国家教委主持的教师合格考试走过场，其后果就不堪设想。因为教师的素质不能提高，不仅教师的社会地位提不高，教育质量也不能保证，到头来就会严重威胁到我国整个民族的素质。

从孔子承认错误谈师生关系*

　　《论语》中记载着一个故事，陈司败用两难推理发问孔子：鲁昭公知礼吗？因为昭公娶了吴国的一位女子，吴、鲁同姓，按周礼规定同姓不能通婚；同时周礼又规定，臣要为君讳过。这样，不管孔子答知礼还是不知礼，都违背周礼。孔子当时答曰："知礼。"孔子走后，陈司败便以"君子不党"的周礼原则，责备孔子为鲁昭公讳过。孔子的学生巫马期听到后转告孔子。孔子承认自己的错误，而且说"丘也幸，苟有过，人必知之"。可见我国古时候师生关系是比较平等的，比较民主的。

　　什么时候出现了"师道尊严"并形成传统？考究起来，大致在封建社会确立以后，荀子在提倡尊师的同时，就把师生关系与君臣关系相比拟，认为教师要和君主一样有无上权威，学生要无条件服从教师。《学记》在论及教师的作用时，认为教师的任务在于教人"为君"，管理国家，统治人民。文中说："能为师然后能为长，能为长然后能为君。"把"为师"当作"为长""为君"的前提，反映了当时政教合一、官师不分的状况。《学记》还把"师"和"道"紧密联系起来，强调"师严然后道尊"。因为"师"是"道"的传播者，只有尊师，才能达到传道的目的。这里的"道"，当然就是封建社会的政治和道德规范。可见《学记》

---

*　1999年初写于北京求是书屋。

提出"师道尊严"的主张，也是强化封建政治的必然。到了汉代，由于封建统治的不断强化，"师道尊严"的思想也不断加强。特别是董仲舒主张"罢黜百家，独尊儒术"以后，"师道尊严"变成唯儒家经典的传诵为准绳。汉代封建统治的官方儒学的核心是三纲五常，负有强化君父统治的职能。为了确保师师相传的经说不致"走样"，促成政治思想的高度统一，统治者规定传授经书必须信守师法和家法。所谓师法，是指传经时以汉初立为博士的经师的经说为准绳；所谓家法，是指后来大师的弟子们在传经时，又有所发展，形成一家之言。朝廷对信守师法和家法的要求很严格："师之所传，弟之所授，一字毋敢出入，背师说即不用。"可见中国封建社会强调"师道尊严"的目的是巩固封建统治。

应当说，"师道尊严"作为我国的古代教育传统固然与封建主义教育思想有联系，但也有合理的一面，所以长期传承下来。它的合理的一面强调了教师在培养人的过程中的重要作用。教师的任务是"传道、授业、解惑"，教师"闻道在先，术业专攻"，他能够引导学生较快地掌握人类文化科学知识；他是学生学习的榜样，引导学生树立崇高的理想。中国人早有重视教育的传统，因此也就有尊师的传统。这种尊师的传统应该保存和发扬。

但是过分强调教师的作用，也会忽视学生的主动性和积极性，影响学生的主体性的发挥。

当前，我国教育工作中的一个严重问题是师生关系不和谐，甚至非常紧张。这种现象已经严重地影响青少年一代的健康成长。1999年1月11日《北京晚报》上公布一条消息：成都市某学校初中部十多名男女学生为了逃避、抗议班主任对同学的经常呵斥挖苦、态度粗暴，竟然集体服用安眠药，所幸抢救及时，才没酿成大祸。隔了几天，即1月15日《北京晚报》又公布一条消息：北京某外国语学校初中一班主任规定，"依据学生的综合表现分数高低而决定学生吃午餐的次序"。这简直是对学生的身心摧残。

老师的"威严"不仅施之于学生，甚至施之于家长。某高校一位研究生院副院长告诉我，有一次被孩子的老师在中午叫到学校，训了一个半钟头的话，连饭都没有吃成。这些事似乎还非常普遍。

为什么会出现这些情况？问起老师，老师似乎也有一肚子委屈："不就为孩子好！"一句话掩盖了老师教育思想上的偏差。这不能不说是长期以来受"师道尊严"的封建教育思想影响的结果。许多教师认为，教师是绝对的权威，学生只能是服从，如不服从就要轻则受到呵斥挖苦，重则受到体罚或变相体罚。

老师的那种"威严"实际上也掩盖着老师的无能，缺乏引导学生自我教育的办法，不会"说服"只能"压服"。

教师应该是最有权威的，这种权威不是建立在以势压人上，而是建立在老师自身的道德品行上，所谓"为人师表""以身作则"。其实这也是我国自古就提倡的，孔子的承认错误就是一个很好的例子。

教师的权威还建立在老师广博的知识、优美的教育艺术之上。老师能深入浅出地讲解知识，激发学生的学习兴趣，引导他们去探索知识，必然会得到学生的爱戴和尊重。

教师的权威还建立在老师对学生的理解和信赖上。学生最需要得到老师的理解，得到老师的信赖和尊重。如果学生觉得人格受到哪怕是一点点损害，他也会表示出极大的不满。学生一般并不讨厌严格要求的老师，但最不能容忍"损人"的语言。

优良的师生关系有一种无形的巨大的教育力量。师生关系和谐，学生学习积极性就高涨，就能按照老师指引的方向去努力学习，就能真心诚意地听取老师的劝告，去改正自己的错误。反之则会削弱教育力量。因此教师要努力改善师生关系，把师生关系建立成在互相理解、互相信赖基础上的民主、平等、和谐的关系。

由四种老师想到教风和学风[*]

记不清是哪一次了，一位教授在会上说，他的老师曾经告诉他，世上有四种老师：第一种是讲课能深入浅出，很深奥的道理他能讲得浅显易懂，很受学生欢迎，这是最好的老师；第二种是深入深出，这样的老师很有学问，但缺乏好的教学方法，不能把深奥的学问讲得浅显易懂，学生学习起来就费点劲，这也是个好老师；第三种是浅入浅出，这样的老师本身学问不深，但却实事求是，把自己懂得的东西讲出来，这也能基本保证质量，也算是个好老师；最糟糕的是第四种老师，浅入深出，本身并无多大学问，却装腔作势，把本来很浅近的道理讲得玄而又玄，让人听不懂。那位教授说，我听了老师这样分析，一直铭记在心，告诫自己，切不可做第四种老师。

我听了也深受启发。虽然世上第四种老师并不多，但当今教学中确有这种浅入深出的倾向，把简单的问题讲得很复杂。拿语文教学来讲吧，我们小时候学习语文，无非是阅读、理解、背诵三条。首先老师帮你把古文圈点下来，作些解释，把意思读懂，然后老师指定应该背诵的段落，朗读背诵。遇到白话文，则是了解文中的思想，体会作者描写的情境及其思想感情。可是现在中小学的语文教学却是复杂多了。要认识

---

* 1999年春节写于求是书屋。

字词句的结构和语法，要分析每段的段落大意，又要概括全篇文章的中心思想，又要……说不完的要求，把学生的脑子搅得晕头转向，结果却连最简单的文章也不会写。语文教学中的许多文章都是文艺作品，是作者面对此情此景有感而发的，有些内容只能意会，不能言传。许多思想感情是解释不清楚的，只能细细地去体会它，不能描述它。你硬要概括什么段落大意、中心思想，只能是画蛇添足，起不了真正理解文章的作用。而且即使能够概括，也不能有统一的结论，只能因人而异，不能千篇一律。

不光是教学，我发现，讨论问题或者做学问也常常有这种情况，把简单的问题复杂化。本来很平平常常的问题，有些同志发言时总是要引经据典，说得玄而又玄，让人感到他真是有学问。现在不少年轻人的论文也有这种现象，用了许多新名词、新术语。引经据典倒是少了，但却引来了许多洋人的"理论"和"名言"。其实有些理论中国也有，但似乎洋人的理论更有权威性。总之，非要弄得你看不懂不可。你看不懂，越看越费劲，越说明他的学问高深。当然，对有些年轻作者来说，也有他的难处，洋文读多了，不知道用汉语怎么表达出来。洋文与汉文毕竟是两种不同的文字，两种不同的思维方式，有些词语不能对等地翻译出来，只好创造一些新名词。但是我觉得这不仅是一个技术问题，恐怕还是一个学风问题。文章总是要让读者读的，写文章的第一要义总是要让读者读懂，至少要让业内的人读懂。固然语言文字总是在发展的，总要吸收外来语，但这种吸收总要让群众理解、消化和认同，不能生搬硬套。有些词语如无合适的对等的词语翻译，不妨用原文或译音，如VCD、互联网等。当然，使用新名词也并非总是坏事，读者也有一个习惯的过程。但写文章也和讲课一样，总要让人听懂读懂，新名词要尽量少一些，并且要加以详细注释，以便读者理解。切忌像第四种老师那样把问题弄得浅入深出。

和师范生谈教育实习[*]

人们常常有一种误解，以为当一名教师有渊博的专业知识即可。实际上不是那么简单，要成为一名优秀教师还必须具备其他条件。在1979年美国举行的一次盖洛普民意测验中有描述理想教师的素质这样一项，其中提名最多的依次是：

交谈和理解能力，

严格与公正地执行纪律的能力，

启发和引起动机的能力，

高尚的品德，

爱护与关心儿童，

对专门职业的献身与热诚，

友善的个性，

端正洁净的仪表。

发人深省的是，这里没有提到教师的专业知识。当然，教师必须深入地掌握专业知识，这是不言而喻的。正因为如此，所以这里没有提到。但上述调查不能不说公众还普遍关注教师的个人品质和其他能力，而且把交往与理解放在第一位。而上述这些品质是在学校课堂上所学习

---

* 原载《师大周报》1998年10月16日。

不到的，只有到教育实际中去，与孩子们接触，才能体验到那种师生的感情和教育的能力的重要性。

说实在的，我个人就是在做教师的过程中确定了报考师范大学、选定当教师的职业的。回想过去风雨激荡的年代，我作为一个青年抱着科学救国的思想，一心报考最好的大学、最好的专业，没有想到一榜落第，当了一名小学教师。就是这一年的教育生涯改变了我的人生道路。教育生涯使我感到孩子的可爱，感到教育的重要和艰难，第二年就考上了北京师范大学，至今做了50年的教师。这就可见教育实践之魅力。

我想用不着在理论上多加阐述。教师犹如医生，如果只懂得医学理论而不会实际诊断，这样的医生是不会受欢迎的。教师也是这样，如果教师有高深的学问，却不能把自己的学问教给学生，不能得到学生理解，不能用自己的教学和言行去影响学生，这样的教师同样也不会受到学生的欢迎。这是教师的职业特点所决定的。因此师范院校应该好好地组织教育实习。现在教育实习的时间已经缩短到不能再短了。但是实习不实习大不一样。犹如游泳，在岸上说千万次没有用，只要下水一次，就会领会到水的特性。教育实习会使你领会到教师职业的魅力，责任的重大；也能使你感到教海的宽深，而你学到的知识又是多么的贫乏。

同学们，投入到教育实习的大海中去吧！它会使你如步入百花园中，看到青少年如朵朵鲜花，你作为一个园丁充满喜悦；它会使你如驶入大海，感知到青少年的心潮澎湃，你作为一名舵手洋溢自豪；它会使你如驾飞船在太空中遨游，感觉到学问有如宇宙茫茫，无边无际，促使你不断探索。

论某些师大老师的心态*
——也是自我剖析

　　最近听到一位师大的老师对我说，他被清华大学教师培训中心请去讲教育理论。听课的以青年教师为主，也有一些老教师。他们听课十分认真，提了许多问题。听课的老师都是很有学问的，大多是留学回国的博士，在专业上都是顶尖的。但是他们说，他们不懂得教育理论，要在清华大学教好书必须学点教育理论，掌握教学的技能和技巧。为此清华大学成立了师资培训中心，凡是青年教师都要经过培训才能上讲台。这位师大的老师说到这里很激动。他说，在师大可是另外一种景象。在师范大学讲教育理论的，尤其是讲教学法的老师最不被重视。一般老师都不愿意研究教学法，认为只有专业上不去的人才去搞教学法，才去讲教学法的课。在一般老师的眼里，只要专业强，就能教好书，教育理论和教学技能是可有可无的事。这和清华大学形成了一种反差。卖瓜的不叫自己的瓜甜，而是别人叫甜，这不是很奇怪吗？其实说怪也不怪，其中自有缘由。

　　我不想分析，当好一名教师，包括大学教师需要什么样的素质，论

---

* 2000年2月写于北京。

述这个问题的文章已经很多。我只想分析一下师范大学某些老师包括我自己在内的心态。

师范教育在我国长期不被人们所重视。早先有一种偏见，认为师范是低水平的，只要有点知识就可以当教师。据说许多年以前，一位师大的校长到科技部门申请项目，科技部门的同志居然说：师范大学还要搞什么科研？有些综合性大学的校长也有这种偏见，认为师范大学培养中学老师，能教书就行，搞什么科研。由于这种偏见，长期以来，师范院校的设备条件远远比不上一般大学。改革开放初期，教育部一位干部做了一项统计，当时全国180多所高等师范院校的设备之和（折合资金）不及一所地方的综合大学。近十几年来，中央对师范教育十分重视，1980年、1996年开了两次师范教育工作会议，增加了经费投入，包括几批世行贷款，师范院校的设备条件有了很大改善，但与综合性大学相比还是有很大差距。

正是这种社会偏见造成师范大学教师心理上的不平衡。他们总觉得自己处于不利的地位，处于二流三流的地位，但心里又不甘心，于是向综合性大学看齐的呼声此伏彼起，从来就没有停止过。这种心态是可以理解的。但是一提向综合性大学看齐，就会有棍子打下来："你们不想搞师范！""你们不想为基础教育服务！"实际上，师范大学的教师并不是不热爱师范，而是你们不重视师范。他们只是想争取和综合性大学一样的地位而已。

我们认为，师范不是低水平的。特别到了20世纪下半叶，科学技术如此迅猛地发展，文化教育如此的发达，没有高水平的师资是培养不出高水平的人才的。现在人们都重视科技人才，但科技人才是怎样成长的？是在教师培养下成长的。不重视师范教育，才是真正不重视基础教育。

社会上的偏见给师范院校的教师造成的另一种心态是"自卑感"。

师大的教师总觉得自己比其他大学的教师矮一截，有些教师甚至羞于说出自己是师大的教师，但心里又不甘心，总想与综合性大学比个高低。因此搞专业的老师瞧不起搞教育理论、教学法的。他们认为教育科目和教育实习占了学生学习专业的时间。他们总认为，有了学问就能教好书。这一点和社会上的偏见是一致的。于是把"师范"两字看成是包袱，总想甩掉它。

他们的心态有点像一个弱小民族之对于强大民族的心态。其实弱小民族也有他的优势，有他自己的优秀传统，但却把自己的优秀传统看成是包袱，常常用自己的劣势去比别人的优势。殊不知，你的传统，你认为是包袱的，却是你的优势、你的财富。只有把自己的优势发挥出来，才能比过别人。而别人重视你的，也正是你的传统。如果你丢掉了自己的传统，也就丢掉了自己的优势，别人也就不会再重视你。师范大学之所以被其他大学所重视，也正是因为你有师范的传统，你有教育理论的优势。只有充分发挥自己的传统，才能把师范大学办好，才能受到社会的重视。

当然，师范院校不是永恒的，随着师资培养方式的开放性，师范院校会消亡。但是师范教育却是永恒的。只要有教育，就会有培养师资的师范教育，就需要研究教育理论，研究教育方法。因为世界上做任何一件事都有一个方法问题，只是培养人的教育方法更难罢了。当前教育理论确实还很不完善，但不能因为它不完善就轻视它，而是更应该重视它，使它不断完善。这也正是师范院校全体教师的责任。只有师范院校的全体师生共同努力，既不断提高专业水平，又不断完善教育理论，提高教育水平，才能提高师范教育的整体水平，才有利于基础教育质量的提高，有利于全民族素质的提高。

教师节有感[*]

　　明天是第16届教师节。作为一名教师在这个节日里感到最欣慰的是：我们教育事业有了蓬勃发展；我们培养的人才在我国社会主义建设事业中发挥了作用，有的已经成为骨干。

　　在欣慰之余，又感到有些不足。江泽民在关于教育问题谈话中号召全社会都要关心和支持教育事业，但是教育总还是得不到足够重视。据7月4日《光明日报》报道，全国社科系统召开研讨会，讨论邓小平的现代化理论和实践，列了十大议题，居然没有邓小平关于教育是实现现代化的基础，要把教育放到重要战略地位的理论。

　　有了教师节，我们感到教师的责任更重大。全社会都尊重你，信任你，你就应该不辜负大家的期望。我觉得在这方面值得我们反省和检讨。不容置疑，我国广大教师兢兢业业，辛辛苦苦，为我国的教育事业做出了巨大贡献。但也不能不看到，近些年来由于市场经济的冲击，在教师队伍中出现一些不应该发生的事情。因此，今天我们来庆祝教师节，首先要重新认识教师的任务和责任，重塑教师光辉的形象。教师是社会中最有知识、最有教养的群体。教师培养学生不光靠他的知识，更重要的要靠他的人格魅力。在信息时代的今天，教师已经不是少数几种

---

[*]　写于2000年9月9日。

知识载体之一。学生可以通过多种渠道，特别是通过网络获取知识。教师的角色、作用正在改变。但有一点是不变的，教师应该是青少年的引路人，教师要用自己的人格影响下一代。有些专家认为，网络教育开展以后，学校将消亡，教师将消失。我不认为会这样。网络教育的开展肯定会使学校和课堂发生巨大的变革，教师的角色和作用也要变化，但是学校作为科学文化的殿堂，校园文化对人的熏陶是无可替代的，教师的智慧、学风、人格对学生的潜移默化是无可替代的，更何况网络教育也需要教师来设计，教师来指导。

21世纪的到来也给教师提出新要求，我们只有不断学习才能跟上形势发展的需要。推行素质教育首先要求教师自己有较高的素质。我作为一名老教师，感到首先要向青年教师学习，向学生学习，他们思想比我解放，容易接受新事物，读的书也比我多，知识比我广。我们只有活到老学到老，才可能不落伍。但是我也希望青年教师在社会大变革的今天能够把握正确的方向，充分利用青年人的优势，多读一点书，特别是努力提高自己的素养，真正做青少年学生人生路上的引路人。

访问记编

旅日随感*

一

　　一踏上我们邻邦日本的国土，就有两个突出的感受：礼貌讲究，服务周到。他们无论对客人，还是对朋友、对同事，都是彬彬有礼，不断地鞠躬，不断地道谢。鞠躬之深，可以使身体形成一个锐角。还有一个奇怪的现象，鞠躬有时不必站起来，坐着弯腰也算鞠躬。例如，上级与下级，下级进门出门时要鞠躬，上级不必站起来，坐着弯腰即可；电视的节目主持人，如果是坐着的，要频频向观众弯腰鞠躬。我常常嫌他们的礼节烦琐，但礼多人不怪，总比受到冷眼相视、恶语伤人要舒服得多。

　　服务之周到也是少有的。大的百货公司里，除自动扶梯外，总会有电梯，由一位服务小姐负责。她每到一层开门关门都要向客人鞠躬，口中不断地说着什么。我不懂日语，陪同的人说，她在介绍每层楼销售什么商品，并不断说"欢迎光临"。在商店里不论你买不买东西，售货员总是热情接待。如果你没有找到你要的东西，她（他）还会不断地向你道歉。不像我们同胞开的店里，你要问几句而不买的话，就会招致她（他）的白眼。近些年来同胞的态度确也有些改善，有的店变得热情

---

* 1997年11月至1998年3月写于日本鸣门市大桑岛。

起来，但那种热情，使你感到非买她（他）的货不可。我怕进这样的店门。在这里（邻国）却用不着担这个心，尽管在店里挑挑拣拣，最后不买，人家还是笑脸相送。这实际上也是生意经，今朝不买下次总还会来的，不像我们的同胞那样急功近利。

在火车上，如果你来不及先购票，售票员会彬彬有礼地请你购票，绝不会训斥你为什么不先购票。新干线列车上有推着车售货的人，一路轻声地吆喝着，离开车厢时总要背过身来向大家鞠躬道谢。

他们的商店总是处处为顾客着想，当然目的是赚钱，但却给顾客带来许多方便。如罐头食品大多是易拉的，一般食品盒内总有使用的工具。一次，我买了一袋糖炒栗子，粒粒饱满，虽说来自祖国，却不像在北京吃到的那样良莠不齐。吃到最后，发现包里还有一个剥壳的小工具。说到服务周到，想起在东京的一件小事。我们在东京访学，住在一家小旅店。晚上回来，为了节省点钱，就在超市买了两盒饭。买饭的时候就犹豫，饭菜都是冷的怎么吃。谁知付款的时候售货员把它放在微波炉里热好了。我们高兴地提着赶快回旅店。走到半路想起没有筷子，怎么吃饭，不能像印度人那样吃抓饭吧！同去的研究生小姜，日语说得很好，她总是不发愁，到附近饭店里去要了几双一次性筷子。回到旅店，打开包吃饭，发现包里放着三双筷子。因为我们三个人，虽然只买了两盒饭，售货员却给了我们三双筷。这样的服务，使我真正感受到"上帝"的滋味。在国内，我常想，可能由于同胞们大多不信上帝，所以顾客也成不了"上帝"。

"顾客第一"是日本商店的信条。有一次我们在超市买食品，看见一位老妪不慎把食品撒在地上，售货员马上跑过来，帮她从柜子里重新拿出食品装好（超市中有的食品，如油炸的鱼、糕饼等是散装的，需自己装），把弄脏的地面打扫干净，一面还说"对不起"。有一次和留学生谈起这件事，他们告诉我一个更让人惊叹的事：一位中国留学生带着孩子到超市购食品，没有想到孩子乱跑乱动，把搁在门旁的食品柜碰倒了。这位妈妈大惊失色，以为这下闯下大祸了。谁知经理出来，连声道歉，说不应该把柜子搁在那地方，没有想到会被孩子碰倒。这几句话把那位妈妈感动得不得了。下次购物，果然柜子换了个地方，从此她就认定到这家超市购物了。这件事一传十，十传百，肯定会吸引顾客上门来，这就是超市得到的回报。据说在日本，只要没有走出超市结账的柜台，在店内无意碰落的食品或瓶子（如啤酒），其损失都是由店家负责，不用顾客赔偿。一般也没有什么监视器，只见工作人员忙着上货查货，不像我们这里的超市，总有售货员盯着，使人很不舒服。

日本人做生意处处为顾客着想。凡是顾客需要的，他都为你想到了；甚至你自己没有想到的，他也帮你想到了。当然，目的是让顾客掏腰包，但让你掏得舒服，愿意多掏。这就是商品意识。这使我悟到一点：商品意识的基点应该放在"人"上，而不是放在"钱"上。

我们回国的时候要从大阪关西国际机场登机。从我们住的鸣门市到大阪关西机场要乘船过海（当时明石大桥尚未通车），可是我们又想在大阪住几天，逛一逛，这么多行李怎么办？不要紧，有快运叫"宅急便"的，帮我们把行李先运到机场，等我们上飞机前到机场去取就是了，方便极了。这种业务，难道中国就不能做吗？

说到便民商业，还有一种叫LOSEN的连锁店，是一种小超市，面积一般不超过百平方米，主要销售食品和日常卫生用品，也销售一些报纸杂志。这种店昼夜24小时服务。如果你工作到深夜，肚子饿了，所有食品店都闭门休息了，但不要紧，你总可以在附近的LOSEN买到充饥的食物。这种店的最大特点是不仅能随时买到食品，而且你如果遇到什么困难也可以找他们帮忙。例如，夜里忽然犯病，你可以打电话给LOSEN，他们会帮你把医生请到家里。据说LOSEN聘有固定的医生，可随时为附近的居民服务。当然，这种服务是要收费的。这种连锁店随处可见，甚至在比较偏僻的地方。例如，鸣门市明石大桥刚刚建成，尚未通车，但桥旁边一家LOSEN已经开张。

日本人的讲礼貌（虽然有时是表面的，甚至是虚伪的）和服务周到，不能不说与教育有关，反映了他们的文化教养水平，绝不是一朝一夕之功，而是长期教育的结果。他们把礼貌教育作为品德教育的重要内容，无论在家庭还是在学校都非常重视。他们在公共场所，很少有喧闹声；在工作岗位上，不论多么空闲，从不聚众聊天，或嗑瓜子，吃零食，而是正襟危坐，等待顾客。礼貌虽然是小节，却调剂着人际关系，使得社会生活和谐有序，是任何一个社会不可缺少的。中国素称礼仪之邦，日本朋友也口口声声讲，他们的礼节是从中国学来的，但我想，现在我们恐怕应该学学他们了。

二

早就听说日本人有"洁癖"，这次总算领教了。走进日本中小学校，给人的第一个印象是干净清洁。为什么能保持这样的清洁呢？除了环境好，少风沙、少尘埃外，就是学生到学校以后都要换鞋，不把外面的泥土带进去。

日本的家庭里地上都铺有榻榻米（席子），榻榻米上放着炕桌，人就坐在榻榻米上，因此回家首先要脱鞋。由于鞋不进家门，所以家里都显得十分洁净。学校里不铺榻榻米，但学生入校也要在门厅里换鞋，换成校内穿的软底便鞋。因此学校显得窗明几净，特别清洁，给人以舒服的感觉。客人进去怎么办？学校备有拖鞋。因此如要到日本访问，最好不要穿系带的鞋，否则脱脱穿穿很麻烦。记得前年在日本福岛大学参加中日美三国师范教育研讨会，威斯康星大学来了两位教授。其中一位身材又高又大，中小学里准备的拖鞋他都穿不上，只好自己带拖鞋。后来到东京早稻田大学开会，他以为也要换鞋，胁下还挟着他那双大拖鞋，真令人暗暗发笑。

日本小学校还有一件事使我很有感触，就是小学生在严寒的冬天也一律不穿长裤。男孩子穿一条短裤，女孩子穿一条短裙。上身也只有一件衬衫和一件外衣。在寒风凛凛中孩子的腿冻得发紫。我很为他们心痛。问他们冷不冷？回答：冷。为什么不多穿一点？不为什么，这是学校的规定。我想这是一种锻炼吧。这种锻炼，不仅锻炼了身体，也锻炼了意志。不由想起中国的孩子，冬天总是穿得厚厚的，暖暖的。中国的家长总生怕自己的孩子冻着："别感冒啦！"但是，结果却总爱和人们开玩笑，你越保暖，却越容易感冒，孩子变得弱不禁风。

日本人经寒耐冻，与他们的生活习惯有关。日本是一个多地震国家，为了防地震灾害，房子建造得单薄、矮小，除少数公寓楼房外，大多是一家一幢小房子，室内没有集中供暖的设备，一般家庭用一种俗称可榻子（コタツ）的电炕桌，桌面分两层，上层下面铺上被子，下层通有电暖气，家人席地而坐，把腿脚放在被褥下面，腿脚是暖洋洋的，整个屋子却比较凉爽。但是对于孩子来讲，除了习惯，恐怕也还有一个教育观念问题，即什么叫爱孩子？是让孩子温温暖暖、舒舒服服，还是让他去锻炼，经受风吹浪打？据说，日本幼儿跌跤的时候，日本妈妈从来不去扶他起来，而是让他自己站起来。这不是反映了一种教育观念吗？

三

日本很重视传统文化教育，一年之中有许多节日，都是进行传统文化教育的好时机。

新年是一年中第一个节日，其热闹程度和我国春节差不多。虽然规定只有一天假日，但加上周六、周日并和圣诞节连起来，往往也有四五天。于是人们利用这个假日回家探亲，与家人共度新年。今年1月3日，我们有事到东京，正遇上他们过节的人流高潮，新干线列车上差一点找不到座位。

过年的一个重要活动是打年糕。所谓打年糕，是把糯米蒸熟了放在石臼中用木槌敲打成糕，不像我国多数地区，一般是磨成粉再蒸，再揉成糕。据说朝鲜族也是"打"年糕，我国闽江地区也"打"年糕。在日本，打年糕成为一种群众活动。一般从12月下旬就开始了。不仅一家一户打，而且集体打。幼儿园、老人院开展这种活动最起劲。老人打，孩子打，打好了当场就吃年糕。当然，住在城市里的家庭一般不再打了。但居民区作为一种社区活动也组织打年糕。他们定期把每户的废旧报纸等废品集中起来卖掉，把钱积攒起来，除平时开展各种集体活动外，过年时就用来打年糕。这时各家的孩子最高兴。众人聚集在一起，一面打，一面吃，一面玩，不仅热热闹闹过了年，而且密切了邻里关系。年糕做成各种各样。最普通的是不加任何佐料的白年糕，做成大大小小有如圆面包的糕饼，用它作贡品。寺庙中的神台上放满这种年糕，有的堆得像小宝塔。平时吃的大多用豆沙作馅，也有与菜叶汁、果汁拌起来做成粉红色、翠绿色的各种颜色的糕饼、糕团，既漂亮又好吃。

过年的另一个活动是到神社、庙宇去祈愿。这都是在元旦凌晨，过了午夜12点以后进行。届时钟声齐鸣，十分热闹。然后就是逛庙会。今年1月4日，我们在东京游览浅草寺，正遇上庙会。浅草寺我曾经去过多次，虽然它是东京旅游景点之一，但平时却很冷清，寺外有一些小商铺，也很少有人问津。4日这一天可不然，一下子增加了许多小商店和小摊贩。有兜售纪念品的，今年是虎年，他们和中国一样，用生肖纪年，因此以虎为题材的物品不胜枚举。最热闹的还是食品小摊贩，不断吆喝着，吸引游客去品尝各种风味小吃。寺内寺外人山人海，就是缺少些曲艺、杂耍之类的东西，否则与中国北京的庙会没有多大区别。

新年过后不久就是成人节（1月15日）。年满20岁的青年男女都要在这一天集会，表达自己的心愿。一般女青年都要穿上和服、拖着木屐去参加仪式。男青年似乎随便些，大多穿西服。今年成人节正好遇上东京大雪，其他地区大雨，女青年们仍然穿着漂亮的和服去集会，但脚底下未免太狼狈。

　　新年过后还有许多节日，如女孩节、植树节、文化节、劳动感谢节、敬老节等。有一年我访问日本福岛时，正遇上9月15日的敬老节。主人带我们参观了一所小学。这一天本来是全国放假不上课的，但这所学校组织了一个很有意义的活动，学生都带着爷爷奶奶到学校里来过节。在教室里，我们看到老人们和孩子们在一起游戏。有的老人给孩子讲故事，更多的是老人教孩子们玩老人小时候玩的游戏，如抖空竹、摔陀螺、用石头子下棋等。中午时在风雨操场摆上一排排桌子椅子，孩子们和爷爷奶奶面对面地坐着共进午餐。进餐之前每个孩子都给爷爷奶奶送一封表敬信或小礼品，而且非常恭敬严肃地站起来向老人鞠躬行礼，双手把信递给他们。学校在每个年级挑选了一两位学生，把他们写的信念给大家听。有的孩子在信中写道："亲爱的爷爷奶奶，你们辛苦了！我感谢你们平时对我无微不至的关怀。但我的脾气不好，有时还向你们发脾气，我很对不起你们。以后一定要好好孝敬你们。"有的写道："通过今天的活动，使我知道你们小时候是怎样生活的，怎样玩儿的。我祝你们节日快乐、健康长寿。"气氛严肃而热烈。这种活动既教育了孩子尊敬老人，又进行了文化传统教育，很有意义。

　　除了全国性的节日外，各地民间还有许多自己的节日，有火神节，有海神节。有些节日有很隆重的活动。那时人们穿上民族服装，抬着神龛，打着灯笼或举着火把，上街游行。届时总是万人空巷。这种热闹场面，我们只能在电视中看到。

　　这种传统的民俗文化活动，虽然大多带有某种迷信色彩，但它作为民族文化的一部分流传下来，却也有一定的传统教育意义，使人民永远保持着自己的民族文化传统，起到鼓舞民族精神、增强民族凝聚力的作用。

民族文化传统对于一个民族来讲是十分重要的。如果一个民族失去了自己独特的文化传统，就会失去民族的独特性，这个民族也就不复存在。当然，任何民族的文化都有优秀的内容，也有落后的内容。今天我们应该弘扬的是民族的优秀文化传统，对于一些落后的传统内容要加以摈弃，有些内容则需要改造和创新，使它成为符合时代精神的新的民族文化传统。教育起着选择、传播、发现、改造文化的作用，教育在弘扬民族文化传统时要更多地选择和创新。

四

日本比较重视社区文化，社区管理比较规范化、制度化。我们这次旅日时间稍长一些，住在一幢公寓里，几个月来的生活，从点点滴滴中感受到日本对社区文化的重视。我们住的地方在日本四国岛的最东端——鸣门市。这个地方原来是一片盐场。20世纪80年代以来，由于劳动力昂贵，不再利用天然盐田制盐，盐田废弃，改建成为一个小城市。这个市两面临海，背面靠山，风景秀丽，气候宜人，再加上横跨鸣门海峡的鸣门大桥下面的海潮十分有名，是旅游避暑的好去处。这里人烟稀少，全市只有6万人，大多是住家，只有极少几家工厂，郊外都是农田。市内虽有几家大商店，但显得很冷清，不像东京、大阪那样熙熙攘攘、人潮汹涌，确是一个住家和读书的好地方。日本的街道上都不植树，但每家每户却都有一个小庭院，种着各种各样常青树，也有一些柿子树、橘子树。一到秋天，翠绿的树丛中透出了串串橙黄色的果实，真是逗人喜爱。此地因常年多雨，气温也不太低，所以即使在冬天，也是花儿朵朵,有红色、白色的茶花,粉色的梅花和黄色的蜡梅,竞妍斗艳,非常美丽。每家每户的庭院都似一座大盆景,里面的树木错落有序,修剪得十分整齐。它反映了日本人整洁、拘谨、一丝不苟的性格。我们散步时总喜欢欣赏他们这种庭院小景。可惜的是,很多人家都畜有家犬,一见生人经过,就要汪汪地叫起来,有时会吓你一跳,有点煞风景。

住宅区内每隔不远总有一块空地。大的有数个足球场那么大,小的也有两三个篮球场大小,里面盖有休息用的简易的亭子、儿童玩的滑梯、爬栏等简单的游戏器械。当然,地面都铺有草皮。大一点的空地内还设有露天舞台供集会和表演之用。有的空地内还饰有雕塑,布置得很精细。当地都把大的空地叫公园,小的就没有什么名字。我之所以把它叫空地,是因为它与我国所说的公园的概念不同。园内并无亭台楼阁,也没有茶室、饮食店等商亭,有些空地利用了当地小山坡,有树林,有湖泊,都是自然风光。鸣门市在海边一片小平原上,所以空地里连树木都很少。但这些空地,经过人工的一些小修饰却很富有文化气息。它仅是供居民散步休憩之用,让孩子们、老人们有一个活动的场所。除空地外,每个区域内总有足球场。我们的公寓旁边就是一个足球场。每天下午,大约是学校放学以后,就有许多青少年来到这里练球或比赛。晚上备有照明,直到午夜才结束。有的家长开了小轿车送孩子到这里来锻炼。每幢公寓的外面也总有一块空地,放着一架滑梯,挖上一个沙坑,供孩子们玩耍。

因为我们是临时住户,没有和居民组织打交道,但也隐约感觉到居民组织很起作用。除了前面曾提到的在节假日常有社区活动外,还常常发来简报,过年的时候通知各家大扫除、预防火灾等,楼门口黑板上贴有一个月活动的计划。有时社区组织还来义卖一些物品,如袜子、糕点等,是为帮助处境不利的人群的,但购买自由,从不强迫。

鸣门市出版一份《广报》,每半个月一期,无偿地赠送给每一户。

每月1日、15日打开信箱总会收到这份《广报》。内容是介绍本市发生的重大事件，开展的重大活动，下个月的计划，典型的事例等。例如，1998年1月1日的《广报》的主要内容有："市长参加的新年座谈会""新建鸣门市球场主体工程开工""虎年生的我们的梦""鸣门1997年度十大新闻""'我们的鸣门'专题影展作品选登"等。2月1日的《广报》主要内容有："越来越紧的'菜篮子'——1996年度本市决算状况"，"20岁人的主张获市长奖""不要忘记申报上税""招募帮助老人、身心障碍者的服务人员""留学生也参加1月15日的过小年活动"，等等。《广报》只有薄薄的十几页，但印刷得很精美，图文并茂，彩色套红，很吸引读者。这是市民交流的极好工具，也是市民文化教育的好形式。

居民区的物业管理也很有条理。就拿倒垃圾来说吧，这是城市生活中的重要问题，一般不容易管理好。这里却有条有理，有一定的时间和地点。规定每逢周二、周五收集可燃垃圾，周三收集不可燃垃圾。至于瓶和罐还需要分开放到规定的地方。空地内还备有燃纸筒，你觉得不能作为废品处理的信函文件可以到燃纸筒中烧掉。市民都能遵守这些规定，所以城市显得很清洁。可惜的是很多市民养狗，路边常常会有狗屎，不小心踩上，其心情可想而知。我们称它为"地雷"，走路时可要小心"地雷"。

从日本社区环境中体会到，社区环境是社区文化的重要组成部分，它反映了社区居民的文化素养水平，同时也是文化教育的结果。

五

日本中小学校课程标准较低，学生学习负担不重。特别是小学生，家庭作业很少，学习比较轻松愉快。他们的课堂教学和我国差不多，主要由老师讲课，学生听讲；也有采用谈话法或讨论法的。总的来说，学生在课堂不是很活跃。可能是东方国家的教育传统吧。

但是日本对课外活动还是比较重视的。课程设置中有一门课叫"特别活动",《学习指导要领》中规定:特别活动的教育目的是通过集体活动对学生进行智、德、体和谐发展的教育,发展个性特点并培养作为集体一员的自觉性、主动性与协作精神。各年级每学年35~70学时。内容包括班级活动、学生会活动(由学生会组织的文体娱乐活动,包括俱乐部活动)、学校活动,如文艺演出、运动会等,形式多种多样。有些班级活动是老师带领学生郊游或者参观,使学生了解自然,了解社会,培养他们独立生活的能力。例如,郊游时要自己做饭、搭帐篷,艰苦行军等。有一位家长告诉我,她的孩子参观了自来水厂,回来就说:"妈妈,以后我们可要节约用水,自来水做出来真不容易啊!"

学校里的老师对孩子们非常负责任。学校里一般只有一个大的教师休息室,没有像我国学校里的教研室。小学老师的办公室常常设在教室里,和学生共同学习、共同生活。师生关系很亲密,老师对孩子们充满着责任心。我有一位亲戚,原本住在神户,孩子在小学读书。1995年阪神大地震时,死里逃生,逃回上海去了。学校复课后,老师一个个把学生找回来,就是找不到这个孩子,后来打听到回上海了,立即打电话、写信去慰问,而且每周把学校的功课寄到上海,让孩子自己复习,其责任心十分感人。

小学生不仅参加学校组织的活动,也常常参加社区的活动。社区(有如我国的居民委员会)经常沟通居民的消息,组织社区活动。孩子们特别喜爱这些活动。

但是,日本孩子的苦恼也不少。日本是一个讲究学历的社会,没有学历,就找不到好的工作。特别是近几年来日本经济不景气,找工作更困难。另外,日本的大学分国立、公立、私立三种。国立是国家兴办的,由文部省(即教育部)直接拨款;公立是地方政府兴办的;私立大学则是私人财团兴办的。国立、公立学校的学费比较低，私立学校的学费非常昂贵。例如，私立医科学校，一年学费达上千万日元，相当于七八万美元。因此家长总希望自己的孩子考上国立或公立大学。同时日本还非常推崇名牌大学。因为名牌大学如东京大学、庆应大学、早稻田大学等的毕业生大多在政府部门或大企业任职，不仅工作有保障，而且待遇、地位都比较高。所以家长还想让孩子考上名牌大学。这种升学竞争是很激烈的。家长为了使孩子在升学竞争中获胜，从小就给孩子施加压力，强迫孩子上私塾，上各种补习班。日本朋友告诉我，日本中小学生70%都上各种补习班，这种班叫"塾"，亦即私塾。过去我不大相信有这么多孩子上私塾。这次不仅看到"塾"的招牌遍处都有，而且通过几位校长证实了这一点。这样，不仅增加了学生的学业负担，而且心理压力也很重。有些孩子不愿意学习，或者学习成绩不好，产生厌学情绪、对抗情绪。这种情绪反映在行为上，轻则逃学，重则产生校内暴力。据电视新闻披露，今年（1998年）1月大阪市逃学的学生就达5 000余人。校内暴力的最主要的行为就是破坏校具、攻击教师、以强欺弱、以大欺小。在学校，班级里个头小的孩子常常受到个头大的孩子的欺侮，低年级的孩子受到高年级的孩子的欺侮。比较严重的甚至把小孩子虐待至死，有的孩子经受不住侮辱而自杀，孩子由于不愿意上学甚至把母亲杀死。这种情况尤其发生在初中阶段。校内暴力已经成为日本教育的顽症，近几年来出现持续上升的势头。据报纸公布，1996年校内暴力比上年增加31.7%，达到10 575件，其中初中为8 169件，高中2 406件，是持续增长的十年来的最高的一年（1985年为4 315件）。向教师施用暴力的比上年增加50%，破坏校具的增加40%。1998年新年伊始，已连续发生了几起恶性事件。1月28日栃木县黑矶北中学一名初中一年级学生把教英语的女老师刺死在学校的走廊里，2月1日东京都江东区一名高中一年级学生袭击警察致伤。这两件事震动了日本全社会。桥本首相召开紧急会议研究对策。社会呼吁要改善社会环境，指责刀具商店不应该把刀具卖给未成年人。文部省作出规定，未成年人不得持7厘米以上的利器。各地政府都通知商店，不得把利器卖给未成年人。这恐怕还只是一种治标的办法，未必能有什么效果。特别是因为不让学生持刀，学校采取搜查书包的办法，引起学生的反感，许多家长也不赞成。

其实，校内暴力的根子还在于社会的不平等给人们造成的压力。由社会上的学历主义变成教育上的学历主义，给孩子们以沉重的压力，从而影响到孩子们的心理状态。近几天来日本教育界在呼吁加强青少年的心理健康教育，从教育的角度来讲是十分必要的。但更重要的恐怕还应该从转变教育观念着手，还孩子们以幸福的童年。我们在与日本学者讨论这个问题的时候，有一位专攻学生指导的研究人员说，这是西方自由主义思潮与传统教育冲突的必然结果。自由主义强调个性自由解放，而日本的传统教育则强调顺从、忍让。孩子在忍无可忍的情况下只好采取暴力。他的这种解释不无一定的道理。因此改革旧的教育观念和模式是当务之急。

由日本的学历主义想到中国的学历主义，两者都在危害着青少年的成长。中国因为高校入学率很低，至今只占同龄人的5%左右，大家追求升学，中小学教育变成了升学教育、应试教育，危害着青少年的全面发展，特别是个性、创造性的发展。在日本，高校入学率已经很高，20世纪70年代就达到39%，1997年已达46.2%。但为什么也存在应试教育的问题呢？似乎西方国家不存在这种倾向。我想这恐怕与东方文化的传统不无关系。东方文化圈以中国传统文化为核心。日本、韩国曾深受其影响。中国的科举制度曾经影响这些国家上千年。虽然日本并未采用过中国的科举制度，但科举制度的价值观，也即"万般皆下品，唯有读书高"，重学历而不重能力，考试内容偏狭窄而不切实用，考试方法迫使人们去死记硬背繁多的经史典籍等，对日本教育不无影响。发展到今天就是学历主义的泛滥。凡受中国文化影响的国家几乎都有这种倾向。这不是偶然的。要消除这种影响，教育制度要改革。例如，要把学校教育纳入终身教育体系，使任何人在任何学校毕业以后都能有再学习的机会；考试制度要改革，不能一次考试定终身。但恐怕最重要的是人事制度要改革，用人制度要改革，要重能力不要重学历，更需要克服名牌大学的门户之见。当然，教师、家长的教育观念也需要变革，要把着眼点放在成才上，而不是学历上。

六

上周参观了鸣门市林崎小学的养护班。这里有4个智力障碍儿童，2位老师。主要的一位老师姓香川，是德岛大学教育系毕业生。平时都是采用个别教学，因为4个儿童年龄不同，智力障碍的程度也不同。今天因为我们去参观，同时老师也想教他们怎样使用钱币，于是就在一起上课了。

这堂课的目的是教儿童学会怎样使用钱币。香川老师认为，用钱币购买东西是一个人生活中不可缺少的活动，要让障碍儿童独立生活，就要教会他们使用钱币。对正常儿童来说，一般到上学的年龄就会用钱币到商店买东西了。但对障碍儿童来讲却是一件很困难的事。他们很难理解，10元（日元）一张的钱币，需要10张才能换成一张100元的钱币。香川老师想了许多办法让儿童来认识各种钱币之间的关系。

今天她组织了一个游戏：通过卖胡萝卜学习使用钱币。香川老师利用计算机来教学。首先，电脑屏幕上的主人公叫小朋友："谁愿意帮我拔萝卜？"孩子们都说愿意，于是拿着筐子去拔胡萝卜。胡萝卜是老师预先用硬纸糊好的，插在箩筐上。孩子们把箩筐上插着的胡萝卜拔下来放在自己的筐里，然后每个孩子收到电脑屏幕上主人公发给他们的一封信。信里要求他（她）把胡萝卜分别装成袋，有的是每袋装6个，装2袋；有的是每袋装7个，装2袋。电脑主人公问：一个胡萝卜10元，一袋胡萝卜卖几元钱？并且要求把答案写在纸片上，贴在袋子上，像商店里包装的一样。这个游戏是模仿蔬菜店里把胡萝卜装成袋出售的活动。儿童们玩得很开心。当然，这些活动都是在两位老师帮助下完成的。为了让孩子们认识钱币，老师们做了硬纸框框，画上钱币的样子，让孩子们用真的钱币去对照、填空。一袋7个胡萝卜，需要70元，就用7个10元的硬币填在纸框里；2袋140元，就要用一个100元硬币和4个10元钱币，分别填在不同的纸框里。

我在旁边一面观察，一面在想：为了准备这样半小时的课程，老师们要花费多少时间准备啊！恐怕不是一天半天能准备得出来的。老师们教学时的热情和耐心真使我感动万分。我在想，如果说老师是值得尊敬的，那么最值得尊敬的就是从事特殊儿童教育的老师，他们比一般老师要有更多的热心、十倍的辛劳、百倍的耐心。

香川老师告诉我们，这些障碍儿童的一个共同特点是注意力难以集中。但是他们对电脑很感兴趣。只要电脑里喊出他们的名字，他们就很兴奋，就会照着电脑里提出的要求去做。因此她自己设计编制电脑课件，用电脑来吸引孩子们学习。她还告诉我们，别看他（她）们智力有障碍，但总有好的地方。其中一个儿童已经能够自己打开电脑，并且进入了意大利语网络，学起意大利语来。难怪我进教室时问他："你喜欢吃什么？"他回答我说："喜欢意大利馅饼。"香川老师说，残疾人总有不残的部分，只要把他不残的部分发展起来，他将来就会有发展，就能幸福。你看她对障碍儿童怀着多么大的信心。所以她工作得那么愉快而幸福。

座谈的时候，校长吉成先生告诉我们：日本对障碍儿童的教育采取的是"回归主流"的办法，不单独设障碍儿童学校，让他们去正常的学校里学习。因此政府原来规定只要有2名障碍儿童，学校就要设养护班，后来根据家长的要求，现在规定只要有一名障碍儿童学校就要有养护班并配备养护老师。他说："回归主流"是障碍儿童教育的方向。障碍儿童与正常儿童在一起，可以培养他们与正常人一样生活，同时，使正常儿童理解障碍儿童并帮助他们。他说，一般儿童平时很难遇到障碍儿童。学校里有了这个养护班，使正常儿童能够接触障碍儿童，理解他们的需要，帮助他们，将来在社会上遇到有障碍的人就能够理解他们。设养护班的目的是帮助障碍儿童克服障碍，走向幸福。他还说，其实障碍二字应该打上引号，因为有些障碍是人为造成的。例如，台阶对坐轮椅的人来讲是障碍，但如果把台阶拆掉，改为坡道，对他来讲不就没有障碍了吗？我很钦佩，吉成校长讲出了这个人生哲理。事实上，每个人都有局限性，都会遇到某些障碍，问题在于如何去克服这些障碍，拆除这些障碍。帮助别人拆除障碍，共同走向幸福，这是真正的人道主义。

七

赫尔巴特在传统教育学中很强调管理的作用。他指的管理完全是针对学生而言的，因此受到后人的批评。实际上对一个学校来讲，管理确实十分重要。现代意义上的管理是要建立一个生动、活泼、融洽、高雅、有序、富有文化气息的校园环境。从这个意义上来讲，管理就是教育。1998年2月20日参观了日本德岛文理中学，他们的学校管理给我留下了深刻的印象。

德岛文理中学与北京师大二附中是姊妹校，交流已十多年了。他们每年总有几十名学生到北京来访学，师大二附中的师生也到该校去访问。头几次访问都是德岛文理中学的校长麻义一亲自带队，因此我和麻校长很熟。十年前我曾到鸣门来过一次。那时麻校长曾特地拉我到学校，可惜当时日程排得太紧，时间仓促，仅在校门口和校内庭院中照了相，没有来得及参观。这次总算如愿以偿，不仅参观了他们整洁的校舍、精良的设备，而且听了两节课。麻校长带病来接待我们，和我们座谈。参观时深深感到学校的管理是教育质量的重要保证。

德岛文理中学是一所私立学校，实际上包括了初中和高中两所学校。在日本初中叫中学，高中叫高等学校，一般分开设立。但德岛文理中学却是合设的，实行的是六年一贯制，初中毕业直接升入高中，不再进行选拔性考试。这在日本是少有的。我们参观了学生宿舍、食堂、图书馆、计算机教室等，感觉是整个学校宽敞、明亮、洁净、安静、有序。它和日本其他的中小学不一样，不是一进门就是"土足不能入内"，一定要先脱鞋，而是在教室门口给每个学生设一个衣鞋柜，在那里换鞋更衣。但这里整个门厅、走廊却依然十分清洁。我们去的那天天公不作美，大雨淋漓。一双双湿漉漉的"土足"走进门厅，找不到换鞋的地方，使我们犯踌躇。但教头（教导主任）却热情招呼我们进入会议室。原来走廊里老师和学生不断地在擦地板。虽然是雨天湿足在走廊里走动，但走廊依然是那么洁净，正可谓"一尘不染"。图书馆、实验室、宿舍墙壁上都张贴着各种规则，使学生有章可循。所有地方都好像新装修的样子，没有一点老学校的痕迹。我想，在这样的校园环境中学习，自然会陶冶心情，养成学生整洁礼貌的习惯。

听了两节课。一节是初中三年级的化学课，讲硝酸还原反应。据教头介绍，该校升学率很高，高中毕业都能考上大学。为了升学竞争，六年课程五年学完，最后一年用于总复习。这节化学课本来是高一年级的课程，现在初三就讲了。这才明白何以他们采用初高中六年一贯制。

顺便说一句，日本的学制是十分呆板的，学校的教学计划、课程设置和安排是不能随意更动的。因为德岛文理中学是私立的，才能有这样大的自主权。不过最近日本教育也开始有些灵活性。今年高考，千叶大学就录取了3名高中二年级的学生。这在日本是头一次，报纸上也做了特别报道。

我们听的另一节课是汉古文课，讲的是唐诗，杜甫的《登岳阳楼》。老师先为学生注音（汉字日语发音），然后带领学生朗读。见我们来听课，就问我们用汉语怎么读。我的研究生小姜被请上讲台用汉语朗读。老师介绍汉语有四声，汉诗重平仄，又请小姜把四声划出来。陪我们参观的教头（教导主任）太田教谕兴致上来了，他上台讲，他前年访问中国并登上过岳阳楼，在楼上远望长江，真觉得山河壮丽、气势磅礴，再朗读这首诗，更能体会到诗的气魄和富有音乐之美的节奏。这节课老师巧妙地利用中国客人的来访，充分开展了中日文化交流。

座谈的时候，麻校长说，办好学校，教师是最重要的。德岛文理中学的教师都是他亲自去挑选来的。选择的标准有三条：一是有教学能力，能把课教好；二是有组织能力，能受到学生的欢迎；三是有协作精神，能与同事通力合作。他说，光有第一条，没有后两条也教不好书。关于道德教育，该校没有专门的课程。麻校长认为，道德教育要通过各科教育来进行，要在日常生活和学校管理中潜移默化地养成。他说，我们没有专门的道德说教，但学校中从来没有发生过暴力事件，教育的作用不在于说教，而在于学校的管理和教师的示范。我想，他说出了教育的真谛。

八

日本教育近些年来有较大的改革，中小学很强调教育与生活的联系。福岛大学附属小学经文部省批准对课程进行了改革：把社会课改为人间课，把自然课改为地球课，把美术课、音乐课改为表现课。我问他们这样改变有什么区别。他们说，过去社会课只讲客观的社会现象，现在的人间课讲人在社会中，人与社会的关系，人与他人的关系；过去的自然课只讲客观的自然现象，现在的地球课把人放在地球中，讲人与地球、人与自然的关系，因此内容不仅包括自然现象，还包括人们应该如何保护自然、保护环境；至于由美术课、音乐课改成的表现课，主要不是培养学生成为艺术家，而是要教会他们用艺术的形式表达自己的思想感情。我们在表现课上看到老师并不重视学生画画的技巧，而是让学生自己发挥，想画什么就画什么。

日本学校非常重视学生的课外活动。这种课外活动与我们中国学校不同，不要求学生参加课外活动小组，而是强调课外的生活体验。日本课程中设有"特别活动"这样的课程，过去我总不太明白它的内容是什么。这次参观了神户大学附属吉住小学，总算弄明白了一些。"特别活动"实际就是学生的一种课外的集体活动。目的是通过集体活动培养学生的自主性和协作精神。内容包括班级活动、学生会活动、俱乐部活动，一般都有班主任指导。吉住小学的校长告诉我们，他们特别重视每年的春、秋两次远足，一、二年级在城市附近的郊外远足；在野外住一天，学生自己搭帐篷，自己做饭。三、四年级组织到外地远足，住两天。例如，他们组织到奈良远足，学生自己集合，没有父母送行。五、六年级叫作"修学旅行"，最远到北海道，要住三天。在那里参观访问，可以使学生获得许多书本上得不到的知识，特别是培养了学生自主、自动的能力，同学之间互相谦让、互相帮助的协作精神。这种"特别活动"很像我国学校中的班会和少先队活动，但他们是排在课程表里的，规定每学期35～70学时。

1998年6月，日本中央教育审议会又出台了一份叫作《关于学前期开始的心灵教育》的咨询报告。报告认为，教育的核心是学生的心灵教育，并将心灵教育的内容设定为"生活能力的培养""伦理观念的建立""关怀他人的习惯""遵守社会道德的品质"。报告强调家庭的教育作用，呼吁社区积极参与心灵教育。这种教育当然不能限于课堂上，而是要课内课外、校内校外结合起来。

与此同时，日本文部省的教育课程审议会也于1996年8月开始进行《幼儿园、小学、中学以及各类特殊学校课程标准》的研究工作，并在1998年实行了新的课程标准。新的课程标准强调学校教育以培养学生的"生活能力"为核心目标；设置综合学习时间，从小学三年级开始，三、四年级每学年105课时，五、六年级每学年110课时，初中是每学年70～130课时；小学就开始设选修课，高中强化信息教育。为了实行每周五日学习制，中小学每年要减少70课时。

对于综合学习，我非常感兴趣，同时也不明白。日本小学和初中本来就是实施综合课教学，小学一、二年级设有生活课，三至六年级设有理科、社会科，初中也是综合理科、综合社会科，为什么还要设专门的"综合学习"时间？在吉住小学我看到了"综合学习"的具体计划，是以国际理解、信息、环境、福利与健康为主要内容的。具体分"人与自然""人与文化"两大主题，再加上活动学习。以吉住小学三年级为例，"人与自然"的主题是"吉住河上的萤火虫"，主要通过讨论让学生对周围的自然环境，即在生活科中学习过的吉住河有更为感性的认识。用萤火虫代表"自然"比空谈自然保护更能收到教学效果。吉住河畔立有一块大标牌，上面写着"保护动植物"，并且在醒目的位置画着一只萤火虫。上课的时候就从萤火虫的话题开始。"吉住河上真的有萤火虫吗？"让学生联想到理科课堂上学到的萤火虫适合生存的生态条件，引导学生进行"从上游到下游"的吉住河漫游，看看吉住河的自然状况是否符合这些条件，围绕"萤火虫适合生存的环境"这一话题，自然地引到环保的主题上，同时结合社会科教学内容中学到的"清流会"（日本一个环保团体）的内容，让学生认识到保护自然的重要性，并要从每个人做起。"人与文化"的主题是"点心是什么"，通过对点心的认识，引导学生重新审视自己的饮食生活。事先，以"点心的利弊"为题进行课前调查，分为几个小组，调查"儿童对点心的喜好""本地区的点心销售状况""营养专家对点心的见解"等内容。然后在课堂上各小组汇报调查报告。学生可以从多种角度了解点心的意义及利弊。此外，他们还计划邀请归国子女谈谈国外对点心的看法，计划举办"点心研讨会"，请营养师、点心制造商、具有国外居住经验者、学生家长和学生共同探讨点心的意义和利弊。活动学习以"大自然的朋友（六甲山少年自然之家）"为主题。在活动开始之前，教师提出一些可能进行活动的项目让学生选择，要求学生进行必要的预备调查，了解有关自然和环境的知识。实际活动包括到"六甲山少年自然之家"的登山过程、河中玩耍以及各种游戏等。通过这些活动，使学生了解神户周围的大自然，亲近大自然。做饭、合宿等过程有助于培养学生之间的团结合作、互相帮助的精神。

以上是三年级"综合学习"的主题和内容。四年级的"人与自然"的主题是"不烂的水果——防腐剂"，"人与文化"的主题是"爷爷奶奶的愿望——老龄化社会"，活动学习是"夏天在但马接触自然、产业和文化"。五年级的"人与自然"的主题是"为什么会有异常气象"，"人与文化"主题是"从外国看日本的文化，希望传播到外国的日本文化"，活动学习是"感受冬的但马吧"。六年级的"人与自然"的主题是"探索××电视广告的奥秘"，"人与文化"的主题是"什么是志愿者服务"，活动学习的主题是"接触在阿尔卑斯山（日本）的自然和信州的历史、文化"。

从上面的主题我们可以看到，所谓综合学习，完全与学科教学不一样，主要结合学生所处的地域实际和社会实际培养学生对自然、对社会、对他人的理解和态度，而且内容从低年级到高年级逐步加深。当然，所讨论的问题要运用上课堂学习到的各科知识。日本的这种课程改革值得我们借鉴。我们不一定照搬他们的课程，但他们改革的一些思路值得我们思考，一些具体内容在我们设计学校课程和活动时也值得我们结合我国的实际来考虑。

北美见闻

怎样才算是对儿童真正的爱？ [*]

疼爱子女是父母的天性，但是并不是所有的父母都知道怎样疼爱自己的子女；爱护学生是教师的天职，但是也不是所有的教师都知道如何才是对学生的正确的爱护。

中国历来有两种极端的教育方法。鲁迅早在20世纪30年代就批评过：一种是"任其跋扈，一点也不管，骂人固可，打人亦无不可，在门内或门前是暴主，是霸王，但到外面，便如失了网的蜘蛛一般，立刻毫无能力"；另一种是"终日给以冷遇或呵斥，甚而至于打扑，使他畏葸退缩，仿佛一个奴才，一个傀儡，然而父母往往却美其名曰'听话'，自以为是教育的成功。待到放他到外面来，则如暂出樊笼的小禽，他决不会飞鸣，也不会跳跃"。鲁迅说的虽然是半个世纪以前的事，但现在这种倾向却依然存在，只不过表现形式略有不同而已。总括起来，无非一种是溺爱，一种是严酷。现在提倡一对夫妇只生一个孩子，独生子女成了家庭中的核心、父母掌上的明珠。一般认为，溺爱已经多于严酷。

---

[*] 本部分原载《为孩子们呼喊》，北京，北京日报出版社，1988，此处根据1997年10月至11月，对加拿大、美国六个城市的访问见闻，做了修改补充。

其实并不尽然。许多好心的父母，出于望子成龙心理，从小就强制孩子坐在钢琴边，站在画布旁，表面上是热爱，但对孩子身心之摧残恐怕不亚于严酷的打扑。至于为了学习分数而打骂、虐待孩子的现象，不是已经达到触目惊心的地步了吗？半个世纪以前，鲁迅高喊"救救孩子"的呼声，今天仍然有着重大的现实意义。"救救孩子"实际上是"救救民族"，"救救我们的未来"！

前面这一通议论是我在长期教育实践中的感受。而自从考察北美幼儿教育以后，这种感觉变得更加强烈。1997年10月4日至11月11日，我率领一个幼儿教育代表团访问了加拿大、美国六个城市的几十所幼儿园和托儿中心。耳闻目睹，使我更加明白了什么才算是对儿童真正的爱。这不只是一个方法问题，而是一个教育观的问题、人才观的问题。

议论是枯燥的，还是让我举几例在那里亲眼看到的动人情景吧！

（一）

10月5日，星期一，孩子们刚度过周末，又来到托儿中心。老师让十几个孩子围坐在地毯上，每人手里拿着自己的名卡。地毯中央放着三张画片，画的是三副面孔：笑得嘴角扬起，抿嘴微笑，愁苦得嘴下撒。每张上端写着"我周末过得"，下端分别写着"很愉快""好""很糟糕"。

老师让孩子分别把自己的名卡放在不同的画片旁，然后让他们说出为什么。一个孩子把名卡放在"我周末过得很糟糕"的画片旁。老师问他为什么，他说他的哥哥病了。老师立刻把他抱过来，搂在自己的怀里安慰他，说"你哥哥的病一定会很快好起来的"。这孩子微微地笑了。另一个孩子把名卡放在"我周末过得很愉快"的画片旁。他说，周末爸爸带他到迪士尼去玩了，看到许多有趣的东西。其他孩子都分享他的欢乐……一周第一天的晨会结束了，孩子们愉快地去自由活动：有的玩水，有的玩沙，有的玩积木，有的画画。

这种自由活动的时间每半天有一小时至一个半小时，占了幼儿园和托儿中心所有时间的一大块。所谓自由活动，就是儿童想玩什么就玩什么。老师干什么呢？在一旁帮助孩子，指导孩子，绝不包办代替。

一个女孩子在画画。谁也看不清楚她画的是什么。老师并不纠正她，只是问她："你画的是什么？"孩子把她画的意思告诉老师。老师帮她把她说的话写在她的画下面，然后把画保存在她的作业袋里，让孩子带回家给家长看。半年或一年后，把作业袋里的作业拿出来，就可以看出孩子在思维力、想象力等方面的进步。

从现象上看，这种教育方法是自由主义的。但是，仔细一了解，在自由中却蕴含着计划性、目的性。

我们有时看到，一个孩子在一小时的自由活动中，聚精会神地只玩一种玩具；而另一个孩子则"见异思迁"，一忽儿玩玩水，一忽儿玩玩沙，一忽儿去画画。我们好奇地问老师，这样自由的活动能培养学生的智力吗？老师回答我们说：孩子的发展是不能够强迫的，只能因势利导。在一般的实验幼儿园里，对每个儿童都有一套特殊的培养计划，如对于只专注一种活动的孩子，逐步引导他兴趣的广泛性；对于"见异思迁"的孩子，逐步引导、帮助他把一件事情做完。他们认为，老师是孩子的观察者、引导者，为孩子创造环境者。观察儿童每天的变化，并记录下来，作为以后教育的根据，这是老师的重要任务。然后是为儿童的发展创造条件。因此，设计环境是老师最最重要的工作。教室的环境如何布置，选择什么玩具和游戏，都要经过精心的设计。可见，自由教学并不自由。

（二）

有一天，在加拿大不列颠哥伦比亚大学附设的早期教育中心，5岁班的孩子正在自由活动。有几个孩子和老师在一起做苹果酱。他们拿着刀把苹果切成小块，放到用电炉烤着的大锅里，然后把煮熟的苹果倒到搅拌机里，几个孩子按着搅拌机摇啊摇，一会儿搅拌好了，倒出来加上糖，苹果酱做好了。接着，孩子们便开始吃点心。有一个男孩参加了制作苹果酱的全部过程，而且把苹果酱分到每一个孩子的盘子里。老师赞扬这个孩子很爱劳动，在家里也能够帮助妈妈干活。

我们看到，孩子手里拿的都是真的带尖头的水果刀，不免有些担心：会不会割破手？会不会戳着别的孩子？我们把这种担心告诉老师。老师的回答是：不会的。即使划破一点皮，也不要紧。总应该让孩子们锻炼吧！

自由活动后是户外活动。户外活动的草地上放了各种器械，大都是旧轮胎、旧钢管等制成的。有几个三四岁的孩子在爬用钢管制成的架子。我问老师：孩子玩这种器械有没有危险？如果发生了事故，家长会不会到法院告你们？老师回答说：幼儿园一般没有发生过什么事故，因为老师总是在旁边看护着他们；即使发生点小事故，家长也不会去起诉，因为家长同样会认为，这是对孩子的一种锻炼，在锻炼中难免磕磕碰碰。

老师们的这种回答，不由使我联想到我国幼儿园的老师们，他们总是对孩子设置许多清规戒律，这也不能干，那也不能做。但是，往往事与愿违：你想不出事，偏偏要出事。出了点事，家长来问罪，老师做检讨，被扣奖金。以后老师更加谨小慎微。结果受害的是孩子。

（三）

在纽约银行街学院附属幼儿园，5岁班的孩子在自由活动。一个男孩拿了一根木条夹在台钳上，然后拿起挂在墙上的木锯，锯起木条来。他力气小，木条夹不牢，一锯就掉下来。老师帮他把木条夹牢，孩子重新锯起来。锯到一半，锯子被卡住了。老师帮他拉开来，让他自己继续去锯。木条终于锯断了，孩子也满意了。锯这根木条干什么？开始我们看不出来。后来看到许多孩子都去锯木条，才了解到，他们不是为了做玩具，而是锻炼孩子的能力，培养儿童的自信心。这种自信是将来成功地去完成任何事业的重要的基础。中国的父母好像不这样思考问题。他们总是怕孩子累着、伤着，总是愿意对孩子的事情包办代替。结果是，孩子大了缺乏独立生活的能力，更不用说勇于开拓、敢冒风险创新了。

（四）

我在北美看到的幼儿园，每天都有大约15分钟的集体活动。这时，老师或讲故事，或弹琴唱歌。大家一起围坐在地毯上，儿童们都随便得很，有的坐着，有的趴着，有的躺着，有的甚至走来走去。有时孩子爬到老师身上，老师就把他搂在怀里，其亲切之状，有如父母对于子女。我们看了几十个幼儿园和托儿中心，从来没有听到过老师训斥孩子，老师对孩子说话总是细声细语。也没有看到孩子之间争吵，更没有看到孩子到老师那里去"告状"。孩子们和睦相处，对大人很有礼貌。这是因为玩具太多，用不着争吗？恐怕不是。因为同样的玩具并不多见。如果没有互相谦让的精神，总会有些孩子为争一件玩具而争吵起来。我们看到了这样的情景：一个孩子在玩某种玩具，第二个孩子去了，两个孩子就一起玩起来；或者第一个孩子索性让第二个孩子玩，自己另找别的玩具玩。他们不淘气吗？也不是，他们个个顽皮活泼。有时候他们画画不是用笔，而是用手，用手抹上颜料，摁在纸上，甚至摁在墙上。老师也和他们一起干。就是在这种融洽的气氛中，培养了儿童乐于并善于人际交往的能力和习惯。

北美整个幼儿教育，都非常重视人际关系的教育。我国的幼儿教育多半是为了让孩子早一点学到知识。而西方国家，主要是让孩子参加集体活动。我们曾经问家长：为什么要把孩子送幼儿园，是不是为了让他们多学习知识？回答是：让儿童到儿童集体中去体验人际关系，以便长大成人后在社会上善于和人打交道。这样，他们对早期教育的理解就与我们不尽相同。我国的父母把孩子送进幼儿园，一则是为了使家长能够腾出手来工作，二则是希望孩子在幼儿园里能够学到知识。北美幼儿教育的任务主要是培养孩子的能力，而更主要的是培养儿童独立生活的能力和人际交往的能力。

（五）

我们在北美看到的幼儿园和托儿中心，都设有与家长联系的布告栏。老师把儿童在园里的突出的或者异常的表现写在布告栏里。家长来接孩子的时候，看看布告栏就可以了解自己孩子的情况。

加拿大不列颠哥伦比亚大学学前教育系，设计了一个"安卡计划"。该计划是专门为2岁入园儿童的家长准备的。在该校附属的早期教育中心有一个班，每年招收一批2岁儿童。这些儿童每周只来"中心"半天，由父母陪着。儿童在活动室由老师带着活动，这与其他托儿中心没有什么两样。只是在隔壁房间里，有学前教育系的教授与儿童的家长一起看儿童活动的录像，一起分析儿童的动作和心理。我们在那里看到，录像机对准一个男孩，他在整个活动室到处游荡，从不专心玩一种玩具或游戏。于是，教授便同他的母亲一起分析为什么出现这种情况。母亲还把孩子在家里的表现告诉教授。然后他们共同研究对策。这种计划要进行半年才完成。通过这种计划，家长获得教育学和心理学方面的知识，获得对孩子的正确认识和正确教育孩子的观念和方法。

北美幼儿教育机构没有全托制的。他们认为，让儿童一连几天完全离开父母去接受教育是不可想象的。西方国家离婚率很高，单亲家庭很多，孩子在这种家庭里受到的教育是畸形的。他们认为，发展幼儿教育可以弥补这种单亲家庭教育的不足。因此，幼儿园和托儿中心里常有男教师。这些男教师往往最受儿童的欢迎。我们在波士顿塔夫茨大学早期教育学院附属早期教育中心访问了一位男教师，问他为什么愿意当幼儿园的老师。他说，当他还是孩子时，亲身体验到有时需要父母以外的人的帮助，特别是感情上的帮助。"在这里当老师，我感到我能在感情上给予孩子们帮助。与父亲接触少的那些孩子，更加需要有男性老师去帮助他。"他还告诉我们，有一个男孩子说他这位老师是世界上最强壮的人。他笑着对我们说:"其实我是很瘦弱的人。我理解男孩子的话,不是指我的身体,而是指我的感情。"

从这里我们可以看到,幼儿教育重要的不是知识教育,而是正确发展个性的教育,其中当然也包括智力的发展,但更重要的是感情、意志和性格的培养。

例子还可以举出很多。我想,仅从上述事例已不难看出中西方教育观的差异。父母都疼爱自己的子女,这是中西方的共同点。但是我们中国父母的爱,却渗透着一种大约是小农经济的思想,他们多数希望自己的子女长大以后要像自己,守家立业。西方的父母则希望自己的子女长大后超越自己,到社会上去开拓事业。中国父母爱护儿童的方法不是溺爱,就是严酷,训练出来的不是主子就是奴才(在社会主义初级阶段,主子、奴才的思想残余依然存在)。西方爱护儿童的方法是让儿童自由发展,长大成为具有个性和独立人格的人。当然,西方资本主义制度抵消了这种儿童教育的效果。所以有人说,西方世界是儿童的乐园、青年的赛场、老年的坟墓。这不是没有根据的。

我绝不认为西方教育都是好的。自由主义教育施于幼儿时主要效果是积极的,但施于中小学生就会带来严重问题。所以当美国朋友问起我的考察观感时,我总是坦率地说:"我很欣赏你们的早期儿童教育(包括初级小学),却不欣赏你们的中学教育。"

教师是观察者、帮助者、设计者*

(一)

我们这次访问美国和加拿大,主要考察那里的幼儿教育以及幼儿教

* 原载《明日教育论坛》2001年第4期。

育师资的培养。在北美，幼儿教育有多种形式，一般有日托中心（或托儿中心）、早期教育中心、幼儿园等。日托中心最普遍。例如，夏威夷这个小岛就有393个有执照的日托中心。这里还规定可以设家庭日托中心，每家可以收5个儿童。日托中心主要招收婴幼儿，幼儿园则招收5~6岁的儿童，大多附设在小学里。早期教育中心则把幼儿和小学联结起来。他们理解的早期教育是从0岁到8岁儿童的教育，这种早期教育中心往往附设在大学的教育学院或教育系，既是教学单位，又是大学实习和科研的园地。

北美很少有全托的托儿所和幼儿园，因为他们不主张儿童离开父母。他们听说中国很多幼儿园、托儿所都是寄宿制，感到不能理解。用他们的话说："儿童离开父母怎么成长？"在夏威夷有一位教授对我说，20年以前美国的母亲都不工作，在家照看孩子，现在许多母亲外出工作了。他认为，不能照看家庭的损失远远超过母亲工作所得。他说："所以我们现在要斗争，争取母亲回到家里照看孩子，因为孩子和母亲在一起对孩子的成长是多么重要。"这种观点在北美国家确实很普遍。这当然有一定道理。其实，又何止母亲与孩子在一起有多么重要，父亲与孩子在一起也十分重要。只不过人类历史上，长期是母亲持家、父亲外出工作，给人们留下一种传统观念，似乎孩子要靠母亲来照看。所以女权运动的妇女会说：为什么父亲不能回到家里去？不论是母亲或者父亲，都回到家里去是不现实的，问题是父母都要把培养孩子作为自己的职责，拿出更多的时间与孩子在一起。

在北美，不仅全托极少见，而且每天都把孩子送进托儿中心的也不多见，往往是每周送一两天，或者每天送去几小时。我问他们：既然那样强调孩子要和父母在一起，为什么又要把孩子送进幼儿园去呢，他们的回答是：要让儿童去体验集体生活，培养他们与别人交往的能力。

（二）

北美托儿中心、早期教育中心的教育宗旨是让学生自由发展，不强调学习知识，更没有什么课程。只有活动室，没有教室。活动室里分设几个区，有玩积木区，玩水区，玩沙坑区，数学、语言学习区，美术区。活动室一角是集体活动的地方。每个班大约15名儿童，由2位老师带领。

一般活动的日程是：9点左右入园，老师把孩子集合起来，讲几句话，然后就让孩子自由活动。对于儿童玩什么，怎么玩，都没有固定的要求。我们看到有的孩子在玩沙，有的孩子在玩水，有的孩子在玩积木，或者几个孩子在一起玩游戏，也有的孩子在画画。有的孩子很专心，只是玩一种玩具；有的孩子则到处乱窜，玩玩这个，又玩玩那个。老师从来不干涉。然后老师一声令下，到户外自由活动，那里有更大的沙坑，有滑梯，有爬竿。除了少数幼儿园设备精良外，大多数托儿中心和幼儿园的活动器材都很简陋，都是旧轮胎、旧钢管等做成的。有一个幼儿园室内的小凳子都是用旧纸筒做成的。这种室内室外活动大致持续一个半小时。然后老师把孩子们集合起来。孩子们会把所有玩具放到原来的位置上，然后集合到活动室的一角。那里铺着新地毯，孩子们光着脚或坐或躺在地毯上，听老师讲故事，或者由老师教大家唱歌。有一次知道我们要去参观，老师特地让孩子们从家里或者亲戚朋友家借来中国的画、扇子、灯笼等，老师就讲中国的故事。孩子们向我们提问：中国的小孩怎么玩耍的，等等。这种活动约15分钟。这是一天中老师与儿童集体活动的唯一时间。集体活动完了以后就是吃点心。大约在11点半钟，上午的活动结束。如果是半日制的，家长就会来接孩子回家；如果是全日制的，则中午有午休，下午也是自由活动。总之，没有见到像中国幼儿园那样上课的形式。

北美幼儿教育完全是自由主义的方式。但是他们说：他们也是有计划的，老师要为每个儿童制订计划。入园的时候儿童智力、体力发展的状况是怎样的，经过半年或一年以后，他的智力和体力是否有发展，状况又如何，要给家长一个交代。老师每天要把儿童的表现记录下来，要为不同的儿童设计不同的活动方式，并引导他们去做。

（三）

在整个幼儿园活动中，我们看不到老师像我国幼儿园的老师那样上课、指挥着儿童，而是完全由儿童自由地、自主地活动。我们不大理解，于是问他们：老师的作用是什么？他们的回答是：老师是观察者、帮助者、设计者。

老师是观察者。老师每天要细致观察儿童，要把观察到的变化记录下来，和家长联系。例如看到有一个孩子星期一在幼儿园心情很烦躁，一忽儿玩水，一忽儿玩沙，老师就把这事记录下来，家长来接孩子的时候，老师就会和家长交换意见，孩子心情躁动是不是因为星期天玩得太累了，是不是睡眠不足，等等，分析原因，研究措施。每所托儿中心或幼儿园都有一块与家长联系的板，上面贴着老师给家长的留言，或者家长给老师的留言，互通情况，以便老师和家长都能有针对性地教育孩子。

老师是帮助者。老师不直接要求儿童这样做或那样做，也不包办代替，只是从旁帮助，让孩子觉得"我自己能完成"，从小就培养孩子的自信心、自尊心。例如，儿童在画画，老师从来不去管他画得像不像，更不会去纠正他，有时只问他："画的是什么？"儿童玩的时候，老师往往和儿童一起玩，在玩的过程中帮助他、引导他，让孩子在不知不觉中，潜移默化地接受教育。

老师是设计者。老师要为儿童设计学习的环境，还要为个别儿童设计特别的环境，让孩子们在设定的环境中成长。表面上看来儿童每天自由活动是无计划的，但是他们告诉我们：他们的环境是经过精心设计的，什么玩具放在什么地方，每天讲什么故事，唱什么歌，都是有计划的。他们认为，老师教育孩子不是靠说教，不是像小学高年级或者中学生那样讲课，而是靠设计一种学习环境，让儿童在这种环境中自主、自动地活动，从而受到教育。

"教师是观察者、帮助者、设计者"的一个核心的教育观念，就是"以儿童为中心"，与我国"教师是教育者、传授者、训导者"的"以教师为中心"决然不同。可见杜威的教育思想在北美的影响是如此深远。从幼儿教育来看，这种教育观念不是没有道理的。

参观银行街学院

1987年10月13日至15日，我们访问了位于纽约银行街的银行街学院。这是一所专门培养早期教育专家的学院，在世界上很有名气。创始人是米歇尔女士（Michell），是杜威的朋友。创办于1916年。开始是教育实验局，宗旨是开展儿童发展研究。1918年建立了一所实验幼儿园。20世纪30年代迁址银行街，一方面进行儿童发展研究，一方面开展早期教育教师的培训。1950年获得授予教育科学硕士学位的资格。

学院基本上在一座大楼里面。分两部分，一部分为研究生院，培养早期教育（幼儿园）的教师、特殊教育教师、博物馆工作人员、教育行政人员、双语教学教师等。全校有400多名研究生，400多名进修生，没有本科生。另一部分是6个月婴儿至2岁儿童的托儿中心，3～13岁儿童的幼儿园和小学。

一座大楼基本上是这样分配的：最高层九层楼是体育馆。我们参观时看到有二十多个八九岁的儿童在自由玩滑橇、拉环等，三名教师照看着，但不干涉。陪同告诉我们，4～5岁儿童每周来一次，一小时；其他年级的学生每周来三次，每次45分钟。

八层楼是研究生学习的地方。当天正好有一个班在上课。我们旁听了他们的课。这堂课完全是一次讨论课。可能上一堂课老师曾布置作业，让学生去作某一个问题的调查。今天学生都分别讲调查的结果。老师指导大家讨论分析。学院的负责人拜尔斯（Byers）女士介绍：来上学的必须有学士学位，接收时不考试，但要面试，要写一份自传。教学主要强调理论联系实际，要求学生经常与孩子联系。导师每周与学生讨论一次，每月个别辅导两次。一个导师一般负责6人，不得超过9人。平时不考试，主要是要完成作业（papers）。学费很昂贵，每年要一万多美元。

七层是计算机房，制作课件、教具的场所。老师可以在这里自己选择材料，制作各种教具和教材。

六层是图书馆，分两部分：一部分是儿童图书馆，供小学生使用；一部分供研究生用。

五层以下就是幼儿中心和小学了。走到五层以下就是另一番景象，那里生气勃勃，到处洋溢着童年的欢笑，走廊里贴满了各种画。例如，三层至四层的楼梯拐角画着学生的壁画，画的是垒球赛，因为去年（1986年）纽约州获得垒球全国冠军，所以学生就把它画在墙壁上。二层至三层之间学生画的是美国殖民时的情况，这是学习历史以后画的。五层走廊里还挂着一块布告板，上面写着"模拟法庭"，让学生学习和了解做一名法官或律师应该做什么，怎样根据宪法处理问题。问题如：雇用人员进行药物检查合理不合理？学生可以自由发表意见。这当然是高年级学生学习的内容。学校分三个班：低年级3～6岁，中年级6～10岁，高年级10～13岁。混合编班，不分年级。教学主张让学生用脑学习，用眼学习，用手学习。教师为他们设计理想的环境，由学生自己学习。教室里除了通常的黑板、课桌椅外，还有书架，放着一些学生喜爱的读物和各种教具；有一个集体角，放着老师的办公桌、电脑等。老师没有办公室，老师办公的地方就在教室里。所以老师和学生整天是在一起的。学生的课桌也很特别，是梯形的，可以随意组合成各种形状，便于同学间互相讨论。他们主张既有个人自由，又有集体活动。

拜尔斯女士介绍，注重集体活动是这个学院的特色。她说，每个人对小组集体的贡献实际上就是对每个人自己的贡献，因此重视集体学习。她说，这个学院没有在社会上竞争的想法，不把学生分成等级。

我们在小学观察了半天。我在4～5岁的班，老师只让我坐在一边观察，不让我来回走动，也不许我和学生说话，怕我们扰乱了他们的计划和正常的活动。可见他们的自由学习也是有计划的。我们看到，一个上午孩子都是自由活动，有的在剪贴，有的在画画，有的在锯木条。老师在旁边观察，有时帮孩子们描一描，帮孩子把木条在台钳上钳紧。

学费是昂贵的，幼儿园每学年的学费5 500美元，小学6 500美元。到这个学校来上学的都是有钱人的孩子。放学的时候，家长来接孩子，刚巧遇到一位中国妈妈。我问她这个学校好不好。她说很好，就是学费贵一些。

附设的托儿中心又叫家庭教育中心。招收附近的婴儿，从6个月开始即可入托。时间是灵活的，完全根据家长的要求，每天家长把要求写在纸条上，老师就按照家长的要求做。吃的东西也是家长准备的。孩子很自由，想睡就睡，想吃就吃。环境也和家里一样，家里有什么，中心也就有什么。每个教师带三名孩子。新来的孩子头一个星期每天只待上一小时，由父母陪着，以后逐渐增加时间。教师要像父母一样对待孩子。而这里的教师都是有学位的，领头的都有硕士学位。学费当然也是很昂贵的，每月要700美元。

这个家庭教育中心表面上看来就是帮助家长带孩子，是一般保姆干的活。但这里的教师都有学位，他们是营造一种家庭环境，研究儿童在家庭环境中的发展。他们要经常和家长讨论儿童的教育问题，给家长以帮助，但是并不是强加于家长。教育中特别强调因材施教，不是统一要求，让学生在老师设计的环境中自由发展。

从上面我们可以看到，北美早期教育完全是一种自由主义教育。不能说他们没有计划，只能说计划是柔性的，而且是隐性的。活动是自由的，但儿童的发展的背后似乎也有一只无形的手在指挥着。

参观银行街学院还有一点感想。银行街学院在美国是一所很小的大学，但办得很有特色，在世界上都很有声誉。而在我国，好像小学校就办不出名气来，非要办得越大越好，层次越高越好。这种求大求高的思想恐怕与我国大一统的思想传统不无关系。我希望我国的学校少一点攀比，多一点实事求是，真正办出一些特色来。

美国要重建教育

1991年4月，我再一次访问美国，考察了五所大学、一所社区学院、两所中学。我们访问期间，美国刚刚结束了"教育周"（4月13～19日）的活动。在这期间，时任总统老布什发布《美国教育2000年计划》，发表了演说，各地开展了奖励教师的活动。全国上下似乎都在议论教育。加州州立大学弗雷斯诺分校的校长助理告诉我们，美国科技的领先地位正在受到威胁，原因是美国中小学教育质量太差。他说，美国中学生的学习时间比别的国家都短，约有25%的中学生不能毕业。这次美国教育改革是要重建教育。近些年来全国各州通过了七百多项法律来提高教育质量。采取的措施有：延长学期的时间；要求学生必须做家庭作业；学习期间要进行三四次考试，主要在四年级、八年级和十二年级进行；大学入学标准要提高；教师要组成教学小组（Teach Teams）；要求教师、家长、企业家都来参与学校管理等。但他们认为，这些措施所起的作用都不大。因此，要重建教育，关键在于校长。在教育界广泛取得一致的意见是：校长、教师、学生都要参与教育。

美国很重视师范教育。在我们参观的几所大学中，教育学院都是大学中最大的最重要的学院。教育学院的设置与我国师范学院的设置有许多相同的地方，但专业设置不像我们分得那样细。教育学院内主要设有早期教育系、初等教育系、特殊教育系、中学教育系、心理学系、体育教育系、科技工程教育系等。

美国中小学教育总体上讲水平较低，课程无统一要求。有一次我到一所中学去，问校长，学校课程有没有教学计划和教学大纲。回答说都没有，也拿不出课程表来。因为全校课程开有一百多门，每门课都由教师自己设计。但是在教学中他们十分重视启发学生的积极性主动性，注意培养学生自学的能力。我们参观了几所学校上课的情况，几乎没有看到老师滔滔地讲，学生静静地听的现象，都是老师和学生在热烈讨论或争论某个问题。学校一般很重视对学生的课外活动的指导。这次教育周奖励优秀教师的活动，据他们介绍，所谓优秀教师，不仅要看他的课堂教学，更主要的要看他在课外为学生所做的事。

据他们介绍，美国在20世纪80年代曾开展一种叫作"有效教育学校"的运动，指定一些学校进行教育改革，在课程设置、课外活动、教师的教育态度等方面进行改革试验，各校进行比较，把各校的长处集中起来进行推广。概括起来，有效教育学校必须具备三个条件：一是有一个坚强的学校领导；二是与社会有密切的联系；三是教师都能开动脑筋，不断改进教学。

我们发现，美国非常重视对学生进行国家意识的教育。我们一下飞机就发现一个奇怪的现象：马路边上家家户户门口都挂着鲜黄的花。陪同告诉我们，这是民众支持海湾战争的表示。据说美国独立战争时期，为了表示支持，挂出了黄花或黄的旗子，这种传统流传至今。我们在内布拉斯加和爱荷华州都参观了那里的议会大楼，两次都遇到许多中小学生在那里参观。议会大楼布置得像博物馆，陈列着这个州发展的历史图片、油画和名人雕像。内布拉斯加州议会大厅屋顶上就有三幅油画，反映该州一百多年以前开发时的情景，爱荷华州的议会大厅里陈列着南北战争时期的军旗等展览品。议会大楼里设有导游，免费向中小学生讲解。我们到爱荷华州议会大楼时正值该州议会开会，群众可以旁听。我们旁听了他们的辩论。有一个中学生参观团也旁听了议会的辩论。我们参观中学时，发现老师在给学生讲海湾战争。凡此种种，使我们感到美国教育很重视国家意识的教育。

美国人对国旗，既尊重又不尊重。美国学校到处挂满国旗。校长室中必有国旗，每个教室里必挂国旗。美国到中国来的留学生，宿舍里总贴有美国国旗，有的贴在宿舍的房门上。他们的T恤衫上、裤衩上都可以印上国旗。华盛顿纪念塔的电梯门口地上也嵌着国旗图案，被众多游人踩在脚底下。这在中国是绝对不允许的，但在美国却无所谓。不看得那么神圣，但却使你感到美国处处都在，起着强烈的国家意识的教育作用。

我们和美国教授们谈到青年们的风尚。据他们讲，近些年来青年们趋向于保守。他们称之为"回归现象"。他们说，20世纪60年代青年人没有理想，不关心未来，提倡性解放；近些年来，青年比较关心世界上发生的事情，关心未来的命运。我问他们为什么。他们回答说，也许就像中国哲学中讲的"物极必反"吧，有些事情走过了头，总会返回来的。我想这恐怕与当时的形势有关。60年代社会动荡，美国发动了朝鲜战争，又发动越南战争，种族歧视严重，使得青年人无法安心学习。80年代以后，经济开始复苏，社会趋于安定，社会舆论呼唤道德的回归，影响到新的一代青年。进入90年代，大家都在思考如何迎接21世纪。格洛德大学学习中心就挂着一条大标语，上面写着："2000年和将来，格洛德将是什么样子？"

旅苏追记[*]

苏联，我曾经到过三次。第一次是1951年8月至1956年7月，作为中华人民共和国成立后第一批留学生在那里学习生活了整整五年。第二次是1984年初夏，中苏关系刚刚解冻，我作为中国高等教育代表团成员访问了苏联高教部、几个城市和十多所学校。第三次是1991年6月，正是苏联解体前夕，也是作为中国高教代表团成员去参加中苏高等教育研讨会。三次访苏，在我的印象中，宛如到了三个世界。第一次，即20世纪50年代的苏联，感到社会主义欣欣向荣，人民充满着希望和憧憬。虽然1953年斯大林逝世以后暴露出许多问题，但那时还是社会安定，物产丰富，人民群众有高度的热情。第二次访苏给人的印象是革命的口号依旧，新建了许多革命博物馆、纪念馆，但多了几分教条主义和形式主义，商店里的商品已经大不如20世纪50年代，人民群众似乎生活在一种紧张和压抑的气氛之中。第三次访苏正在苏联解体前夕，使人感到社会一片混乱，特别是思想混乱，老百姓生活在一种茫然之中。我们回国不久就听到苏联解体、社会主义遭受严重挫折的消息，心中无限惆怅。多少年过去了，但莫斯科的生活依然使我怀念，苏联的逆转也使我深思。我想在依稀的记忆中追寻一些欢乐，以寄托我对莫斯科的思念；在茫然

---

[*] 1999年春追记。

中寻觅一丝线索，以解开我思想中的疑问。

一

1951年8月下旬，正是莫斯科阳光明媚的日子，我们一行三百多名中华学子怀着向往、憧憬的心情，经过一个多星期的旅途跋涉，终于抵达莫斯科雅洛斯拉夫车站，来到世界上第一个社会主义国家苏联的首都莫斯科，每个人都激动万分。汽车把我们拉到莫斯科动力学院，在那里休整和等待分配到全国各所学校。两天以后，我和另外两位同学被分配到国立莫斯科列宁师范学院。校长基列耶夫来接我们。一路上校长滔滔不绝地给我们介绍路边的名胜和建筑，由于语言还不通，我们听不懂他给我们介绍的是什么，但能感到他的热情和友好。后来我们才知道，基列耶夫是一位很有声望的学者和活动家，在战争年代他曾担任过莫斯科广播电台的台长，当时任联共中央纪律委员会委员。他是一位十分严肃的领导者，不苟言笑，但对我们中国留学生却很亲切和关怀。他不定期地找我们去座谈，问我们的学习，问我们的生活，问我们有些什么困难和要求。校长接待日，他的办公室外间总是排着队，教师等着去见他。但如果我们去了，他总是优先接待我们。他亲切而又严肃的形象让我们至今犹不能忘怀。

第一天他把我们接到离学校最近的一座宿舍，坐落在乌萨乔娃街，离学校有两站汽车路程。他派了一名研究生日尼亚与我们住在一起，又派了一名朝鲜研究生来做我们的翻译。其实这位朝鲜研究生（他叫金松基）也不会汉语，但认识汉字。于是我们就用纸和笔交谈。第一个月就是他带着我们去办理各种入学手续，陪着我们到商店购买食品。从此开始了留学的生活。

二

由于在国内没有学过俄语，因此第一步要过语言关。学校派了一名俄语系的研究生雅可夫斯基来教我们俄语。雅可夫斯基已是一名有经验的教师，正在学院攻读副博士学位。1955年曾被派到我们北京师范大学来教过书。他对我们实行的教学方法很特别。第一个星期让我们背诵看图识字上的单词。看图识字本来是儿童的读物，上面有桌椅板凳等各种用具的名称，也有萝卜白菜等各种蔬菜的名词，还有日常生活使用的动词。每天要背一百多个单词，一个星期把看图识字上的上千个单词都记熟，让我们初步熟悉了俄语的语言环境，积累一批最基本的词汇。第二个星期就让我们阅读《联共党史》课本。第一天先读一小段，他领着我们读，完全是用俄语向我们解释。第二天一大段。半年时间居然把《联共党史》啃了一大半。当时学习之苦是可以想象的。多亏从国内带去一本小词典。《联共党史》的一小段就让我们啃一整天。唯一的方法就是死记硬背，把单词尽量背下来。可是常常记住了又忘记了。有时候甚至怀疑自己的记忆力。日子长了，记的单词多了，语言也就熟练起来。

由此想到，记忆是学习不可缺少的环节。我们常常反对死记硬背，指的是学习知识要重理解，要消化，要内化为自己的知识。但有时必须强记死记，特别是学习外语，只有熟记大量词汇才有利于闯过语言关。我国外语教学效果欠佳，其中原因之一就是学生掌握的词汇量太少。重语法，不重词汇量的积累，外语永远过不了关。

在苏联学习是很艰苦的。进入正常的跟班学习以后，头两年上课时还是像坐飞机，昏昏沉沉，似懂非懂。老师讲课从来不按照课本来讲，也不指定看什么课本，只布置你看原著。课堂上笔记记不下来，就靠课后抄苏联同学的笔记。苏联同学对我们非常友好，共青团支部专门派1~2名团员固定帮助我们。其中一名叫娜基娅·雪淑娃，她热情、稳重，虽然年龄比我小，却像大姐姐那样照顾我。抄笔记，不是我照着她的笔记抄，而是她念给我听，有时还给我解释。有了她的帮助，我才几乎每门功课都获得优秀的成绩。我们建立了深厚的友谊，我回国以后我们还经常通信，直到中苏关系恶化。以后我两次去苏联，总想找到她，但终未如愿。我祝福她健康、幸福。

苏联的大学教学非常重视原著的学习和课堂讨论，或叫习明纳尔。政治理论课有6个学年的课程：2年联共党史、2年政治经济学、2年哲学。除了《联共党史》有联共中央编的课本外，其他都没有固定的课本，老师只布置从马克思到斯大林的许多原著。遇上联共（后来改为苏共）召开代表大会或中央全会，发布重要的决议文件，学校的政治理论课就停下来，用几个星期的时间学习文件。每个星期都有习明纳尔，尤其到了高年级，每周都有3~5次。所谓习明纳尔，是在课前就某个问题阅读老师指定的书目，到课上发表自己的意见。老师往往要点名发言，也可以自己请求发言。如果没有准备好，最好上课一开始就说明，老师就不会点到你的名。否则点着名而发不好言，不仅很难堪，而且会得到一个极不好的分数。

这种学习方式对我们来说是很艰苦的，苏联同学一天可以读完的书，我们两三天也读不完。为了在习明纳尔上发言，必须事先写好发言稿。而且发言总是必要的，否则这门课你就没有平时成绩。对我们来说，唯一的办法只有加班加点。从此养成了熬夜的习惯。

认真阅读原著是我在苏联学习的最大收获。现在研究些问题，写些文章，还常常得力于当年读的马列主义和教育理论的原著。

考试都采取口试的办法。每门课要考一整天。一个学期如果要考4门课，则连复习带考试要花三四个星期。考试从一大清早就开始，头一批5名学生进考场，抽考试题，准备几分钟，先由一位同学答考，老师围绕着考题提问，当场给分。每名考生需用20分钟到半小时，因此30多名同学要考10多个小时。考到后来，老师都疲惫不堪。据说有一次同学回答问题时，老师睡着了，醒过来糊里糊涂就打个好分数。所以有些功课不太好的同学总爱磨蹭到最后几名进考场，那时不仅可以打听前面的同学抽了什么题，如何答才能得到好分，而且老师考累了，也懒得提问，容易蒙混过关。我总愿意第一批进去考。往往一夜不睡觉，把书最后看一遍，一早进考场，考完回去睡大觉。

苏联师范教育很重视教育见习和实习。从一年级开始老师就带着同学到中小学去见习，去听老师的课，然后与老师一起讲评。教育实习分两次，一次在三年级，到初中实习6周；一次在四年级，到高中实习8周。我们教育系则到小学和中等师范学校。

苏联中小学的暑假特别长，有3个月。但其中一个月学生要参加夏令营。大学放假2个月，但师范生在二年级暑假提前一个月放假，这一个月就是让师范生到夏令营去实习，担任少先队辅导员。当时我们也很想去当辅导员，但因为我们是外国留学生，不是他们的共青团员，不能去担任少先队辅导员，可是学校组织我们去参观，在那里住一天，体会一下他们的生活。

夏令营都建在森林的边上，河流的近旁，风景优美，空气新鲜。有的是单独为少先队建的，有的则与共青团的夏令营合在一起。夏令营生活以活动为主，如访问革命圣地，参加农场劳动，游泳，爬山，开专题队会等。都是学生自己组织，自己活动，只有少数老师（主要是师范大学生）作为辅导员加以指导，同时保证优良的后勤工作。学生在这一个月中既过着丰富多彩的集体生活，又锻炼自己处理生活的能力。在夏令营中你可以看到一片朝气蓬勃的景象。

三

苏联的大学生活也是丰富多彩的。活动都是由共青团组织，老师从来都不参加。夏天有志愿劳动队，或参加夏令营担任少先队辅导员，或参加大学生建筑队，可以赚一些钱。秋天组织同学到农村去刨土豆，是义务劳动。平时校内也有各种活动，如定期举行时事报告会，请宣传员或者塔斯社的记者来讲国际国内形势。这些报告会都是自愿参加。文艺活动更是丰富多彩，除了几乎每个周末都举办舞会外，还有系列音乐会，但需要购票入场，都是开学初就预购的系列票，每周或两周举行一次。参加这些活动同学们都像过节一样，要认真打扮一番，当然主要是女同学。无论到大剧院看戏，还是在学校小礼堂听音乐会，女同学都穿戴得很讲究。他们把上剧院当作学校学习的重要部分。我们在学习俄罗斯文学课时，有许多著名的作品要阅读，书来不及读，就到剧院去看戏，以代替读书，我们对契诃夫、托尔斯泰、高尔基的许多作品都是这样了解的。

各个班级的共青团也常常组织各种有意义的活动。我印象最深的是参观国立特列基雅可夫画廊。这是一项系列参观，每两周去一次，整整去了一学年。从15世纪的神像画到19世纪现实主义的作品，从现实主义到浪漫主义、印象派、现代派的作品应有尽有。由讲解员系列地向我们介绍讲解。我最喜欢的是19世纪列宾、苏洛可夫等的作品，都是一些气势宏伟的历史画卷。也有一些生活小品很耐人寻味。这些作品都是世界艺术精品。系列地参观画廊，不仅使我们得到了丰富的艺术享受，而且学习到了许多历史知识、美学知识，得到一次深入的审美教育。

夏天有到各种休养所休养的活动，一般都是由工会组织。师范学院的学生也算教育工会的一员，因此也能享受到休养所休养的权利，但是只有极少数学生能有这种机会。中国留学生得到特别照顾，几乎每年暑假都能有这种机会。休养所和夏令营一样，都建立在郊外风景优美的地方。一般为期一个星期，全部是免费。休养所也组织各种活动，但大多时间是自由活动，可以到附近河里去划船、游泳，也可以到森林里去采蘑菇。但一般不能走得太远，因为森林很深很远，走进去往往会迷失方向，走不出来。

有一年夏天高等教育部组织外国留学生远足旅游，专门雇了一条船，从莫斯科出发沿着伏尔加河一直航行到黑海边上的阿斯特拉罕，行程20天。沿途参观了许多城市，访问了列宁的故乡、高尔基的故居、斯大林格勒保卫战的遗迹，还有其他许多名胜古迹。我们吃住在船上，白天靠岸参观，夜里航行。船上两百多名留学生，大多是中国人，也有少数阿尔巴尼亚、匈牙利、朝鲜等国的留学生，东欧国家的多数留学生暑假都回家去了，中朝留学生一般都不能回国，所以苏联政府也特别关照我们。船上是一所国际学校，旅途之热闹是可想而知的。晚上我们举行各种晚会，舞会自不必说，还举办了音乐会。我国著名女高音歌唱家郭淑珍的演唱给大家留下了美好而深刻的印象。著名的音乐指挥家李德伦是我们留学生中的老大哥，经常给我们讲笑话。我作为中国留学生中的干部，有幸是这次旅行的组织者。指挥这两百多人的队伍可不是一件容易的事。每次上岸、上船都费很大劲，特别是一次在伏尔加河上的游泳，可让我担惊受怕了半天。我自己不敢下水游泳，坐在岸上，眼盯着河水，一个个数着人头，生怕少一个。好在那时候大家组织性、纪律性都比较强，二十多天没有出任何事故。

四

最难忘的一次旅行是最后一个学年的暑假，教育工会组织的一次徒步旅行。旅行队一行十多个人，有莫斯科地区的中小学老师，也有师范院校的学生。我毅然报了名。说是徒步旅行，实际上也只有一小段，约两百多千米的路程，在克里米亚地区。我们首先坐火车到塞瓦斯托波尔，那里设有一个营地。在那里一面参观，一面集中训练了几天，包括徒步旅行需要的一些知识，准备一些用具，还进行了一次演习，来回走了十多千米。

正式出发，我们背着背包，带着必要的食品和饮水，由一名向导带领，第一天翻过一座小山，就到了第二个营地。这一天走的路不多，才约三十千米，大概是为了循序渐进，不要一下子太累。在营地住了两天，游览了附近的峡谷，参加了集体农场的劳动，还组织了一次晚会。第三天清晨天还没有亮就出发，这次背的东西很多，因为前面再没有集中的营地了。一天中翻过了两个山头，走了五六十千米，到了一座山下，在一个农户家里取出了帐篷、炊具，再次上山。走到山头已经天黑了。大家立即动手把帐篷支起来，搭灶做饭。山上一片漆黑，而且雾很重，我们靠一盏油灯照明。我有一次站起来，只见后面一个大黑影，把我吓了一大跳。原来是灯光把我照到雾上，雾好像一张大屏幕，人影照上去显得很高大，像什么野兽扑过来，真有点吓人。山上很冷，一个帐篷里可以睡两个人，我们都睡在睡袋里，倒也很暖和。

第二天一早起来，把睡袋帐篷收拾好，放在原地，山下的农户会来取走，供下一批旅行者使用。我们又走了一天，到了另一个山顶，那里有一些古迹。晚上就住在一个山洞里。第三天又走了一整天，翻过几个山头，到达了克里米亚半岛上的最高的山顶，名字已经忘记了，据说有海拔1 000多米，这里像一个小市镇，有一座小旅馆，几爿小商店。我们就在小旅馆里住了一夜。山高天寒，夜里很凉。

翌日下山，因为此山很陡，靠海的一边几乎是直上直下，因此大半天就走到了黑海边的小镇阿洛波卡。

阿洛波卡是一个美丽的小镇，也是旅游休养胜地，有美丽的海滨浴场，还有经人工精心设计栽培的植物园，景色如画。小镇十分宁静舒适，充满着俄罗斯情调。我们在那里住了两天，真舍不得离开。

离开阿洛波卡，我们又步行到克里米亚最美丽的小城雅尔塔。1945

年2月英、美、苏三国首脑曾在这里聚会，签订了著名的《雅尔塔协议》，小城也因此闻名于世。小城也是一个休养胜地，附近布满了苏联政府的高级别墅，有点像我国的北戴河。我们在那里参观了雅尔塔会议的会址和其他一些名胜古迹。徒步旅行队也就在此地解散。每个人获得一枚徒步旅行者纪念章，作为完成一项体育运动的标志。

这次活动给我留下了深刻的印象，不仅一路上欣赏了俄罗斯大地的自然风光，而且受到了很好的锻炼。我们走过的地方都是高山峻岭，没有道路，有些地方十分险峻。这对我这样一个从小生长在江南小城里的人来说真是不小的考验，但更让我佩服的还是旅行队里的俄罗斯姑娘们，她们居然能穿着高跟鞋爬上上千米的高峰。旅行队是一个很好的集体，大家互相帮助，互相鼓舞，克服了不少困难，五天内走完了两百多千米的崎岖山路。队里有一对夫妇，是莫斯科郊区的农村教师，我们建立了友谊。当年十月革命节假日我们曾到他们村做客，他们用藏在地窖里的香肠、奶酪、土豆款待我们。这种友好的情景，虽四十多年过去了，但至今恍如昨日。

作为一名教育工作者，特别吸引我的是这种活动的形式和组织。我觉得这是对青少年极有意义的一项活动。它的组织安排也十分周密：旅行是在大自然中，路途并不长，是一般青少年完全可以承受的；沿途设有几个营地，在那里可以休整和补充食品；每个小队有一名向导，他领着大家走，虽然走的都是崎岖小道，但向导是很熟悉的，哪里可以休息，哪里有泉水，天黑之前一定会到达预定的宿营地；旅行之前还有几天训练和准备的时间，如果不适应，半途可以退出。我在想，这种活动我们中国不是也可以组织吗？共青团可以组织这种活动，旅行社也可以组织这样的活动。当然，要从教育着眼，光从赚钱考虑就难以组织得好。

五

第二次访问苏联是1984年5月，参加中苏关系解冻以后第一个中国高等教育代表团访苏。我们访问了莫斯科、列宁格勒（今圣彼得堡）、基辅、斯大林格勒（今伏尔加格勒）四个城市，访问了当时的莫斯科大学、莫斯科动力学院、经济学院、列宁格勒大学、基辅综合技术学院及其他几所中等职业技术学校以及苏联教育科学院、苏联高等教育问题研究所等单位，内容是十分丰富的。

当时中苏关系刚刚解冻，彼此似乎还缺乏信任感。中国已经实行改革开放，苏联却对中国的开放政策不理解。因此苏联高教部对我们参观访问作了精心的安排，除了参观学校外，尽可能地安排我们去参观访问烈士陵园、革命博物馆，让我们接受"政治教育"，不要忘记革命的过去。在莫斯科安排我们去列宁墓，瞻仰了列宁遗容，向无名烈士墓献了花圈，参观了克里姆林宫列宁办公室、列宁博物馆等。参观学校的时候，参观实验室时总是时间安排得很紧张，陪同总是催着我们快点走。但到参观校史陈列室时，陪同就说，这里没有时间的限制，因为那里陈列着该学校在卫国战争中的英雄事迹。

到列宁格勒是坐夜车去的，第二天清晨到达，还没有来得及吃早餐，陪同就把我们拉到列宁格勒保卫战的烈士陵园。我们毫无思想准备，好在鲜花也是他们早已准备好的。我们献上鲜花，默默致哀，缅怀在第二次世界大战中牺牲的英雄烈士。大家心里在想，这是一次很有教育意义的活动，本来也应该来瞻仰，但苏方的做法却使我们感到有强加于人的感觉。

苏方陪同是高教部外事局的副局长，经常用教育者的口吻来"教育"我们。有一次列宁格勒大学校长宴请我们，刚好那天报上报道了在涅瓦河河床上发现了一颗第二次世界大战时的炸弹，他就借此大做文章，说什么希望我们要记住第二次世界大战的教训，不要和帝国主义打交道等。话本来是有道理的，但他的矛头却是对着我国的改革开放政策的。有一次我故意问他，我说，莫斯科的冰淇淋很好吃，听说是20世纪30年代米高扬从美国引进的，是不是？他无可奈何地承认这个事实。

这次访问印象最深的是他们的革命传统教育。20世纪60年代，苏联建造了许多革命烈士陵园、革命博物馆、纪念馆，莫斯科的无名英雄纪念碑、列宁格勒的卫国战争烈士陵园、斯大林格勒保卫战的烈士陵园都是在60年代建立起来的。基辅涅瓦河岸上建立了一座不锈钢母亲像，十分雄伟，有60米高，几千米以外就能看到，让人们时时刻刻牢记要保卫祖国母亲。

基辅建有一座列宁纪念馆，是五层楼高的一个大圆筒子。中间是五层高的一个大厅，中央立着一尊十几米高的列宁塑像，两侧站着4位青少年，其中2名共青团员，2名少先队员，他们是代表学校到这里来为列宁站岗的，每次站一小时。我们参观时刚好遇到他们换岗。由辅导员带领着，像莫斯科红场列宁墓卫士换岗一样，严肃整齐。我问陪同，为列宁站岗是天天举行，还是只有假日才举行。回答是天天举行。我问他，这些青少年的学习怎么办。回答是，为革命站岗，牺牲一点学习时间也是值得的。

在斯大林格勒，保卫察里津纪念碑前也站着4名少先队员。看来这种形式当时在苏联是很普遍的。

斯大林格勒保卫战是第二次世界大战中最有名的战役，是第二次世界大战胜利的转折点。1954年沿着伏尔加河旅行那一次我们就去过，那时马马也夫高地上放着一辆第二次世界大战时的坦克。这次，过了30年旧地重游，但城市的名字已改成伏尔加格勒，马马也夫高地已经变成了一个革命纪念陵园。陵园气势宏伟。从山下拾级而上，两旁是无数英雄的群像。走到半山腰，那里矗立着保卫战残留的断墙裂壁的塑模，同时播放着第二次世界大战时期的炮声和革命歌曲，使人感到回到了战争年代。山顶上建造着一座圆形的革命纪念馆，馆中央是一股永不熄灭的火焰，两侧肃立着持枪的卫士和共青团员、少先队员。人们献上鲜花并默默致哀。纪念馆的圆形墙壁上铭刻着在保卫战中牺牲的所有烈士的名单，观众可以沿着斜坡瞻仰烈士的英名，直至顶层。纪念馆的顶上，也是马马也夫的最高点，矗立着一位母亲的塑像，手拿着一柄利剑，似乎在等待着与敌人的决战。

在斯大林格勒还有一座保卫战的全景纪念馆，用油画和模型塑造而成。站在全景中央，你有如站在马马也夫高地纵览四周的战场，其宏伟的场面确是惊心动魄。

20世纪六七十年代苏联的革命传统教育确实开展得很广泛。我们参观的每所学校都有校史陈列室，那里陈列着学校参加十月革命、参加卫国战争的英雄事迹，上战场的师生人数，英雄和烈士的相片。在列宁格勒一所地铁中等职业技术学校里，陈列室布置成一个卫国战争时期的游击队指挥所，那里有篝火，有钢盔，有游击队使用的武器和装备。学校领导告诉我们，这些战争遗物都是学生从附近收集来的，因为该校就位于这个游击区。这所学校是70年代新办的，卫国战争时期还不存在，所以他们利用当地游击区的资料来教育学生。当时的革命传统教育也确实是深入人心的。青年结婚，第一件事就是到烈士墓前献上一束鲜花。我们就亲眼看到在红场列宁墓前和革命胜利纪念碑前有多对新婚青年在献花。

但是，发人深省的是，这样广泛深入的革命传统教育，怎么就没有能挽救苏联社会主义革命的命运？！苏联解体以后，有些人就曾经说，这是苏联教育的失败。我却不这样想。教育是意识形态的一部分，它对政治和经济有作用，但这种作用是很有限的。改变历史进程的根本还是经济基础及其集中表现的政治路线，是执政党的思想路线和政治路线。教育在政治变革面前是无能为力的。从苏联教育的教训来说，只能说教条主义、形式主义多了一些，教条主义和形式主义是经不住实际的冲击的。在这方面，我们也不是没有教训的。

当时的实际是怎样的呢？我们看到，是经济停滞不前，人民生活水平降低，人民群众的思想受到压制。我们在那里访问21天，不可能深入了解那里的实际情况，但有几件事情是可以说明上述的情况的。

一是商店中的商品匮乏，与20世纪50年代不能相比。50年代我们留学苏联时，商店中的商品是很丰富的。我记得香肠就有几十种，鱼类也很多。但这一次来到莫斯科发现食品店的香肠少得可怜，一到下午食品店的橱窗里几乎已经没有可买的东西了。想买点糖果带回来，好容易在一家较大的百货店里才找到了有名的金鱼牌巧克力。

二是控制得太严。我们代表团里有几位是留苏的，想会见从前的老师和同学，却遇到很大的困难。有一次苏联老师来看望我们团里的学生，但带来了一位陌生人作陪同，师生无法作亲切的交谈。我想到母校列宁师范学院去看一看，几经斗争才勉强答应，但限制我只能停留40分钟。

我在想，一个政府如果对人民群众都不信任，它还能存在多久，这只能说明它的虚弱。

六

参观一所校际生产教学联合体，给我留下了深刻的印象。为了在普通中学里加强职业技术训练，他们成立了校际生产教学联合体。当时莫斯科共有48所，列宁格勒有32所。我们参观的是莫斯科十月革命区的第二校际生产教学联合体。该区有2所这样的学校，供全区32所普通中学的九、十两个年级的学生来学习。按照教学计划的规定，每个九、十年级的学生每周到这里来学习一天。其中包括2小时理论课，4小时实践课。该联合体分6个专业：车工、缝纫、烹饪、销售、汽车驾驶、银行业务。与10个企业单位挂钩，挂钩的企业被称为基地企业，负责提供设备、原材料以及成品处理，并提供实践课的教师和实习场所。负责理论课的教师都受过高等教育，他们属教育局领导，工资也由教育局发放。负责实践课的教师一般是企业的工程师、技术员，由企业负担工资。例如，车工专业有两个车间，一间是由著名的红色无产者工厂装备的，另一间是由莫斯科轴承厂装备的。学生在这里实习，生产的产品就是挂钩工厂的零部件。又如，汽车驾驶专业与两个出租汽车站和一个汽车修配厂挂钩，装备了一个引擎车间和一个修理车间，并提供4辆小轿车供学生实习。基地企业还为学生提供暑期20～25天的集中实习，实习期间发给学生津贴，约相当于最低工资的三分之一。

在联合体，学生既可以学习理论，又可实际操作。两年时间在这里学习60天，加上20多天的集中实习，共有80多天的时间接受职业技术训练。毕业时通过考试，可获得二级工的职业技术证书。

在中学里开展职业技术教学是当时苏联教育的特色，是从1958年教育改革开始的。当时采取的办法是学校自办车间、农场，或者由学校与企业挂钩。但是由于当时的物质和技术基础不足，每所学校很难自己办车间和农场。经过多年摸索，终于找到联合办学的形式，既可以集中设备，又可以有专门的教师，教育资源能得到合理的使用。我们参观的这所联合体，就是由普通中学改建的，设备都是一流的，除车间外，理论课教室都采用专用教室制，一般都装有常规的电化教育设备，包括幻灯、投影、闭路电视等，以及理论课所需的资料、书籍、图表等。联合体专职工作人员很少，只有一名校长和几名管理人员。

校际生产教学联合体是一个极好的形式，既能节约教育资源，又能较好地解决在普通中学实施职业技术教育的问题，使普通中学能够较好地把教育与生产劳动结合起来，完成为学生升学和就业作准备的双重任务。苏联解体以后，不知道这种教学形式是否还存在。

我们在列宁格勒还参观了第115职业技术学校。这是一所培养地铁工人的学校，1974年列宁格勒开始修建地铁时创建的。学校设备精良，是模拟地铁的真实情况建立的。据学校介绍，这所学校是师生们自己动手建造的，学生们一面学习，一面建校，许多设备和家具都是学生自己动手建起来的。全校有20多个专用教室，所谓专用教室是指专门用于某个专业、某个学科的教室，室内除装有电化教育设备外，还备有各种专业书籍和资料。6个教学生产车间。专业设：机车钳工、车工、电工、自动电梯助手、车站值班员。有学生800名，其中女生只有6名。教师43名，都受过高等教育。学校有27个班招收八年制毕业生，学制三年；1个班招收十年制毕业生，学制一年。毕业后一般可获三级工资格证书，在地铁当工人；4%～5%的优秀生可直接升入高等学校。

应该说，当时苏联这些学校的办学经验还是很值得我们研究和借鉴的。

七

我第三次访苏是在1991年初夏，正是苏联解体前夕。我们这次访问的目的主要是进行双边的文化教育交流，参加在莫斯科召开的中苏高等教育改革研讨会。顺便访问了莫斯科大学、列宁格勒大学、西北函授技术学院、高等教育问题研究所等单位。这次访问给人的印象与前两次截然不同，明显可以看出，整个社会处于动荡不安之中，人们似乎都心神不安，心不在焉，纪律松弛。我们住在伊斯马依洛夫旅馆，会场则是在动力学院。每天有汽车来接我们，有一天汽车居然迟到了约一小时；有一天约好高教部副部长要会见我们，可是汽车左等不来右等不来，我们只好乘地铁过去。

6月17日我们到达列宁格勒，第二天俄罗斯总统选举揭晓，叶利钦当选总统。又过一天，陪同告诉我们：俄罗斯议会已经决定，将列宁格勒重改为旧俄时代圣彼得堡的旧名称。

在研讨会上，苏方发言介绍苏联高等教育改革的方向，一是要重视发展个性，二是要满足社会的需要。他们认为过去高等学校培养工程师太多，但忽视了经济家、人文科学家的培养；在学制上认为过去的学制太长，要像西方那样，把本科限制在4年内，主要打好宽厚的基础，再用1~2年学习专业知识。这些改革都是可以理解的。最使我们吃惊的是高等教育部理论局局长的发言。他强调高等学校要与政治分离，他说，高等学校要非政治化、非政党化、非意识形态化，高等学校的政治理论课不再讲马列主义、联共党史，而是讲各种哲学流派，由学生自己选择自己的信仰。听完他的讲话，我们感到，苏联的和平演变已经不可逆转。高等学校放弃了共产党的领导，放弃了马克思列宁主义的思想指导，怎么还能坚持社会主义？但是，那时也还万万没有想到，两个多月以后苏联这么快就解体了。苏联的事件使我深深地震惊，也使我清醒，认识到坚持马列主义的重要性，认识到意识形态的转变是最危险的转变，共产党在意识形态上放弃领导，实际上是把人民群众推向资本主义。苏联的教训是深刻的，令人痛心的。

1984年访苏时，官方1卢布值1.3美元，觉得苏联的东西奇贵，我们每个人的生活补贴只有30美元，只能买几盒巧克力。1991年访苏，1美元可值30卢布，一下子感到苏联的东西便宜了许多，10美元就可以购买一件呢大衣，身上揣着30美元，似乎成了小小的富翁。可是商店橱窗里的货物比1984年的时候更少了，而且增加了一些舶来品。这些外国货却非常昂贵，一顶普通的遮阳帽需40卢布，一条牛仔裤要几百卢布。这种差距是货币贬值以后还没有来得及调整国内物价时出现的暂时现象，过不多久，俄罗斯的物价也飞涨上去了。

三次访苏，三个世界，人间沧桑怎不令人慨叹！

访欧琐记

不知道什么叫终身教育

我曾经三次访问法国。第一次是1974年。那时联合国教科文组织恢复我国的席位不久，召开第18届大会，我作为代表团的顾问出席了这次大会，在巴黎住了50天。

联合国教科文组织的大会可谓马拉松会议。会议日程大致是这样安排的：第一阶段是全体大会，进行一般性辩论，各成员国的代表团长发表政策性演讲，大约开20天；第二阶段是分成五个委员会分别讨论教育、科学、文化、财务等具体问题，首先也是一般性发言，然后是表决各成员国的提案，大致也是20天左右；第三阶段又是大会辩论，约10天。近些年来，为了节约经费，会期已缩减了一半。

我参加的是教育委员会。当时是"文化大革命"后期，代表团的任务主要是去"反帝反修"，因此主要力量都放在大会辩论上，另外是会下与其他国家的代表团频繁接触，争取他们的支持。所以不大重视分委员会的工作。

我在这次会上第一次接触到"终身教育"的问题，并且还闹出了笑话。

开会之前，中国代表团做了认真的准备，在国内用了一个多月的时间研究各种文件资料。我负责教育方面的资料。教育方面的提案有一百多条，大致可以分为两大类：一类是提出要为扫除文盲、普及初等教育立项；另一类是提出要为成人教育、终身教育立项。前者都是一些不发达国家，即第三世界国家提出来的；后者则是工业发达国家提出来的。什么叫终身教育？使我犯了难。学习研究了20年教育，却不知道什么叫终身教育。问问周围的学教育的人，也说不知道。于是当时就认为，既然都是发达的资本主义国家提出来的，肯定是资产阶级教育思想，我们不能支持。等到表决立项时，凡是扫盲、普及初等教育的项目，我都举手赞成；凡是终身教育的提案，我都投了弃权票。当时阿尔巴尼亚与我国关系较好，他们的代表坐在我的右前方，他总是回头来看我，见我举手他就举手，见我不举手他也不举手。有一次，法国教育部长在凡尔赛宫举行招待会，招待各国代表。聊天交流时有一位澳大利亚的代表问我："中国是怎样解决青年的失业问题的？"我一句话就把他顶了回去，我说："中国没有失业问题，中国的中学毕业生全部上山下乡，农村有广阔的天地。"当时觉得立场很坚定，现在想起来都感到脸红。"文化大革命"后我们才知道，1965年联合国教科文组织就通过了终身教育的议案，以后，许多国家都把终身教育列为教育改革的课题，并立法执行。1972年联合国教科文组织又成立了国际教育发展委员会，由曾任法国总理的埃德加·富尔为主席，通过调查研究写出了一份报告，即著名的《学会生存——世界教育的今天和明天》一书。该书详细地论述了战后科学技术的迅猛发展给社会带来的变化，指出学习社会已到来，只有终身学习才能适应时代变化的要求，终身教育被列为现代教育的重要标志。可是20世纪60年代中期到70年代中期我国正在大搞"文化大革命"，不仅闭关自守，而且夜郎自大，对外界新鲜事物一概不知。1980年当我研究现代生产与现代教育时才发现，其实马克思早在一百多年以前就说过："现代工业的技术基础是革命的，而所有以往的生产方式的技术基础本质上是保守的。"又说:"大工业的本性决定了劳动的变换,职能的更动和工人的全面流动性。"他指出,劳动的变换是不可克服的自然规律,正因为如此,需要用全面发展的人来代替片面发展的人。只有把生产劳动与教育结合起来,才能培养全面发展的人。这里面就蕴含着终身教育的思想。可惜当时我们天天讲要学习马克思主义,但对马克思的话并未学懂。不仅是因为我们当时受到"左"的思想路线的影响,还因为我们还处在小农经济的社会,很难理解工业社会发展中的问题。今天再来看这个问题就比较清楚了:没有终身学习,就不可能适应瞬息万变的世界。也可以理解,为什么马克思把人的全面发展作为大工业生产的生死攸关的问题。

在巴黎50天,我们还游览了许多名胜古迹,如卢浮宫、埃菲尔铁塔、凡尔赛宫、巴黎圣母院等,当然也参观了几所学校,听了音乐会。我喜欢巴黎,不仅因为它是历史名城,更因为它充满了浓郁的文化气息。那里有许许多多博物馆、艺术馆,而且常常免费向游人开放,如卢浮宫,当时是每星期日免费参观,现在是每月第一个周日。据最近报道,巴黎地区100座历史文化遗迹从1999年10月开始,每月第一个周日都免费向游人开放。我们同行的几位同志就享受到了这种优待。巴黎还经常有各种文化节日、沙龙等,你可以在地铁等公共场所看到各种海报。

巴黎保留着古老的建筑艺术。街道不宽,但非常宁静。漫步在这些街道上,使人心旷神怡,非常惬意。在巴黎市中心,看不到高楼大厦。现代化的建筑都建在市郊,现在那里当然也变成市区了。许多巴黎人都讨厌现代化建筑,认为它破坏了巴黎的古都风貌和文化传统。

塞纳河在巴黎市内绕了两个弯,给巴黎增色不少,使巴黎显得更有活力。河上建有35座桥,不仅方便了交通,而且成了美丽的风景线。有的桥装饰着艺术雕塑,如亚历山大桥,历史悠久,古朴壮丽,是游人必到的地方。市区还有几处森林公园，市西的一个占地面积几百公顷。公园里有跑步的青年人，有漫步的老年人，也有牵着爱犬的男男女女，还有四个人或三个人同骑一辆自行车的。塞纳河和森林公园给巴黎增添了无限的魅力。

不寻常的经历

第二次实际上不能说到过巴黎，只是路过一下。但那次却是一次不寻常的经历。

1990年夏天，我和周南照去参加在马德里召开的欧洲比较教育学会年会及世界比较教育学会联合会执行委员会。本来是经法兰克福转机，但西班牙签证却到临走的一天才取到，赶到机场，经法兰克福的飞机已经开走。只好改乘经巴黎转机的飞机。谁知到了巴黎戴高乐机场发现转马德里的飞机要从奥利机场起飞。戴高乐机场在巴黎的西北，而奥利机场则在巴黎的东南。必须先入境，再经过市区才能到达奥利机场。可是我们没有办理进入法国的签证，只得到机场派出所办理临时签证。当时还没有欧盟国家免签证的规定，因此办理临时签证的手续特别麻烦。几经周折，在派出所门口站着等了三小时多，最终也没有让我们入境。最后是由两名警察陪同我们到奥利机场。一路上倒也再一次欣赏了巴黎夏日的市容。

因为购买的是来回票，从马德里回来又要经过巴黎。有了上次的经验，胆子也就大多了。很巧，和我们同机的有一位法国第戎大学的比较教育学者，是一位老太太。她很热心，知道我们的困难以后，就主动来帮助我们。在奥利机场她帮我们找到机场派出所，几句说明，警察立即带我们入了境。办完转机手续，她又带我们直奔机场公交站。当时已过午夜12点，居然让我们赶上了最后一班开往戴高乐机场的公交车。可惜我们没有来得及向她说一句感谢的话。而她下飞机后连自己的行李都没有来得及拿，至于那么晚了，她又是如何到火车站再回第戎的，更是不得而知了。

在马德里

在巴黎机场折腾了一整天，1990年7月5日我们到马德里的时候已是晚上七点多钟。打电话到开会的地方，早已散会。我们不知道代表们住在哪个饭店，不知道到哪里去报到。在国外，没有办法的时候就找"娘家"——大使馆，必然会帮你排难解困。果然，电话打到中国驻西班牙大使馆，使馆办公室立即给我们订好了饭店。到达饭店天已完全黑了。饭店很小，设备也很简陋，标准间很小，卫生间里的牙刷刚塞进嘴里就掉毛，弄得我一嘴都是毛。但价格可不菲，每天要90美元。第二天赶紧又给使馆打电话。接电话的是一位女同志，听说我是北师大的，她立刻亲切地叫我顾老师。她说，她是20世纪60年代初师大附中的学生，她知道我要来马德里，但不巧出差在外，未能去接我，感到很抱歉。她要我们搬到使馆经贸处去住。在国外遇到学生，使我感到无比欣慰。

欧洲比较教育学会年会已经开过一天。好在我们主要是来参加世界比较教育学会联合会的执行委员会的。执委会要讨论第八届世界比较教育大会在北京召开的问题。这次执委会开得很艰难。由于1989年北京的政治风波，西方国家联合制裁我们。这些国际学术团体表面上标榜只谈学术，不谈政治，实际上都把政治放在第一位。原本1987年在巴西里约热内卢执行委员会全体执行委员通过决议，1991年第八届世界比较教育大会将在北京召开，但是西方国家的委员居然借口北京由于政治风波而缺乏条件，在1989年的蒙特利尔会议上就企图推翻这个决议。几经斗争，同意第二年在马德里的执委会上再最后决定。本以为经过一年的时间，大家的头脑会冷静下来，但是没有想到西方顽固派却坚持要推翻里约热内卢的决议。尽管我们的国际友人如印度的斯卡拉博士、英国的埃德蒙·金教授、加拿大梅斯曼博士等都支持我们，但总是寡不敌众。几经斗争，形成了一个妥协的方案：鉴于东欧国家剧变的形势，由于大家关心那里的教育，执委会决定下届大会先在捷克斯洛伐克布拉格召开，1993年再在北京召开第九届世界比较教育大会。执委会还选举我为双主席之一，负责筹备组织北京的大会。可惜后来因为台湾学会的名称问题，北京大会未能举行。

7月7日，大会组织我们去参观西班牙著名的塞哥维亚（Segovia）古水渠遗迹。这个水渠据说已有两千多年的历史。渠高三十余米，都是用巨石砌成，渠下是两层拱形的门洞，十分壮观。水渠就建在镇上，拱洞成了交通道口。镇也由于古水渠而出名，成了西班牙旅游胜地，游客如云。小镇不大，但很宁静，布满具有西班牙风格的建筑，有哥特式的住宅、中世纪时代的古教堂，历史文化气息浓厚。

这一天正值一个小城市的文化节，下午我们就去参观了他们的节日聚会。小小的广场飘满了节日的彩旗，还有一尊大炮。约莫下午7点多钟，夏天的太阳刚刚开始向西沉落，中小学生的鼓号队走街串巷地来到广场，居民们也从四面八方涌入广场。广场一侧的一幢建筑二楼的阳台就是主席台，市长站在上面发表了简短的演说。放了几声礼炮，狂欢就开始了。那种狂热的场面我们一般只是在电视里见到过。晚上10点钟，主人领我们去听音乐会。都是由市民和中学生表演的民族音乐舞蹈。西班牙本来就是能歌善舞的民族，他们的歌舞引起了各国代表的极大兴趣。

这一天的晚餐在午夜12点钟才开始。等到我们回到使馆招待所，已经是第二天凌晨3点钟了。我们很不好意思地敲了使馆的门，向开门的同志一再道歉。但是他笑着对我们说，在西班牙这是常事。西班牙人的习惯刚好与我们中国人相反，中国人主张早睡早起，西班牙人是晚睡晚起，上午要到10点钟才开始上班。这么说来，我们那天到西班牙驻北京使馆取签证等到9点半才取到就不足为怪了。

与巴黎第八大学交流

1999年11月22日至12月13日，我第三次访问巴黎，这次是与巴黎第八大学教育系的交流活动。按照协议，他们每年有2名教师访问北京师范大学国际与比较教育研究所，我们则有3～4名教师访问巴黎第八大学教育系。

11月22日我们抵达巴黎戴高乐机场。虽然当地时间还只是下午5点，但北京时间已是午夜12点钟。为了适应时差，虽然大家都困倦异常，但还是熬到当地时间10点钟才睡觉。

法国人的接待工作可完全与我们不一样。我们接待外国学者，首先要安排好他们的吃和住，总要派一名翻译兼陪同，把生活费送到他们手里。他们可不是这样，从机场把我们接到住处，告诉我们第二天去办手续，第三天到学校去见面，就和我们拜拜了。第二天，我们只好自己去办手续，首先要领取生活费，才不至于饿肚子。先是到了教育部外国学者、留学生服务中心，又把我们介绍到巴黎学区的服务中心，拿到了支票又要到财政厅才能领取到现金。折腾了一上午，转了大半个巴黎。其手续之烦琐是其他国家不多见的。可见外国人办事效率也不高，法国这个中央集权的国家恐怕尤其如此。好在巴黎的地铁很方便，一张票只要不出地铁可以随便换乘各种路线。地铁还可以购月票或周票，每张票8法郎，但周票只要109法郎；也可以一次购10张票，而且只要50法郎。

巴黎第八大学是1968年新建的大学，是1968年学生民主运动，他们称之为"五月风暴"的产物，素有民主传统，坐落在巴黎的市区最北部。校舍不大，没有围墙。图书馆就临街，而且跨越了一条主要街道。既没有体育场，也没有宽广的草坪。完全不是我们想象中的大学。但是它是法国唯一的开放性大学，很有特色。它的特点是学校不受年龄、学历、职业、国籍所限，向所有人开放；不仅白天开设各种课程，晚上还开设各种课程，因而继续教育在课程中占有很大的比重；学校以人文社会科学为主。校舍虽小，但在校学生却有两万余人，其中外国籍学生就有八千多，所以可以在校园中看到各种肤色的学生。

教育系也很小，就在教学楼的四层，小小的一间办公室，一名秘书。系主任的办公室又兼会议室。走廊两旁的墙是木板镶起来的，上面贴满了课程表、学生的成绩单、各种通知和海报，如第七大学或其他大学有什么讲演或学术活动，还有各种招聘广告，哪些单位需要什么样的人员等。系里只有十几名教师，却有一千余名学生。

我们分别给教育系的学生讲了几节课，主要是介绍中国的教育和我们各自研究的课题。他们的课程安排与我国不同，每节150分钟，如教育系的课大多是在下午，2点至4点半为一节，以后是4点半至7点，7点至9点半。中间可以休息一次，由老师自由决定。课堂教学也与我国不一样，老师讲得很少，主要是互相讨论。有的时候是老师指定一本参考书，让学生事先阅读，课上进行讨论。我们还参加了几次他们的课，其中一次是11月24日下午2点至4点半，是一节成人教育文凭课程，内容是讨论文化问题。因为我们去听课，老师就让学生向我们提问题。我知道他们都是成人学员，因此先让他们报一下身份。结果是各种职业都有，有扫盲工作者，有公司职员，有一位是巴黎著名百货商店的女经理。他们大多从事人员培训工作，有的已经有学位，但为了取得成人教育文凭，到这里来修学成人教育课程。他们提了许多问题，从计划生育、独生子女教育到妇女地位等，表现出了对中国的广泛兴趣。另一次是12月1日下午，从4点半到7点，是巴尔比教授为教育系四年级学生开的"活动研究"课。我数了一下，共有29名学生，有多种肤色。巴尔比说，他们来自十多个国家。上课特别自由，首先就没有按时上课。巴尔比是系主任，有许多事务要处理，所以迟到了几分钟。也有的学生不准时，课已上了半小时，还有进课堂的。有的学生还没有吃完饭，就端着饭碗一边吃饭一边听课。这堂课主要是讨论贫困问题。老师预先已向学生介绍了一本书，让学生阅读。这本书是一本论文集，由许多人写成，有学者、贫困者本人、关心贫困者的志愿人员，分五个专题，包括贫困的历史、贫困的原因、摆脱贫困的出路等。学生分成五个组，每组负责一个专题，在课上报告了他们的看法，进行了讨论。有一个学生评论说，这本书很好，既有学者的研究报告，又有贫困者本人的陈述，能够理论联系实际，能够听到贫困人的声音。学生还向我们提了许多问题，如中国是如何解决贫困问题的。讨论得很热烈，不知不觉150分钟就过去了。

12月3日我们还参加了一次导师资格答辩会。按照法国的制度，获得博士学位后经过竞争可以应聘为教授，但要当导师，还需要通过一次论文答辩。答辩会在巴黎第五大学进行。答辩的论文题目是关于想象问题的。答辩的方式与我国博士论文答辩差不多，但更隆重，亲朋好友都参加。答辩通过后还在附近的酒店举行一次简单的酒会。

教育沙龙

巴黎那几天到处张贴着海报："教育联盟"于11月24日至28日举办第一届教育沙龙。这是一次难得的机会，我们一定要去看看。原以为教育沙龙就是教育问题的论坛，亲临其境，才发现大相径庭。教育沙龙在巴黎展览馆第七号楼举行。分上下两层，每层的面积足足有足球场那么大。下层是各种教育机构、研究所、出版社的展亭。有各种资料可以随便取阅，也有一些图书可以购买。有各种小型座谈会，如有一个座谈会，几位嘉宾正在发表谈话，评论互联网对儿童教育的影响，听众看来大多是孩子的父母。展厅一角是大量的电子计算机，一批孩子正在玩电脑，有的父母正在教孩子怎么做卡通。

楼上的展厅是各高等学校、职业学校设立的展亭，给参观者提供各种资料。这里的参观者大多是中学生。旁边一个大厅正在举行演讲会，演讲的题目是有关理科高中生毕业以后的出路问题的。

从教育沙龙的节目单上可以看到，内容非常丰富。每天从9点30分开始，到18点30分为止，每30分钟都有数个讲座和座谈，涉及教育的方方面面。参加沙龙的人很多，大多是中学生、大学生，也有父母带着孩子来的。那几天巴黎的报纸也报道了教育沙龙的盛况，五天中参加者达44万人。

参观国立技术学校

1999年12月2日，我们参观了法国有名的国立马克西米利尔·佩雷技术中学。该校是一所职业高中，又是一所技术培训中心，已有110多年的历史。校址原在市区，三年前才搬到现在的新校址，坐落在巴黎的东南郊，要乘快速铁路才能到达。

学校分两大部分：一是高中部，一是成人继续教育部。高中又分普通高中和技术高中两类，都招收15岁的初中毕业生。普通高中又分文科、经济和社会科、理科，为升入大学作准备，也可以在二年级时转入技术类。技术高中分两个专业：能源和电子技术。技术高中毕业后参加毕业会考，取得文凭，可升入大学或进高等职业学校，也可以就业，从事安装和维修。短期高等职业教育学制两年，有水处理、空调取暖与制冷等四个专业。继续教育有多种多样的课程，有短班有长班，有普通班有提高班。学员一部分是在职的，一部分是失业者。授予文凭的全日制学习一年，部分时间制学习两年。提高班的对象是能够设计小的设备者，一是学设计，另一是学维护。培训结束有证明，但没有文凭。还有应企业要求有针对性的各种培训。全校有正规学生1 200余人，继续教育的学员每天150余人。

这所学校实行一校两制，大部分是公立的；小部分是私立的，有300多名学生，都是部分时间制的。公立部分的老师由国家发工资，私立部分由企业付工资。学生不需缴学费。培训的经费主要靠"学徒税"和"继续教育税"。按照法国法律规定，企业要交工资总额0.5%的学徒税和工资总额1.5%的继续教育税。实际上企业用于培训的费用超过了这个数目，全国达2.5%～3%。企业可以自办培训班，也可以委托他们认为办得好的学校或培训中心。这所学校就是从好几个企业获得经费的。

这所学校的设备十分精良。一楼全部是技术平台，二楼是实验室，三楼是教室。按照四个专业设置的技术平台都是最先进的。学生可以在这里实际操作。辅导的技师也都是取得教师资格证书的技术人员或工程师。陪同我们参观的北京建筑工程学院来进修的两位老师说，在中国恐怕连高等工科学校都不一定有这么好的设备。

学校设理事会。有一名校长，两名副校长，一名负责正规教育，一名负责成人教育。偌大的学校只有15名职员，8名清洁工。

校长告诉我们，他们很愿意与中国合作交流。1994年就和北京建筑工程学院建立了合作交流关系。他们很想在中国建立他们的技术平台。

这个学校给我们的印象是：不仅历史悠久，设备先进，而且感到他们与企业的联系特别紧密；办学多样，很有活力；对学生注重实践能力的培养，重视应用操作技能，毕业以后能够在实际工作中解决具体的实际问题。

法国的大学校

我们还参观了两所大学校：一所是高等师范学校，一所是国立桥梁道路学校。法国的大学校是法国高等教育的特色。有人说，不了解大学校，就不了解法国的高等教育。大学校是法国的高等专门学校，创始于18世纪40年代。主要包括工程师学校，高等师范学校，高等商业、经济、管理学校三大类。培养高级工程技术、教育、管理人员。学生不能从中学直接升入大学校，必须经过大学校预科班学习并经过激烈的竞争考试才能入学。预科班设在有名的国立中学里，录取已通过毕业会考的优秀学生。分数学、物理、生物、技术、文学、兽医、经济管理七类，前五类学制2年，后两类学制1年。以学习基础理论为主，课程深度、难度都超过普通大学的一至二年级。学习期满参加各类大学校单独或联合组织的全国性考试，考取者一般不到三分之一。没有考上的可以转入普通大学第二阶段（三年级）继续学习。大学校的规模都很小，一般只有几百人，但设备精良。全国300多所大学校只有学生约8万人，约占全国大学生总数的6%。

法国原本有5所高等师范学校，2所男高师、2所女高师和1所技术教育高师。十多年以前男高师和女高师合并，里昂又单独成立了一所，所以现在有4所高师。这些学校的名称还叫高等师范学校，实际上主要不是培养教师，而是培养高级公务员。在校带薪学习，毕业后要为国家服务10年。

我们访问的是玫瑰泉/圣克鲁高师，是男女高师的合并校，位于玫瑰泉旧址。校舍很小，很不起眼的像普通人家的一个校门就在马路边上。很难让人想到它就是法国青年向往的赫赫有名的巴黎高师。校长奥鲁（Sylvain Auroux）非常热情地接待我们，并设家宴招待我们。而他的家就在他的办公室楼下。他详细地向我们介绍了巴黎高师的情况。

这所高师的专业主要是文科，里昂高师是理科。现有学生约500人。每年招收新生120名，但报考的有6 000人，其竞争之激烈可想而知。入学考试分笔试和口试两次。通过笔试而没有通过口试，也算一次资格，对学生来说也很重要。可见大学校在社会上的声誉。学生第一年通过考试取得学士学位，获高级教师资格；第二年取得硕士学位，并进入博士预备班。学习期间可以在任何综合大学听课，文凭也是由大学颁发。这里的课主要是辅导，帮助学生通过高级教师资格考试。因此学生等于同时学两套课程。这里的老师都在大学里兼课。学生带薪学习，每月七八千法郎。毕业以后要到中学实习2年，但与学校没有关系。巴黎高师的培养目标是高中教师、大学教师、高级公务员。我问校长，有多少毕业生任教师，他说大约10%。

校长是研究语言和哲学的，很健谈。他在1997年曾访问过中国，并且到过北京师范大学。他对传统很重视。顺便提一句，巴黎文教界的朋友都很重视传统文化。他们对世界贸易组织（WTO）只重视经济不重视文化很有微词。他们非常重视中国的文化，所以非常愿意与中国学者合作和交流。奥鲁讲，现在是英语统治世界，未来世界要以汉语、阿拉伯语、俄语为主。他还说，全世界单独设立的高师已不多，高水平的只有十多所。他建议成立一个全世界的高师协会。临别时他又送给我们许多书。

国立桥梁道路学校是由一位埃及裔的法国汉语教师陪我们去的。虽然学校已有250多年历史（成立于1747年），但校舍却是新的，位于巴黎郊区。校舍的设计有如桥梁，中间一个大厅有如火车站，全部是玻璃的，透明敞亮，很现代化。但是主人告诉我们，这么豁亮的大厅，设计师忘了装空调，夏天温度可达40多摄氏度。她同时在巴黎大学和这里教汉语，虽然这里的学生只把汉语作为第二外语选修，但因为这里设备先进，所以她还是愿意到这里来教书，她可以利用这里的设备做课件。她带领我们参观了她的多媒体教室，看了她做的汉语课件。

学校负责人告诉我们，这所学校和其他大学校一样，也是从大学校预科班中通过考试录取新生。每年招生120名，但报考的有3 600多名。因此选拔的都是精英。在预科班里主要进行基础理论的严格训练，不在乎学多少知识，而是进行科学的思维训练。通过严格的训练，学生具有较高的素质，所以上过大学校预科班的，即使没能考上大学校，也成了一种资格。这所学校是培养高级工程师的，不设学位。

我们又参观了学校图书馆。馆内不仅有大量图书，而且还珍藏着历届学生的设计。馆长自豪地给我们展示了建校初期的学生的桥梁设计图纸。他说法国的许多桥梁都是这所学校的毕业生设计的。

参观学区和中小学

12月10日，我们在老朋友高蒂尔（Pierre-Louis Gauthier）陪同下参观了爱松省的一个分学区和中小学。法国的教育行政管理也很特别：全国分26个学区，每个学区设一名学区长，作为教育部长的助手；学区下面是省，学区督学负责管理全省的中小学；省下面设分学区，由省督学负责管理分学区的小学和幼儿园，中学则由学区督学负责管理。爱松省有23个分学区。分学区的划分不是按社区，而是按教师的人数，平均每400名教师设一名督学。

我们参观的是一个"教育优先区"。什么叫教育优先区？省督学格里尼（Grigny）告诉我们，这里是移民区，外籍劳工很多，比较贫困，文化水平也低，儿童处于不利的环境中。这里中小学生的水平在全国中小学评估中比平均分还要低20%。因此需要优先发展。政府要增加教育投入，而且规定：每班学生可以少一些，小学最小的班只有12名学生；教辅人员可以多一些；在特殊学校工作的教师还有补贴等。

这个分学区设一名省督学，下设一名秘书和三名教学顾问，管理17所小学，24所学前教育机构，373名教师。督学的职责是帮助这些教育机构和教师提高教育质量。督学格里尼原来是一名幼儿园园长，通过竞试考取的，到任不到半年。她说她正在分学区中建立一个网络，把小学联合起来，与初中合作，并由初中来指导小学，每个网络的负责人即是初中的校长，目的是协助有困难的学校，提高分学区的教育质量。

督学的大量工作是对教师工作的评估。每年大致要评估60～90名教师。评估之前要预先通知教师。然后去听课，与老师谈话，检查作业、备课笔记，了解是否按照教学大纲上课，了解师生关系、与同事合作情况、如何处理不同情况下发生的问题、教育质量如何。最后是提出建议，打分。法国学校记分以20分为满分，10分为及格。给老师打分不能打满分，必须按他的级别打分。老师的工资级别有11级。1～2级工资的老师最高分只能是12分或13分。每评一次加0.5分或1分，增1分就可以增工资，直到快退休时才能得19分或20分。督学把他们的评分表展示给我们，一般1～2级工资的评分在9～12.5分，11级工资的评分在9～19分，分得非常细。督学还有责任组织一些活动帮助教师。

督学的另一个职责是调整学校学生的分布。这是涉及每个学生能否得到平等待遇的问题。如果学生太少，学校就要关闭；如果学生增加，学校也要增加。每班学生小学为25人，幼儿园为31人，困难地区可以少到12人。

督学也是从竞试中选拔的。学历要求受过三年高等教育获得学士学位者，没有工龄的规定。本人申请，阐明在督学岗位上自己的抱负。然后由学区长、总督学、一名大学教师组成的答辩委员会进行口试，考察申请者的适应能力和解决问题的能力。录取的比例大致为10%。

随后，督学陪同我们去参观了一所幼儿园和一所小学。虽说是贫困地区，但设备条件都不差，与城市里的幼儿园和小学看不出有多大差别。但规模都比较小。一所小学（saint-Exupery）有7个班，170名学生，各色人种都有，尤以非洲移民的孩子为多。每班一名教师，另有几名合同教师做一些教学辅助工作，如心理健康指导等。我们听了一节课，是学前班和小学一年级同时上的课。主题是圣诞节。老师和学生坐在教室一角的地毯上，每人都拿着一份超级市场的食品广告。老师让孩子认广告上的食品，多少价钱。然后把孩子分成两部分：学前班的孩子继续听老师讲；小学一年级的孩子就到自己的座位上做作业。作业是老师发的一张纸，上面有与购买圣诞节食品有关的8个问题，让学生填空和回答，如要想购买苹果可以在第几页第几个图上找到？买100克巧克力需要多少钱？这些问题都是在广告上能找到答案的。我们感到他们的教学内容和教学方法很切合实际，联系孩子的生活，同时重视培养学生社会化能力。在参观资料室时我们发现几个学生在自学。校长告诉我们，这些学生都是自愿离开教室出来自学的，老师也可以推荐学习好的或学习能力强的出来自学。同时学校还设立了一个教室专门供学习有困难的学生使用，老师在这里个别辅导。我想，这才是真正的因材施教。

下午，在高蒂尔教授陪同下又参观了爱松省的一所初中。这所学校规模也不大，没有太多特别的地方。只是有一点，他们重视对智力有障碍或学习差的孩子的培养。学校设有劳动技术车间，让这些孩子在这里学习，以培养他们自立的能力。

跨越三个国家

我的女儿在荷兰艾恩德霍芬大学工作，家住马斯特里赫特。我利用双休日之便去看望她，竟然一下子跨越了三个国家。从巴黎到她那里可以先乘高速列车到比利时的布鲁塞尔，再经高速公路到目的地，大约共需3小时。从巴黎到布鲁塞尔的高速列车非常方便，只需1小时20分钟，而且几乎每小时都有一班车。假日票价还便宜许多。欧盟成立以后，欧盟国家之间免签证，旅客可以自由出入境。列车一路过去也看不到有什么边界。

我于12月3日下午3点50分高高兴兴地登上列车，期待着一个半小时以后就能见到女儿。谁知到了布鲁塞尔车站以后左等右等不见女儿来接我。10分钟过去了，半小时又过去了，却不见人影。"是不是昨天电话中没有说清楚，以为我下一班车才到？"我心里这样想。下一趟列车也到了，但还是没有来。这可把我急坏了。正在我一筹莫展的时候，她总算到了。她告诉我，明天是比利时皇子的婚礼，欧洲各国的游客都来看热闹，把布鲁塞尔市里的交通堵塞得水泄不通，所以迟到了。没有办法，小老百姓只好认倒霉。

从布鲁塞尔到马斯特里赫特走高速公路需一个半小时。一路上也没有什么边界的标志，只是女儿告诉我，比利时的高速公路两旁都有路灯，这是其他国家所没有的，只要没有路灯了，你就知道到了荷兰境内了。

第二天我们特地到了荷兰、比利时、德国三国交界的点上。那里竖着一块纪念碑，还有一座瞭望塔。我们登到塔上向三面望去，一片宽广的平原，这是多么美好的一片土地啊！但愿这里永久和平。

马斯特里赫特是荷兰最南端的一个小城市，因前几年欧盟条约在这里签字而成名。这个城市古老而宁静，人口只有几万人。城里都是古老的建筑，有11世纪建造的教堂，铺满石子的街道。旧城里几乎没有现代化的建筑物。由于那里常年多雨，气候湿润，在冬天树木也都是郁郁葱葱，街道有如洗过一般的清洁。说到清洁，不能不提到那里的环保措施。垃圾不仅要分类，而且商场不提供塑料口袋，到超市去买东西，需要自带包兜。还有一个特殊的措施，即购买瓶装（包括塑料瓶）的食品，必须另交1个荷兰盾，但可以退换。超市门外有自动退瓶机，把瓶塞进去，它就会给你一纸收条，等你选购商品交款时扣除。但我想这些做法恐怕只有在文化水准比较高的国家才能做到。

韩国纪行*

2000年10月中国教育学会代表团一行七人，应韩国教育学会的邀请，参加"21世纪亚洲教育国际会议"。顺便参观访问了汉城大学、梨花女子大学、大真大学、浦项钢铁教育财团附设的浦项科技大学、中学、小学、幼儿园，以及汉城科学中学、教育开发研究院，参观了一些名胜古迹。他们的大学，无论是历史比较久的汉城大学，还是建校不满十年的大真大学，规模都比较大，系科比较全，地域比较大，环境比较美。但是我最感兴趣的还是几所中小学，办得比较有特色。现略作介绍。

汉城科学中学

这是一所英才学校，建于1990年，是韩国20世纪90年代初推行英才教育的产物。校长介绍，全国这样的学校有16所，汉城有2所。招收初中毕业生，招生的办法是在汉城市两百多所初中里每所学校选一名学生。该校每年招6个班，每班23名学生。因此可以说，该校集中了汉城市最优秀的中学生。

---

* 2000年10月19日写于北京求是书屋。

这所学校办得很有特色。有几个方面给我留下了深刻的印象：

第一，学校的设备是一流的，并且是开放的，到处设有电脑，主楼的大厅一侧就有几十台电脑，学生随时可以利用电脑上网或作业。实验室也是开放的，学生可以自由地做实验。我们参观的时候刚好遇到学生在走廊里用各种钢丝弹簧绳做地震波的实验。

第二，学校专门开辟了创造发明室，由几个房间组成。有用电脑设计的，也有用传统工具设计的，备有各种工具，从简单的台钳、锉刀到电脑一应俱全。鼓励学生动脑动手，创造发明。

第三，学生全部住校。宿舍倒并不讲究，有4人一间的，也有2人一间的。图书馆里每个学生一个座位，每天晚上学生都集体在这里上晚自习。

第四，与家长的关系很密切。学生食堂虽有专门的厨工，但吃饭时由家长值日分饭菜。家长值日的一天要在清晨5点就到校，首先检查采购员购进的食品是否新鲜，是否卫生，然后帮厨，分饭。这种值日大致一个月就要轮到一次。通过这种方式家长可以了解学生在校的生活学习情况。我们听了觉得非常有意思。

该校的课程与普通高中的课程不同，分两大类：一类为普通课，一类为专门课；其中普通课占总课时的51%，专门课占49%。两类课中又分必修课和选修课。选修课在普通课中占20%，在专门课中占26%。课程中理科占了绝对的比重，专门课全部是理科。理科的培养目标是：帮助学生理解科学系统的基本概念；通过实验研究促进学生形成探究自然的能力，并能将其应用于解决实际问题；培养学生对各种学习的自我调节能力；培养学生关心科学和技术在社会中的作用和科学思维方式。课程中还设有俱乐部活动和小组活动。他们的这些课程完全是为了培养科技精英而设立的。

关于英才教育，现在的议论也很多，有人赞成，有人反对。我认为要承认人的先天素质是有差异的。这种差异不是指智力的高低，而是指各种禀赋的不同，如有的孩子逻辑思维优于形象思维，有的则相反；有的孩子有音乐的天赋，有的则有绘画的天赋。再加上后天的教育与环境的影响，到初中阶段，孩子的智力、兴趣、爱好、特长的差异就显现出来了。因此按照不同的智力、爱好、特长等因素因材施教是教育成功的捷径。我们不能拒绝走捷径。人生来是平等的，但遗传素质是有差异的。如果用一种标准去要求每个人，或者对天赋好的硬不让他发展，恐怕也是一种不公平。同时，英才也是需要的，多几个爱因斯坦，科学技术发展得会更快。问题是不要刻意去追求，不要把儿童从小分成三六九等，不要揠苗助长。像韩国这样办少数特别高中是可取的。其实这类学校早在20世纪60年代的苏联就有过，各国都有这类学校，不过名称不同而已。

浦铁教育财团

10月14日我们参观了浦项钢铁公司及其下属的学校。浦项钢铁公司是韩国最大的钢铁生产基地，在世界上也是数得着的。年产2 500万吨钢，但员工只有10 017人，生产率之高也是少有的。钢铁公司有两个厂，我们参观的是浦项老厂。公司大门上写着一句名言："资源有限，创意无限。"如果你不走进车间，不会知道这是钢铁厂，整个厂区绿树成荫，鲜花盛开，正如他们介绍的那样，是一座花园式工厂。公司为了使员工没有后顾之忧，除了建有舒适的住宅和各种生活设施外，就是办学校。公司建立了浦铁教育财团，投资2兆韩元（约合20亿美元）办了15所学校，有一所科技大学，有职业高中、普通中小学、幼儿园。因为时间太短，我们只跑马观花参观了一所小学和一所幼儿园。

小学最特别的是建有一个宇宙博物馆，里面完全是用最先进的设备布置的。有太阳构成、地球构成的模型，有太阳系运行模型，还建有一座天象仪。小学生可以在这里获得有关宇宙天体的知识。我问校长，这样的学校全国有多少。他说是独一无二的。我又问他，学费是否很贵。他说，学费和普通公立学校一样。学校运营的经费主要由财团提供。学校就近招生，也招普通居民子女，因为附近居民多数是浦铁员工，实际上大部分是员工子女。公司的常务董事一再强调，办这样的学校主要是让员工安心工作。

幼儿园有好几所，我们参观的一所只收5～6岁的孩子。园所的建筑是按安徒生童话设计的。室内布置与一般幼儿园无太大差别。我所感兴趣的是，室外除运动场地外，还有一个小小动物园，里面养着两只梅花鹿及几只小白兔、小灰兔、鸳鸯等小动物；还有一个小菜园，里面的白菜、萝卜已经长大。园长告诉我们，都是老师和孩子们一起种的，不久还要与孩子们共同做泡菜。这些设施不仅可以培养孩子的劳动习惯，而且可以培养孩子与自然的感情。这些设施当然也是一般幼儿园所难以具备的。

以上一切都说明公司对教育的重视，对员工福利的重视。我国企业办学正在萎缩，主要原因是企业不景气，如果企业兴旺，投资教育会有最好的回报。最近在成都参观航空飞机制造厂，他们仍然在办大中小学，而且把办学与社区文化结合起来，既稳定了员工队伍，又培养了人才。

佛国寺和石窟庵石窟

在访韩的短短几天里，主人没有忘记安排我们去游览一下名胜古迹。于是我们游览了佛国寺和石窟庵石窟。它们位于庆州郊外吐含山，佛国寺在山脚下，石窟庵则在山顶上。都建于8世纪韩国新罗时代，距今已1200余年，都已被联合国教科文组织列为世界文化遗产。佛国寺很大，格局与中国的寺庙没有两样，也都有四大金刚，大雄宝殿。稍有不同的是释迦牟尼像的面部画有胡须。我想大概释迦牟尼在中国时还年轻，到了朝鲜年纪大了一些，所以长出了胡须。也许朝鲜人比中国人把释迦牟尼想象得更真实，是古印度的王子，总该有胡须的。

石窟在山顶上，虽然山不算太高，汽车也在盘山路上转了好几个圈才到达。石窟其实很小，里面刻有一座汉白玉的释迦牟尼坐像，约四米高。后墙上刻有十八罗汉，石窟两壁刻有四大金刚。这里的释迦牟尼石像上倒是没有胡须，也许是从山下走到山上后刚修过脸；四大金刚的模样却与中国的大不相同。石窟前面本来没有建筑物，现在为了保护石窟，在石窟前建起楼阁。当年石窟暴露在外，石佛就面对东海（离东海只有500米之遥），据说清晨太阳从东海升起，就照到石佛的额头上，再反射到地面，造福大地。

佛国寺是韩国现存最大的寺庙，原来还有一个金宝寺比它还大几倍，可惜在日本丰臣秀吉侵略朝鲜时被毁。我们看到，无论是佛国寺还是石窟中都没有香火，因此显得很干净，空气也特别清爽。只有寺旁有圣泉供信徒饮用，还有一间小铺，堆放着许多大瓦片，供人许愿。只要花一万韩元（约合人民币75元）就可以在黑瓦上写上你的祝愿。至于这些瓦是否用到修缮寺院上，那只有天晓得。

宝岛行*

台湾是我国的宝岛，我一直向往着到此一游。1993年居然来了这个机会，而且一连去了两次。第一次是当年5月，是应台湾地区比较教育学会邀请做学术访问。这次访问了台北、嘉义两地，参观了台湾师范大学、政治大学、中正大学、嘉义地区一所小学和台湾师大附中，并在台湾师大和政大作了两次学术讲演。第二次是当年8月，参加"中国现代化学术研讨会"。本来按照台湾地区的有关规定，祖国大陆人士一年只能访台一次，我是经过会议举办者的申请获得特别批准的，算是对我特别开恩。这次访问了台北、高雄、台南、新竹，参观了世贸中心、广慈博爱院、自费安养中心、新竹科学园区、亚洲蔬菜研究中心、钢铁公司、居民社区等。以后，1998年6月和2000年12月又分别去了两次。1998年那次是应台湾"暨南大学"邀请参加"华侨教育研讨会"。"暨南大学"位于南投县里埔，我们就宿于里埔日月潭边上的宾馆里，当然游览了日月潭美丽风景。主人还安排我们游览了花莲风景区，访问了"中研院"、新竹技术开发研究院、台湾大学等。1999年台湾大地震中心正好位于南投县里埔，破坏严重，新建的"暨南大学"也不能幸免。我非常挂念那里的朋友们，几次打电话都未能接通，后来知道大家平安，这

---

* 写于21世纪第一个春节。

才放心。2000年这次是应台湾四个学会的邀请参加"新世纪教育发展学术研讨会"并作主题发言。大会举办者组织我们参观了桃园县杨明小学和台北大安高级工业职业学校,参观了私立实践大学。四次访问,结识了许多台湾学者,进行了广泛的学术交流,彼此有了较多的了解,我们衷心地希望两岸能早日统一,共同复兴中华文明。

第一印象

1993年到台湾访问的人还不多,而且手续很麻烦。本来1992年台湾地区比较教育学会就邀请我去参加他们的年会,但没有办成,所以拖到1993年。最麻烦的是到台湾必须经过香港,不能直航。如果从北京能够直飞台北,大约不会超过三小时,可是经过一下香港,路上就花了两天。那时香港尚未回归祖国,经过一下香港就遇到很多麻烦。过海关时,护照送上去要等很长时间,还要被叫进去谈话。一个小小的屋子挤满了过境的游客,又热又闷,大多是到东南亚去的,有的还带着孩子。我在那里足足等了两小时多,总算没有谈话就放我过去了,据说有些人要等五六小时才能过关,我总算是幸运的。港英警察的态度极不好。我心里很有点气,心想你不也是黄皮肤的中国人吗?不过在帮洋人做买办,你神气什么!

过了罗湖海关已是下午2点钟,坐火车到香港岛,住在新华社香港分社招待所,总算像到了自己的家。第二天一早换证件,手续也很烦琐。现在已经简化了,当场就把台湾旅行证换给你。1993年那时可不那么简单,在香港只是登记一下,验明证件,旅行证却要到台北桃园机场去取。换证件出来直奔启德机场,那是上午10点钟,满以为赶乘下午2点的航班时间绰绰有余,谁知办登机手续时被告知我的旅行证尚未送到桃园机场,我只好在机场干等。直到下午4点钟才告诉我可以办登机手续了，但预订的航班早就飞走了，只好改乘6点的航班，等飞到桃园机场已经天黑了。从北京到台北竟用了整整两天时间。

到台北第一个印象是有如到了广州，整个建筑和几年前的广州差不多，没有太高的建筑，店铺前面都有廊檐，街道都不甚宽，人们都讲普通话，因而比在香港亲切得多。最奇特的是摩托车特别多，有如内地的自行车，但车速很快，绿灯一开有似洪水般冲过来，其势吓人。所以过马路要特别小心，切不可闯红灯，否则很危险。台湾人也很烦这些摩托车，一位教授向我抱怨，说这些车都是日本倾销过来的，什么时候没有这些车了，日子就好过了。

台湾去了多次，香港也去了多次，但总感到在香港有如在外国，在台湾却如在家中。无论是语言还是生活习惯，台湾都与内地相同。不像在香港，到处说英语。虽然某些人的英语说得并不怎么好，但总把英语挂在嘴上，使人听了很别扭。台湾对中华民族古老的传统保持较好，很讲究礼仪。寺庙很多，香火很旺。那里知识分子信佛的很多。"暨南大学"陪我们的校办一位副教授就信佛，他还在寺庙净斋过，他说在那里住上一个星期，心情非常舒畅，对于净化心灵很有好处。

希望两岸早日统一

我遇到的台湾朋友大多希望两岸早日统一。我第一次遇到台湾朋友是在1980年，那时在日本埼玉县参加第四届世界比较教育大会。虽然那时两岸关系还很紧张，但来自台湾的一位学者与我们交往很友好，他很想知道祖国大陆的情况，很想回来看看。1986年在香港中文大学开会，有来自祖国大陆的学者，也有来自台湾的学者。第一次吃饭的时候，主人故意把我们分开，以为我们在一起会尴尬。谁知下午组织出去参观时，我们一见如故，互相交换名片，谈得很热烈，主人放心了。20世纪

90年代以后，两岸关系缓和了，彼此来往更多了，总体上说，他们回祖国大陆比我们去台湾要方便得多。他们持一张回乡证就可以回来，我们去台湾却还需要各种手续。

在交往中总是要谈到两岸关系。大多数朋友都希望两岸早日统一，认为两岸都是中国人，统一了有利于两岸的发展。1993年8月那次，我们参加"中国现代化学术研讨会"的祖国大陆代表都住在台北最高级的饭店——圆山饭店，晚上6点钟主人要举行欢迎宴会，台湾师大的一位教授也在被邀之列，他是我的老朋友，3点钟就到了我的房间与我聊天。他慷慨激昂地抨击李登辉。他说李登辉在培植"台独"势力，地方选举大半都换成台湾本土人上台，排斥外乡人。我怕在饭店谈这些话不方便，台湾当局知道了对他不利，总想把话题引开，但他说不怕，一连谈了三小时，直到宴会开始。可见他对两岸统一的热情。许多朋友向我们表示，他们很不理解为什么不能早日统一。

当然，也有一些朋友有各种顾虑，主张目前不统不独，但都认为我们是中国人，将来总是应该统一的。但也有一种论调我却不敢苟同。有一位中年学者说两岸有如一个家庭，儿子媳妇遇到了恶婆婆，为什么不能分家，或者等婆婆改好了再回来。她说的恶婆婆当然指的是祖国大陆。且不说祖国大陆无意做恶婆婆，主张一国两制，给了极为宽松的条件，儿子媳妇自可自备炉灶，自己开伙吃饭，但国家却不能比作家庭。家庭可以随意分家，国家却不能分裂。国家的领土完整才能带来国家的富强，人民的安乐。国家的分裂必然招来列强的欺侮，人民遭灾。巴尔干地区的教训难道还不深刻吗？两岸早日统一才是全中国人的幸福。

当然，两岸隔绝来往几十年，需要相互了解。我第一次到台湾时，在政大讲演，有一位老先生提问，说东欧变了，苏联解体了，祖国大陆的知识分子为什么还抱着马克思主义不放？我告诉他，一百几十年以前只有极少数人相信马克思主义，现在全世界有亿万人相信，这就是马克思主义的生命力。苏联的解体只能说明，新的社会制度的建立不是一帆风顺的，是会遇到挫折的，不能说马克思主义就不灵了。祖国大陆知识分子相信马克思主义，经过了几十年的摸索和实践检验。还是第一次访台时，在香港机场遇到一位台湾商人，他问我：为什么祖国大陆说不放弃武力？我对他说，因为台湾有人要搞"台独"，还有外国的干涉，武力绝不是针对台湾人民的。他终于明白了。最近一次在台北，计程车的司机也问这个问题。可见要多交往，多沟通，才能相互理解。

参观新竹科学园

新竹科学园位于台北市南新竹县，被称为台湾的"硅谷"。到台湾访问的人大概没有不来新竹科学园的。

据园区管理局负责人介绍，科学园建于1980年。多年的发展，已经形成电脑、光电、通信、集成电路、生物技术、精密机械六大高科技产业区，云集了一百几十家企业。园区附近就是"清华大学"、交通大学等教育科研单位。他们和园区企业相联系，实行教学、科研、生产相结合，以生产带科研，以科研促生产，同时在科研、生产中又培养了人才。

主人陪我们参观了陈列室。我对陈列的新科技产品是一窍不通。主人专门介绍了美国在海湾战争中使用的卫星通信设备，一把小"白伞"，撑开来就是通常用于接收卫星信号的大"锅底"，但小巧轻便，小小一把"伞"就能与世界各地联络。主人还介绍了一种海上定位系统，据说也是世界上最先进的。

科学园占地两千多公顷，园内设施一应俱全，有商店、银行、海关、邮局，有住宅区、公园和中小学校。我最感兴趣的是学校，可惜没有时间参观。据介绍，为了适应园区科研人员的需要，也为了吸引海外学子回来创业，学校实施双语教学，使其子女的教育能够与外国教育相衔接，便于他们来去自由。这种做法值得借鉴。我在国外遇到不少留学生，他们很想回国创业，但最大的顾虑是孩子上学问题，没有合适的、与国外教育相衔接的中小学，将来又难以考上中国的大学。因此我曾建议政府办一些归国子女学校，实施双语教学，如果再出国，可以跟上外国的学校教学，如果留在国内上大学，政府给予一定政策照顾。

台湾的中小学

台湾的学制，高中分高级中学、高级职业学校。高中阶段，普通高中约占全部高中的40%，职业高中约占50%，还有10%是五年制专科。近些年来普通高中的比例在逐步上升，因为高等学校的入学率很高，大约在70%。

台湾有800多所私立学校，主要是高级职业中学和大学，普通中小学只有20余所。去年12月初我访问台湾时刚好遇上私立学校游行示威，反对当局对私立学校的不平等待遇。后来才了解到，高级职业中学大多是私立的，是20世纪60年代经济增长时期办起来的。当时台湾当局没有财力发展教育，是私人出资办起了职业学校，上学的都是贫苦家庭子女，但学费却要比公立学校贵出4倍。这些学校为台湾的经济发展做出了贡献。今天台湾经济发达了，理应与公立学校一样得到当局的资助。但今天仍然采取歧视政策，贫苦家庭的子女反而要缴高额的学费，学校和家长都感到不公平。

2000年12月11日下午，我们参观了台北市立大安高级工业职业学校。这是一所公立学校，成立于1940年，初为台北商工专修学校，台湾光复后，改名为台北市立初级工业职业学校，1950年改为台北市立工业职业学校，1981年改现名。全校设4个群，下设11个科。即机械群，下设机械科、汽车科、钣金科、制图科；电机电子群，下设电机科、电子科、冷冻科、资讯科、控制科；建筑群，下设建筑科；工艺群，下设印刷科。学校除办三年制本科外，还办有建教合作班，学制也是三年，但采取学校教育与工厂工作相结合方式，每3个月为一学期，学校工厂轮换，在工厂工作有工资，没有寒暑假，期满成绩及格发给高职毕业证书。这种班办了6个。此外还办有夜间学习的进修班、短期的实用技能班、成人教育班等。学校的设备很精良，各科都有专业车间。这类学校其实很像我们的工业中专。该校的特点是兼顾升学和就业，毕业生大多都报考高等学校，特别是科技大学。20世纪90年代以后，升学率都在70%以上，1998年为76.4%，其中1/3考上四年制大学，2/3考上各种两年制专科学校。

台湾的中学很重视劳动技术课。1993年我参观台湾师大附中时，看到他们劳动技术课的教室很大，有几百平方米，工具都很齐全。

12月11日上午参观了位于桃园县的杨明小学。这是一所农村地区的示范性小学。校舍很漂亮，教育质量也很高，受到当地家长的赞赏，旁边房产也涨价了。虽说校舍很别致，学校的一切其实也很平常，我们这样的小学也到处都有。奇就奇在那位校长，值得表一表。

原来的校长名吴火。据说校舍是他自己设计的，按照安徒生童话中的故事设计的。学校办了一个分校，现在正在建设中。校长觉得兼两校的校长太累，因此辞去了总校的校长，去建设新校了。因为我们去参观，又把他请了回来。此人个儿不大，却像他的名字一样，有如一团火，热情奔放。在校园里他走到哪里都会有孩子涌过来，老师也和他很亲热。他自己也口口声声地说："我热爱孩子，我愿意和孩子们在一起。"他很善于调动全校老师和所有家长的积极性。学校成立了家长委员会，这天家长委员会的主席、秘书长都来陪我们。主席是一家公司的老总，陪着我们参观、吃饭。我说，公司事务繁忙，怎么有时间管学校的事。校长开玩笑地说："他敢不来吗？我对他们说，学校的事你们不管，你们的孩子可要吃亏的。"其实也不是敢不敢，而是校长确有号召力，家长都佩服他。一位家长讲："像他那样一心扑在学校上，我们佩服他，学校的事我们能不管吗？"他自己讲了一个故事：有一天一位家长想把孩子送到这所学校来上学，先来打听打听。一进学校就见到一名工友模样的人，正在忙前忙后。家长和他聊起来。这位"工友"把学校情况如数家珍似的一一讲给他听。家长很满意，但是说还想见见校长。那位"工友"说："我就是校长。"家长很惊讶，立即就把孩子送来了。校长开玩笑地说："我长得这么丑，又不注意穿着，为什么孩子那样喜爱我？就是我热爱他们，和他们打成一片。"

参观图书馆时，发现工作人员都是家长，穿着家长特有的服装——黄背心。我问一名家长：是怎么来工作的？她告诉我，每周来半天。每学期初，学校给每个家长一张表，征求家长意见，有没有时间到学校来做义工，如果可以，就填上时间。她说她每周一上午来半天，如果有事来不了，就请别的家长代替。学校每学期为每个学生的家长准备一个小本本，叫作"父母护照"。封面上写着："亲情是天生的，爱子女的方法却需要学习；没有人天生就是好父母，但却可以借助学习而成为有效能的最佳父母。"本本里分两部分表格：一部分叫"爱智奖"，有家长参加学校活动的名称、活动的日期、时数、主办处室核章。本后说明：家长到校参加亲职教育活动或研习讲座，每满三小时为一积点，累计30积点可向辅导室申请，由学校颁发爱智奖励卡一张；参加县府相关单位举办之亲职教育讲座、各博物馆文化活动之票根或证明，每次以一积点计亦可申请合计；阅读亲职教育书籍后写下心得投稿给《杨明通讯》，每刊出一篇得一积点。另一部分叫"爱心奖"，有家长参加服务项目名称、服务日期、服务时数、接受服务单位。本后也有说明：家长参加本校义工或参与学校、班亲会服务活动，以三小时为一积点，累计30个积点，可向辅导室申请，学校将颁发爱心奖励卡一张，以兹表扬。最后面还记录了许多父母应用来赞赏鼓励孩子的话语，指导父母注重鼓励孩子，而不是责怪孩子。我觉得这个小本本很有教育意义，对家长对学生都有教育意义。

野 花 集[*]

---

* 顾明远：《野花集：顾明远教育随笔（二）》，福州，福建教育出版社，2013。

前　言*

这个集子中收集的是21世纪以来的一些随感杂文，都是根据当时的
教育现实有感而发的。有些是在会议、论坛上的发言，有些是报刊约我
为当时教育热点发表的个人看法，还有一些为他人专著写的序言。但不
论哪种文体，都是与当时的教育现实有关。正因为如此，所以有的杂文
中所议论的内容今天已经过时。例如我在许多杂文中呼吁的重视农村
教育，重视弱势群体的教育等问题，这几年已经有很大改善，农村义务
教育实行"二免一补"，使亿万农民子女受益；当然也有些问题，如素质
教育中的许多问题至今尚未解决。这些杂文本来已经没有再出版的价值，
但是福建教育出版社在10年以前出版过我的随笔《杂草集》，我答应他们
再写一本《野花集》。本来是想年纪老了，退休下来，无事可干，静下心
来看点书，写点学习心得。谁知道，过了古稀之年非但没有退下来，反
而杂事越来越多，给福建教育出版社许下的心愿未能完成。最近他们要
把教育随笔编成系列，陆续出版教育名家的随笔，因此他们要我完成原
来许下的诺言。我思来想去，觉得按原计划写读书心得已经来不及，只
好把这些杂文滥竽充数。好在文章虽然没有什么文采，也不太像随笔，
但也还是实话实说，有些教育问题尚未过时，有些问题尚需我们大声疾
呼。所以我愿意借此机会把自己的观点亮出来，供大家讨论思考批评。

---

* 作者2007年12月10日写于北京求是书屋。

综 合 编

教　育
——未来社会的希望 *

一

20世纪后半叶以来，世界教育有了空前的发展。特别是发达国家，不仅普及了中等教育，而且实现了高等教育的大众化、普及化。但是教育却越来越遭到社会的批评：社会贫富之间的差距并没有因此而缩小，社会风尚每况愈下，生存竞争愈演愈烈，民族冲突越趋严重。这是怎么一回事，教育出了什么毛病？这确实是值得我们思考的问题。

教育不是孤立于社会的活动，恰恰相反，它对社会的依附性很强。教育本来是促进人类自身发展的一种活动，但是长期以来人们却把它看作是一种工具。政治家把它看作是政治斗争的工具，经营者把它看作是经济增长的工具，广大家长则视教育为改变子女社会地位、谋求高收入、体面的职业的敲门砖。因而每一个社会群体都会从自身的利益出发对教育提出不同的要求，如果这个要求没有得到满足，就会认为教育是失败的。教育确实不能孤立地存在，教育受到政治经济制度的制约，同

---

* 写于2004年2月4日。

时要为政治经济制度服务。一个国家的经济不发达，教育发展就缺乏物质基础；政治不稳定，学生也难以安宁地坐在课堂里。因此，教育要为经济发展和社会进步服务。但是教育有自身发展的规律，教育是以培养人才，促进人的潜在能力的发展来为社会服务的。同时，教育并非万能的，教育不可能解决社会发展中的各种矛盾。几十年来，科技的迅猛发展，经济的高速增长，伴随而来的是人们对物欲的追求，为利润而斗争，造成了更多的社会矛盾。这不是教育的罪过，恰恰相反，是忽视教育的结果。教育的数量增长了，但它的质量却被忽视了；各国的教育经费并未随着经济增长的速度同步增长，有的国家的教育经费甚至相对地减少了；教师仍然是社会低收入阶层，教育仍然处于社会的边缘。这种现实与社会对它的期望相悖。社会一方面对教育的期望很高，似乎它是解决社会所有问题的灵丹妙药，另一方面却又不重视它。

二

教育自身确也存在着较大的缺陷，值得教育工作者反思和检讨。

第一，几十年来教育的功利主义不断加强，20世纪60年代人力资本理论的提出，加剧了这种观念。但是到80年代发现，教育的发展并未像人们所想象的那样，既能促进经济发展，又能改变个人的命运。许多发展中国家并未改变贫困落后的面貌，贫富的差距却扩大了。于是出现了80年代的所谓教育危机：人们对教育失去了信心。其实教育本来就不是像人们所想象的那样，能够立竿见影地使经济快速增长和改变个人的地位和生活。教育是人的发展活动，通过教育，人的智力和体力得到发展，使人有知识有才能，有判断能力和活动能力，从而发挥他的社会作用。

第二，长期以来，人们只重视学校教育，忽视了社会教育和非正规教育。一般来说，学校教育只为一定年龄阶段（主要是5～25岁）的人提供学习机会。虽然近几十年来学校实行了开放制度，不同年龄阶段的人都有机会进入高等学校学习，但是限于各种条件，真正能够进入高等学校学习的成年人只是极少数。特别是在发展中国家，高等教育的学额有限，更不能为大众提供学习机会。许多国家至今仍抱着一种保守主义观点，重视学历而不重视能力。就业的时候，正规的名牌大学毕业生受到优待，非正规学校的毕业生，即使有较强的能力，也会受到就业的歧视。终身教育至今还停留在口头上，并未在制度上落实。教育不是缩小了社会的差距，而是扩大了社会的不公平。

第三，重视城市的教育，忽视农村的教育。世界人口的大多数在农村，农村人口约占世界总人口的58%，而在发展中国家，农村人口约占67%。农村经济不发达，卫生条件极差，文化教育很落后，影响整个社会的发展。因此，改善农村的状况，缩小城乡差距，已是当今世界发展的主要课题。而改善农村的教育条件，大力普及农村教育和扫除文盲则是农村发展的必要前提。农村发展主要是指技术、经济、社会和文化方面的变化和发展。而发展教育是提高农村人口的生产能力的基本条件。只有生产力提高了，才能消除农村贫困落后的状况。但是近些年来强调高科技发展对高级人才的需求，一切教育改革都是围绕着培养高级技术和管理人才。针对的都是城市的教育，很少考虑农村的需要。这种情况在发达国家感觉不明显，因为发达国家的城乡差别已经很小。但是在发展中国家这个问题却是十分严重的。在中国，这个问题已经引起了政府和公众的高度重视。去年（2003年）9月国务院专门召开了农村教育工作会议，来推进中国农村教育的改革和发展。

第四，教育强调的是知识的掌握和智力的发展，不够重视道德的养成。科学技术的进步带来了物质的丰富，人们的物质生活质量有了极大的改善。但是也由此引发了物欲的增长，而道德水准却有所下降，学生厌学、学校暴力、吸毒、早孕等现象令人担忧。学校教育一方面强调知识的重要，另一方面对学生的道德教育又束手无策。

第五，网络文化对教育的冲击是很严重的。这虽然不单纯是教育内部的问题，但却是教育应该解决的问题。网络文化给教育带来了许多便利，为教育资源的共享、教师和学生的互动，为个人学习，特别是成人学习不受时间地点的限制等提供了条件。但同时也带来一系列的问题：青少年沉溺于网上游戏，荒废学业；网上的暴力和色情内容严重地腐蚀着青少年的心灵等。许多学校的暴力是青少年从网络上学来的。

以上一些问题虽然不都是教育本身造成的，但都发生在教育领域之中，其结果都是不利于青少年的成长，所以社会公众都认为是教育的问题，对教育感到失望，并期待着尽快得到改善。

三

教育，仍然是未来社会发展的希望。不论是教育领域内部的问题，还是社会发展中的问题，都需要通过教育的改革和发展来解决。正如联合国教科文组织国际21世纪教育委员会报告《学习——蕴含的财富》中着重表明的信念："教育在人和社会的持续发展中起着重要作用。教育并不是能打开实现所有上述理想（指和平、自由和社会正义——笔者）之门的'万能钥匙'……但它的确是促进更和谐、更可靠的人类发展的一种主要手段，人类可借其减少贫困、排斥、不理解、压迫、战争等现象。"当人类用理性和智慧，用可持续发展的思维来思考问题的时候，许多问题都会迎刃而解。人类的一切麻烦，都是愚昧和无知引起的。教育就是要改变愚昧和无知，培养这种理性和智慧。

教育本身需要改革。当然，教育改革和发展是一项社会系统工程，需要依靠全社会的力量来解决。要把教育放在社会发展、人类进步的战略地位来考虑，大家一起重视，一起努力。

第一，教育观念要改变，要还原教育的本质。教育的任务是使所有人的创造能力都能得到发展，从而促进人类的发展和社会的进步。教育不是单纯的"经济增长"的工具，教育是在提高人的素质、发展人的创造潜力的基础上为人类创造物质财富；教育不是教育人们滥用科技发展的成果，去无限地攫取自然、破坏自然，而是要使人们了解自然、和自然和谐相处，使人类可持续发展；教育更不是制造仇恨的工具，它恰恰是使人们在了解人类发展历史的基础上认同人类多元文化的现实，达到互相理解、互相尊重，使人类和平得以实现。因而教育要强调人文精神，使每个人了解人类发展的历史，了解世界文化，了解他人，了解自身的能力和责任。

第二，要呼吁政府增加教育的投入，改善学校设备条件，使它跟上现代科技发展的水平，把最先进的知识传授给学生。要特别强调改善教师的待遇，使他们的职业真正成为社会上最受人尊敬的、最受人羡慕的职业。既然教育在人类发展和社会进步中那么重要，从事教育工作的教师理应受到全社会的尊重。但是如果他们的生活待遇却低于其他社会职业，那么尊重是没有基础的，也就不可能吸引优秀的青年来从事教育工作，教育事业就会削弱，最后受损害的还是整个社会。

第三，要改革教育体系，用终身教育的理念来统摄整个教育系统，建立终身教育体系。正规学校教育系统仍然是教育系统中的主干。那种学校消亡论、教师消失论的论点是不可取的，也是站不住脚的。至少现阶段是这样，没有什么形式可以代替正规学校教育系统；没有什么机器可以代替教师创造性地向学生传授人类创造的知识。但是光有正规的学校教育系统还不能满足社会所有成员学习的需求。当今世界，科学技术日新月异，知识不可能在学校中一次学完，而需要不断学习。更何况在今天人类已经进入学习化社会，学习不仅是为了适应职业社会的变化，而且是人的持续发展的过程，成为人的生活的一个重要内容。

终身教育体系是一个灵活的、多样化的学习体系，它包含了正规教育、非正规教育、正式教育、非正式教育等一切学习形式。它把学校、家庭、社会一切学习形式统一起来，不受时间和地点的限制，为社会所有成员在需要学习的时候提供学习的机会。

要把终身学习的理念贯穿于学校教育中，从基础教育开始就培养学生终身学习的意识和能力。把各级各类学校沟通起来，除了学习者的能力水平以外，不能有任何的限制，让学习者进入各种学校学习。

第四，改革课程内容和教学模式，使它更适应时代的要求、不同地区的实际和终身学习的需要。世界之大，发展极不平衡。过去民族独立国家采用原来宗主国的教育模式和教学内容，脱离当地的实际，收效甚微。因此，必须改变过去的做法。许多发展中民族独立国家已经意识到这一点，正在使教育本土化。我们希望他们能够取得进展和成功。

中国也正在进行新一轮的课程改革，涉及小学、初中到高中的课程。希望通过课程改革培养出不仅掌握现代科学知识和技能，而且了解中华民族优秀文化；不仅具有创造精神和能力，而且了解世界，具有高尚品德和个性发展的人才。但是中国地域广阔，人口众多。中国的现状有如世界的缩影，有发达地区，如上海、北京，人均产值已达到中等发达国家水平，中等教育已经普及，高等教育毛入学率已经超过50%。但也有很落后的地区，大多位于西部边陲山区，那里交通不便，经济落后，有些地区尚未普及九年义务教育。因此，中国的课程改革也有一个适应当地经济文化发展的水平，适合当地居民的文化传统的问题。课程内容、教学模式的多样化才能收到实际的效果。

第五，加强人文学科的教育，提高学生的道德水准。20世纪，科学主义统治了整个教学。特别是第二次世界大战以后，科学技术迅猛发展，数学和科学课程在教学中占据了绝对优势地位，人文社会科学被削弱了。学生不了解世界，不了解人类发展的历史，以自我为中心，不关心他人，缺乏高尚的道德水准。有人说，现代社会是物质极其丰富的社会，是消费的社会、享乐的社会。但是，如果没有创造性的劳动，何来供人们享受的丰富物质？只有消费，没有创造，资源总有一天会枯竭。因而，加强人文科学教育，培养学生高尚的道德品质已经是刻不容缓的事情。

四

中国自1978年实行改革开放以来，教育经历了重大的变革，到20世纪末，基本上普及了九年义务教育，基本上消除了青壮年文盲，高等教育的毛入学率至2003年已达到17%。应该说，作为一个人口占世界总人口五分之一的发展中国家，教育发展到如此水平，是极不容易的，是克服了许多困难的。但我们并不满足于这些成绩，我们认为与发达国家相比，我们还有很大的差距。我国要在今后十多年内全面建设小康社会，教育是绝不可少的基础，教育要为经济和社会发展创造知识和培养人才。我们要加大开放力度，加强与各国的文化教育交流，在继承民族文化优秀传统的基础上，吸收世界文化的一切优秀成果，来改进我国的教育。

总之，教育，无论是在世界，还是在中国，都是未来社会的希望。

新世纪到来话教改[*]

我们不知不觉地跨进了21世纪。21世纪应该有新气象。人们对21世纪充满了憧憬和期望。

回顾20世纪，科学技术有了突破性的发展，推动生产力的不断提高，为人类创造了丰富的物质财富，把人类推进到现代化、信息化时代。但是现代化也使人类付出了巨大的代价：资源的浪费、环境的污染、生态环境的破坏，给人类带来了灾害。特别是现代化催化了人们的物欲，却退化了人们的道德。人们的贪婪和掠夺，不仅破坏了大自然的平衡，而且引起了战乱、争斗和腐败。现代化是把双刃剑，既推动人类前进，又似乎正在把人类推向深渊。几年以前我曾经在电视上听到一位治沙专家的哀叹：人类已经制造了毁灭自己的武器，但至今还没有创造出拯救自己的工具。这似乎悲观了一些，但却给人们敲起警钟。但是我相信，20世纪是创新的世纪，21世纪将更是创新的世纪，人类正在提高对自然、对人类自身的认识，并终将创造出克服困难的奇迹。

20世纪的教育就是在这种现代化的背景下发展起来的。一方面它得到了空前的发展，另一方面经历了激烈的变革。20世纪的教育为科学技术的发展和社会的进步做出了不可磨灭的贡献。但教育自身却不能令人

---

* 原载《明日教育论坛》2001年创刊号。

满意，教育质量下降、青少年道德水准滑坡，困扰着教育工作者。人们期望着新世纪的教育能够走出困境，培养新人。

21世纪世界教育的走向是什么？常常有人向我提出这样的问题，我却难以回答。我不是未来学家，对社会的未来以及教育的未来难以预测。教育界有一种未来教育学派，他们设计了未来教育模式，但我想也不过是未来教育学家的理想而已，将来是否能够实现，也是一个未知数。至于对于我来说，过去的事尚可说几句，就像上面说的，对于未来却很茫然。当然，憧憬和期望总是有的。这里就谈谈我对21世纪教育的期望吧。

我希望新世纪的教育更重视对学生人格的培养。教育的本质就是培养人，提高人的素质。江泽民同志在第三次全国教育工作会议上指出："要说素质，思想政治素质是最重要的素质。不断增强学生和群众的爱国主义、集体主义、社会主义思想，是素质教育的灵魂。"教育首先要培养学生做一个正直的中国人，他能够正确对待自然，正确对待社会，正确对待他人，正确对待自己，有事业的责任心，能为社会、为人类做出一定的贡献。

我希望21世纪的教育能够减轻学生的学业负担，把快乐的童年还给孩子，把学习的空间留给学生。让学生自主地学，自觉地学，学自己喜爱的知识，从而学得更好。网络时代的到来为学生自主学习提供了广阔的天地，但却需要教师的引导。学生自主学习并非放任自流，而是学生在老师指导下自己计划、自己思考、自己探索，培养自我学习的能力。

我希望处境不利人群的教育能够得到关注和改善，使他们受到普通公民同等的教育。我国社会经济结构正在转型，社会出现贫富不均，有一部分贫困家庭的子女，如果没有社会救助措施，很难完成他们所希望的学业。我国经济发展很不平衡，老、少、边地区仍然与贫困联系在一起。那里的教育也需要特别关注。我国政府每年为少数民族地区、贫困地区投入大量资金，但除了资金的援助外，还需要发达地区的智力支援。要帮助那里的教师改变旧的教育观念，提高业务水平。

我希望把科学教育与人文教育有机地结合起来，提高学生的科学精神和人文精神。在科学技术日益发达的今天，为了人们不陷入科学主义，就要呼唤人文精神的回归。事实上科学精神与人文精神是不矛盾的。科学技术是人类创造文化的手段和结果。科学技术中蕴藏着丰富的人文精神。问题是我们在进行科技教育时往往更多地关注它的工具性，忽略了它的人文性。科技教育需要把两者结合起来，让学生了解科学技术的价值，它与自然、与人类社会的关系。

我希望尽快地建立终身学习的体系，使每一个人在他们需要学习的时候就能获得学习的机会。终身教育是20世纪60年代兴起的教育思潮，它反映了科技发展所带来的生产的不断变革对劳动者的要求。在21世纪里人们不仅为了谋生而学习，而且是为了提高生活的质量而学习。学习将成为一个人的生活的一部分，终身学习将成为新世纪的生活的主流。

最后，作为一名教师，我希望我们每一名教师都能认识到自己的职责和在21世纪所处的地位和作用。在我国，教师本来受到人们的尊重，认为人才是靠教师培养出来的。现在人们也都会说，推行素质教育，教师是关键。但是，时代在进步，旧时的教育观念已经不符合时代的要求。教师仍然肩负着育人的重任，但教师的角色正在发生变化。有人认为，网络时代的到来，虚拟学校的出现，学校将消亡，教师将消失。我不认为这是正确的。网络时代确会给教育带来巨大的变革，但学校仍将是教育的主要阵地。且不说学校是知识密集的场所，校园文化对学生的熏陶是任何网络所不能替代的。至于教师，学生在茫茫的网络海洋中更需要教师来领航；教师的人格魅力也是任何电脑所不能替代的。但教师的角色确实在发生变化。教师已经不再是知识的唯一源泉。学生接受的知识可能是老师闻所未闻的。因此，教师也需要不断学习。在未来的世界里，教师将是学生学习的设计者、帮助者，是与学生共同学习的伙伴。

学习化时代的全民教育*

　　20世纪后半叶出现了两大重要教育思潮，不仅影响了20世纪50年，而且还将在21世纪产生重大的影响。这就是终身教育思潮和全民教育思潮。

　　20世纪60年代，由于科学技术的飞速发展，引起生产和生产方式的不断变革，由此造成劳动变换、工人流动，于是，有识之士提出了终身教育的思想。这种思想一出现就受到各国，特别是发达国家的重视。正如《学会生存》的报告中所说的："到目前为止，还没有什么东西足以和我们现在所说的科学技术革命所产生的后果相比拟。"又说："教育的目的，就它同就业和经济进展的关系而言，不应培养青年人和成人从事一种特定的、终身不变的职业，而应培养他们有能力在各种专业中尽可能多地流动并永远刺激他们自我学习和培训自己的欲望。"这和100多年前马克思讲的，"大工业使下面这一点成为生死攸关的问题：用适应于不断变动的劳动需求而可以随意支配的人员，来代替那些适应于资本的不断变动的剥削的需要而处于后备状态的、可供支配的、大量的贫穷人口；用那种把不同社会职能当作互相交替的活动方式的全面发展的个人，来代替只是承担一种社会局部职能的局部个人"何其相似。简言

*　原载《教育信息报》2001年1月10日。

之，现代生产需要全面发展的人，而这种全面发展的人只有不断学习才能做到。这反映了现代先进生产的要求。

第二个思潮是20世纪90年代兴起的。实际上第二次世界大战后，随着民主运动的高涨，全民教育的思想早已提出来。1990年在泰国召开的世界全民教育大会把这一思潮推向一个高潮。会议发表了《世界全民教育宣言》（以下简称《宣言》）和《满足基本学习需要的行动纲领》，使全民教育成为各国政府的行为。《宣言》提出，"每一个人——无论他是儿童、青年还是成人——都应能获益于旨在满足其基本学习需要的受教育机会"。并特别重视基础教育的发展和改革，强调要"广泛提供机会和促进平等""扩大基础教育的手段和范围"，采取措施"减少差别"。

根据终身教育和全民教育思想的要求，我认为21世纪中国教育应特别关注以下几个问题：

第一个问题是，21世纪初我国的教育仍然应该把基础教育放在"重中之重"的地位。15年来，我国普及九年义务教育的成绩是巨大的，但是不能否认，它的基础是很薄弱的。表现在：（1）还有15%的人口地区没有普及九年义务教育，已经验收普及的地区，不仅有水分，而且水平并不高。（2）流失率高。（3）基础教育的投入在减少，特别是农村费改税以后，乡镇一级已没有能力来支撑教育的发展。

近年来社会上出现了一股高教热。但是决策部门如果头脑不冷静，不把基础教育放在重中之重的地位，15年来"普九"的成就会动摇，会倒退。那是非常危险的。不仅国民素质得不到提高，高等教育的发展也失去了基础。

第二个问题是，我们应该特别重视农村地区，特别是贫困地区的教育。我有一种感觉，我们今天讲教育改革，讲教育现代化，总是着眼于发达地区。先进的课程也好，网络教学也好，都只有发达地区或者中等发达地区的发达城市才能办得到，大片农村地区，特别是贫困地区，恐怕连想都不敢想。广大农村地区、贫困地区的教育需要什么，如何帮助他们解决困难，似乎很少有人研究。我认为，中国的现代化，没有农村的现代化是不可想象的。前一个时期有一家媒体宣传，我国人均GDP已达800美元，已经进入小康社会。但我们还应该想到还有不少人生活在贫困之中。贫困地区的教育不能不引起我们的重视。

西部开发也应该把基础教育作为最基础的工程。因为西部的开发归根到底要依靠西部人民，依靠西部人的整体素质。资金可以引进，先进科技可以引进，甚至于掌握高新科技的人才也能引进，但全民的素质能引进吗？显然不能，只有靠教育，首先是基础教育。

只有把农村地区、贫困地区的基础教育搞好，才能谈得上满足全民的基本学习需要，才能谈得上教育的平等和公正。

第三个问题是，我们要特别关注处境不利人群的教育。这里主要指的是城市中流动人口子女的教育以及障碍儿童的教育。

对于流动人口子女的教育，有些城市已经制定了政策，为他们办起了学校。但大多数城市还没有采取有效的措施使他们能够得到学习的机会。有些城市中部分人还错误地认为户口不在本地的人，本地没有经费提供给他们的教育。外来人口为城市建设做出了贡献，他们也是纳税人，他们的子女有权享受教育的机会，当地政府有义务给外地人口及其子女提供学习机会。

对于障碍儿童教育，我国的特殊教育事业还很不发达，需要教育部门特殊关注。

总之，要贯彻终身教育思想，要满足全民的学习需求，就必须关注处境不利人群的教育。对此，许多国家都有特殊的政策和法律。我国要进入现代化行列，就应该重视学习化时代的全民教育。

科学精神和人文精神的结合是21世纪教育的主旋律[*]

对于科学技术发展与伦理道德进步的关系历来有不同的看法。一种观点是，社会道德的堕落是由于科学技术的发展。他们认为，科学技术的发展破坏了人与环境的平衡，现代化带来了物欲的增长、人际关系的疏离和淡漠。特别是两次世界大战给人类造成的苦难，使人们对科学技术到底给人类带来幸福还是带来灾难，提出了质疑。另一种观点与此相反，认为科学技术的发展必然会提高人们的道德水平，甚至是可以医治社会弊端的灵丹妙药。这两种观点的争论在20世纪初最为激烈。20世纪50年代以后两种观点都有所修正。科学主义者和人文主义者都提倡科学和人文的结合。人们普遍认为，科学技术是一把双刃剑，它一方面给人类带来可供享受的丰富的物质财富，极大地改善人们的生产条件和生活条件，促进了社会的变革，从而促进了社会的民主和平等；另一方面，它带来了资源的浪费、环境的破坏、人的物欲增长、人与人对财富的争夺而引发战争，科技不仅创造财富，同时制造杀人的武器。因而呼吁，自然科学与人文社会科学结成联盟，共同克服科学技术发展带来的弊

---

* 原载《明日教育论坛》2001年第3期。

端，使科学技术真正造福于人类，并不断地提高人们的科学精神和人文精神。

怎样才能做到这一点，教育负有不可推卸的责任。教育的本质就是提高人的素质。人的素质的核心就是科学精神和人文精神。但是，长期以来在教育中科学精神和人文精神都有所失落。自然学科教育只教给学生死的知识，不告诉学生科学的价值；人文社会学科教育只教给学生空洞的道理，不培养学生的人文精神，更不会运用社会科学的知识去分析科学与社会的关系。社会大环境中由物质生活和精神生活失衡而造成的精神危机，更加冲淡了学校的人文教育。由此，有识之士无不呼唤人文教育的回归，大声疾呼对现行教育模式的改造。

要改造教育，首先要切实转变教育观念。重视教育的本体性，克服教育的工具性。教育的本体性是育人，是提高人的素质。但长期以来人们常常把教育视为工具，政治家把教育视为阶级斗争，乃至政治斗争的工具；经济家，特别是在人力资本理论的影响下，把教育视为实现经济增长的重要手段；广大家长则把教育视作孩子们谋取优裕职业的敲门砖。于是"重科技，轻人文"的思想至今还在人们中蔓延；"学好数理化，走遍天下都不怕"仍然是青少年的"座右铭"。虽然党中央一再强调两个文明一起抓，江泽民号召全社会关心教育事业，切实加强对学生的思想政治教育、品德教育、纪律教育、法制教育，最近又提倡"以德立国"。但如果教育的价值观不改变，精神文明建设在学校中仍然会落空。教育离不开社会，教育受社会政治经济制度和发展水平的制约，反过来又为它服务；教育也确实是谋生的手段，从这一点来看，教育有工具性。但这种工具性是通过育人来实现，即教育的工具性是通过教育的本体性来实现的。只有人的素质提高了，才能更好地为社会服务。

要加强人文学科教育。中小学课程中理科分量偏重，人文学科分量偏轻。中小学教育是打基础的教育，最重要的是打好做人的基础。人文学科可以告诉学生人类发展的历史，人对自然、人对社会、人对他人、人对自己的正确态度，培养爱国主义、集体主义的精神。

要改变重知识轻价值的教育。其实任何学科都具有人文精神。科学在本质上是一种人文事业，科学技术的创造，科学的价值，科学所要求的严谨态度、团队精神等都充满着人文精神。学校在进行科学教育时要着重培养学生的科学素养，即使学生理解科学的价值、科学的历史，了解科学与技术、科学与社会、科学与人文的关系。

在过去的时代里，不管科学技术曾带来什么负面效应，在总体上它都不断推动着人类文明的进步。我们相信，在21世纪里，科学精神和人文精神的结合，必将进一步突破科学发展的局限，促进人类进入更高的文明世界。

教育创新：克服教育观念上的
四大误区[*]

教育观念要创新，首先的一个问题就是克服教育观念上的一些误区。

一是要克服为教育而教育、为升学而教育的误区。教育要为人的发展服务。我们讲基础教育，就是要打好三方面的基础。第一个是要打好让学生身心健康发展的基础。要让学生身心得到健康发展，真要做起来是很不容易的。如果我们的教育思想不够正确，我们不仅不能培养学生成才，不仅不能使他身心得到健康发展，而且可能会挫伤学生的身心健康。学生好比一棵嫩芽，很容易碰伤。在培养的过程中我们往往会发现很多教育行为已经伤害到学生的身心健康。举个例子来讲，什么叫好学生，评价的标准往往是倾向于学习好的、听话的学生。有的老师经常把学生分成三六九等，如这个学生聪明、那个学生不聪明，这就很容易伤害学生的心理健康；有的老师当着家长的面诉说孩子的缺点，或者是当着众多孩子的面把某个孩子"修理"一番，这都会伤害孩子的自尊心。这些事情看来是一些小事情，但在学校里是经常发生的。我就看到，有的小学不仅"修理"学生，还"修理"家长，这都不利于学生的身心健

---

* 2006年7月25日修改。

康发展。第二个是打好终身学习的基础。不是说为了升学而学习。这次十六大提出建立学习型社会。所谓的学习型社会，就是要不断学习，不是学生毕业了学习就结束了，而是毕业后还要再开始新的学习。因此要从小培养他们自主学习的能力。第三个是要打好走向社会的基础。这也不是简单地理解为有一技之长就可以到社会上谋生，更重要的是教会学生做人，做一个社会的人，做一个对社会负有责任心的人。

二是要克服人才观的误区。有的人混淆了人才与天才，认为只有天才才是人才。我认为，只要有社会责任心、勤奋工作、能为社会做出一定贡献的就是人才。现在的社会是多元化的社会，需要多元化、多层次的人才。现代社会本身就是一个多元化的机构，不管科技水平发展有多高，社会仍然需要大部分的劳动者。这种劳动者已经不是以前的劳动者，是掌握科学技术的劳动者。工人、农民总是要存在的，我们还需要有各种各样的人才。中共中央《关于教育体制改革的决定》里也讲到，要造就数以亿计的各行各业的劳动者，造就数以千万计的专门人才和各种管理人才。我们要知道人才的成长和发展，并不完全靠学校，学校只是成才的基础，很多人是在走出学校后，经过一段时间的磨炼，碰到机遇而成才的。今后的社会里，人的一生要换很多次职业，机遇也就很多，因此，我们不要依据学生在学校或班里的名次来断定这个孩子将来是人才，那个孩子就不是人才。一个人的成长不是靠学校里或班里的名次，将来成才不是就按照这个名次来的，成才需要各种机遇，而机遇需要有条件。所以说我们要有一个正确的人才观，只有这样，我们才能更好地推进教育的改革。

三是要克服狭隘的只重知识不重全面发展的思想。人的素质可以分成思想品德素质、身体素质和文化素质。联合国教科文组织1996年曾提出人的发展的四大支柱，就是学会认知、学会做事、学会与人相处、学会发展。我想这四个"学会"也都是一个人的素质，如果四个"学会"

都达到了，人的素质也就提高了。我们还可以从另外一个角度来讲人的素质，我觉得人的素质要能做到四个正确对待：第一，正确对待自然，正确对待环境。我们也就是最近这十几年才考虑到了环境。资源的浪费和环境的破坏都是我们人类造成的，所以说我们的素质要提高，首先就要正确对待自然，了解自然环境与我们人类的关系。第二，正确对待社会，我们是社会的一员，要对社会有责任感。第三，正确对待他人，不要把自己的价值观强加于人，尊重别人的意见，能和别人相处。第四，正确对待自己，正确对待自己的失败和挫折，正确对待自己的成就和荣誉。

四是要克服教学中只重结果不重过程的误区。这就要树立正确的教学观和师生观。我们的教学过程，总是只把结论告诉学生，很少给学生留有思考的空间，很少重视过程。过去有一个教学原则叫"精讲多练"，但讲到了什么程度才叫精，是讲少点才叫精，还是越细越精？多练，练到什么程度才算好呢？过去我们讲"要给学生一杯水，老师就要有一桶水"，现在行吗？如今，报纸、杂志和网上都有很多很多的信息，老师有一桶水够不够？学生都在信息海洋里面"游泳"，我们教师要跟着学生一起"游泳"才行。很多的观念都要转变，因此，我们要重新审视教育的原则，重新审视教师的作用。现在的教师已经不是知识的重要载体，教师应该成为学生学习的伙伴。教师仍然要起主导作用，教师的主导作用就在于指导学生应该怎样学习，选择正确的学习路线和学习策略；告诉他们学习的方法，教会他们处理信息的方法，而不是把现成的结论传授出去。

有人问：学校里面的第一名并不一定很有出息，第十名却很有出息，这是不是规律？我说，这也不是什么规律，不是说在学校排名第一的学生就好，第十名的学生就不好；也不能说第一名学生就不如第十名学生。因为学生将来的发展和成就是许多因素造成的，需要有机遇。另外，第一名只有一个，所谓第十名，并不是指真正的第十名，第八名、第九名、第十名都可以，从概率上来讲，比第一名当然要多得多了，有成就的人也就多了，给人的印象似乎第一名不如第十名了。另外，经常考第一名的学生往往有思想负担，放不开，因此到高考紧要关头可能临阵发挥得不如第"十"名。还有，可能有这种情况，经常考第一名的学生对考试的科目很专长，平时不大重视其他科目，知识面不够宽广，也许第"十"名的学生的知识面更广一些，以后发展，第"十"名就会更有优势。因此不能一概而论第一名就不如第十名。其实从质量上来讲，达到一定水平以后，差几分已经没有什么意义了。

学习学和智慧学[*]

　　这次到江苏江阴和张家港参加两个会议，一个是在江阴召开的学习学研讨会，一个是在张家港召开的智慧学研讨会。真是巧合。学习学和智慧学可以说是一对孪生兄弟，不能分开。学习学是研究如何学习的，智慧学是研究怎样获得智慧的。学习是过程，智慧是目的。学习的目的就是长知识增智慧，要想获得智慧就需要学习。因此，两者分不开。但是不是所有学习都能增长智慧呢？不见得。那种死记硬背，不联系实际的学习，可能把孩子学呆了。毛泽东曾批评旧式的教育"书越读越蠢"，就是这个道理。怎样使学习增长智慧，这就是学习学的任务，也是教育学、智慧学的任务。中小学生学习离不开老师，因此也是老师的任务；中小学生离不开家庭，因此也是家长的任务。所以大家都要来研讨学习学。家长都希望孩子很聪明，老师都希望学生增长智慧，所以大家都应该来研讨智慧学。

　　怎样的学习才能增长智慧？我没有研究，主要听各位代表的意见和经验，因为你们是研究者，实践者。我只是作为一名老教育工作者，凭我的经验谈一点体会，不一定正确，供大家讨论。

　　第一，要把学习的主体搞清楚。学习的主体是谁？毫无疑问是学

---

[*]　2004年10月14日在学习学研讨会上的发言。

生。但是学生学习又是在教学过程中，是在老师指导下进行的，那么，学生在教学中是不是主体？有些老师就犹豫起来。老师要起主导作用，老师要讲解教材，于是就把学生应有的地位忘记了。就像唱戏的，如果不管观众听不听，自顾自唱戏，陶醉于自己的艺术，这叫孤芳自赏，不能叫演出。演出是要让观众欣赏的。演戏的主角是演员，但整个演出的主体却是观众。老师和演员不同，演员可以孤芳自赏，一个人在家里自唱自乐，却不会有哪一位老师是在家里自教自乐的，老师总是和学生在一起。教就是为了让学生学，因此，不能忘记学生的主体地位。老师仍然要起主导作用，这种主导作用就在于老师要钻研教材，钻研学生，设计教学，优化教学过程，其中包括启发学生的主体性，引导他们饶有兴趣地、正确地学习。

第二，就是要培养学生的学习兴趣。没有兴趣就没有学习。兴趣是学习之母，是学习的动力，或者叫作学习动机。学习动机有两种：一种叫外部动机，一种叫内部动机。各种外部的压力和奖励都能产生外部动机，但这种动机是不能持久的，压力取消了，或者压力往往会产生反压力，学习的动力就会消失；奖励得到了，或者因为得不到奖励，动力也会消失。内部动机是对学习本身的兴趣，出自内心的需要，这才是长久的。当然，有时外部动机也能转化为内部动机，如学生本来不爱写作文，但偶然一次作文受到老师的好评和鼓励，激发了他的兴趣，他便喜欢起作文来了。因此，兴趣才是学生持久学习的内部动力。如果一个学生对某门学科不感兴趣，他就不可能去学习它和钻研它；如果他对它发生了兴趣，他就会想方设法去探究它。

那么，兴趣从何而来？一是来自儿童的天性，儿童生来就有好奇心。孩子从会说话开始就对外部世界充满了新鲜感，总想问一个为什么。随着知识的增长，问题会更多。老师就要积极引导，培养他们对学习的兴趣。二是来自活动。在儿童的活动中会产生很多疑问，总想寻求答案。所以老师要组织学生活动，来激活他的思维，提高他的兴趣。课堂教学中如果只有老师讲，学生被动地听，学生没有活动，思维激活不起来，学生对学习就会缺乏兴趣。学生对学习缺乏兴趣往往与我们教育不得法有关。同时，师生关系如果不好，也会影响到学生的学习兴趣。

第三，改善教学方法，提高学习效率。教学方法千千万，很难说哪种方法好，哪种方法坏，问题在于是否运用得法。好的方法总能启发学生的思维。只有通过思维才能增长智慧。孔子说，"学而不思则罔"。学习而不思考，学习的知识就不能理解透彻，就不能举一反三。因此，引导学生在学习中思考是学习学应该研究的问题，也是智慧学应该研究的问题。

学习是一种积极紧张的脑力活动。学习的时候获得的信息在大脑中会引起紧张繁忙的活动。神经细胞要对新的信息加以识别，引起联想，从旧的贮存着的信息中迅速地检索，看有没有类似的信息，并加以比较、分析、综合、归纳，把新的信息与旧的有关信息相联系，思索它们之间的关系等，这就是我们通常讲的思维活动。在积极的思维活动中，必然会产生矛盾，从而引起不少疑问。因此在学习中提出问题，是积极思维的结果。学问学问，就是学习一定要问，问了才能有学问。我曾经说过，不会提问的学生不能算是好学生。因此，老师要鼓励学生发现问题、提出问题。启发式教学与注入式教学的区别就在于能不能启发学生的思维。启发式教学不能理解为老师提出问题让学生思考回答，更重要的是去启发学生思考而后提出问题。

这就要求我们一改过去重结果轻过程的传统。过去我们往往把现存的结论告诉学生，学生记住了这些结论就算掌握了知识。这只是死知识，不是活知识。活的知识应该知道它的源头在哪里，怎样流过来的，还将流到哪里去。也就是让学生了解知识产生的过程，思考知识未来的发展。科学的发现和发明，一方面要靠知识的积累，同时要靠对原有知识的质疑，指出它的不足和谬误并加以纠正，科学才能向前发展。我们要培养学生的创新精神和创造性思维，就要在平时教学中重视引导学生提出问题。

这就需要给学生留有思考的空间。我们在课堂上"满堂灌"，在课下又布置了许多作业，让学生用什么时间去思考？因此，要减轻课业负担。让学生有时间思考，有时间去广泛学习其他知识。知识面拓宽了，思路打开了，自然就会提出更多的问题。

第四，重视非智力素养的培养。非智力素养和智慧是有密切联系的。思想品德高尚，性格开朗，有坚忍不拔的毅力，学习执着，就能产生智慧。一个心胸狭窄，自我封闭，或者见异思迁，缺乏毅力的人，很难成为大智大勇的人。

去年看到有关诺贝尔奖获得者的报道，使我感触万分。报纸上是这样报道的，摘要如下。法新社芝加哥2003年10月6日电：保罗·劳特布尔对他获得诺贝尔医学奖感到意外，尽管几年来人们一直认为他理应得到这份荣誉。他在办公室对记者说："我感到意外。这始终是个意外，即使人们可能有时会说，他们认为这项成就理应得到这样的承认。可当这份承认真的到来时，这始终是一个意外。"又说："许多方面还在继续改进，这些改进使磁共振成像成为一个更为有效的医学诊断工具。"

据路透社报道，另一名诺贝尔医学奖获得者彼得·曼斯菲尔德从妻子那里得到了获奖消息，他竟以为这只是个玩笑。他对记者说："我根本没有想到这些事。如果有人说你获得了诺贝尔奖，那么90%的人都会说：'哦，算了吧，去蒙别人吧。'"

另一篇报道是，路透社芝加哥2003年10月7日电：今年诺贝尔物理学奖三名获奖者之一的安东尼·莱格特今天表示，在他的学术道路上他最先感兴趣的是古典文学，当时他并无意从事物理这个给他带来荣誉的学科。他说："在我很小的时候和青年时代，我脑子里最不愿想的事就是物理。"又说:"我的爸爸是(中学的)物理老师,但是我的第一个学士学位是古典文学。"他说大学快结束时发生的两件事使他对物理产生了兴趣——一是苏联1957年发射了第一颗人造卫星斯普特尼克1号;二是一个过去曾当过数学教师的退休牧师"照顾着我,教给我很多事情""让我有了学习的信心",后来重新开始,拿到了第二个学位——物理学学士。

这三篇报道,不仅反映诺贝尔奖获得者的高度谦虚,怀着一颗平常人的心,而且说明,诺贝尔奖获得者不是培养出来的,而是靠他们自己对研究的兴趣、执着、勤奋获得的。如果说教育有什么功劳的话,那就是学校教育培养了这些诺贝尔奖获奖者求知的兴趣、执着的精神和坚忍不拔的意志。这就是大智大勇的范例。我们的学习学和智慧学不是可以从中得到一些启示吗?

教育忧思录之一*

20世纪80年代，世界上掀起了一阵教育危机风。美国著名教育家库姆斯就写过一本书，叫《世界教育危机——八十年代的观点》。1991年我访问美国时，曾经和美国的教授讨论过教育危机的问题。我问他们："你们为什么动不动就说危机？"他们回答得很干脆，说："危机与机遇同存，有了危机感，就会去想办法克服危机，机遇也就在这个时候产生。"我听了很有感慨。但是，我们不讲危机，似乎社会主义就没有危机，讲危机就是诬蔑社会主义。其实社会主义也有危机，尤其是在社会主义还不成熟的时期。没有危机感，不去克服它，那才是真正的危机。否则为什么东欧会巨变，苏联会解体？这些不值得我们深思吗？所以时时要有居安思危的意识，才能立于不败之地。

我国教育有没有危机？这可能是领导不爱听的问题。但客观事实是危机是存在的。说教育有危机，并不抹杀教育事业所取得的成绩，只是说教育在发展过程中遇到较大的问题，这些问题不解决，就会影响到教育的发展，解决了，我国的教育就会有较大的发展。一句话："危机与机遇同存。"

那么，就来说说当前教育的危机，或者叫忧思吧。忧思之一是高等

---

* 原载《教育参考》2004年第3期。

教育扩招所带来的质量问题。毫无疑问，扩招是必要的，这是社会发展的需要，是青年求学的需要。但连续三年扩招带来的问题也不少。第一是教师队伍和物质条件的不足，特别是教师队伍严重不足。从数量上讲，师生比例已达1∶20之巨。按国际上通常的标准，大学教师与学生的比例大致在1∶10到1∶14的样子。我国的师生比例已超出了约一倍之多，恐怕已经超过警戒线，不能不引起我们的忧思。

第二是扩招带来的就业问题。就业难已经成为不争的事实。当然，就业难并不等于人才的过剩。我们这样一个有13亿人口的大国，而且是在经济高速发展过程中，每年有几百万大学毕业生就业，不能就说太多了。高等教育的毛入学率还只有17%，远远低于发达国家。但是为什么会出现就业难的问题呢？这说明我国高等教育结构不能适应我国经济和社会发展的需要。就业难主要表现在结构性就业上，有些专业人才紧俏，有些专业人才过剩。另外，极需要人才的地方，如西部地区和农村，却极少有人愿意去，人才充足的大中城市却出现几个人、几十个人争一个岗位的现象。扩招的时候，许多学校是盲目的，并未做仔细的市场调查，只根据学校的可能，有什么专业就招什么专业，并未考虑社会的需要。

第三是扩招带来了高等学校的升格风。有些中专升格为高专。例如，中等师范学校，因为要提高小学教师的学历而逐渐消亡，不少升格为师专；有些高等专科学校升格为本科院校；还有不少专科院校因合并而搭车升格为大学。这种盲目升格造成整个学校水平的下降。这种升格风固然反映了各地经济和社会发展需要高级专业人才，但高等教育发展也有自己的规律，破坏它的规律，高级专业人才培养的质量就难以保证，最后还是会危害到经济和社会的发展。

这些问题不是值得我们忧思吗？忧思以后就要想出路。出路何在？我想唯有改革和创新。

第一，高等教育制度要创新。要严格按照不同层次不同结构来建构高等教育的体系。严格刹住盲目升格风。重视高等职业教育的发展，把高等专科学校的学制限于两年，把培养目标设定在培养有一定理论水平的应用型人才上，课程设置防止向本科靠齐而成为本科的压缩饼干。分层管理，教育部把中央管辖的"211工程"学校管好，确保其"国家队"一流的水平；其他院校地方管理，在竞争中提高质量和水平。

第二，加强师资队伍的建设。切实实行岗位聘任制。现在并未实行真正的岗位聘任制。真正的岗位聘任制应该通过竞聘促进流动，从而促进学科的发展、学校的建设。现在的聘任制还局限在学校内部，仍然有因人设岗、论资排辈之弊。应该打破学校界线，把岗位公布在网上，大家来竞聘。当然，这种做法不能一步到位，可以逐步实施。北京大学实施人事制度改革是一个突破，但靠北京大学一个学校搞起来是远远不够的，应该全国学校或大部分学校同步实施，教师队伍才能被激活和流动。有如池塘里的水，几个池塘连起来，并和外面大河相连，才能使池塘的水活动起来，一个池塘的水，怎么搅它，仍只是一个池塘的水。

第三，政府还要增加投入。现在高等学校的经费，国家拨经费只占50%左右，一半经费要靠学校自己创收，学校给教师发的学校津贴和奖金都是要由学校或学院自己创收。这就造成了学校主要领导和教师不能把全部精力用在教学上，许多教师有第二职业，生活在一种功利主义的环境中，不能静心教学和做学问。这种状况长此下去，不仅学校的教学质量难以保证，科研水平不能提高，而且会贻误一代青年学者。政府增加投入有没有可能呢？我认为是有可能的。我们可以算一笔账。1996年中央财政支出占GDP的11.69%，教育经费占GDP的2.46%，占中央财政支出的21.06%；2002年中央财政支出占GDP的21.56%，教育经费占GDP的3.41%，占中央财政支出的16.13%。2002年教育经费占GDP的比重有所增加，但占中央财政支出的比重却减少了。当然，中央财政支出每年不可能是一样的，不同的年份会有不同的投入重点。但如果把教育放在社会主义现代化建设的战略地位，再加上教育经费尚未达到原定的占GDP 4%的计划指标时，似应增加投入。我们常常讲，我国是穷国办大教育，但我们在全面建设小康社会的过程中，何时摘掉这个帽子？

第四，调整专业结构，按需招生，遏制长线专业，扩充短线专业，培养经济和社会发展需要的人才。过去招生只是按照学校现有的系科，照顾到系科教师的"饭碗"，很少考虑社会的需要和毕业生的出路。所以造成毕业生就业的困难。应该调整这种关系，同时调整专业结构，使它适应我国经济和社会发展的要求。当前要大力发展高等职业教育，培养大量的作为世界工厂所需要的高级技师和第三产业的技术、管理人才。

第五，加强评估。以评促改，以评促建。改变当前不同教育行政部门分散的评估方式，那种评估只能增加学校的负担。实行以学校自评为主，综合评估的方式。重在平时信息的采集，通过中介组织进行客观的评估。我反对学校排队那种不科学的做法，但可以把学校分成等级层次，每个层次中都会有办得好的学校，都会出名牌。要鼓励不同层次的学校正确定位，在各自不同的层次上办出特色，争创名牌，不要用一种标准评价所有的学校。

教育忧思录之二*

　　素质教育推行十多年来已经家喻户晓，但却未深入人心。不少校长和老师向我诉说他们的苦恼：明知素质教育才是育人之道，但是升学率又是上级领导和广大家长最看重的东西，如何在两者之间找到平衡，真是比登天还难。

　　为什么在我国推行素质教育这么困难？究其原因，这是教育资源不足与需求旺盛之间矛盾的反映。资源不足表现在量上，也表现在质上。表现在量上，就是高等教育的学额不足，不能满足广大青年升学的要求。自1999年连续三年高等学校扩大招生以来，我国高等教育有了很大发展，招生人数三年翻了一番，在校人数2002年就达1 462万余人，其中普通高校在校生903万余人，高等教育毛入学率已达15%（2003年达到17%）。即使如此，仍不能满足广大家长的需求。对于家长来说，特别是独生子女的家长，孩子升学是百分之百的问题。于是家长对学校造成很大的压力。资源不足表现在质上，则是优质教育资源的匮乏。中小学发展极不平衡，过去的重点学校经过几十年的建设积累，成为众人心目中的优质资源，家长学生趋之若鹜；薄弱学校则受到群众的冷落。入学竞争从小学就开始。所谓入学竞争，实际上就是争夺优质资源。高考是竞争接力赛中的

＊　原载《教育参考》2004年第6期。

最后一棒。为了最后一棒能取得胜利，前面几棒的竞赛就很重要，因此，应试教育不仅在对付高考上，而且从中考就开始，甚至比高考的竞争更激烈。因为全国高中毕业生高考的录取率已达58%，而中考中重点中学的录取率往往只有10%。这种恶性竞争不解除，素质教育难以推行。

地方行政部门对学校的压力也不能低估。地方领导对教育最关心的也是高考升学率，并把它作为自己的政绩来看待。因此，如果升学率比上年高了，领导就会很高兴，又是表扬又是奖励；如果升学率下降了，学校的日子就不好过了。所以，对学校来说，素质教育是软任务，升学率才是硬任务。

除了教育资源不足引起的教育竞争之外，还应该看到观念形态上的问题。传统观念对应试教育起到推波助澜的作用。传统观念表现之一是，上了大学才能算人才，不上大学就成不了人才。高等教育的资源总是有限的，特别是像我国这样一个发展中国家，财力有限，经济发展水平对高级人才的需要也是有一定限量的。即使是发达国家，也不是百分之百的青年都能上大学，总还是有一部分青年因为种种原因不能上大学。同时还应看到，暂时不能上大学不等于永远不能上大学，在今天终身学习的时代，学习的机会是很多的。传统观念表现之二是，不仅要上大学，而且要上名牌大学。这几年各地都有不少录取生因为录取的学校不理想而不入学的。许多重点学校已经不是在讲究一般的升学率，而是讲究考入重点大学的升学率。这样的竞争何时能了？即使高等教育入学率达到百分之百，也还存在着不同水平的高等学校。这种竞争完全是人为造成的，极不利于素质教育的推行。

当然，有的校长讲，追求升学率与推行素质教育是不矛盾的。从理论上讲确是没有什么矛盾，而且学生的素质越高，升学的概率也就越高，应试的能力、竞争的能力也是一种素质。但是在实际生活中不难看到，学生在升学压力上，起早贪黑，埋头苦读，且不说健康受到影响

（据说有一所学校竟然规定学生不得在晚上12点以前睡觉，而且每天要求家长签字证明），心理常常被扭曲，他们也没有时间学习自己喜爱的科目，培养自己的创造性思维和实际能力。这样的人才是21世纪所需要的吗？是不是值得忧虑？

解决应试教育，还得多方面着手，全社会努力。

首先，要扩大教育资源，特别要加强薄弱学校的建设，缩小薄弱学校和重点学校的差距。加强薄弱学校的建设重在教师队伍的建设上。硬件建设是必要的，但只重视硬件建设，不重视软件建设未必能改变学校的面貌，关键还在于教师队伍的建设。应该让重点学校帮助薄弱学校教师的成长。最好教师之间有交流，重点学校的骨干教师到薄弱学校去兼课，或者带薪服务一至两年，把薄弱学校的教师带起来；薄弱学校的教师到重点学校去进修。如果这种方式难以做到，至少重点学校的骨干教师可以抽出一定的时间，如每周一次到薄弱学校去指导。

其次，是减轻对学校的压力，特别是地方领导不要向学校施加压力，要把眼光放远一些，不要看一时一事的得失。只要学校办学有思路，办学有特色，学生素质有提升，学校自然就会出成绩，升学率自然就会提高。

再次，要改革考试制度。新课程改革已经在全国施行，新课程的理念是很新的，但需要教师理解并善于操作，尤其需要考试制度的改革加以配合。否则有如交响乐团的演奏，乐谱虽然很美，指挥歪了，其后果是可想而知的。

最后，还要从观念上转变。家长的观念要随人才市场的变化慢慢地转变，不能强求。但作为懂得教育规律的校长们，尤其是重点中学的校长们，应该从培养人才的大局出发，从观念上加以思考，在素质教育上下功夫，不要在升学竞争中推波助澜。其实重点中学升学率高并不稀奇，因为重点中学的生源本来就好。因此，不要因为争生源再去炒作考上重点大学的升学率。

教育忧思录之三[*]

青少年思想品德问题是当前教育界谈论最多的话题，也是社会上最受关注的问题。可以说，我们年年讲、月月讲、天天讲，要加强青少年的思想品德教育，可为什么就不见成效？据媒体报道，近几年来青少年犯罪率逐年上升，学校暴力时有发生，同学之间冷漠，对别人缺乏爱心和诚信。看到这些报道真感到触目惊心，忧心忡忡。我们的教育到底出了什么问题？如何加强和改进青少年的思想品德教育？

我觉得，青少年中出现的问题，根子还在成人社会。如果成人社会问题不解决，光依靠学校的思想品德教育是无法解决青少年的问题的。学校天天向学生讲，做人首先要诚信。但是社会上有多少不讲诚信的事实？前不久宁波有所小学把学生的艺术作品拿到街头义卖，用于向贫困地区学生献爱心，每件作品卖10元。有人多次用百元币值的钱去买这些作品。学生们对这些购买者还一再表示感谢他们献了爱心。后来才发现，他们竟然用的是假币，买一件作品可以找回90元真币。他们不仅骗取了学生的金钱，还骗取了学生的诚信。这是多么可怕的反道德行为，给学生带来多恶劣的影响？！不久前电视台还播放了一则消息，6个孩子去游泳，其中一个孩子溺水了，另一个去救他，溺水的孩子被

---

* 原载《教育参考》2004年第12期。

救了，但救人的孩子却溺死了。其他孩子，包括被救的孩子在内，眼看着救人的孩子即将溺死，却不仅不设法去救他，反而集体逃跑了，若无其事地玩耍去了。孩子失踪后老师找这五个孩子谈话，居然异口同声地回答不知道。其中有一个孩子最后说出了事实的真相，而被救孩子的家长居然不承认自己的孩子是被溺死的孩子救起的。看了这则报道，感到无比的悲哀。我们的成人如此恶劣的品德，能要求他们的后代有高尚的品德吗？社会上的腐败奢侈、欺诈诓骗正在侵蚀着青少年的心灵。救救孩子，应该从救救成人开始。

学习的压力是促使青少年堕落的另一个原因。青少年本来是爱学习的，天生的好奇心是学习的内在动力。但是现在学校的学习是在应试的压力下进行的，学习不是为了满足学生的求知欲，而是为了升学，为了考试。学校课程难度越来越大，老师布置的作业越来越多，家长的期望越来越高，学生在重重的压力之下透不过气来，稍有不慎，学习就跟不上。于是有的学生就自暴自弃起来，或是到网吧去找刺激，或是出现反社会的行为。任何事物在受到压力的时候总会有反作用力。人受到压力也会反抗。学生无力，只能采取消极的行为。这种消极行为的破坏力是很大的。据2003年11月18日《北京晚报》的报道，"暴力家庭教育酿惨剧，十六岁少年手刃生母"；2004年9月29日报道，"初中生被评为'最差生'服毒身亡"。这两个事例说明学生受到压力以后反抗的两种形式，虽说是少数，但已不是个别现象。又据报道，一份由上海市卫生部门和教育部门联合进行的"上海市中小学生自杀行为及危害因素研究"表明，高二学生自杀意念的发生率高达37.93%，小学五年级学生为18.16%，初中生接近24%（《北京晚报》2004年6月30日）。多么可怕的数字。原因在哪里？就在于各方面向学生施加的压力太沉重，我们的学生经受不了。河南省郑州铁路公安处的民警在一段时间内，在车站、货场、旅客和货物列车上相继救了30多名离家出走的孩子，其中因为学习成绩不好受到教师和家长的歧视和惩罚而离家出走的就占19人，因父母离异、家庭缺少温暖而不辞而别的有8人，家长粗暴随意打骂，致使孩子赌气离家出走的有6人（《光明日报》2001年8月23日）。这些事例都说明一个问题，学生受到的压力太大，无法承受。因此，在加强和改善青少年思想品德教育的同时，首先要设法减轻对学生的压力，减负主要减轻学生的心理负担，使他们对学习有兴趣、有信心，否则一切教育都是无力的。

教育观念和教育方法需要改善。要牢牢记住，没有爱就没有教育；没有兴趣就没有学习。我们绝大多数的老师是热爱学生的，但却有许多教师不知道怎样爱学生。爱学生要建立在信任和理解的基础上。只有信任学生，尊重学生才能教育学生；只有理解学生，理解他们的需要，才能有目的地因人而异地教育学生，学生也才能理解老师的用心。现实生活中因为老师对学生的歧视而引起学生的不满以至于走向堕落的现象并非没有。我在一次偶然的机会，在飞机上读到一份《三秦都市报》，刊登着一部报告文学的连载，标题为《谁毁了孩子》，记载着一名中学生由普通初中考上了重点高中，本来功课很好，却因为一名英语老师歧视从普通初中考来的学生，用种种语言污辱她，使她因害怕、紧张而各门学习成绩不断下滑。看了令人十分气愤。因此，加强师德素养、改善教育方法是加强学生思想品德教育的前提。以上这篇报道是摘自中国青年出版社出版的《毁了孩子一生的一件小事》，作者是吴宓雯。文章标题下有一段话，很值得教师和家长们深思：

"如果一个孩子生活在批评之中，他就学会了谴责；如果一个孩子生活在敌意之中，他就学会了争斗；如果一个孩子生活在讽刺之中，他就学会了胆小；如果一个孩子生活在耻辱之中，他就学会了负罪；如果一个孩子生活在鼓励之中，他就学会了自信；如果一个孩子生活在表扬之中，他就学会了感激；如果一个孩子生活在认可之中，他就学会了自爱；如果一个孩子生活在诚实之中，他就学会了相信。"

我对"县中现象"的一点看法[*]

最近《中国教育报》连续发表几篇报道，讨论"县中现象"。该报记者要我发表点看法。我认为"县中现象"，只是一种现象，不能说它是好是坏，需要透过现象看本质。也就是说，不能笼统地说，办好一所县中就是教育不公平。要看这所县中是怎样办的，办学的方向是否正确，是否真正培养人才，还是只顾片面追求升学率，不顾学生素质的全面发展。

办好一所县中是在完成普及九年义务教育的基础上，在教育资源还不足以普及高中的情况下必然会出现的现象，有它发展的规律性。只要回顾一下我国教育发展的历史就可以看清楚。我们现在都在批判重点中学，但在25年以前呢？邓小平提出要办好一批重点中学。这个决策在当时是具有重大战略意义的。因为当时国家财力有限，但又急需人才，需要为高等学校输送一批高水平、高质量的学生。重点中学的建设为我国培养了一批拔尖人才，功不可没。教育发展到今天，"普九"已经实现，国家财力已经能够支撑更高层次的教育，因而教育均衡发展就提到议事日程。但是我国地域广大，教育发展很不平衡。在中西部县级地区教育还不很发达，地方财力也有限，不能普及高中阶段教育。因此，这

---

[*]　写于2005年9月1日。

些县拿出一部分财力，先办好一所县中，这种做法无可非议。当然，不能牺牲"普九"，也不能不照顾到职业教育的发展，更不能把县中搞得很豪华。现在大家比较有意见的地方，就是许多县中追求豪华，据说有的县中建一个校门就花50万元。这种做法势必会损害"普九"和职教的利益。

县中要办好，主要是要加强软件建设。最关键的是教师队伍的建设和提高管理水平。要有正确的办学思想，就是全面贯彻教育方针，积极推进素质教育，培养符合国家要求的、身心健康发展的人才。现在大家批评的意见是，这些学校成为片面追求升学率的考场，而不是学生学习的学术殿堂。这些和整个大环境有关，与当地的党政领导的观念有关，不能只怪学校。但学校的领导和老师应该有清醒的头脑，树立正确的办学思想，努力提高教育质量。

在目前形势下批评"县中现象"是没有用的。县里财力小，只能办一所高中，有财力可以办县一中、县二中、县三中。关键在于县的领导要有正确的指导思想：第一，在教育布局上注意均衡发展，不能影响义务教育的均衡发展，不能扩大差距；第二，建县中要注重节约，不要追求豪华；第三，不要给学校压升学指标，注重素质教育的推进；第四，要关心软件建设，加强校长和教师队伍的建设。

苏霍姆林斯基教育思想的现实意义[*]

苏霍姆林斯基是我国教育界最熟悉的名字，他离开我们已经有34年的时间，但他的教育思想一直流传在世界各国，至今仍发出耀眼的光芒。为什么他的教育思想能够常葆青春？就因为他的教育思想符合儿童的成长规律，他懂得儿童的心，能用自己的满腔热情灌浇儿童的心灵。

第一，他相信每一个孩子。1960年他写了一本书，就叫《要相信孩子》，这是他的教育信念。他说："我们内心中应当对人，对他身上的良好开端具有无限的信心。"每个教师都应该有这种信念。我国社会正处于转型时期，青少年的思想有点混乱，出现了不少问题。但我们坚信每一个孩子都是要求上进的，都是可以教育的。只有有了这种信念，才能做好教育工作。

他认为每个人身上都具有某些好的素质，教师要善于挖掘这些素质。他说："每一个儿童身上都蕴藏着某些尚未萌芽的素质。这些素质就像火花，要点燃它，就需要火星……教育最最重要的任务之一，就是不要让任何一颗心灵里的火药未被点燃，而要使一切天赋和才能都最充分地发挥出来。"

教师要相信学生，还要让学生自己相信自己。为了建立孩子的自信

---

* 写于2004年10月29日。

心和自尊心，老师要特别注意自己的一言一行，不说损害学生自尊心的话，慎重地对待学生。

第二，教育的目标就是要培养和谐全面发展的人。什么叫和谐发展？他说："所谓和谐的教育，就是如何把人的活动的两种职能配合起来，使两者得到平衡：一种职能就是认识和理解客观世界，另一种职能就是人的自我表现，自己的内在本质的表现，自己的世界观、观点、信念、性格在积极的劳动中和创造中，以及在集体成员的相互关系中表现和显示。"又说："和谐的教育就是发现蕴藏在每个人内心的财富。……就是使每个人在他的天赋所及的领域中最充分地表现自己。人的充分表现，这就是社会的幸福，也是个人的幸福。"他的话语中充满了以人为本的精神。他说，每个教师都应该想一想，我们要把学生培养成什么样的人。我们培养的就是和谐的全面发展的人。

在人的和谐发展中，他特别强调要培养学生的精神生活。他认为，我们要培养的人，不只是有知识、有职业、会工作的庸庸碌碌的人，而是要培养大写的人，就是有高尚的精神生活，有理想、有性格、关心别人、关心集体的人。他说，我们时刻不能忘记，"有一样东西是任何教学大纲和教科书，任何教学方法和教学方式都没有作出规定的，这就是儿童的幸福和精神生活"。他说："我认为教育的理想就在于使所有的儿童都成为幸福的人，使他们的心灵由于劳动的幸福而充满快乐。"要做到这一点，就需要把学校各方面的工作结合起来。

学校里智育当然起着重要作用，但是，获得知识是为了以后能创造性地工作，造福于人类，成为一个文明的人。他说："对我这个教育者来说，一件必需的、复杂的、极其困难的工作，就是使年轻人深信：知识对你来说之所以必不可少，并不单单是为了你将来的职业，并不单单是为了你毕业以后考上大学，而首先是为了你能享受一个劳动者的丰富的精神生活；不管你是当教师还是当拖拉机手，你必须是一个文明的人，是你的子女的明智的和精神上无比丰富的教育者。"他认为，知识既是目的，又是手段。知识不是为了"储存"，而是为了"流通"。教师不只是让学生记住知识，而且要注意发展学生的精神世界。

苏霍姆林斯基很重视和谐教育中的道德教育。他说："形象地说，道德是照亮全面发展的一切方面的光源，而同时又是人的个性的一个个别的特殊的方面。"他强调道德教育要从童年抓起。童年时代由谁来引路，周围世界中哪些东西进入他的头脑和心灵，这些都决定着他今后将成为一个什么样的人。对祖国、对劳动、对长者、对同志的关系都应在孩子开始观察、开始认识、开始评价周围世界的时候就开始培养。

他十分重视智育与德育的关系。要防止教学与教育脱节。即防止在传授那些本来可以培养高尚的心灵的知识时，不去触动学生的思想，不使知识转化为学生的信念。也就是说，道德教育要渗透到教学中。

同时他又认为，道德教育也要有自己的独立大纲。他说："我们形成学生的某种品质，并不是单凭某种措施完成的，而是种种信念和实践的结合。因为人的道德品质的形成并不是由某个螺钉装配起来的，而是和谐教育的结果。"

和道德教育紧密相连的是美育。他认为："美——是道德纯洁、精神丰富、体魄健全的强大源泉。美育的最重要的任务是，教给儿童从周围世界（自然界、艺术、人与人的关系）的美里，看出精神的高尚、善良和诚挚，从而在自己身上来确定这些美的品质。"

他把美育与情感教育相提并论。所有德育手段不能达到的精神世界，美育的手段则能触及它。听一支曲、看一幅画，能给人以"无言的"陶冶和感染，文艺作品用艺术形象来打动读者和观众的心灵，这一切都很容易进入学生的精神世界。他提倡从校园环境、教室布置、师生仪表到音乐、体育、美术教学都要做到外表美和精神美的统一，以培养学生认识美和创造美的能力。他说："学生走进校门，他所看到的一切都应当是美的。"

苏霍姆林斯基坚持对学生进行劳动教育。他说:"每一个人,从童年时,特别是从青少年时起,应该理解自己精神生活完满、劳动愉快和创造的幸福。"因此,只有当劳动成为儿童精神生活的需要时,它才能发挥巨大的教育作用。应当让孩子从童年开始就能领略到劳动的乐趣。在帕甫雷什中学,不同年龄儿童都选择了各种形式的劳动。

苏霍姆林斯基还十分重视学生的体育保健工作。

第三,让学生的个性得到充分的发展。他认为,学生都是具体的,没有抽象的学生。学生的禀赋、才能、爱好和特长是各不相同的,要让他们充分发展,就要提供良好的条件。他说,为什么经常在一年级就出现成绩不好、落后的学生呢?这就是因为在智力劳动领域中没有对孩子个别对待。他说:"教学和教育的艺术和技艺就在于揭开每个儿童的力量和可能性。"帕甫雷什中学在解题时把学生分成几个组。

他提出学校要达到三项具体要求:

一是让每个学生都有一门特别喜爱的学科,鼓励他"超纲"。

二是让每个学生都有一样入迷的课外制作活动。

三是让每个学生都有他自己最爱读的书。

他说:"如果一个学生到十二三岁在这三方面还没有明显的倾向,教师就应当为他感到焦虑,必须设法在精神上对他施以强有力的影响,以防止他在集体中变成一个默默无闻,毫无长处的'灰溜溜的'人。"所以他非常重视培养学生的学习兴趣。

第四,苏霍姆林斯基提出要慎重对待评分和惩罚。他说:"对孩子来说,教师最大的不公平是不公平地给一个不及格的分数,而且还要让家长来处罚他。""只有当师生关系建立在彼此信任、善意相信的基础上时,评分才能成为激发起积极的智力劳动的推动力。""决不能让分数成为儿童的镣铐,来束缚住儿童的思维。"

惩罚更要慎重对待。他说:"惩罚是一种敏感性强,不无危险的教育手段。"教师往往在运用这种手段时犯错误。有时教师认为极轻的惩罚,儿童却认为是极大的不公平。他说:"谅解对一个人在精神上的触动要比惩罚强烈得多。"

苏霍姆林斯基的教育思想有丰富的内涵,我这里只举出其中几点。从以上几点我们不是可以充分感觉到苏霍姆林斯基的教育思想正是我们今天应该提倡的吗? 我们提倡素质教育,就是要让学生和谐地全面发展。中共中央、国务院《关于深化教育改革全面推进素质教育》中指出:"实施素质教育,就是全面贯彻党的教育方针,以提高国民素质为根本宗旨,以培养学生的创新精神和实践能力为重点,造就'有理想、有道德、有文化、有纪律'的、德智体美全面发展的社会主义事业的建设者和接班人。"

我们推行素质教育步履维艰,原因是很多的,有些是学校和教师无能为力的。但作为教师来讲,我们的教育思想是否需要端正,我们的教育方法是否需要改进呢? 不是很值得我们思考吗?

谈谈学风问题*

　　非常高兴你们邀请我来参加会议。我与中青年教育理论工作者分会是有感情的。回想15年以前，1989年你们在大连召开第一次会议，要求成立中青年理论工作者研究会。众所周知，那时的形势，让有些同志有点害怕。但是中国教育学会的老会长张承先同志还是比较开放，很有远见的，认为应该支持中青年这种合理的要求，中青年是我们的未来，教育科学的繁荣要靠他们。学会就让我来联系这项工作。我也认为，中青年的要求是合理的。因为过去开会，总是老专家占据了讲坛，没有中青年专家讲话的机会。中青年理论工作者研究会的成立就给中青年理论工作者提供了一个讲坛。在研究会成立之前，做了几年准备，每年都由我主持年会，以中青年理论工作者为主，也请一些老专家参加，效果很好。1993年就正式成立了中青年教育理论工作专业委员会，我就完成了历史使命，就由你们自己组织了，我就没有再参加，但我一直关心你们的研究会，也想有机会参加会议，向中青年学者学习。

　　来参加会议，总要讲几句话。今天我想谈谈学风问题。学术研究存在一个学风问题。学风是什么？毛泽东在延安"整风运动"时说过，学风问题实际上是思想方法问题、工作作风问题。当前我国学术界的学风

＊　原载《中国教育学刊》2006年第3期。

不能说很好。当然，大多数学者是严谨笃学的，但是不能不看到学术界弥漫着一股浮躁的功利主义作风。大家只要到书店里去转一转，就知道教育书籍是最多的一类书，真可以说是多如牛毛。但是真正有学术价值的，能够保存一段时间的究竟有多少？1925年清华大学成立国学研究院，梁启超向当时清华大学校长推荐陈寅恪。校长问，陈寅恪在哪里获得的博士学位，梁启超说，没有学位；校长又问，有什么著作，梁启超说，没有著作。校长就说，既没有学位又没有著作怎么能当大学教授。梁启超说，要说著作，我的著作可算等身，但我这些著作抵不上陈寅恪的几句话有价值。于是陈寅恪就成为清华大学国学研究院的四位国学大师之一，名垂青史。所以说，做学问不一定要出多少书，更重要的是要甘居斗屋，甘坐"冷板凳"，真正对一些问题有深入的理解、创新的见解，急功近利是做不出学问来的。

当前学风存在的另一个问题是，食洋不化。改革开放以来，大量引进西方的学术著作，这本来是好事。但是，如果食而不化，言必称希腊，则会严重脱离中国的实际，解决不了中国的教育问题。现在有许多文章内容确实很丰富，旁征博引，又是海德格尔，又是哈贝马斯，但使人不知所云。许多文章我是看不懂。所以看不懂，主要因为我的水平太低，但作者是不是也有点责任？你写出来的东西至少不深入浅出，不让一般教育理论工作者看懂。恐怕也不排除有些文章连作者自己也未必真正懂得。这就是食洋不化。我不是反对引用国外的理论，更不反对吸收先进的教育理论。但是学习总要消化，化为我们自己的思想、自己的理论，用自己的嘴巴说出来，总不能鹦鹉学舌，让人听不太懂。我曾经讲过，有四种类型的教师，一种是讲课深入浅出，一种是深入深出，一种是浅入浅出，最糟糕的是浅入深出，我认为最好的教师是深入浅出的教师。希望我们中青年教育理论工作者写出来的文章，一般教育理论工作者都能看懂。

第三，要克服脱离实际，为学术而学术的作风。教育学是一门实践性很强的学科，许多理论都是先从实践中提出来的，同时也是为了解决实际的教育问题。不论是夸美纽斯的《大教学论》，还是赫尔巴特的《教育学讲义纲要》，都是为了解决实际教育问题。但是，我国当前有些学者为了追求所谓学术性，写的著作和论文脱离了教育实际，大谈玄而又玄的"理论"。我不反对教育的基础理论研究，而且认为应该加强。但是这种基础理论是教育应用理论的基础，而非空谈。我国当前教育中的问题太多了，需要我们从理论上去探讨。我希望中青年理论工作者多研究一些当前教育问题，从学理上分析教育现象，给广大教师一种理性的启示。

另外，学术研究要提倡讨论争鸣。百家争鸣，百花齐放，学术才能繁荣。研究会开年会，开研讨会都是提供争鸣的平台。争鸣和讨论要心平气和，互相切磋，互相学习。宋代淳熙八年（1181）朱熹就曾经邀请陆九渊到白鹿洞书院讲"君子喻于义，小人喻于利"，为不同学派在同一书院讲学树立了典范。我们要继承和发扬这种优秀传统。

学术界要讲团结，讲宽容，讲海纳百川。我们要创造不同的学派，但切不可形成帮派。创造学派是建立中国特色的教育理论体系，繁荣学术。我国教育界至今还没有自己的学派，还不能走入世界教育学界之林，这就需要创造有我国特色的教育学派。这个任务就落在你们中青年教育理论工作者的肩上。我们老一代的教育理论工作者已经没有能力完成这个任务了，要靠你们了。

但不能搞帮派。不要分什么东派西派、南派北派。我们老一代教育理论工作者是很讲团结的。拿我个人为例，我虽然在北师大工作，但受到华东师大刘佛年、瞿葆奎、赵祥麟、张瑞璠等教授的提携和帮助。我主编的《教育大辞典》就是刘佛年教授竭力推荐的，而且张瑞璠先生屈尊做我的副主编。其他如河北大学的滕大春教授、浙江大学的王承绪教授、西北师大的李秉德教授等，我都把他们视为老师。我这个人没有什么学问，全靠老一辈老师以及同一代的学者帮助支持才做了一点工作。我校王梓坤院士有一次说，一个人成名是"七分成绩三分捧"，我觉得很有道理。我可以说五分成绩都不到，是大家吹起来的，同时身处北京，给了我很多便利条件和机遇。所以我首先要感谢老一辈学者、同代学者以及中青年学者对我的帮助和信任。我希望中青年理论工作者更加团结，互相学习，互相坚持，为建立有中国特色的社会主义理论体系而努力。

也谈"教育是什么"*

　　自从有了人类社会，就有教育的存在。教育是什么，本来是不成问题的。当然，要给它下一个科学的定义却不是容易的事情。对教育的本质属性（注意！这里指的是本质属性）有各种各样的解释，这是因为，教育既具有永恒性，又具有历史性。不同的时代对教育总有不同的要求，不同时代、不同利益集团的人又对教育有不同的认识。但是概括起来讲，教育就是传递社会经验并培养人的社会活动。这已经被教育界所共识。广义的教育是泛指影响人们知识、技能、身心健康、思想品德的形成和发展的各种活动；狭义的教育主要是指学校教育，即根据一定的社会要求和受教育者的发展需要，有目的、有计划、有组织地对受教育者施加影响，以培养一定社会（或阶级）所需要的人的活动（参见《教育大辞典》）。教育是有时代性、历史性的。不同的时代有不同的教育目的，就有对教育的不同认识。而教育的本质往往主要体现在教育的目的上。我们的时代，我们的国家，对教育的要求就体现在我国的教育方针中，在1985年中共中央《关于教育体制改革的决定》中说得更具体，那就是我们培养的各种人才，"都应该有理想、有道德、有文化、有纪律，热爱社会主义祖国和社会主义事业，具有为国家富强和人民富裕而

---

* 原载《教育是什么》，北京，商务印书馆，2000。

艰苦奋斗的献身精神，都应该不断追求新知，具有实事求是、独立思考、勇于创造的科学精神"。可见我国教育目的和要求是很明确的。也就是说对教育本质的认识也是清楚的。但为什么现在又提出"教育是什么"的问题呢？问题出在我们的教育实践中没有认真地贯彻教育方针，偏离了我们预定的教育目的，或者叫作教育目的的失落。当前教育中存在着种种弊端，成为教育的异化，或者叫作"反教育"现象。这种现象自然引起了社会各界的关注。于是大家来责问教育界，你们知道不知道"教育是什么？""教育的本质是什么？"实际上，大多数校长和老师并不是不知道当前的教育弊端，而是升学的压力（这是社会问题，不单纯是教育问题）使得教师不得不采取传统的教学方法。当然，由于我国教育发展的不平衡，确有许多校长和教师不懂教育规律，缺乏科学的方法。特别是有不少教师抱着传统教育的旧观念不愿意改变。因此，我们要大力普及教育理论，转变教育观念，深入教育改革，才能培养出我们上述所要求的人才。虽然对于教育方针、教育目的是明确的，但是如何才能达到这个目的，却并不是很明确。当前的教育科学，有点像医学。医学治病救人的目的是很明确的，但因为对某些疾病还缺乏认识，对人的生长、衰老的机制还弄不清楚，因此有些病就治不好。教育也有类似的情况，对受教育者成长的机制还弄不太清楚，所以教育总是不尽如人意。

以吴宗燧为首的"主客体关系学"研究课题组提出了用主客体关系的理论来研究教育问题，倒是给我们提供了一个新视角。主客体关系学认为，人与其他生物一样，总是力争生存和发展，要生存和发展，就要趋利避害，"教育属于人的趋利避害的活动"。他们还认为，人要更好地趋利避害，就要更好地利用客体和改造客体。要利用和改造客体，首先就要正确地认识客体。人对客体的认识，就是对客体提供的"一元四系"的信息进行处理。"一元"指客体的存在，"四系"是指主客体之间和客体与客体之间的部整、因果、共性、相似等四种联系。主客体关系学还认为：所谓生物的进化，主要是指其调节主客体关系"功能"的进化。这种调节功能由两部分组成：一是主体内部的信息处理功能，二是外部的趋利避害功能。信息处理功能又分为三个等级：第一等级是感应，第二等级是感知，第三等级是思维。趋利避害功能与之相对应也有三个等级：第一是适应，第二是利用，第三是创造。而生物的调节功能是衡量生物进化程度的主要标志。微生物和植物，已具有感应—适应功能；动物，具有感应—适应和感知—利用功能；更具有思维—创造功能的就是人。思维—创造调节功能就是头脑的智力或通常所说的"智能"。生物还具有积累遗传的功能，即把前辈获得的信息处理和趋利避害的功能进行积累，并遗传给后代的功能。所以他们认为，"人的教育，或者狭义的教育，应该定义为'智能的积累遗传'，这是人的教育的基本特征，也是人的教育的'本质'"。作者认为，当今的教育，由于思维—智力的机制和规律还没有像基因遗传的机制和规律那样已经被揭示和掌握，所以人的教育只能停留在人们可以认识和把握的外在行为的教育（传授）水平上。所以作者断言，"当今人的教育，'本质上'还是动物式的教育"。传统教育是"传授知识—接受知识"的教育模式，新型教育模式应是"开发智力—培养创新"的教育。（以上均见《教育是什么——智能的积累遗传》一书）

上述观点，给我们很大的启发：

第一，教育研究不应停留在教育的表面教育行为上，还应该深入到受教育者接受教育的内在机制上。主客体关系学的"一元四系"理论给我们提供了有益的思路。20年前我曾提出过"教师主导作用，学生主体作用"，争论了很多年。就是没有从主客体的依存关系上来思考。现在对这个命题已基本达成共识。主客体关系学把这个问题分析得更透彻了。

第二，《教育是什么》一书深入揭露了当前教育中的弊端，深刻地批判了传统教育只传授知识，不培养智能的祸害。重视教育观念的转变，这一点对于教育改革很重要。只有观念的转变，才能有课程的改革，方法的改革。

第三，作者明确提出，新型教育模式应该是创新教育。认为"开发智力"是教育手段，"培养创新"，即培养具有创新能力的人，是教育目的。举了许多生动的例子来说明培养创新能力的重要性和具体的原则及方法。很有说服力，很有可读性。

但是，我认为书中的有些提法值得商榷。首先，作者认为动物也有教育。这是一个有争议的问题。教育理论界一般认为，教育是人类特有的活动，是有目的、有意识的活动。而动物是没有意识的。其次，把传统教育说成是动物式的教育就不合适。前面已经讲过，教育具有时代、历史性。教育为人类的生存和发展起到了重要的作用。任何人也不能抹杀过去的教育（也即传统教育）对人类文明的进步做出的贡献。把传统教育说成是"动物式的教育"，是不是意味着我们今天还没有人类文明，还处在"动物式"的生活中。今天我们来批判传统教育，并不否定它的一切，而只是说它不符合时代的要求，不能培养现代化所需要的有创新精神和能力的人。最后，把教育说成是"智能的积累遗传"也有失偏颇。发展人的智能，只是教育的一个目的，还不是教育的全部。教育要使受教育者在德智体等诸方面都得到发展。特别是今天，人变得愈来愈聪明，也即智能愈来愈高，但道德品质却没有相应地提高。所以世界各国有识之士无不呼吁重视道德教育。我国今天尤其要重视道德教育。有了知识而没有能力是"不能为"，做不出事业来；有了知识又有能力而缺乏高尚品德的人，可能是"不为或为而不当"。所以我认为，素质教育主要是要培养学生正确对待自然、正确对待社会、正确对待他人、正确对待自己。这就是我的素质教育观。

《解读中国教育》序[*]

我是《教育参考》的热情读者，有时也给它写点小文章。为什么我喜欢这本杂志呢？因为它叫教育参考。参考者说话不作数也，也即这里发表的意见不必认真对待之谓也。唯其不作数，作者可以畅所欲言。因此可以在这本杂志中听到不同的声音，有些是很发人深省的。唯其有不同的声音，才能引起争论，所谓"百家争鸣"吧。唯其有了争论，才能辨别是非，认识真理。

教育是很复杂的社会现象，但是又是很普遍的现象。除了文盲外，人人都受过教育；几乎家家都有孩子，除了尚未结婚，或者结婚而未有子女者，都有教育的实际经验。因此大家都是教育者，对教育都有发言权。但是世界上任何事物的发展都是有规律的，教育也不能例外。有经验并不等于认识了规律，也不能证明你有的经验是符合规律的，是正确的。所以说教育是很复杂的社会现象，就是因为它的规律很难发现，很难认识，很难掌握。人类文明已有几千年，人类的智慧已经得到很好的发展。但人是怎么通过教育成长起来的？为什么有些人的智力或体力得到很好的发展，有些人则不是？为什么有些人有高尚的品质，有些人则卑鄙恶劣？至今没有人说得清楚。当然，一般的道理是可以讲的，凡搞

---

* 2000年教师节写于求是书屋。

教育的也都能说出几条教育的主要规律。但一到具体问题却傻了眼，说不出所以然来。教育科学有点像当前的医学，对许多疑难病症说不清楚。教育科学可能还不如医学。医学还可以通过解剖了解个究竟，或者通过阿兔阿狗作个实验。教育可不能把学生的脑袋打开来，也不能用阿兔阿狗做替身。所以怎样搞好教育，真是难！难！难！

正是因为难，所以要集思广益，大家来讨论，把大家的经验集中起来。因为各人的经验未必都是正确的，因此讨论中就会有争论。这种争论是好事，是促进教育事业的催化剂，是发展教育科学的酵酶菌。应该受到教育工作者的欢迎。当然，这种讨论应该在四项基本原则的指导下，这是宪法规定的。

《教育参考》好就好在这"参考"二字。有人认为不好听，希望改个名字。我却认为很好。我有时写点小文章寄给它，也是因为对自己的观点无把握，只能给人家参考参考。其实，教育上的事，除了教育法规定的，中央和教育部决定的，必须认真贯彻执行外，其他报章杂志上发表的文章和经验，恐怕也只能参考参考。如认真考究起来，总是会有争论的。

现在《教育参考》杂志从过去发表过的文章中挑选一部分，编纂成册，名曰《解读中国教育》。这种解读恐怕也只是各人的见解，对别人也只能是参考参考。

以上这些参考意见，是谓之序。

《革新中国教育》序[*]

　　《教育参考》是一本读者非常喜爱的杂志。去年曾经把里面一些文章集中起来，汇辑成《解读中国教育》，今年又喜见新的汇辑出版。非常惭愧，我好久没有给杂志写稿了。对于教育，不是没有话好讲，而是要讲的话太多了，甚至感到不知道从何讲起，但似乎又觉得过去讲得太多了。大家讲了那么多，效果又如何呢？当然，我不否定我国的教育在进步：经费投入比过去增加了，课程改革在加速进行，考试制度也在慢慢改革，教育观念在逐渐转变。但一深入到教育实际，却又感到问题成堆：拖欠教师工资问题，义务教育阶段学生辍学问题，教育发展不均衡问题，乱收费问题，师生冲突问题，等等。我就在想，也许教育确是最复杂的社会现象，不像经济活动那样，政策一变，立见成效。为什么是这样？恐怕与我国文化传统有关。教育传统，包括教育观念、教育制度、教育方法无不受文化传统的影响。

　　中国五千年文明史，确实有优秀的文化传统，它影响着中国的教育传统。例如，中国人历来重视教育，上至皇亲贵族，下至黎民百姓，只要有条件，就要让子女读书识字；中国重视道德教育，《孝经》《礼记》就是我国最早的德育读本，儒家"修身、齐家、治国、平天下"更是把

个人修养与国家利益联系起来。又例如，孔子提倡因材施教、《学记》提倡教学相长等教育思想至今犹具有现实意义。但不可否认，中国文化传统中也有不少糟粕，特别是封建文化的糟粕，至今还阻碍着教育现代化的进步。这里不妨举其要者说明一二：

其一，中国封建社会存在的宗法主义传统、官本位的传统影响到教育，就表现在"读书做官"的教育价值观上。当前的教育热，固然反映了中国人重视教育的优秀传统，特别是现在独生子女较多，父母希望自己的子女多受一些教育，望子成龙、望女成凤的心情是可以理解的，但也不排除有些父母受到传统观念的影响，不顾学生的实际，片面追求重点院校，轻视职业学校。

其二，重学术、轻技术的价值观。中国传统把人分成士农工商，士是第一位的，读书为了出仕，即做官。农工商是无须读书的。中国儒家经典中没有教人如何种田、如何做工、如何经商的内容。因此在我国，技术教育长期被排斥在学校教育之外，至今仍然受到世人的轻视，就不足为怪了。在教育行政部门来讲，虽然一再强调职业技术教育的重要性，但也只是停留在口头上。加强职业技术教育是要花钱的，经费的投入应该多于普通学校。现在的状况却相反，不仅如此，上职高缴的学费比普通高校还要多。这怎么能吸引青年人上职校呢？听说不久要召开全国职教会议，但愿能有强有力的措施出台。

其三，科举考试制度对今天考试制度和教学方法的影响。科举本来是选拔文官的考试制度，我国的科举却与教育结合在一起，考试的科目是四书五经，方法是或重帖经、墨义，或重策问、诗赋，特别是到明代成化以后采用八股文，使考试更趋僵化。这种考试制度影响到教学方法，重记忆轻理解，重结果轻过程。死记硬背，缺乏创造能力成了传统教育的顽症，一直影响到今天。

我想不必多举了，因为本文并非专门来论述文化传统与教育的关系的，只是想说明，教育问题解决之难不是偶然的，而是有着深层次的原因。要解决教育问题，需要做广泛的、深层次的研究。需要理清思路，才能从根本上改变教育观念。而这种改变，不是仅指教师和家长，更重要的恐怕还是有决策权的行政长官们。

我在上一辑《解读中国教育》的序中说到，我对自己的观点无把握，只能给人家参考参考。今天写的，仍然是供大家参考和批评。

建设学校文化，营造育人环境[*]

学校是文化教育机构，是传播知识、培育人才的场所。因此学校必须重视文化建设，营造育人环境，使学生在学校中能够生动、活泼、主动地发展。有人会说，既然学校是文化教育机构，它天然就具备了一定的学校文化。确实是这样，问题是学校文化是优秀的还是卑劣的，是先进的还是落后的？如果一所学校，它的办学思想是片面追求升学率，不重视学生的思想品德教育，不重视学生的个性发展，那么这样的学校文化只能说是落后的文化。如果学校的老师缺乏热爱学生的热情，恶言恶语随意伤害学生，这个学校的文化只能是卑劣的文化，或者叫作破坏了学校文化。所以，优秀的学校文化不是自然生存的，而是要全校师生用心营造的。

为什么要建设学校文化？因为学校文化是学校的灵魂，建立了学校文化，全校师生就有了共同的价值观、共同的信念、共同的愿望、共同的努力方向。因此，学校文化起着统领的作用、规范的作用、激励的作用、熔炉的作用，能够凝聚师生的意志、规范师生的行为、激励师生追求卓越、形成积极向上的精神风貌。

学校文化建设包括学校的精神文化建设、制度文化建设、校园物质

---

* 2006年7月26日写于北京。

文化建设、师生行为习俗的建设。其中核心是精神文化建设。学校文化的核心是学校的办学思想、教育理念、价值观念、思维方式。办学思想、教育理念首先表现在人才观上，即培养目标，培养什么人的问题。毫无疑问，学校的培养目标是育人，按照国家的教育方针，培育德智体美全面发展的社会主义建设者和接班人。这一条大家都能背出来。但事实上是不是这样呢？有的学校并不是这样，而是把目标放在追求升学率上。升学率也是需要的，没有升学率家长不答应，社会不满意。但是升学率是要建立在育人的基础上。育人，包括道德品质的形成、体质的增强，也包括知识的增长。在学生的素质全面提高以后，升学率也自然会上去。

学校的精神文化建设还体现在学生观、师生观上。要树立人人都能成才的观念，热爱每一个学生，不歧视任何学生，哪怕他身上有不少缺点；师生的关系是平等的、民主的、互相理解和信赖的、和谐的。有了这样的师生关系，教育才能顺利进行。

学校文化建设还表现在课程上、教学上。当然，课程本身包含着知识文化的传承。但是全校师生如何来看待课程和教学却是值得探讨的问题。有两种态度：一种是单纯地传授知识，缺乏认识探讨课程和教学的文化内涵；另一种态度是，认识到课程和教学是文化的载体，在教学中重视教材中的文化内涵，不仅传授知识，而且重视价值观、思想情感的熏陶。

学校文化建设说到底是校风的建设。什么是校风？校风是指一个学校的思维方式、治学态度。从思维方式来讲，就是学校怎么办，办成什么样子，有什么办学思路。治学态度表现在教师怎么教，学生怎么学的问题上。校风表现在学校的方方面面。表现在领导班子身上就是有没有先进的办学理念，有没有人文管理的精神，有没有组织团队不断学习、不断进步的规划；表现在教师身上就是有没有敬业爱生的精神、教书育人的品质；表现在学生身上就是有没有刻苦钻研的态度、开拓进取的精神；等等。优良校风不是一代人就能建立起来的，而是经过几代人的努力，一代一代传下来，为全校师生所共识，并形成传统。有了这样的传统，学校就有了灵魂。

学校的制度建设也很重要。有了制度就会有条不紊。学校工作的头绪很多，有教学工作、思想工作、后勤保障工作。学校是人群集聚的地方，是最活跃的场所，有人群、有活动就会产生各种矛盾和问题。学校要有成文或不成文的制度，使全校师生知道哪些可以做，哪些不可以做，哪些是谁负责，等等。制度明确，职责分明。制度的建设必须和办学理念相结合，并以办学理念为指导。也就是说，制度建设服从于学校的精神文化建设。

学校文化的物质建设包括校舍的建设、校园的设计、环境的布置等。学校的物质文化建设不仅是学校教育教学工作的保证，而且体现着一个学校的精神，是学校文化外显的部分。学校的物质文化建设要以人为本，特别是要以学生为本。校园物质文化建设要体现学校的主流文化，要让师生感到舒适、多样、整洁、欢快，愿意在这样的环境中学习、生活。学校要重视仪式、标志的建设。一条校训、一枚校徽、一支校歌往往反映了学校的精神面貌。总之，要让学校的一草一木都有教育意义。

学校文化是社会文化的组成部分，因此学校文化首先要认同社会的主流文化。当代我国社会的主流文化是改革开放、继承创新，弘扬中华优秀文化传统，吸收人类一切优秀文明成果，创造社会主义新文化。社会主义荣辱观是社会主义精神文明建设和建设和谐社会的基础工程，也是培养社会主义建设者和接班人的重要内容。因此，社会主义荣辱观应该成为学校文化建设的核心内容。

学校文化不是一朝一夕能够建立起来的，是几代人的努力积淀起来的。今天我们提倡学校的文化建设，不是说抛弃传统，另建一套，相反，就是要去挖掘历史传统，同时根据现在的办学环境、时代的新要求、教育的新理念，在传统的基础上创造新的学校文化。学校文化建设不是学校领导几个人的事，需要全校师生的积极参与、共同策划、细心培育。学习是学校文化建设的动力和源泉。在我国建设学习型和谐社会的今天，学校应该成为学习的典范。通过学习求学校的发展，通过学习求师生的发展，使学习成为学校的主流文化。

铸造大学的灵魂*
——读《现代大学文化学》

　　现代意义的大学可以追溯到中世纪的欧洲。据文献所载，最早的大学是意大利的博洛尼亚大学，距今已有九百多年的历史。我有幸于今年5月参观了这所学校。该校位于博洛尼亚城中心东北的萨帕尼街（Via Zamboni）上，没有统一的校门，一座座学院分布在街道的两旁，街道边上，学院的门口摆满了各种兜卖纪念品的小摊。拿现代大学校园的标准来看有点不像大学。我们首先走进法学院，那是有三层楼房的四合院，院子里三三两两地聚集着许多年轻人，有的拿着书，有的拿着笔记本，上面用彩色笔画得花花绿绿的。通过交谈，原来是法律系二年级的学生，正在等待考试。教育系在旁边另一座楼房里，进门就是一条长廊，门口柜台里坐着一位女士，像是传达室或问讯室，但我们进去却无人阻拦。廊上墙壁上有如布告栏，贴满了课程表和各种通知。楼上就是教室和研究室了。楼梯很古老，树立着罗马式人物雕像。旁边一座楼是信息系，格局基本相同。大致都建在十七八世纪。主楼在街道的南面，建于16世纪。现在主要做图书馆用。楼里廊上树立着在这所学校任过教的著名教授和学者的胸像，但

---

* 　原载《中国教育报》2003年1月30日。

丁的胸像就立在图书馆的门口，给人一种庄严肃穆的感觉。

这所大学没有宏伟壮丽的大门，没有现代化的建筑，没有草坪，但当你走进任何一个学院的院落，你都会感到一种凝重的气氛。那里的每一个廊柱，每一个塑像，每一张布告，都散发出它的历史，它的身份。我想这就是一种文化，一所著名大学的文化。

大学本来就是文化的产物，中世纪时期，许多学者聚集在一起探讨学问，就成了大学。大学大学大家都来学，当时确是这种情况。当然不是我国"文化大革命"时候的那种连文盲都进大学的"大家都来学"。大家学，说的是当时不分老师和学生，大家共同研究学问，探讨真理。最早的大学分科很粗犷，如巴黎大学当时只设四科：神学、法学、医学和文科，而文科是其他学科的基础，读完文科才能进入其他科，因此大学生都有深厚的人文科学基础。当时自然科学还没有从哲学中分化出来。随着欧洲资本主义的发展和产业革命的发生，科学技术有了很大的发展，自然科学逐渐进入大学的课堂。大学的人文科学传统受到了挑战。特别是19世纪中叶以后，科学技术得到迅猛发展，学科开始分化，大学系科也随着学科的分化和工业产品的繁多而分化，自然科学和技术科学在大学中占据了主要地位，人文科学被削弱了。其实，自然科学和技术科学里面也充满着人文精神。问题是，有些大学重技术轻人文，很少注意在自然科学和技术科学中挖掘人文精神。如果一所大学缺少点人文精神，这所大学的文化气息就不会太浓厚。

大学文化不只是表现在学科上，更重要的是表现在校风上。什么是校风？校风是指一个学校的治学态度和思想方法问题。它不仅表现为教师怎么教，学生怎么学，还表现在学校的方方面面。表现为领导班子身上就是有没有先进的办学理念，有没有人文管理的方法；表现在教师身上就是有没有敬业笃学的精神、教书育人的品质；表现在学生身上就是有没有刻苦钻研的态度、开拓进取的精神等。校园的环境、师生谈吐都能反映出一种校园文化。大学是一个人文荟萃的地方，一草一木、一言一行都反映出这个学校的文化。这种文化潜移默化滋润着每一位师生。大学文化是大学的灵魂。

以上是我读了王冀生同志的新作《现代大学文化学》以后最先的感想。此外我想说的是，大学文化这么重要，却很少有人研究它。王冀生同志长期从事高等教育的管理和研究，对这个问题的重要性有独到的见解。他从1996年起就着手研究，仅仅三年，专著就与世人见面了。记得前年（2000年）在广东顺德他向我透露他的想法，征求我的意见。我认为这项工作很有意义，但难度很大。没有想到今年（2002年）夏天书就出来了。敬佩之余，我就想到，这不能不说是得力于他对大学的情结，对大学的熟悉，再加上他的执着和勤奋。对于他的书的内容，我因为读得不细，不能做深刻的评论，也只能谈点感想。

首先，他选择了一个十分重要的题目，特别是在当今各校都在追求办成一流大学的时候。办学追求一流，无可非议。但在追求一流的时候，很少听到大学校长提到要建立卓越的大学文化。如果没有卓越的大学文化，我想难以成为一流大学。王冀生同志的大作不仅是一部研究专著，更是给大学的一盏营养剂，会对大学的办学起到积极作用。

其次，该书紧密结合大学的实际，有理论有实际，读起来感到很亲切，每一章写到的问题都是在大学工作的人每天都能遇到的。但是我们平时可能不经意，读了该书，可以使我们时时注意构建大学的文化，从构建大学文化的视角思考问题。

最后，该书在论述大学文化方面非常全面，从教学到科研，从课堂到校园，从思想教育到学校管理，把学校所有事和物都纳入大学文化中。这是很对的，大学作为一个整体，大学文化自然包括了大学的方方面面。

铸造大学文化就是铸造大学的灵魂。如此重要的课题却研究者甚少。王冀生同志的这部著作不能不说是填补了高等教育研究中的空白。

《大学之道》序[*]

大学之道即通常我们说的大学的理想或大学的理念,不过它更本土化、中国化。大学之道是要回答什么叫大学,大学是干什么的问题。历史上有很多学者就这个问题发表过意见。但是这个问题是常谈常青的。因为时代在发展,社会在进步,大学也在发展,大学肩负的任务也在变化,而且由于各国大学所处的历史环境不同,研究者的视野各异,往往对大学的理解也不同。因此这个问题还有不少学者在探讨中。特别在我国,过去由于在计划经济条件下,学校没有办学的自主权,大学的领导用不着去关心大学怎么办,因而对大学之道很少有人去研究。现在我国已由计划经济转入市场经济,大学也有了部分的办学自主权,再加上我们要建设有中国特色的社会主义高等教育的理论体系,我们就不能不研究大学之道。

王冀生同志长期从事高等教育的领导管理工作,对什么叫大学,大学怎么办,有很多研究和体会。他现在退而不休,把自己的经验和思想总结出来,真是难能可贵,值得钦佩。这部著作从历史和现实两个维度对大学之道作了全面而深刻的分析,内容十分丰富。说它全面,是论著涉及大学的本质、功能、结构、内容等;说它深刻,是论著并不是面面

---

[*]　2004年10月6日写于北京求是书屋。

俱到，而是有一条大学之道的主线，这就是作者在前言中所说的：继承和创新，并提出了今日"大学之道"新的内涵，即"大学之道，在明德崇学，在亲民新民，在多元卓越，在止于至善"。这的确给人耳目一新的感觉。

建立现代中国大学之道，的确需要继承和创新。我国有五千年（近年考古证明应有七千年）的文明历史，我国现代大学虽然是舶来品，只有一百多年的历史，但是它是移植生长在中国这个历史土壤上，因此它离不开历史，离不开中国的传统文化。每个民族文化都有它的优秀传统，中国文化绵延几千年，凝聚了世界上五分之一的人口的智慧，说明它更具优秀的传统。只有认真研究和继承中国文化的优秀传统，才能建设好中国的大学。王冀生同志以中国古典《大学》中说的"大学之道"，即"在明德，在亲民，在止于至善"作为基础，阐发了中国文化中的教育理念，是很有创新意义的。现代大学又是历史的产物，它随着时代的进步不断发展，特别是在当今知识经济的时代，大学的功能已经变化，大学的性质也在起变化，大学必须创新，才能适应时代的要求。王冀生在著作中提到了教育观念的创新、教育制度的创新、教育内容和手段的创新，颇具新意。

中国的大学建设有很多事情要做。虽然改革开放以来，我国高等教育有了空前的发展，但是办学思想在每个大学校长的头脑中并不是很清晰的。可以问一问大学校长，他们现在在忙什么？十有八九会告诉你，第一位是找钱，第二位是搞项目，提高学校的知名度。至于找了钱，搞到了项目为什么，他们并没有认真去考虑。我觉得，当前我国大学的功利主义、名利思想太严重，总想一夜之间就成为一流大学，而缺乏在"大学之道"上下功夫。我认为，大学之道的核心是"育人"、是"创建新的文化"。大学，无论它的功能有多少，育人是根本，忽视了育人，也就不成其为学校。而大学的其他功能也是在育人中完成的。大学需要开展科学研究，创造新的知识，但这一切都是为了提高育人的质量，并且是在吸收学生参与中共同完成的。这就是学校区别于纯粹研究机构的地方。大学也要为社会服务，但这种服务更多的是体现在为社会培养人才上，把学校的科研成果物化到社会上，而不是离开了育人给社会提供什么服务。

大学是传承文化、创造文化的场所。大学的育人是靠传承和创造文化完成的。因此，"育人"和"创造新的文化"是相互依存的。只有文化的传承，才能使学生继承中华文化的传统美德；只有创新，才能培养出符合时代需要的人才。文化创新，不仅要创造新的知识，还要创造新的人生观、世界观、价值观、思维方式。大学是社会中的最高学府，它担负着引领文化潮流的任务。为了担负这个重任，大学首先要建立好自己的大学文化。大学文化是大学的灵魂。办学者应该在铸造大学文化上下功夫，才是真正的大学之道。

中国考试制度改革的出路何在[*]

考试制度改革的话题已经讲了多少年，也改了多少次，似乎至今还不尽如人意。新一轮的课程改革已经拉开序幕，考试制度如何跟上去，是所有教师都关心的问题。有一次我给教师进修班讲课，有一位学员问我：他说他来自农村，他们那里的教师觉得素质教育不好捉摸，应试教育却具有可操作性。老师们担心，课改以后，升学率下降怎么办？这是一个很现实的问题。工作在学校第一线的校长、教师的思维方式与领导的思维方式是不一致的。领导的思维是首先强调培养目标，推行素质教育，为此要进行课程改革，使它符合推行素质教育的要求。校长和教师的思维是，你怎么考试，我就怎么教学，提高升学率是第一要义。为什么有这样大的差异？就因为地方领导和社会对学校的评价标准就是升学率。这是实实在在能够捉摸到的，至于素质教育是没有具体指标的，也与学生能否升学无关。这样，考试制度，特别是中考、高考制度就成为关节点，所有矛盾都集中到这里。现在我国的中考、高考制度可以说是我国科举制度的延续。科举考试把知识分子一分为二，科举及第的进入统治阶级，科举落第的沦为布衣百姓。我们今天的高考也有这点味道，考上大学的将来能够找到优越的职业，过体面人的生活；高考落榜的只

---

* 写于2003年8月19日。

能寻找又苦又累的职业，甚至于失业。这样大的差别自然引导着大家看重升学率。无论是制定素质教育政策的领导，还是普通的老百姓，都希望自己的子女上升学率高的中学，将来能够考上大学。中国考试制度改革之难就难于此。因此，中国考试制度改革的出路只有一条，就是摆脱科举考试的阴影，重辟蹊径。否则，修修补补，解决不了根本问题。

怎样另辟蹊径？这是个难题，我们这一代人的智慧可能无力解决这个难题。我试着说几点不成熟的意见。首先，不能就考试论考试，要改革整个教育制度和人事制度。要把重学历轻能力的人事制度，转变为以能力为主，兼顾学历的用人制度。这样，教育制度就可以相应改革，创办灵活多样的教育体系和结构，把正规教育和非正规教育、正式教育和非正式教育结合起来，给所有希望学习的青年提供各种学习机会，他们不论从什么渠道获得的知识和能力都能得到承认。如果有了这样的康庄大道，就不至于大家都去奔独木桥。

其次，改变一次考试定终身的状况。高考可以分类分层进行，设立多种考试，由考生选择，也由高等学校选择。学生可以选择一种门类考试，也可以选择多种门类参加多次考试，如既可以考理工类，又可以考农林类，或者文史类。以这种方式来测验他的真实能力。当然，这种考试方式费工费时，难以操作。但事在人为，为了要彻底改变现状，就应不怕麻烦。这样的改革，学校教学也就不再像原本那样应付一种门类的考试了。

再次，考试的内容和方式要改革，使它与培养目标和课程纲要的精神和内容相吻合。新一轮课程改革的精神是以学生的发展为本，重视学生的创新精神和实践能力的培养。考试的内容要能考出这种精神和能力来，就要出题者认真研究，甚至要多次试验。这项改革这些年来都在进行，也在不断完善，效果是好的。

最后，高考能否下放到各省、市、自治区来组织？教育部考试中心可以只负责指导作用，必要时起协助的作用，更多的精力用于研究考试制度的改革。各地方也可以结合本地的实际情况进行改革实验。

关于高考改革之我见*

　　高考是全社会关注的问题。所以得到全社会的关注，不仅因为它关系到人才的选拔，还关系到社会公平、每位家长和学生的切身利益。对国家来讲，从国家的利益出发要选拔优秀学生，把他们培养成有利于国家发展的人才；对家长来讲，总希望自己的子女能够考上大学，一方面为国家输送人才，另一方面使子女将来能够获得满意的职业，有更多的发展机会。这两者既有一致的地方，也有矛盾的一端。矛盾的焦点是供给与需求的差距。国家在发展高等教育的时候要考虑到社会对人才的需求、资金的投入，因此高等教育的发展总有一个过程。我国高等教育近些年来发展已经超乎常规，从1998年的毛入学率9.8%上升到2005年的21%，但是还是不能满足广大家长的需求。对家长来说，特别是独生子女的家长，入学率是百分之百还是零的问题。在这种供求的矛盾下就产生了高考激烈的竞争，这种竞争通过高考又影响到中学的教育。因此矛盾似乎就集中到高考上。其实，高考是解决不了这个矛盾的。高考的改革只能是解决如何更好地、更公平地选拔人才，如何影响到中学教育，使它能够更好地推进素质教育。我想，这是对高考的第一个认识。

　　高等学校实行全国统一考试招生以来，社会舆论一直都认为这是当

---

* 原载《湖北招生考试》2007年第2期。

前社会的一块净土，是最公平的。但是随着我国经济和社会的发展，统一高考也暴露出了许多缺点和问题。

问题之一是，地区不平衡。全国统一考试，但录取的分数线不同，造成了地区间的不公平。这是由于高等教育在地区间发展不平衡，也是各地经济发展不平衡所造成的。这个问题本身不是高考的问题。这是各地经济发展和教育发展的问题，也是招生制度的问题。

问题之二是，如何选拔优秀人才。现行的高考制度太单一，每年只考一次，考试的内容主要是书本知识。因此被大家称为"一考定终身"，考核人才不全面。这样，一方面选拔不出有创新精神、全面发展的人才；另一方面考生只此一次机会，一旦因种种原因没有考好，从此名落孙山，这对考生来讲也是最大的不公。因此大家认为高考制度需要改变这种状况。今年（2007年）教育部已经批准广东、山东、海南、宁夏4省区的高考改革新方案，江苏高考改革的新方案也已上报教育部，正在等待审批中。这些新的高考方案大多希望改变这种状况。有的方案设计是3+X+1，如山东省，X代表了文理分科的考试科目，1代表了基本能力考试；有的方案是3+3+基础会考，如海南省，加强了平时的考核；江苏省的方案更繁杂一些，是3+学业水平测试+综合素质评价，规定了必修、选修的科目，学生选择的空间较大。这几个省区高考改革的方案虽然不尽相同，但改革的精神都是一致的，即改变"一次考试定终身"的做法，注意平时的考核，注意学生的选择，同时也考虑到高等学校的选择权。这种改革的精神是值得赞赏的。当然，改革不能一蹴而就，还需要在实施中不断完善。

问题之三是，如何体现教育的公平。这是家长们最关心的问题。近些年来高考制度虽然有许多弊端，但考试严格，录取公开，特别是实行网上公开录取以后，条子少了，也不管用了，因此告状的也少了，家长们心里也平衡了。如今又要改革，家长的心里又在打鼓了，综合素质怎么考核？平时成绩怎么计算？校长、老师是否暗箱操作等。总之，家长们心里不踏实。因此这些改革也需要制度来保证，同时要建立诚信。前几年许多重点大学都有保送制度，但是不少中学在选拔保送生上弄虚作假，弄得大学不再接收保送生。因此树立诚信是当务之急。一个社会如果没有诚信，任何改革都会失败。因此，各中学在评价学生时要公正、有理有据，大学在录取新生时要公开，让群众来监督。许多改革不能等到社会有了诚信再改革，而是要在改革中逐步建立诚信。教育部门是育人的单位，要率先垂范，树立诚信。

问题之四是，如何对素质教育起到推动作用。优秀人才不能光靠高考一时的选拔，更要靠中小学平时的培养。推进素质教育已是我们的国策，考试要为素质教育服务。但是高考实际上起着学校教育的指挥棒作用。因此高考改革要考虑如何有利于中小学推进素质教育的问题。各省区的高考改革方案都考虑到了这一点，例如有些省把基本水平测试、综合素质评价放到高校招生录取的因素之中，有的省允许学生对基础考试参加两次，有的省设立学生选考科目，有些省正在准备高中取消文理分科等，这些都是很好的措施。

今年上海复旦大学的自主招生考试值得关注。自招的大学生报名的有5 800人，初步考试后，入围1 200人。然后组织150名教授进行口试。每个学生口试要经过5名教授，每个教授15分钟，也就是说1个学生可以和5个教授谈话，总共差不多一小时多吧，可以发挥自己的想法。150名教授用了整整两天时间口试了1 200个学生，最后录取了298名。这种做法应该说很周密，通过5名教授的口试，可以较全面地了解学生的知识、能力、思想、举止仪表等综合素质，同时也很公平、公开，因为你不可能找5名教授去走后门。

但是，据报道，针对复旦大学、交通大学等这种自主招生口试办法，上海个别高中已经开设个性化辅导班，提前让学生补习人文知识和进行口才训练，企图用应试教育的方法来对付这种自主考试。中国的社会真是了不得，总是"上有政策，下有对策"！高考怎么改革，学校总有办法来对付！由此想到，思想观念不改变，什么改革都没有用。这种思想观念不仅仅是指教育的思想观念，更重要的是做人的观念，对社会责任感的观念。现在某些学校的校长和教师办学不是为了培养人才，而是开学店，用升学率来招徕学生，美其名曰保持名校的品牌。处处用应试办法来对付高考，难道仅仅是教育的思想观念吗？看到这种报道让人产生一种悲哀。因此，高考招生的改革应该从三个方面入手。

首先，是从思想观念入手，要让全社会认识到，高考是一种选拔人才的考试，不是评价学校的标准。选拔人才人人有责，教育主管部门有责，学校有责，教师有责。教育主管部门有责任公开公正地选拔出真正优秀的人才，学校和教师有责任把优秀的人才推荐给大学，而不能像不法厂商那样想方设法以次充好。有了这种对社会、对国家的责任感，上下同心协力才能把高考改革好。社会要树立诚信风尚，选拔人才尤其要诚信。有些国家为了考核学生的思想品德和对社会的关心程度，要求考生提交中学期间做义工的记录。有人提议我国也应该借鉴这种做法，但是许多人担心在我国这样讲人情的国家，难以防止弄虚作假。

其次，是改革考试制度。制度的改革要根据原有制度的缺陷或弊端，同时又要照顾到历年来的传统，稳步进行，不断完善。改革的着眼点是要有利于选拔人才，有利于推进素质教育，坚持公开、透明、公平的原则。上述几个省区的改革都有积极意义，值得肯定。我个人的想法，有些省市改革的力度还可以再大一些。例如，上海、北京，高等教育的毛入学率已经超过50%，高中毕业生的入学率已接近80%。我想这些地区的学生可以不参加高考，取得高中毕业资格就可以录取高等专科学校。这样就可以解放一部分学生。另外，高考还可以分三个层次：一是基本学业水平考试，考试合格者可以升入高等专科学校；第二个层次是高级学业水平考试，考试合格者可以升入现在所谓二本的学校；第三个层次是重点学校的个别考试或复试、口试。这样考试的次数多一些，学生可能会增加一些负担，但考试的机会多了，学生的心理负担自然减轻。当然，这样的高考缺点是考试的组织工作会很繁重。

最后，除了改革考试制度外，就是要改革考试的内容。考试的内容不仅关系到能否选拔到真正的优秀人才，还关系到中学的课程和内容，影响到素质教育的推进。考什么教什么，已经成为学校的潜规则。现在许多高中常常把高考不考的科目的课时挪作他用，严重影响了学生的全面发展。但是高考的科目又不宜过多，课程中的科目不能门门都考试，那样学生负担会很重，这是一个矛盾。解决这个矛盾的办法就是要坚持去年教师节温家宝与教师座谈时谈到的，考核要综合性、全面性、经常性。所谓综合性，就是要求学生既会动脑，又会动手；所谓全面性，就是要求学生德智体美全面发展；所谓经常性，就是要根据学生长期的学习表现决定成绩。近些年来高考内容也在不断改革和完善，注意到考核学生的能力。山东等4省区的高考改革方案也注意到考试的综合性、全面性、经常性。但如何做到，如何完善，仍然值得考试专家认真试验和研究。

总之，高考是一件十分复杂的事，关系到千家万户。高考改革既要积极，又要稳妥，逐步试点，不断研究，特别是要坚持公开公正的原则，尽量听取各方面的意见，集思广益。我想凭着中国人的聪明才智，这个问题也一定能够圆满解决。我对高考缺乏全面的深入的调查研究，因此只能谈点肤浅的意见，供有关部门参考。

特殊儿童需要关爱*

  党的十六大提出了全面建设小康社会的宏伟目标。为达到这个目标，除了发展经济，改善政治，还要大力发展教育，提高全国人民的素质。在受教育的人群中有上千万的残疾儿童少年，他们的教育值得我们关注。中华人民共和国建立以后，特别是改革开放以来，党和政府一直很重视对特殊儿童的教育，创建了许多特殊学校，如聋哑学校、盲童学校、益智学校等。但由于我国还处于社会主义初级阶段，经济还不够富裕，所以对残疾儿童的教育，从总体上讲，投入是不足的。随着我国经济的高速发展，对这个群体的教育应该被重视。使他们接受与普通人一样的教育，不仅是我国宪法所赋予他们的权利，也是全面建设小康社会的重要目标。只有全国人民，包括有残疾的人群，都提高了素质，都具有较高的生存和发展能力，才能全面建成小康社会。

  首先，要对特殊教育有一个正确的认识。所谓特殊教育的特殊，是指这部分受教育者在生理的或者心理的某个方面有缺陷，阻碍着他们的发展，特殊教育就是帮助他们排除阻碍他们发展的障碍，使他们得到与普通人一样的发展。残疾儿童并非所有智能都丧失，他们往往只丧失一部分器官的功能。通过教育我们可以弥补他们的缺陷，或者使他们的损

＊ 原载《2004年中国特殊儿童教育权利报告》，人民出版社2005年版，题目作了修改。

伤的器官功能得到部分的恢复，或者培养其他器官的功能来弥补某种器官功能的不足。因此，特殊教育的目的与普通教育是一样的，就是促进儿童的身心健康的发展，只是他们需要更多的爱护和帮助。因此，特殊教育不是歧视教育，不是另一样的教育。当然，在教育内容上和方法上需要根据残疾儿童的特殊情况采用不同的方式，但目的同样是促进他们的发展。特殊教育还要向他们传授知识和技能，使他们绝大多数能回归主流社会，成长为自力更生、能为社会做出贡献的人才。

特殊教育的任务是帮助残疾儿童回归主流社会。这需要两个重要条件：一是残疾的儿童要有自信、有能力回归社会；二是社会上的普通人要尊重他们、帮助他们。这两个方面都需要通过教育来实现。因此，特殊教育的任务首先要帮助他们建立自信心、自尊心、自强心。残疾大多是天生的，或者在幼年因事故或用药不当而引发的。儿童自己没有责任，更没有选择，但发展的道路是可以自己选择的。教育首先要帮助他们树立发展的自信心，有了自信心他才会自我发奋图强。这样的实例是很多的，外国的海伦·凯勒、我国的张海迪都做出了榜样。对于正常儿童，我们要教育他们有爱心，懂得尊重残疾儿童，帮助他们、爱护他们。这种教育不仅会影响到他们与残疾的同伴的关系，还能培养他们的爱心、同情心这些人类最基本的品质。

世界各国都十分重视特殊教育，许多国家都制定法律，规定残疾人受教育的权利和方式。当前，特殊教育界流行"回归主流"的教育思潮。所谓回归主流，是指让残疾儿童在受最少限制的环境中接受教育，并设置各种类型的特殊教育形式，制订个别化教育方案，以满足残疾程度各异的特殊儿童的不同需要；使绝大多数残疾儿童尽可能在普通学校或普通班中与正常儿童一起学习，改变以设特殊学习为主、把残疾儿童与正常儿童分开的传统教育方式，达到使残疾儿童从小就能在普通社会中学习、生活，回到主流教育的目的。例如，日本就规定，不单独设立特殊学校，让他们去正常的学校学习。同时规定，只要有2名残疾儿童（他们称障碍儿童），学校就要设立养护班。后来有些地方根据家长的要求，只要有1名障碍儿童学校就要有养护班并配备养护教师。我曾经参观过日本德岛鸣门市林崎小学的养护班，那里有4名智力障碍儿童、2名老师。校长告诉我们，"回归主流"是障碍儿童教育发展的方向。障碍儿童与正常儿童在一起，可以培养他们与正常人一样的生活。同时，可以使正常儿童理解障碍儿童并帮助他们。他说，一般儿童平时很难遇到障碍儿童，学校里有了这个养护班，可以使正常儿童能够接触障碍儿童，理解他们的需要，帮助他们，将来在社会上再遇到有障碍的人就能理解他们。这种眼界是远大的，特殊教育不仅帮助障碍儿童的成长发展，而且考虑到正常儿童与他们的关系、社会上正常人和残疾人的关系。

因此，大力发展特殊教育已经摆上我们的议事日程。特殊教育应该是我国现代国民教育体系中的重要组成部分。特别是，我国是人口大国，残疾人有几千万人，残疾儿童也有好几百万，相当于一个人口少的国家。给他们提供教育，是宪法赋予他们的权利，也是建设和谐社会的必需。发展特殊教育，除了政府要投入外，还要发动全社会来奉献爱心。残疾人是我们的兄弟姐妹，他们比正常人有更多的困难，正常人有责任、有义务帮助他们。这不是出于怜悯，更不是恩赐，这是全社会的责任，也是每一个公民的责任。

改革开放以来，特殊教育事业有了很大的发展。但是，还不能满足所有残疾儿童的要求，特殊教育还需要全社会的关注，增加特殊教育的投入。同时特殊教育本身也还需要进行改革创新。根据我国当前的实际情况，完全采取"回归主流"的方式，把残疾儿童放在普通学校学习，尚缺乏必要的条件。主要是我们缺乏特殊教育的师资，不可能像日本那样在普通学校里设立养护班。但"全纳教育""回归主流"都是当前世界教育的新理念，我们需要以这种新的教育理念来指导我们的特殊教育，让残疾儿童尽量与健康儿童接触，有条件的，最好让他们在一起学习。这样，既培养了残疾儿童的自信心和自尊心，又教育了健康儿童对残疾同伴的关心和爱护。

要发展特殊教育，就要为特殊教育培养师资。特殊教育的人才培养和科学研究就显得十分重要。师范院校应该重视特殊教育的研究和师资培养。我国大学里的第一个特殊教育专业就是1985年我在北京师范大学担任副校长期间建立的，同时还成立了特殊教育研究中心。近20年来我们已经培养了数百名具有学士、硕士学位的毕业生。现在全国已经有多个师范大学建立了特殊教育专业，这是十分可喜的事。但是还远远不够，特殊教育的师资还非常缺乏。我们要宣传特殊教育的重要性，鼓励大家来关心这个社会最弱势群体，让更多的优秀青年来向他们献出爱心。特殊教育的教师是最可敬的老师，他们要比一般学校的教师辛苦许多倍。他们要懂得儿童生理、心理发展的规律，懂得矫正帮助残疾儿童的方法和技能；他们还需要有坚强的心理品质，有爱心、有信心、有耐心，运用先进的教育理念帮助残疾儿童克服障碍，获得较好的发展。因此，如果说，教师是最可敬重的人，那么，特殊教育的教师则是最最可敬、最最可爱的人。

也谈特色学校*

当前，教育界出现最频繁的两个词就是"特色学校"和"创新人才"。这两个词好像联系不到一起：特色学校说的是办什么样的学校，创新人才说的是培养什么样的人。但人才总是学校培养出来的，有什么样的学校，就培养出什么样的人才。这样说来，"特色学校"和"创新人才"这两个词，还真有着紧密的联系。

什么叫特色学校？

首先要理解什么叫"特色"。所谓特色，顾名思义就是与众不同，不是平平常常，而是有自己的特点。特色学校就是在办学方面，有自己的理念，有自己的思路，有独特的举措，为全校师生所认同，形成传统。

为什么办学要有特色？

我认为其原因有如下几点：

第一，学校和人一样，千差万别。每所学校所处环境不同，发展历史不同，办学的方式不同。如果不考虑各自不同的情况办学，学校就不会有生机。

第二，只有学校办出特色，才能发展学生的个性，培养创新人才。

＊ 原载《人民教育》2003年第9期。

按部就班，平平庸庸，上级布置什么，学校就做什么，是培养不出具有个性的创新人才的。

第三，学校也是在竞争中发展的，学校要创造性地贯彻教育方针，就要有所创新，学校之间就能开展竞争，教育事业就会生机勃勃，呈现出百花齐放的局面。

第四，当前教育改革正在深化之中，教育是一种很复杂的社会活动，对它的规律我们还探索得不够清楚，尚需要学校和广大的教师勇于提出新观点，改革教育内容和方法，实验全新的办学模式，探索教育的规律，探索学生成长的规律。在各校不同的探索中，必然会出现各种各样的经验，这就是各个学校的特色。

办特色学校首先要克服一些思想上的障碍和误区。

误区之一：为特色而特色。

学校办出特色是在探索教育规律、探索培养创新人才的办学模式的过程中自然形成的，不是刻意追求形式所能办到的。有的学校为了办出特色，搞了一些不符合教育规律的做法。

误区之二：把特色和培养学生特长混淆起来。

有的校长认为：全面发展+特长=特色。为了办成特色学校，于是办起了奥林匹克学校、外语班、钢琴班、舞蹈班，等等。当然，这些班也培养了一些人才，但是，如果每所学校都办这些班，学校又有何特色可言？同时，这样的班陡然增加了学生的负担。现在的学生本来课堂作业负担就很重，休息日还要上特长班，甚至平时晚上还要到琴师那里去学习，学生负担加重。学生没有时间玩耍，没有自己可以自由支配的时间。这种特长班，说得不好听是在剥夺儿童幸福的童年。

误区之三：把培养学生的特长和素质教育等同起来。

有的学校认为培养学生的特长，就是提高学生的素质，就是推行素质教育。培养学生一些特长，如音乐特长，确实可以提高学生艺术素养，然而素质教育的重点，是要培养学生的创新精神和实践能力。学生的素质包括思想品德素质、科学文化素质、身体心理素质等多个方面，其核心是培养学生高尚的思想品德，其重点是培养学生的创新精神和实践能力。

学生素质的提高要依靠学校各项工作，特别是课堂教学。因为学生在校的时间大部分在课堂上，学生学习科学文化知识，发展各种能力也主要通过课堂教学。学校推行素质教育应该把主要精力放在课堂教学上。有的学校"课外活动中素质教育搞得轰轰烈烈，而课堂教学中应试教育搞得扎扎实实"。这是本末倒置，不利于素质教育的推行，也培养不出创新人才。

怎样才能把学校办出特色呢？

作为一所学校，首先是要考虑如何深化教育改革，不断提高教育质量，培养创新人才，这样在不断的改革和探索中必然会把学校办出特色。在教育改革的不断深入当中，校长要认真研究学生、研究教师，要研究学校所处的环境、学校的历史和传统，发现学校的优势、认识学校的不足，扬长补短，不断开拓和创新，使学校前进有方向，师生努力有动力，逐渐形成学校的独立风格。

学校是文化的园地，办学最根本的一条，就是要铸造校园文化，校园文化是学校的灵魂。我们现在的学校所以千篇一律，就在于没有自己的校园文化。校园文化表现在多个方面，可以表现在物质建设上，如校舍建筑的风格、校园的布局等，但更重要的，是要表现在老师和学生的学风上。

所谓学风，说到底是一种思想方法问题、工作态度问题，是按部就班、因循守旧，上级布置什么就做什么，还是开拓进取、勇于探索、不断改革？这是思想方法问题；是做一天和尚撞一天钟，视学生为敌人，还是严谨笃学、敬业爱生？这是工作态度问题。有了正确的学风，就会把学校办出特色。把学校办出特色，就是铸造学校的灵魂。

举几个我看到的有特色的学校例子来说明。

1996年，我到成都的一所实验小学去参观，这是一所新学校。1993年，政府对府南河进行改造，拆迁了河滨的棚户区，盖居民楼的同时盖了这所小学。由于学生都来自低收入家庭，家长文化水平较低，建校之初，学校很混乱。第一次开家长会时，有的家长竟光着脊梁、穿着短裤来开会，学生的行为习惯也不好。学校就从秩序抓起，不仅要求学生有一定的规矩，而且要求开家长会时，家长的穿戴要整洁，要给孩子做榜样。

经过一段时间的努力，学校的校园文化逐渐建立起来。学生不仅自己有了良好的行为习惯，而且也给家长提出了同样的要求。家长的坏习惯虽然不是那么好改，但父母总是爱孩子的，总是要给孩子争面子做榜样的，于是也开始注意起自己的行为习惯来。这样一来，校园文化促进了家庭、社区的文化；反过来，社区、家庭又来帮助学校。学校、家庭、社区形成了良性循环。不到3年时间，这所学校就闻名于成都市，成为一所很有特色的学校，许多家长都愿意把孩子送到这所学校来学习。校园文化成为这所学校的特色。

去年，我在杭州参观了一所民办小学，校长在设计学校建筑时，就着重考虑了如何充分发挥学生的主体性。以往建校舍，总是要求把学生的活动区与教学区分开，操场建在校园边上，很不利于学生活动。这位校长决定把操场建在教学楼中间，便于学生课间到操场上活动。为了孩子能够充分利用课间休息时间，他在一二年级楼上设计了几部滑梯，孩子们可以从滑梯直接滑到操场上，既节省了时间，又增加了学生的兴趣。这些设计开始时引起了很大的争论，但得到了孩子们的认同。学校为了让家长接送孩子时能有一个休息的地方，而不是拥挤在校门口，特意在校门内建了一个很大的前庭，家长可以在前庭等待孩子放学。这所学校在建设上很有特色。

我还参观过上海市徐汇区的南洋中学，一进门就能听到悦耳的鸟鸣声。原来是传达室屋顶上，装有一个传感装置，人一进门就会发出鸟叫的声音。学校小小的校园中到处都是科技，有声控的水车，有采集雨水用于灌溉草坪花木的装置。学校里有一位物理老师是搞科技发明的专家，学校为他建立了专门的实验室，他成为学校搞科技教育的中心人物。科技教育就是这所学校校园文化的特色。

以上只举了几个例子，这样有特色的学校我参观过许多所。他们有着共同的特点：办学有理念，措施有思路，着力于建设独特的校园文化，同时将其贯穿在学校的一切工作之中。这样的学校，不失为特色学校；这样的学校，才能培养出创新人才。

在李吉林教育思想研讨会上的发言[*]

今天在这里召开李吉林教育思想研讨会暨《李吉林文集》首发式，这是教育界的一件盛事，标志着具有中国特色的、我国原创的教育思想流派的出现和成熟，也标志着我国一批当代教育家的涌现。长期以来，我们只介绍宣传外国的教育家，把他们的学说拿来推广引用，总说没有出现我们自己的教育家。今天我们终于看到了我们自己的土生土长的教育家，看到了她的教育思想体系，看到反映她的教育思想的八卷本《李吉林文集》。其实中华人民共和国成立以来50多年的教育实践，特别是改革开放以来的28年，在思想解放、开拓创新的氛围中，蕴含着一批教育改革家，他们敢于创新，勇于实验，创造了许多教育新思想和实际新经验。李吉林老师就是其中最杰出的代表。她不仅在教育实践中创造了奇迹，培养了大批高素质的人才，而且在教育中勤于思考、努力探索，创造了一整套"情境教育"的思想体系，丰富了我国教育理论的宝库。

我与李吉林老师相识已久，记得是1981年，小学语文教育研究会在长沙召开的理事会上。当时她的情境教学实验刚刚起步。小学语文界有些老师对她的实验还不太理解，她有些苦恼。当时我觉得，我们开展教育实验要解放思想、百花齐放，各种实验都应该提倡，不要一开始下结

---

* 原载《中国教育学刊》2006年第7期。

论，哪种实验是好的，哪种实验不好，实验的结论应该在实验的最后；外国也在提倡情境教学，我们为什么不能实验？那时我对她的实验其实并不了解，只是一般地觉得应该支持。后来陆续看到她发表的文章，特别是《情境教学实验与研究》专著出来以后，我惊喜于她的实验的成功，这个时候才较为深入地了解她的教育思想。

李吉林老师自己谈到，她是从外语教学的情境教学法中得到启发的。但是她没有把情境教学作为一种简单的教学方法，停留在方法上，而是加以拓展。开始的时候把它形成一种语文教学模式，继而从情境教学拓展到情境教育，这时已经把它看作是一种教育理念，一种指导教育教学的教育思想了。从下面两段她自己的讲话中就可以看到她的教育思想的拓展和深化：

情境教学是充分利用形象，创设典型场景，激起学生的学习情绪，把认知活动与情感活动结合起来的一种教学模式。（《李吉林文集》卷二，第7页）

我从情境教学运用于语文单科的成功经验，抽象概括出符合儿童心理特点和认识规律的带有共性的创设情境的"四为"和"五要素"。"四为"即：以"形"为手段；以"美"为突破口；以"情"为纽带；以"周围世界"为源泉。促进儿童发展的五要素，即：以培养兴趣为前提，诱发主动性；以指导观察为基础，强化感受性；以发展思维为中心，着眼创造性；以陶冶情感为动因，渗透教育性；以训练学科能力为手段，贯穿实践性。然后提出了情境教学向整体优化发展的设想，确定了"优化情境，促进整体发展"的总课题，逐步形成情境教育的实践基础和理论构想。（同上，第359～360页）

从情境教学的探索，到情境教育的构建，到情境课程的开发。这就是李吉林教育思想从实践到理论，又从理论回到实践的深化过程，也就是李吉林教育思想的三部曲。

我们今天在这里研讨她的教育思想，一方面要学习她的教育思想，推广她的教育思想和经验，另一方面我们更要学习她热爱教育、热爱儿童、勇于探索、不断创新的精神。

第一，我们要学习李吉林老师热爱儿童、热爱教育事业的精神。李吉林老师的这种对儿童的爱不是普通的爱，普通的所谓喜爱孩子，而是建立在对教育的忠诚、对儿童的信任的基础上的。她对青年教师讲："大家都知道祖国要繁荣昌盛，就必须提高民族的素质；而民族素质的提高，首先是通过基础教育进行的。儿童的行为习惯、道德品质、文化素养以至思想观点正在逐步形成过程中，我们必须从多方面对他们施以良好的教育和教养，为他们成为社会主义事业全面发展的一代新人打好基础。"（《李吉林文集》卷二，第5页）她的情境教育的"情"，就体现在对儿童的情上，只有对儿童有情，才能去激发儿童的感情。没有教师的满腔热情，就不可能实现情境教育。

第二，我们要学习李吉林老师对教育教学的孜孜不倦的钻研精神和科学态度。她几十年如一日，勤奋工作，把教育作为一门科学，不断探索，从实践到理论，形成了有中国特色的教育思想体系。我们今天不是提倡研究型的教师吗？李吉林老师就是研究型教师的典范。一名小学老师能够在做好自己的工作的同时，不断学习，不断提升，写出了这样有三百多万字的八卷本文集，这在我国教育界还是少有的。我们长期从事教育理论工作的学者也未必能写出这洋洋大观的文集。同时这也说明了一个真理，只有在教育实践中，并且把教育作为一门科学来研究，才能写出这样丰富的内容。

第三，李吉林老师把教育视为一种艺术。语文本身就是一种艺术。但是在学校里居然有不少小学生不喜欢语文。为什么？就是因为传统教学使"内涵极为丰富的小学语文教学，被支离破碎的分析讲解，没完没了的重复性抄写，各式名目繁多的习题，以及不求甚解的机械背诵所替代，并充塞着儿童的生活"（《李吉林文集》卷一，第4页）。李吉林老师要改变这种状况，于是开展了情境教学的实验。她在实验中始终把语文教学视为一种艺术，使儿童不仅学到知识，而且得到美的享受。

吕型伟老师在《李吉林文集》总序中写道："教育是事业，其意义在于奉献！教育是科学，其价值在于求真！教育是艺术，其生命在于创新！"这就是李吉林老师的写照，我愿以这几句话来结束我的发言。

《教育大境界》序*

傅东缨，这位教育文学家，我已认识他十几年了，最早是在他出版第一部赞美中国教师的教育文学作品《泛舟诲海》的时候。他把书送给我，我惊奇地发现，一位县级教育局局长，居然能这样用心地去歌颂教师，在中国大地上确是难能可贵。因为在官本位盛行的地方，行政长官总是高人一等的，尊重教师也只是口头上喊喊而已。当然也不能一概而论，确也有一批有识的长官，懂得教育的重要、教师的崇高。这将反映在东缨写的即将出版的《播种辉煌》一书中。几年之后，东缨又来找我，拿来他的书稿《圣园之魂》，这是歌颂中国校长的，并且要我写序。他说他还要写一部歌颂地方教育局局长的书，指的就是《播种辉煌》。这就构成了他的教育文学三部曲：教师、校长、局长，使我对他有了更深的认识。我佩服他对教育的热爱，对事业的执着。今天他又拿来《教育大境界》这部书稿，这可以说是他对教育认识的总结。由教师、校长、局长走到教育的大境界，该是他对教育大彻大悟的时候。

的确是这样，他是用心去感受教育、用脑去思考教育、用行去践行教育的人。作为一名教育局局长，他不是按部就班地去发号施令，而是走遍全中国，访问专家，采访名师，了解他们的教育思想，总结他们的

---

* 2006年11月5日写于北京求是书屋。

教学经验，宣传新的教育理念。是不是这位教育局局长不务正业呢？我想他已经做了十几年局长，真要不务正业，恐怕早就被拉下马了。他是地方的教育局局长，但他想的是中国的大教育，不是只想地方的小教育。有了中国的大教育，才有地方的小教育。大教育的思想不正，何来小教育的教育质量？

东缨这部书稿我读了三章。我觉得它既是一部教育文学作品，又是一部教育哲学著作，内容充满着教育的哲理。他从教育实际出发，借用古今中外的教育鉴析，引用了教育现实中的案例，推导出自己的教育思考，以教育散文的形式表达了笔者对教育的主张。写这样的书稿需要有苦读千卷书的功底、长期教育实践的储备、敏锐的观察和思考。

我特别欣赏他写的"境界探幽"一章。王国维讲到诗的境界时讲到三句词："昨夜西风凋碧树，独上高楼，望尽天涯路。""衣带渐宽终不悔，为伊消得人憔悴。""众里寻他千百度，蓦然回首，那人却在灯火阑珊处。"王国维认为，古今之成大事业大学问者，也必要经过这三种境界。我深深感到，当教师也需经过这三种境界。东缨总结的教育的最高境界，提出了"育德（人）十大境界"，即大师无类、大爱无我、大道无为、大求无境、大净无色、大智无惑、大教无痕、大育无小、大法无术、大路无歧。这里似乎也渗透着儒、道、佛的思想。

东缨能够写出这样的著作，源于他酷爱教育、专注教育、钻研教育，正像他自己所说的："视教育比生命还重要。"几十年来，他走遍了全中国，访问了几百位教育专家和名师，动员了全家的财力和人力。爱人为他的写作服务，儿子为他的著作服务。可以说，他们达到了王国维所说的三种境界，值得所有教育工作者学习。东缨要我写几句话，我就发表点以上感想。是为序。

素质教育编

教育公平与素质教育[*]

　　推行素质教育已经十多年了，但是步履维艰，总是不很理想。人们总是责怪高考指挥棒束缚了老师的手脚。实际上并不那么简单。1999年全教会以后，政府采取了多种措施来缓解升学的压力，如扩大高校招生规模，加快普通高中的发展，高考的形式和内容也都有很大的改革。这一切似乎对推进素质教育影响都不大。原因何在？我觉得主要原因是我国当前存在着教育资源不足与教育需求旺盛之间的矛盾。作为学生家长，都愿意自己的子女多读一些书，特别是现在独生子女较多，父母望子成龙心切，这都是可以理解的。但不顾学生的实际情况，盲目地向学生、学校老师施加压力，造成了升学的更大压力。再加上许多老师和家长并不懂得孩子成长的规律，不懂得教育的规律，采取不正确的教育方法，造成学生不仅课业负担过重，而且心理压力重重，使得素质教育难以推行。

　　教育资源不足不仅表现在量的方面，还表现在质的方面，也就是优质学校太少。学生家长希望把自己的孩子送入好学校，因此家长从小学开始就为子女的择校而奔波。这种择校的现象，从深层次来讲涉及一个教育公平的问题。所谓教育公平，也就是教育机会均等，即给公民和儿

*　原载《教育发展研究》2002年第1期。

童以同等受教育的机会。这就要求用客观、公正的标准和科学的方法选拔、招录学生，取消一切不平等的教育规章制度。但是由于学校办学的条件不同、办学质量的差异，学生及其家长就要选择办学条件好的、教育质量高的学校。过去小学升初中采取统一考试的办法，按考试成绩录取。这不失为一种公平的办法，在分数面前人人平等。但是造成了考试的压力，学生学业负担过重，影响了学生的健康。为了减轻学生学业负担，教育行政部门决定取消小学升中学的考试，改为就近入学，用电脑派位，把学生分派到居家附近的学校。但是由于学校办学条件和办学质量的差别没有消除，就出现学习成绩好的学生可能被分派到差的学校，学习成绩差的学生被分派到好学校。这对成绩好的学生来讲是一种极大的不公平。在现实生活中还出现了另一种现象，许多城市开始把初中从高中分离出来。但一些重点中学却办起分校，采取改制的办法，把公立学校改为民营学校，收取高额学费，而且可以跨地区招生。于是家庭富裕的学生纷纷向这些学校报名。上级规定不能考试，但面对超出招生学额几倍、几十倍报名的学生，学校怎么办？一种就是设置各种条件：学生在小学几次被评为"三好"，或是要有所特长，或是要竞赛得奖；另一种是靠人情，收高额学费，或者美其名为赞助费、"共建费"。前者加重了小学生的各种负担，与减轻学生负担的初衷背道而驰；后者又增加了另一种教育机会的不平等，无形中剥夺了不富裕家庭子女上好学校的权利，同时也可能为教育腐败制造温床。这种制度弊多利少，既不利于素质教育的推行，更不利于教育的公平。

应该说，择校问题在每个国家都存在。因为任何国家都不可能把全国的学校办成同一水平，而家长总是希望自己的子女上好的学校。但是像我国这样的择校大竞争却是少见的。要解决这个问题，只有从根本上着力，也就是需要从改善薄弱学校开始。

改善薄弱学校当然要增加投入，改善设备条件，从学校的外观面貌上就给人一种好的印象。但主要不在硬件设备上，更重要的是在教师队伍的建设上和制度改革上。要着力于提高他们的教育职业水平，包括教育观念的更新，业务水平的提高；要深化学校内部的体制改革，鼓励教师的敬业精神。但是现实的情况是，学校的两极分化越来越严重。条件好的学校越办越好，因为他们收取了高额赞助费，或者叫"共建费"，设备条件不断改善更新，教师待遇也高。而薄弱学校却因为经费不足而日益破旧，教师的待遇也低，不少教师很不安心。要改变这种状况，用行政手段禁止择校已经没有效果。可以采用两种办法，一是从优质学校的赞助费、"共建费"中提取较大一部分用来改善薄弱学校；二是实行优质学校和薄弱学校联姻，实行教师交流，抽调一些优质学校的骨干教师到薄弱学校任教，替代出薄弱学校的老师，让他们到优质学校进修。为了使教师安心教学，两校教师人事关系不变，待遇不变，而且规定一定的年限，如3年为限。还可以聘用一批在优质学校退休不久，身体健康、有丰富经验的老教师到薄弱学校上课，指导青年教师。我想通过这些办法，可以逐渐缩小两者的差距。

改善薄弱学校最根本的措施是要提高教师本身的素质，包括业务水平和教育观念，特别是教育观念需要更新。

许多教师至今对素质教育的本质还弄不清楚，有的还有不少误解。例如，有的教师认为，应试能力也是素质；有的教师认为，素质教育就是多搞些课外活动；有的还说，课堂教学搞应试教育，课外活动搞素质教育；有的老师一听减轻学生负担就反感。凡此种种，都是对素质教育不理解，教育观念不正确。因此很有必要从教育观念上改变人们的传统观念，加强对素质教育的认识。最近教育部基础教育司委托专家和教师编写了《素质教育观念学习提要》小册子，内容非常切合学校教师和家长的实际，包括素质教育的概念、素质教育提出的时代背景、素质教育的内容、某些模糊观念的澄清等，非常具有针对性。认真学习这份提要，必然会有所启发、有所收获。

我认为，最重要的是要解放思想，从传统的教育观念的束缚中解放出来，才能真正理解素质教育的精神实质。例如，人才观，什么人是人才？传统的观念是"士农工商"，中国历来只重视做官，轻视经商，虽然市场经济发展以来这种观念有所改变，但是仍然认为当干部是第一位的，经商也是要开大公司，做大买卖，对小商小贩仍然看不起；中国历来重学术轻技术，所以职业技术教育在我国很难发展起来。其实社会需要的人才是多种多样的，越是现代化，人才越是多样化。在古代社会，一个人要不成为人上人，就成为人下人，即所谓"治人者食人，治于人者食于人"，这有两个极端。现代社会可不是这样，现代社会是"人人为我，我为人人"，互相是服务的主体，又是服务的对象。人是有差别的，根据他的能力和努力程度，做适合的工作，就是人尽其才。努力工作，为社会做出贡献的就是人才。

又如学生观，什么样的学生是好学生？传统的观念是老老实实听话的就是好学生，考试成绩好的就是好学生。但是这类学生往往缺乏创新精神，与现在的创新时代很不合拍。要培养学生的创新精神和创造能力，就要让他敢说敢干，敢说敢干就可能与老师教的不一样，和书本知识不一样。因此评价学生不应是单一的标准，而应有多元的标准。

再如教学观，什么样的教学是优秀的？传统的观念是讲得越细越好，对课文分析得越透彻越好。但是这种教学却培养了学生成为思想的懒汉，自己不会动脑筋去思索，不会提出问题，不会举一反三。现代教学要发挥学生的主体性，吸引学生参与教学，在教学中给学生留有思考的空间，自己提出问题，自己寻求答案。这样的学习才学得深，记得牢，而且能举一隅而反三。

再说师生观。当前师生关系紧张已是普遍现象，这就是传统的"师道尊严"在作祟。学生应该尊敬老师，但尊敬的基础是老师的道德文章，而不是靠压服。在当今信息时代，教师已经不是知识的唯一来源，老师需要虚心地和学生一起学习。老师的主导作用主要表现在指导学生选择正确的学习路线、正确地处理信息的方法上。老师总体上是爱学生的。但是对爱的理解却有不同，有的认为"棒子底下出孝子"，骂你打你就是爱你；逼着你做功课，也是为你好。但学生不接受你这种爱。因此师生关系不能只建立在爱的基础上，应该建立在理解和信赖的基础上。互相理解，互相信赖，特别是老师要理解和信赖学生，才能建立起良好的师生关系。一旦这种良好的师生关系建立起来，教育就容易得多。家长和子女的关系也是这样。

教育观念的转变要和制度的改革结合起来。没有制度的改变，教育观念的转变只是一句空话。转变教育观念已经喊了十几年，推行素质教育也有十多年，为什么成效甚微，就是因为制度改革跟不上。要着力于高考制度的改革、评价制度的改革、教师聘任制度的改革。教育公平，也包括对教师的公平。这种公平不是搞平均主义，吃大锅饭，而是按能力分配，优质优价，这样才能鼓励先进，促进教育改革。因此薄弱学校要从内部体制改革做起，从而促进和保证教育观念的转变，教育质量的提高。

总之，只有做到教育公平，素质教育才能全面推行；要想全面推进素质教育，必须做到教育公平。当然，绝对的公平是没有的，但至少要做到相对的公平，在基础教育阶段尤应做到相对的公平。在制定政策时要特别关注弱势群体的利益，在政策上有所倾斜。我在法国参观了一个教育优先发展地区，那里居住着众多移民和下层贫民，都是弱势群体。所谓优先发展，就是教育经费比别的地区多，教师编制多，班级小。我们对薄弱学校也应实行优先发展的政策。

评价制度与素质教育[*]

今年可以说是我国重要的教育年。今年8月29日中央政治局第三十四次集体学习讨论了教育问题。在学习会上，胡锦涛发表了重要讲话，强调坚定不移地实施科教兴国战略和人才强国战略，切实把教育摆在优先发展的战略地位上。党的十六届六中全会再一次把教育优先发展、促进教育公平作为建设和谐社会的主要内容。

教育是关系到千家万户的事情，是当前社会的热点问题。教育的热点主要表现在两个方面：一是教育公平问题，二是素质教育问题。关于教育公平问题，国家正在采取各种措施缩小地区间的差距，对西部地区、农村地区实施免费教育、教育投入倾斜等政策；各级政府也正在采取多种办法促进地区教育的均衡发展。当然，问题不可能立马解决，但教育正在向均衡发展的方向进展。

关于素质教育的问题则应该是我们基层教育部门和每一所学校应负的责任，是学校内涵发展、提高教育质量的主要内容，是每一个基层教育工作者和每名教师都应该研究和改进的问题。

胡锦涛在学习会上指出，全面实施素质教育，核心是解决好培养什么人、怎样培养人的重大问题，这应该成为教育工作的主题。胡锦涛还

---

* 2006年11月18日中国教育学会第十九次学术年会上的开幕词，略有修改。

对素质教育的内涵作了详细的解释。我们应该认真学习这个重要讲话，并把讲话的精神落到实处。

素质教育与评价制度是第一线教师最关心的问题。没有促进素质教育的有力评价制度，素质教育就难以推行。因此，我们这次年会的主题就是素质教育评价与学生发展的关系。关于这个问题，中央领导同志也有明确的意见。今年9月8日，温家宝视察北京黄城根小学并与教师座谈，在座谈会上温家宝对素质教育的评价作了精辟的讲话。他说，素质教育绝不是不要考核，而是要求考核具有综合性、全面性和经常性。他还详细地解释了什么叫综合性、全面性、经常性。温家宝的这些意见非常有针对性、现实性，符合教育规律。认真学习温家宝的讲话，领会温家宝讲话的精神，改革考试和评估制度，就能找出一条推进素质教育的出路。

素质教育与考核是不矛盾的。素质教育是目的，是培养什么人的问题。考核是方法，是考核人才有没有达到素质教育的要求，是评价人才的方法。方法是为目的服务的，因此，考核是为素质教育服务的。现在之所以产生矛盾，是考核的方法过于单一、过于功利，把考试当成了目的。教育有了两个目的，当然就产生了矛盾。考核确实也起到指挥棒的作用，但考什么就教什么，这就变成反客为主，把目的和方法颠倒过来了。因此，现在的问题是要摆正考核的地位，改进考核的方法，使它真正发挥检查、督促、评价、改进教师的教和学生的学的作用，促进人才素质的提高。

温家宝明确提出，素质教育绝不是不要考核，而是要求考核具有综合性、全面性和经常性。这就深刻地揭示了考核的规律，体现了考核是为素质教育，为培养人才这个目的服务的。他对"三性"的解释，又具体指明了考核的内容和方法，具有可操作性。温家宝讲，所谓综合性，就是要教学生既会动脑，又会动手。人的素质是综合的，既能动脑，又能动手，因此考核也应该有综合性，既考核学生的用脑的能力，又应考核他动手的能力。温家宝讲，所谓全面性，就是要使学生德智体美全面发展。全面发展是我国的教育方针，是人才的培养目标，因此考核也要有德智体美全面发展的内容，不能只考知识，不顾其他。温家宝讲，所谓经常性，就是要根据学生长期的学习表现决定成绩，这是符合学生成长规律的。中小学生正处在长身体、长知识的时期，在成长过程中会有曲折，不能凭一时一事来评定学生素质的高低，更不能以一考定终身，需要长期地考察，综合地评定。

怎样落实温家宝的指示？首先，还是要从认识入手，广大教师要认真学习温家宝的精辟讲话，深刻理解素质教育和考核的关系，充分认识素质教育，即培养人才的重要性，考核是为培养人才服务的，决不能颠倒过来，把考核，特别是考试作为目的。

其次，要改进教育教学工作。学校的教育教学工作才是培养人才的核心，考核只是一种辅助手段。考核不只是考核学生的学习成绩，也包括考核教师的教育教学工作。它是检验、督促、改进教育教学工作和学生学习的手段。因此，推进素质教育首先要求学校工作要全面贯彻教育方针，改进和完善教育内容和方法，不断提高教育教学质量。温家宝在黄城根小学提出的第二个问题，实际上指明了教育教学改革的方向。他说，要给学生们更多的时间接触世界，接触事物，接触生活，学习更多的知识，做更多的事，思考更多的问题，培养独立思维和创造能力。推行素质教育，除了使学生掌握基础知识和基本技能，还要求学生了解世界，学会思考，学会创造。因此改进教育教学工作，提高教育质量才是培养人才的根本。

最后，要改革考核评价制度。按照温家宝提出的综合性、全面性、经常性来改进现在的考核评价制度。中小学校要重视平时对学生的考核，考核的方式也要多样化。中小学生个别差异很大，要承认学生的差异性，不要用一个标准来评价所有学生。我们的教育要提倡平等和差异。每一个人受教育的机会是平等的，但每一个人的发展是有差异的。因此，我们的评价要提倡发展性评价，即重视每一学生的不同发展，学生有发展有进步，就是成绩，就值得赞赏，不能只看绝对成绩的高低。要多鼓励学生进步，不要把考核作为逼迫学生的手段。要营造一个良好的学习环境，让学生在这个环境中生动、活泼、主动地得到发展。

许多专家都认为考核要实事求是，要考虑到学校的起点、教师的起点、学生的起点。提倡发展性评价，国外有的称增值性评价，才能评出教师、学生的积极性。这就是说评价要重过程，不只是重结果。当然，从选拔人才来讲，结果还是重要的，但也不能"一考定终身"，而是要全面考察，从他平时的努力程度等来了解他所具备的潜在能力。

改革评价制度包括高考制度，这是大家最关心的。已经有几个省制定了高考改革的方案，有些大学，如上海复旦大学今年作了招生考试制度改革的尝试，在社会上反应很强烈。全国的改革方案需要认真研究和讨论，逐步取得共识，获得社会的广泛支持才能普遍推行。

多样化是高中课程改革的必然选择[*]

高中教育是学生成长很重要的阶段，是世界观、人生观初步形成的时期，是未来发展自觉选择的时期。如果说，在初中和初中以前的时期，学生的自觉性还较差，那么在高中阶段，学生对人生、对学习的自觉性开始增强起来。他们开始有理想，开始为自己设计未来。因此，高中阶段的学习对他们来讲特别重要。现在的课程需要改革，使它符合时代的要求，符合我们对人的成长发展的新认识。我不是课程专家，我对课程理论没有研究，只是凭着一个老教育工作者的感觉，提点自己的想法。

昨天给学生讲课，有一位学生问我：他说他是从农村来的，他们那里的老师觉得素质教育不好捉摸，应试教育却具有可操作性；老师担心，课改以后，升学率下降怎么办？我反问他，是课程应该服从考试，还是考试应该服从课程？是培养目标服从考试，还是考试要服从培养目标？能不能用另外一种思维方式来思考？旧的思维方式是你怎么考试，我就怎么教，至于培养目标是谁也不在意的。新的思维方式应该颠倒过来：首先是确定培养目标，我们今天应该培养什么样的人才，然后设计必要的课程；最后才是采用什么评价方法，包括考试。因此，课程改革

---

* 原载《全球教育展望》2003年第8期。

必将伴随着考试制度的改革。所以，每一个老师应该向前看，不要总是向后看。就像我们走路一样，向后看是不能前进的。这是在谈课程改革之前首先想到要说的话。

关于普通高中的课程改革，我认为根据高中的培养目标和普通高中的性质，要处理好几个关系：

首先，要处理好升学和就业的关系。我国高中阶段分普通高中和职业高中两大类。无疑普通高中是以升学为主，为学生进入高等学校学习作准备，但是并不排除有一部分毕业生因为各种原因不能学习而走向社会。据统计，2001年全国高校招生人数达到应届高中毕业生的60%，去年略有下降，今年约能达到50%。也就是说，有一半的高中毕业生不能直接升入高等学校学习，而是走向社会。因此，即使普通高中的性质是为高一级学校培养人才，但也不能不兼顾这部分走向社会的学生的需要。为此，一方面从学校制度来考虑，应该为这部分学生设立职业培训机构；另一方面，普通高中也应该为他们走向社会作准备。这种准备有别于职业培训，更着重于培养他们自学的能力，走向社会的心理准备，对社会有责任心，有创业的意识和初步的能力。其中规定一定的社会实践课是十分必要的，这对升学的学生也是需要的。

其次，要处理好基础性与选择性的关系，即共性和个性的关系。普通高中仍然属于基础教育阶段，它要为每个学生打好德、智、体、美全面发展的基础。但每个学生的天赋、能力、兴趣都不相同，我们要充分发展每个学生的才能和个性，就要照顾到他的天赋、能力和兴趣。因此，在高中阶段减少必修课，增加选修课是适宜的。使每个学生有根据自己的兴趣爱好选择课程的可能。这种安排，不仅能够更好地培养人才，也是真正提高学生素质的必要途径。

再次，要处理好自然科学和人文科学的关系。长期以来，我国普通高中重理轻文的现象非常严重。造成这种状况的原因固然很多，其中应付高考是主要缘由。普通高中是基础教育阶段，但大多数学校在高中二年级就开始文理分班。分班的原则除了少数对文科确有兴趣者外，大多是理科学习较差的学生分到文科班，而这些学生并非文科学习一定就比理科班的学生好。这样就降低了文科学生的整体水平。普通高中不宜文理分班，除了少数实验性质的班以外。但可以由学生在选修课中侧重选学文科或理科。必修课保证所有高中生在文理科上有基本相同的基础水平，并特别重视人文精神的教育。现在高中生人文精神的缺少不能不说是长期重理轻文的结果。加强高中生人文精神的教育，除了适当增加人文学科在课程中的比重外，更重要的是要在整个课程中重视人文精神。其实，并非只有人文学科才具有人文精神，自然科学中也充满着人文精神。这是早在20世纪80年代初国际上就重视开发STS（科学技术社会）课程的缘由。因此，不论文科教师抑或理科教师，在实施课程中都要重视人文精神的教育。

最后，要处理好学科课程和综合课程的关系。课程改革的国际趋势是向综合发展。因为事物的发展是综合的，人对某种事物的认识也是综合的。当代科学的发展也是既分化又综合，而总的趋势是综合。为了更好地发展学生的思维能力，理解学科之间的相互联系，减少某种知识传授的重复，提倡打破学科界限，设置综合课程是十分必要的。尤其在小学和初中教育阶段，最好以综合课程为主。在高中阶段要考虑到与高等教育的衔接。高等教育是分科的，是专门教育，因此高中课程也需要以分科为主，兼顾综合。在课程中设立综合实践课是明智的。在综合实践课中设置研究性课程，这种课程就是综合性的。

普通高中课程标准正在制定中。我看到了文本草案，我认为基本精神和课程结构的设置都是很好的。要实现新的课程标准，关键还在于教师，在于教师要有新的教育理念。以上是我想到的几点，不一定正确。

课程改革要照顾农村教育的实际[*]

我国的课程改革，从新的课程标准公布到现在已经两年了。先在部分县区试验，逐渐扩大，今年要全面推广。同时，高中课程标准也已出台，今年要开始试验，这是中国基础教育发展的一件大事。教育改革的核心是课程，任何改革最后总是要落到课程上。这次课程改革变动很大，不同以往。20世纪80年代以来，课程改革进行了多次，但局限在原来的框子里修修补补。这次改革比较彻底，从指导思想到内容、方法都要求全面改革。普遍反映这种改革是必要的，改革的精神富有时代性、先进性，有利于培养符合时代要求，适应我国社会主义现代化建设所需要的人才。

但是，这次课程改革难度也很大。首先，这次改革是自上而下进行的。课程标准是集中了全国的教育专家制定出来的。虽然也征求了许多第一线教师的意见，但更多听到的是一部分有水平的教师的意见，普通教师，特别是农村教师，恐怕参与的就不多。教师奉命教改就有一种危险性，教师能不能理解改革的精神，有没有积极性？这就是一个问题。只有教师有积极性，把它看作是自己分内的事，课程改革才能取得成功。其次，我国教师的水平还不高，缺乏新的教育理念和科学的教学

* 原载《基础教育课程》2005年第2期。

方法，难以胜任新课改的任务。最后，考试制度的改革滞后，不能促进新课改，相反，阻碍着课改。许多教师和家长疑虑重重，不能放开手脚进行教育创新。经过两年试验，应该会有一批经验。但是，除了看到各地各种教师的点滴经验外，还没有看到国家对两年试验的总结，县区总体的总结也少见。我认为，应该把前两年的试验认真总结一下，才能了解课程改革有哪些困难和问题，怎样解决，哪些区县有什么经验，这样才能达到试验的目的。这项工作也许已经做了，只是我孤陋寡闻，没有见到。

我特别关心的是农村地区的课改，因为我国绝大多数的学生在农村。农村课改成功了，才能算得上中国课改的成功。但是，农村的课改比城市的课改困难更大：农村教育经费比城市少得多，有些地区连粉笔都要掰着使；农村教师的学历、水平比城市低，接触的新思想、新理念又比较少，办法也比较少。还有一层困难，就是学生的文化背景与城市的大不相同，现在许多新的要求、新的教材都是根据城市孩子设计的，农村孩子难以接受。我记得，我小时候生活在农村，连汽车都没有见过，有自行车的同学也极少，因此物理课上讲汽车转弯时要产生离心力，有一个倾斜的角度，我就听不懂。当然，现在情况已大变，但是许多农村还很闭塞，光针对城里人，恐怕他们难以接受。最近我们做了一个教师调查，农村教师普遍反映许多内容不好把握，他们说过去教学的重点、难点都很清楚，现在感到很难把握，难以驾驭课堂；新课程要求注重培养学生的动手实践能力，但是一些教具、仪器、设备的配套跟不上。为此，我们要特别关注农村学校课改。

首先，在课程开发的层面上要照顾到农村的特点。农村很广阔，北方的农村与南方的农村也不同，课改需要因地制宜，教材要有区别。当然，所谓适应农村的需要，不是适应传统农村的需要。农村根本的出路是农村现代化，即农业工业化、农村城镇化，因此也需把农村的现代化作为教育的重要内容。但农村的现代化发展各地也是不同的，内蒙古草原农村的现代化与云贵山区的现代化肯定大不相同。因此他们使用的教材也应该不同。最近我参加了一次少数民族教材出版的研讨会，他们反映使用的教材是从汉文教材翻译过去的，很不适应本民族师生的文化背景和实际生活，自己编写又缺乏资金和人才。这要引起全社会的关注。

其次，课程和教材还应该适应一部分不能升学的学生的需要。虽然现在高等学校不断扩大招生，将来也要普及高中阶段教育，但是近几年，仍会有大部分高中毕业生进不了大学，一部分初中毕业生上不了高中。我们编教材时，要考虑这些学生将来走向社会的需要。所以课程教材内容不能"一刀切"，不能搞形式主义。基础教育既要为青少年打好知识、能力和价值观的基础，又要为他们走向社会打好基础，包括生存和工作的能力。农村中普通高中和职业高中不要分得那么清楚，普通中学里应注意有适度的职业教育的内容，以适应一部分不能升学的青年的需要。当然，两者如何结合得好，也需要认真研究，最根本的是要切合每个学生发展的实际，因材施教，鼓舞他们学习成才。

再次，要重视农村教师的培训工作。对农村教师的培训，除了给他们介绍教育新理念外，更重要的是要教给他们新课程操作的方法，否则新理念是空的。因此我主张教师培训要进课堂。新的课改是自上而下推进的，许多教师把课改看作是一种压力。我们要设法把压力变为动力，变"要我改"为"我要改"。新课改的指导思想是要发挥学生的主体性，没有教师的主动性，哪能有学生的主体性。要发挥教师的主动性，就要引导教师参与改革，而不是被动地让他怎么改就怎么改。教师培训要有案例，最好是和老师一起上课，一起分析，进行示范，使老师尝到课改的甜头，变被动为主动。要组织城市里的优秀教师到农村中有期限地服务，帮助农村教师骨干队伍的成长，也可以有计划地抽调一部分教师到优秀的学校进修学习。还要提倡教师自己的发展，即主要依靠教师自己在课程教学中不断反思自己的教学行为，不断改进，不断提高。

最后，教学不能是一种模式。重要的是要通过教学实践，让老师充分理解课改的精神，从而发挥各自的主动性和创造性，创造新的教学经验。例如新的课改提倡探究性学习，提倡学生参与教学，但是并不是每堂课都提倡探究性学习，否定所有的接受性学习，还要根据教材的内容，农村实际情况，创造最合适、最有效的教学模式和方法。

总之，我国农村广阔，学生众多，地区差别很大，文化背景不同，农村教改应该充分考虑农村这些特点，因地制宜，灵活多样，讲求实效。

《中华传统美德读本》再版序*

　　十年以前，我们为青少年编了这个读本，受到广大青少年的欢迎。今天再版发行，我想再说几句话。

　　每个民族都有自己的文化，都有自己的民族精神。如果失去了民族精神，也就失去了本民族的文化。失去了本民族的文化，这个民族也就不复存在。因此要使一个民族兴旺发达，首先要弘扬本民族的民族精神。民族精神是一个民族的灵魂，有了民族精神才能使全民族团结一心，发奋图强，在科学技术、物质生产和精神生产方面创造奇迹，为全人类文明发展做出贡献。

　　中华民族有着优秀的文化传统。在历史上，中华民族为世界文明做出了巨大贡献。但是数百年前，由于封建王朝的夜郎自大，闭关自守，我们的国家和民族曾经陷入深重的苦难之中。过去我们常常讲的是列强的侵略和压迫，使我们的民族遭受苦难。但是我们如果反躬自省，不难理解，问题还是出在我们自己身上。清王朝没有坚持中华民族固有的开放、包容、不断进取的优秀文化精神。夜郎自大、闭关自守就必然落后，落后就要挨打。因此，今天我们要复兴中华，首先要弘扬中华民族的优秀文化，振兴民族精神。中华民族的民族精神表现在哪里？它集中

---

* 2004年6月4日写于北京求是书屋。

表现在中华传统美德中。我在第一版的前言中讲道："每个民族的传统文化都会有良莠之分，而且时代不同，有些传统在当时是有意义的，起过积极作用，今天也可能失去了它原来的意义，会起消极作用。我们讲的中华传统美德是指我国民族传统文化中优秀的部分，是值得继承和发扬的部分。同时，有些中华传统美德需要赋以新的、符合时代的内容。"中华传统美德是中华民族文化的精粹，要永远继承和发扬。

今天，弘扬中华传统美德有着十分重要的现实意义。这是因为：

第一，社会的现代化带来了价值观念的冲突。在这场冲突中要不要保持传统美德，关系到中华民族的前途问题。作为意识形态的价值思想体系是生产关系的反映，新的生产关系的建立必然要伴随新的价值思想体系的建立。但是，新的价值思想体系的建立不是凭空臆造的，而是在对旧的价值思想体系的批判和改造中发展起来的。今天我们提倡弘扬中华传统美德就是要把中国传统价值思想体系中的优秀精华发扬光大，把它和现代化结合起来，创建社会主义现代化的新文明，促进社会主义现代化建设。邓小平理论提出要建设有中国特色的社会主义强国，特色在哪里？就在于有中华民族的文化精神。弘扬中华传统美德才能把我国的社会主义建设得有特色。

第二，在频繁的国际交往中带来了许多外来的，特别是西方的价值观念。"麦当劳文化"正在侵蚀着中国文化。对于西方文化，包括它的价值观念，我们不是一概排斥，而是要加以选择和改造。选择先进的优秀的精华，如他们的科学精神、民主精神、开放意识、进取精神等。同时要摒弃一切腐朽落后的，或者适合于西方，而与我国国情不符的价值观念。弘扬中华美德就是要振奋中华民族精神，抵制一切不健康的价值观念的侵蚀，树立健康的社会主义新美德。

第三，当前青少年道德教育的现状迫切需要加强中华美德的教育。长期以来，我国道德教育中存在理想化、空泛化、形式化的缺点。青少年知道一些空洞的大道理，但对最初步的道德要求却不清楚，不实行；不能判断现实生活中的丑恶的东西，有的甚至还受到社会上丑恶行为的影响。因此极需要告诉他们中华美德是什么，让他们知道中华民族创造了中华传统美德，同时又是在中华传统美德的哺育下壮大发展起来的；今天我们要建设祖国，复兴中华，需要身体力行，发扬中华传统美德，遵守"爱国守法、明礼诚信、团结友善、勤俭自强、敬业奉献"的公民道德，今天为祖国的繁荣富强努力学习，明天为全面建设小康社会做出贡献。十六大提出要用20年的时间全面建设小康社会。在这20年中，现在在校学习的青少年将成为建设的骨干。他们的成长将关系到中华传统美德能否传承下去，关系到全面建设小康社会的成败问题。

中华传统美德教育要从小抓起。从小让他们身体力行，形成习惯。我国古代的思想家、教育家就懂得这个道理，为了让少年儿童牢记各种行为规则，编写许多通俗易懂、朗朗上口的读本和格言。例如《三字经》《千字文》等，一方面让儿童识字学知识，另一方面学习传统美德，身体力行，铭记在心，从而形成习惯。这些读本今天当然不能再用了，里面有许多封建的东西，但是其中有许多代表中华传统美德的格言还是应该传承下去。因此，我们应该有新的读本。《中华传统美德读本》的编写，就是为了这个目的。这个读本虽然编写于十年以前，但从今天来看仍然不失为一本优秀的读物。当时编写时，我们是十分认真的，精选了中华传统美德的主要内容，研究了如何适合青少年阅读等问题。因此，这个读本不仅包含了中华传统美德的主要内容，而且图文并茂。每一篇都不是枯燥的说教，而是从讲故事开始，讲述我国历史上在实践中华传统美德中可歌可泣的事例，每篇前面都有一个故事图片，文字也很生动活泼，具有可读性，很适合青少年阅读。因此，今天我再一次向全国青少年推荐这个读本。

《质疑"学会做人"》的质疑[*]

  《名校长工程论坛》2002年第4期的"卷首语"是北京师范大学教授、博士肖川写的一篇奇文,叫作《质疑"学会做人"》。乍一看题目,吓我一跳,以为肖川要教我们不要学会做人,那么学会做什么呢?学会做狗、做牛、做马?不会做人,那只好做动物。仔细看下去,才发现肖川希望我们不要做"察言(恐是颜字之笔误——笔者注)观色、见风使舵"的人,是希望我们做一个率真的人、淳朴憨厚的人、具有赤子之心的人等。这当然是对的,但也还是做人。肖川却偏偏不说做人。为什么?第一,是因为"做人"这个词不好。你看,他在文章一开头就说:"'做人'这个词本身就有问题。"为什么?因为是"带有对学生的不尊重"。我不清楚,叫学生学会做人,怎么就是不尊重学生?文章说,因为"做人"带有外在化、行为模式的意味,人成了盛装"道德"的容器。我还是不太明白。教育的本质就是育人,就是个体社会化的过程。在这个过程中,学生要学文化、长知识、增智慧,当然也包括提高道德品质。为什么学道德就变成"容器"了?那么"育人"这个词是不是也不尊重学生?确实,人生下来就是人,不是猫,不是狗。你们要说"做人""育人",都是不尊重人,那只有取消一切教育才能做到尊重人?

---

* 原载《名校长工程论坛》2002年第5期。

第二，作者认为，"做人"基本上是面子上的事情，"是外在化的表演，而不是内心的真诚、善良、淳朴等"。我感到十分惭愧，我忝为作者的老师，曾经教过他"做人"，原来他理解我是让他做虚伪的人，做表面上的人，这说明我不是一个好老师。我想一位好老师教学生做人，一定是要做一个真诚、善良、淳朴的人。只有存心不良的老师才会教学生做虚伪的人。

第三，作者说："在中国，一个人可以没有知识，没有学问，没有头脑，没有思想，没有肝胆，没有智者作风，但不能不标榜有道德。"这话拿到旧中国去说是千真万确的。但拿到今天的中国来说，是不是有点过分？而且作者还认为，教学生"学会做人"，就是根据这种旧中国的经验，告诫学生不要被人指责为道德上有污点的人。更有甚者，作者认为，教学生"学会做人"的人都是伪君子。他说："伪君子们以貌似道德的表现来达到他们不道德的目的，道德也往往成了他们掩盖自己的无能、打压创新的工具。有人就是以道德的名义、以教别人如何做人为幌子，对人进行精神施虐，以达到控制他人的目的。"你看，提倡教学生学会做人竟然有这样大的罪名，真是罪该万死了。

有了这些理由，当然"学会做人"不仅应该被质疑，而且应该彻底批判，提倡教学生"学会做人"的人都是伪君子，应该打倒在地。

作者还有其他高论，这里就不再讨论了。我只想说，提倡"学会做人"的思想本来是很明确的，当然要做一个像作者所说的"一个率真的人，一个淳朴憨厚的人，一个具有赤子心的人"。为什么作者会有上面那些误解呢？肖川曾经是我的学生，我很了解他。他写过不少好文章，讲的课也很生动，有影响力。但就是有点偏激，有点夸张。这就是他的风格吧。但把这些偏激的话写在杂志的"卷首语"中却是有失其当的。

作为一本杂志来讲，"卷首语"是指导读者阅读的，也是指导着杂志方向的。主编把这篇文章作为"卷首语"，不知是想把杂志和读者引向何方？因为我是一个率真的人，所以不吐不快。

从2003年诺贝尔奖获奖者谈话想到的*

我们常常抱怨，我国至今还没有培养出诺贝尔奖获得者，感到这是我国教育界和学术界最大的憾事。去年我看了几位当年诺贝尔奖获得者的谈话，深有感触。

报纸上是这样报道的，摘要如下：法新社芝加哥10月6日电：保罗·劳特布尔对他获得诺贝尔医学奖感到意外，尽管几年来人们一直认为他理应得到这份荣誉。他在办公室对记者说："我感到意外。这始终是个意外，即使人们可能有时会说，他们认为这项成就理应得到这样的承认。当这份承认真的到来时，这始终是一个意外。"又说："许多方面还在继续改进，这些改进使磁共振成像成为一个更为有效的医学诊断工具。"

据路透社报道，另一名诺贝尔医学奖获得者彼得·曼斯菲尔德从妻子那里得到了获奖消息，他竟以为这只是个玩笑。他对记者说："我根本没有想到这些事。如果有人说你获得了诺贝尔奖，那么90%的人都会说：'哦，算了吧，去蒙别人吧。'"

另一篇报道是，路透社芝加哥10月7日电：今年诺贝尔物理学奖三名获奖者之一的安东尼·莱格特今天表示，在他的学术道路上他最先

---

* 原载《中国教育学刊》2005年第3期。

感兴趣的是古典文学，当时他并无意从事物理这个给他带来荣誉的学科。他说："在我很小的时候和青年时代，我脑子里最不愿想的事就是物理。"又说："我的爸爸是（中学的）物理老师，但是我的第一个学士学位是古典文学。"他说大学快结束时发生了两件事使他对物理产生了兴趣——一是苏联1957年发射了第一颗人造卫星斯普特尼克1号；二是一个过去曾当过数学教师的退休牧师"照顾着我，教给我很多事情"，"让我有了学习的信心"，后来重新开始，拿到了第二个学位——物理学学士。

这三篇报道，不仅反映诺贝尔奖获得者的高度谦虚，怀着一颗平常人的心，而且说明，诺贝尔奖获得者不是培养出来的，而是靠他们自己对研究的兴趣、执着、勤奋获得的。如果说教育有所功劳的话，那就是学校教育培养了这些诺贝尔奖获奖者求知的兴趣、执着的精神和坚忍不拔的意志。

兴趣是学习之母，是学习的内驱力。其实每个儿童都有好奇心，都有求知的欲望。教育的任务就是要使儿童的好奇心和求知欲越烧越旺，根据儿童不同的特点，培养他们在某一方面的兴趣。有了兴趣，他就能乐意自觉地学习。如果儿童对学习缺乏兴趣，无论你怎样逼迫他，都只会适得其反。因此可以得出一条教育的信念："没有兴趣就没有学习。"但是，我们现在的学校教育不是在培养学生的学习兴趣上下功夫，而是带有某种强制性。学生整天生活在沉重的学习负担之下，既没有自己选择学习的自由，也没有时间学习感兴趣的学科。这样的教育怎么能培养出诺贝尔奖获得者呢？

培养创新人才需要教育创新*

党的十七大特别强调教育的重要，提出"优先发展教育，建设人力资源强国"。怎样才能建设成人力资源强国？这不是数量问题，而是质量问题，也就是，我们的教育能不能培养出一批在各个领域引领时代潮流的创新人才。我国现在已经堪称人力资源大国，但还不是人力资源强国，就是因为我们的创新人才不足。著名科学家钱学森院士在温家宝总理看望他时，就提出这样的问题。因此，我们不能不思考如何改变这种状况。

我国教育的很大弊端是统一规格、统一要求，因而出不了拔尖人才。我们教育要讲公平，讲求人人成才，但不可能人人都成为英才。我们教育界常常有一种自满情绪，认为我国的基础教育在世界上是一流的。但是我们的基础教育却没有为培养英才打下良好的基础，且长期受应试教育的困扰，不重视培养学生的创造性思维、创新能力。这不能不使我们为我国的创新发展担忧。

人的智力是有差异的。美国心理学家加德纳提出了多元智能的理论，虽然理论界还有不同意见，但是各个人的智力结构不同，这是大家都承认的。既然各个人的智力结构不同，就应该因材施教，扬长避短。

---

* 原载《基础教育参考》2008年第1期。

根据各人不同的特点、不同的爱好，施以不同的教育。过去我们理解的"因材施教"比较狭窄，只局限在学习同一学科、同一教材上如何因材施教，使每个学生都能掌握同一门知识。今天恐怕应该在更宏观上来理解"因材施教"，即对不同的学生施以不同的教育。新的课程改革的目标就是要培养学生的创新能力，于是设立了选修课，让学生根据自己的爱好来选择。所以各校要精心设计选修课，使之能够培养出一批有特殊才能的人才。

没有兴趣就没有学习，要从小培养学生的学习兴趣和爱好。苏联教育家苏霍姆林斯基说过，如果一个孩子到十二三岁的时候还没有什么兴趣和爱好，老师就要为他担忧，担心他将成为一个碌碌无为的人。可是我们现在大多数学生没有志愿，没有爱好，高中毕业填报高考志愿自己没有意向，是爸爸妈妈，甚至爷爷奶奶报志愿。我们不能不为此担忧。

孔子曰："学而不思则罔。"创新人才首先要有独立思考的能力，我们要培养学生这种能力，使他们善于发现问题，敢于提出问题，敢于向老师挑战，向权威挑战。老师要鼓励学生发表不同的意见，与学生共同讨论。

创造能力是在实践中养成的。因此要组织学生参加社会实践。在实践中培养学生发现问题、分析问题、解决问题的能力。

要培养学生对专业的执着精神，兴趣加勤奋是成功之母。勤奋来源于对专业的兴趣和爱好，同时来源于对社会的责任感。因此还要培养学生的人格，使他们具有热爱祖国、热爱真理、贡献社会的精神。

儿童识字教育门外谈[*]

前不久由中央教科所主办的第二届现代儿童识字教育国际研讨会刚刚闭幕。我因事错过了参加会议的机会。戴汝潜研究员要我书面发表点看法。盛情难却，只好写几句。

对于语文教育我是门外汉，不过从小就学汉语，也看到许多老师教汉语，也知道一些历年来关于识字教育的争论，自己也有一些想法，因此，凭经验谈一点不成熟的看法。

识字教育是我国语文教育的基础，也是整个教育的基础。不识字，就是文盲，就谈不上学习文化科学知识。因此，任何国家和民族都把识字作为人的基本权利来看待。所以说，学文化是从识字开始，这是毫无疑义的。但是如何识字，如何进行识字教育，却有许多学问，而且颇有争议。从20世纪60年代开始，在我国语文教学中就有集中识字与分散识字之争，今天更有先学拼音还是先识字之争，甚至还有要不要学生识繁体字之议。众说纷纭，莫衷一是。我很难判断哪种说法最科学，最合理。我想从另一个角度来说几点看法。

首先，识字教育要抓住我国的汉语文的特点。汉语文第一个特点是语与文有差别。古代使用文言文时，语文与语言是不一致的。自从通用

---

* 写于2006年5月20日。

白话文以后，文与言基本上一致，但仍有某些差别。著名语言学家吕叔湘说过：语言和文字既是一回事，又不是一回事。语言指的是口语，文字则是书面语。从历史发展来看，先有语言，后有文字。吕叔湘说："口语和书面语，一个用嘴说，一个用手写，用眼睛看，当然不是一回事。可是用嘴说的也可以记下来，用手写的也可以念出来，用的字眼基本上相同，词句的组织更没有多大差别，自然也不能说完全是两回事。"（《吕叔湘自选集》，上海教育出版社1989年版，第395～396页）吕叔湘说口语和书面语在今天已经基本上没有差别了。但是细细考究起来，还是有些差别，特别是有些地方的口语与书面语就有很大差别，如广东话就是。这就给中国的语文教学增加了难度。使用拉丁文等拼音文字的国家和民族，只要认识几十个字母就可以读书看报。但中国人不行，必须识字1 600字以上才能做得到。

汉语文的第二个特点是，汉字不仅有声，而且有形。正如戴汝潜说的，汉字有音序、形序、义序。因此汉字是声、形、义的组合。这一方面增加学习的困难，但另一方面也便于识记。为什么识字教学中有集中识字的方法？也就是利用汉字的声形义的结合。外国语就不行，不能集中识字。汉字有四声，许多字音相同，而形不同，意不同；还有些字形相同而声不同，意就会不同，如果单字不和别的字连起来，就读不出声来。这就与下一个特点有关。

汉语文的第三个特点是，字与词是独立的，一个字可以有单独的意义，也可以与其他许多字组合成意义完全不同的词。识了字并不一定读得懂书，尤其是古书。其实拉丁文拼音的语言，许多词也是拼合起来的，有词根、词首。词根、词首原来也是单独的字，但拼合起来以后就扯不开了。汉语可以把词中的字扯开，单独存在。有的学者讲，汉字需要整体认识、记忆，以后读书就可以一目十行。其实外语对一个字也需要整体认识、记忆，才能很快地阅读，如果每次阅读还要把音节拼起来，恐怕只有半文盲的人才这样。

汉语文的第四个特点是，汉字是单音节，汉词绝大多数是双音节，由两个字拼起来，当然也有由三个字、四个字拼起来的词，但许多已经成为一句成语，而不是词了。也就是说，汉语的词音节很少，不像外语，大多数字或词都是多音节的。这个特点也便于汉字的认识和记忆。

可能还有另一些特点，我就说不全了。

第二，汉字识字教学要了解我国的国情和特点。我国幅员广阔，民族众多，各民族都有自己的语言。就是汉语，方言也很多，有北方语系、吴越语系、湘蜀语系、闽粤语系。这些语系不仅语音很不相同，有些在语法上、语序上也不一致。但是使用的都是统一的汉文。正是这种统一的汉文及其蕴含的文化传统使我国能够统一几千年而不衰。因此，我国汉语文识字教育应该从这个国情出发，为什么要推行汉语拼音？就是因为这个国情，为了推行普通话，把口语和书面语结合起来。20世纪30年代许多学者推行拉丁化，以及50年代推行汉语拼音，目的就是要统一口语，民国时期叫国语，中华人民共和国成立后叫普通话。语言是交流的工具，在全国范围内口语都不统一，怎么交流？同时，当时推行拉丁化也还有便利大众学习、使汉语走向国际化的意义。当然，近几十年来由于信息技术的发展、汉字国际化，汉字的输入、处理、印刷等问题已经基本解决。但并不能否定汉语拼音对汉语发展和汉语教育的意义，特别是对于少数民族和外国人学汉语，汉语拼音是最好的工具。至于拼音什么时候学，是先识字再学拼音，还是先学拼音再识字，这都是方法问题，当然也有哪种方法更科学、更符合儿童认知规律的问题。但要经过实验，才能得出科学合理的结论。我没有实验，所以没有发言权。但从经验来看，城里的孩子到上学时一般都能通过电视等媒体识一些字，所以不存在先学拼音的问题。农村孩子又有所不同。但即使是先学拼音，也不能把它说成先学洋文，再学汉字。汉语拼音并非洋文，只是外国的符号为我所用，就如数学阿拉伯字符一样。至于少数民族孩子学汉语，恐怕又是一个样。我说这些话，丝毫没有肯定哪一种方法，否定哪一种方法的意思，只是想说，识字教育也可百花齐放，不必"一刀切"，一种模式、一种方法，要允许试验。

另外，还想补充一些题外话。今天我们都在提倡弘扬民族传统文化。但何谓民族传统文化？并非只有古代的儒家文化才是民族传统文化。传统文化也是动态的，发展的。中华民族传统文化几千年来吸收了无数外来文化的精华。不要一提到洋的东西就与弘扬民族传统文化对立起来。重要的是要吸收外来文化的精华，并使它本土化，融入本民族文化之中。汉语拼音可以说是吸收了外来文化并已经形成我们自己的文化传统（这在别国是没有的）。它比民国时期的拼音字母要强得多。因此现在不能再把汉语拼音叫作西方文化了。

再一次说明，识字教育我是门外汉，以上也就是一些"门外谈"吧。

学习科学，破除迷信，提高素质[*]

20年以前就有过一场争论，是关于"耳朵认字"的问题。当时一批科学家起来揭露它的虚伪性，但也有一批科学家却出来支持它，认为这是人体的特异功能。20世纪90年代初，这种伪科学越演越烈，越说越神奇。这两年似乎不大听说了。但迷信似未破除。常常见到庙宇中香火旺盛，就是例证。

迷信者有两种人：一种是明知是迷信，却用迷信去骗人，是骗者；另一种是"真心诚意"地迷信，是受骗者。相传战国时代有西门豹破除河伯娶妇的故事。《史记·滑稽列传》中记载着这个故事。魏文侯时，邺地的三老、廷掾勾结女巫假托河伯娶妇，每年要选少女投入河中，以愚弄百姓，榨取钱财。后来西门豹当了邺的县令，认为这是迷信，决心破除。当要将少女投河的时候，他对三老和女巫说，河伯认为所选女子不好，要女巫和三老去与河伯商量另选别的女子，于是就把他们抛到河中。吓得当地的土豪劣绅再也不敢提河伯娶妇的事了。西门豹不迷信鬼神，救了无数少女。可见破除迷信，需要有不信邪的人起来揭露它。揭露的最有力的武器就是科学。

迷信是古已有之。古人迷信并不稀奇，因为古时科学不发达，对自

---

* 原载《科学与无神论》2002年第1期，略有修改。

然现象不认识，就认为是神鬼造成的。恩格斯就说到产生灵魂的观念是由做梦引起的，野蛮人不懂得做梦的原因，就认为人有灵魂，人睡着时它就离开身体而自由活动，以后演变为人死了以后，灵魂还会存在。因此迷信的基础就是"有神论"。近代科学发达以后破除了许多迷信。例如，16世纪以前认为太阳是围绕着地球转的。当然，也有少数人认为地球是围绕着太阳转的，但是他们受到有神论者，特别是宗教裁判所的迫害。直到哥白尼的《天体运行论》发表，才破除了迷信，确立了太阳中心说。恩格斯对此有高度评价。他说："自然科学借以宣布其独立……便是哥白尼那本不朽著作的出版……从此自然科学便开始从神学中解放出来"，并"从此便大踏步地前进"（《马克思恩格斯全集》第二十卷，第362～363页，人民出版社，1971年版）。可见，要破除迷信就要学科学，讲科学。

迷信是一种没有自信心，没有能力的表现。我小时候是独生子，又体弱多病，奶奶和母亲总怕我活不长，就领我到寺庙中去许愿。后来学了科学，才知道鬼神是没有的，自己的健康要靠讲究卫生，锻炼身体。学习了科学，使我变成一个彻底的无神论者。近些年来我在游览寺庙时看到不少青年男女，还有许多少年儿童在那里烧香拜佛，我心里就一阵悲哀。我悲哀的是，年轻力壮的青年，正在生长壮大的少年儿童，怎么就没有自信力呢？我们的教育怎么抵御不了迷信呢？作为一个教育者我更感觉责任的重大，心情的沉重。

学校要加强科学教育。有人会问，现在中小学的课程中数理化生地的课时可不少，怎么再加强？的确，现在学校已有"重理轻文"的倾向。但是重视理科教学并非就是重视科学教育。由于"应试教育"的干扰，学校的理科教学变成了纯知识的传授，并不进行科学素养的教育。教师只单纯地向学生讲知识，讲解题，不讲科学的由来，不讲科学的价值。因此，加强科学教育，就是要把科学教育作为提高学生素质的重要手段。科学教育更重视的科学素养的教育，使学生学习以后能够形成科学的世界观，用科学的态度对待一切事物，破除迷信，不听邪说。鲁迅曾经说过："科学能教道理明白，能教人思路清楚，不许鬼混。"（《热风·随感录三十三》）这就是科学教育的真谛。

舞蹈与教育[*]

我对舞蹈纯粹是外行，不懂得舞蹈艺术，甚至连欣赏都不会。但是我知道舞蹈的重要性。舞蹈是用人体动作来表达思想感情和表现社会生活的一种艺术。对于教育来讲舞蹈是教育的一种形式，一种手段，也是教育的一个组成部分。为什么这样说？因为舞蹈是人类最古老的艺术，可能它要早于绘画和写字。原始社会在祈祷神灵、庆祝丰收的时候就用舞蹈来表达人们的思想感情。那时还没有绘画、文字。而大家知道，教育是伴随着人类的产生而产生的。那么，原始社会最早的教育用什么手段进行的呢？我想，恐怕除了口头语言外，就是用手势、舞蹈了。所以可以说，舞蹈是人类社会最早的教育手段和方式。所以，舞蹈除了表现美以外，它还天然地具有教育意义。

说它是教育的组成部分，因为舞蹈又是美育的重要内容，美育是教育的组成部分。德智体美是我国全面发展教育方针的组成部分，舞蹈作为美育的重要内容是和德智体联系在一起的，它们互相影响，互相补充。舞蹈可以使学生在欣赏、享受美的愉悦中不知不觉地受到教育，它具有陶冶德行、丰富感情、增进健康、激发智慧的作用，是当前推进素质教育的不可缺少的重要内容。在当前中西方文化交流中，舞蹈教育尤

---

* 2006年5月1日在舞蹈教育论坛上的发言。

为重要。舞蹈，具有很强的民族性，它是在民族发展过程中形成的，反映一个民族的思想感情。我们当然要吸收其他国家、其他民族的文化艺术，但更要发扬本民族的文化艺术。发扬民族舞蹈也是弘扬民族文化。同时在西方文化传播中我们也需要用健康的标准来选择，因此，当前舞蹈教育，从教育的角度来讲，也有重要的意义。

当前我国教育正处在重要的转变时期。大家知道，我国在全国人民的努力下，用了短短15年的时间基本普及九年义务教育，到现在，普及率已达到98%，现在只有少数山区、交通不发达的边远地区没有普及。也就是说，在数量上我们已经普及了九年义务教育，但是在质量上这种"普九"还是低水平的，因此今后我们要下大力气来提高质量。所谓提高质量，首先要开齐国家规定的课程。现在许多地方虽然教育普及了，但有些课程还没有开齐，特别是缺少艺术课的教师。舞蹈可能一般归于体育课或者音乐课中，但很多体育老师、音乐老师不会教舞蹈。城市里好一些，还可以请校外的舞蹈老师来校辅导，农村学校中既没有真正的舞蹈老师，也难以请到辅导老师。这对于我们推进素质教育是一个缺陷，对教师教育也提出了挑战。过去的师范教育就没有专门培养舞蹈教师的专业。今后恐怕要改革，教师教育中要有培养舞蹈教师的专业。因此，今天来研讨舞蹈教育具有重要的时代意义和现实意义。

学生舞蹈值得提倡[*]

我国学生的健康状况着实让人担忧。学生的近视眼愈来愈多，高血压、糖尿病、肥胖症的发病率正在年轻化。按老百姓的说法这都是富贵病，是多吃少动养出来的。记得我们小时候点的是小油灯，吃的是粗米饭，却很少有患近视眼、糖尿病的。现在我们富裕了，生活改善了，病却多起来了。这不能怪富裕，我们也不能回到旧时代，问题是我们如何合理地利用现代的富裕，使它有益于儿童的身心健康发展。我想无非是两种途径：一是有节制地享受富裕，不要吃垃圾食品，不要营养过剩；二是注意锻炼。对于学生来说，他们正在长身体的时候，丰富的营养是需要的，但必须辅之以锻炼，使之真正有益于健康。

锻炼有多种方式，过去学校课外体育锻炼不够多样化，无非是跑步、球类运动等项目，运动强度比较大，有些孩子不太喜欢，特别是女孩子。最近推出舞蹈作为锻炼的方式，确是一个好主意。舞蹈是用人体动作来表达思想感情和表现社会生活的一种艺术。它是一种艺术，但由于有动作，所以对人体也是一种锻炼。舞蹈可以说是体育和艺术的结合，具有很好的教育意义。由于舞蹈的多样化、艺术化，把它作为体育锻炼的方式受到学生的欢迎。

---

* 2007年10月3日为《今日教育》作。

但在提倡学生跳舞的过程中，社会上却冒出了一种不和谐的声音，认为让学生跳集体舞会促使学生早恋。我听到这种声音以后觉得难以想象，在当今开放的时代，男女交往如此频繁，方式多种多样，何以跳舞就会促使学生早恋？其实，青少年青春发育时期常常会有与异性交往的需求，这种需求不能叫它为早恋。这种需求会通过各种方式表现出来。教师要善于积极健康地引导这种需求。积极的方法就是疏而不堵，引导男女学生正常地、公开地、大方地交往。如果学校不提供这种正常的、公开的、大方的交往机会，学生可能私下地、隐蔽地进行交往，这种交往才是危险的、不可控制的。因此，跳集体舞恰恰是给男女学生提供一种正常的、公开的、大方的交往方式。它不仅能够吸引学生参与，起到锻炼身体的作用，又能满足男女学生交往的需要，增强他们的友谊。

　　另外，我们对舞蹈也要有一个正确的认识。舞蹈是教育的一种形式、一种手段，也是教育的一个组成部分。舞蹈是美育的重要内容，美育是教育的组成部分。德智体美是我国全面发展教育方针的组成部分，舞蹈作为美育的重要内容是和德智体联系在一起的，它们互相影响，互相补充。舞蹈可以使学生在欣赏、享受美的愉悦中不知不觉地受到教育，它具有陶冶德行、丰富感情、增进健康、激发智慧的作用，是当前推进素质教育的不可缺少的重要内容。正确认识了舞蹈的作用，学校在组织学生跳舞过程中加强美的教育，就能使学生不仅锻炼了身体，而且接受了美的教育、高尚的人际交往的教育。

　　因此，关键在于学校要把舞蹈作为重要的教育活动，而不是放任自流，学生跳舞一定能起到良好的教育作用。

又该呐喊"救救孩子"了[*]

八十多年以前，鲁迅在他发表的第一篇白话文小说《狂人日记》中就发出了"救救孩子"的呼声，震撼了中国大地。鲁迅是要把孩子从封建礼教中解放出来，让他们幸福地度日、合理地做人。但是谁也没有想到八十多年以后的今天，封建礼教已经被推翻，孩子本可以幸福地度日、合理地做人的时代，却又要呐喊"救救孩子"。今天的"救救孩子"不是要把孩子从封建礼教中解放出来，而是要把他们从"考试地狱"中解救出来，从学业重重负担压力下解救出来；不是将来能幸福地度日，而是眼前就能过上幸福的童年。

今年3月底学会开工作会议期间，李吉林副会长含着眼泪说："现在的孩子是，小学生没有时间玩儿，中学生没有时间睡觉，长此下去怎么办？"上个月开座谈会，许多同志都反映，现在考试竞争越演越烈，择校之风越刮越盛，学生负担越来越重，大家都感到忧心忡忡。广大老师和家长也都不满意现在这种教育状况，但又觉得无法改变它，而且还要追求它。这是一种理性和情感的悖论，似乎是一个死结，无法解开。

为什么难以解开？这是因为这个结不是教育部门自己打上的，而是社会的种种矛盾汇集到这里的结果。原因很复杂，总体上讲是社会

* 原载《中国教育学刊》2005年第9期。

的激烈竞争在教育领域的反映。从教育内部来讲，也存在着供需之间的矛盾：教育资源不足，特别是优质教育资源不足，与家长需求之间的矛盾，再加上现在城市中一对夫妇只有一个孩子，望子成龙心切，于是造成了教育的竞争，种种矛盾最后集中到每一个孩子身上，让孩子怎么承受得了？具体分析一下，有下面几方面的原因：

第一，是一些家长对孩子的期望值过高。有一部分家长视自己的孩子为天才，总觉得如果不能使他受到最好的教育，就会埋没他的才能。因此，从小要给他找最好的幼儿园，上最好的小学、初中、高中。父母对孩子的宠爱、期望是无可非议的，是可以理解的。俗话说："瘌痢头的儿子自己的好。"但是，事实上每个孩子是不一样的，他们的资质及其功能都会有差异。所谓人具有多元智能，而每个人的智能和发展方向、水平是不一样的。顺应了孩子的自然，他的特长和优势就能充分地发展。反之，他的优势和特长就会被压抑。但是由于孩子的优势和特长不易捉摸，于是父母统而括之，要求孩子面面发展，或者强迫孩子去上"奥校"、上"艺校"。其结果往往适得其反，孩子不仅没有得到充分发展，反而有些能力受到压抑，而且身体健康受到了损害，思想品德得不到提高。

第二，是就业的压力。一般家长认为，为了孩子将来找到工作，找到好工作，现在就要让孩子苦读书，以便考上大学，考上名牌大学。用人单位的学历主义，助长了这个压力。高校扩招，原以为可以缓解升学的压力，没有想到，扩招引起的就业压力反而转移到升学上。家长心痛地看着自己的孩子起早贪黑，但"为了不让孩子长大了受苦，现在还是让他吃点苦吧"。这也是理性和情感的悖论。

第三，是高考的指挥棒。老师们说，有高考，必定会有应试教育。有一批把关的老师天天在揣摩高考的题目，让学生解题，把学生变成解题的机器。为了通过高考这一关，老师和家长都向学生施加压力。大家都清楚，"一次考试定终身"是不合情理的，考试也不能考出学生的能力来，但又都一致认为，高考不能取消，否则会有更不公平的现象出现。这也是一种理性与情感的悖论。

第四，教育发展不平衡。好学校和薄弱学校差距太大。许多家长不放心把自己的孩子交给薄弱校，怕孩子学坏，缺乏安全感。这些年各地都在改造薄弱校，但只改善了硬件，软件没有得到相应的改进，特别是师资队伍没有改善。家长仍然不放心。再加上升学的压力，择校之风越演越烈。缩小差距，但重点学校不乐意，认为自己是要培养英才的，大众教育时代并不排斥精英，不能把教育拉平。但也还有另一层内容，即这些学校靠择校来弥补经费的不足。这也是理性与情感的悖论。

第五，我国旧的传统观念的影响。我国长期以来受科举制度和"学而优则仕"的思想影响，重学历轻能力，读书做官的思想十分严重。我国职业教育不被重视，家长不愿意把自己的孩子送到职业学校，有些用人单位也不要职业学校毕业生。教育缺乏分流，造成"千军万马都奔独木桥"。读书做官的思想在东方国家和地区很流行。例如，日本、韩国，包括我国台湾地区，那里的高等教育入学率已经很高，但是升学的压力依然很重。这就是东方儒家文化的消极影响，这在西方国家是没有的。中国的家长认为孩子能不能考上大学，考上什么大学，是有关自己面子的问题，这就多了一重心理压力。

这些问题怎么解决，不是教育部门单独能解决的，需要全社会来努力。但是对于教育部门来说，也有几点是可以改进的。

第一，大力推进基础教育的均衡发展，缩小差距。教育的绝对公平是难以做到的，但相对公平是可以做到的。例如可以向薄弱校调去得力的校长；选派一些优秀教师到薄弱校去，也可以从重点学校中选派。为了不降低这些老师的收入，工资待遇可以保留，到薄弱校工作3年；也可以由名校兼并薄弱校，以此来改变薄弱学校的形象。为什么名校办民校有那么大的吸引力？就在于这些民校或称分校是由名校领导的，同时有一部分名校的退休教师任教，家长信得过。

第二，是加强教师的培训，提高教师的业务水平和能力。教育的关键在教师，教师自己的素质不高，怎么能进行素质教育？为什么重点学校的学生反而负担不太重？固然因为生源本身就好，还因为教师的业务能力强，善于教育，善于引导。教师培训除了学历教育、系统进修外，结合教学实际进修见效最快。上海徐汇区教育局采取由教研室的老师组成小组，到学校听课，帮助老师诊断自己的教学，反思自己的教学。这种进修对老师的帮助很大。许多地方采取教师进修的办法，效果也很好。

第三，改革教育评价制度。高考制度必须改革，要改变"一次考试定终身"的制度。高考可以每年多考几次，可以采取"分散考"，积分制。总之，要给学生比较宽松的环境，具体办法需要认真研讨，反复论证，选点试验，逐步推广。有些同志认为我国是人口大国，考生以千万计，多次考试很难组织。但是，如果把高考下放给各省市自治区，人口不就缩小了吗？其实各地每年都要进行多次模拟考试，组织工作量也是相当大的。

也有人主张取消高考，高等学校宽进严出。但是，人人都想上名牌大学怎么办？还是免不了要有一场搏斗。这又与我们旧的观念有关。

地方的领导要改变评价学校的标准，绝对不允许用升学指标来评价学校和老师。去年发生"南京高考之痛"，今年又出现山西某县委书记因高考滑坡向市民道歉的事，都说明地方官员至今仍然把高考升学率作为教育评价的指标，作为自己的政绩。如果这种状况不改变，素质教育难以推行。

第四，一定要取消入学的附加条件，取消各种加分，如奥赛的成绩、艺术特长、"三好学生"加分等。这样可以减轻学生的压力和负担。我为什么去年提出要废除"三好学生"的评选？就是因为选先进是成人的一套，不符合儿童青少年的成长规律。有的人不理解，以为我不赞成树立榜样。树立榜样、激励学生有多种方法，不能从小就把学生分成三六九等。更何况，现在评"三好"中的弊端很多。总之，要给学生一种宽松的环境，让他们有玩儿的时间，在玩儿中学习。基础教育培养学生的兴趣和克服困难的毅力最重要，兴趣加勤奋就是成才之道。

第五，需要完善教育立法。首先要保证教育投入，缩小教育差距；其次要建立教师准公务员制度。保证教师合理流动，但不能就市场规律来流动。教育是准公共事业，教师应是准公务员，就要用公权来约束教师的行为，合理地调动教师。不能像现在那样，要不是成为学校所有制，不能流动；要不就是随行就市，向发达地区、工资高的学校流动，给薄弱学校、落后地区造成更大的困难。

第六，进行教育结构改革，大力加强职业技术教育。增加职业技术教育的投入，提高职业技术学校毕业生的待遇。苏联解体以前我到苏联访问，他们技校毕业生的起点工资比普通大学毕业生的起点工资要高。这样才能吸引青年报考技校。

第七，加强宣传正确的教育理念。现在不论家长还是老师都觉得这样下去对青少年的成长不利，都心疼孩子们，但又觉得无可奈何。因此要宣传教育新理念，让广大家长认识到改变观念的重要性、有效性。媒体不应该再炒作高考状元等话题，应该多宣传新的教育理念和教育改革给学生发展带来了新气象。学校、老师要有吃第一只螃蟹的精神，勇于改革，通过改革来减轻学生课业负担，提高教育质量。

折磨孩子的奥数可以叫停了[*]

一位数学系的博士研究生抱怨孩子的奥数题目他做不出来。用这样的难题让奥数班的孩子做，不是折磨孩子又是什么？现在学生作业负担过重不是重在课堂作业上，而主要是重在校外各种补习班的作业上。许多家长为了孩子能够升上好学校，让孩子在他们应该玩儿的时间去上英语班、钢琴班、舞蹈班、奥数班，这样就增加了学生的学业负担。这不仅有害于学生的身体健康，而且影响到课内基础知识的学习，未必能提高学业成绩。相反，如果强制孩子学习他并不喜欢的科目，可能会抑制他的才能的发展。

奥数班起源于20世纪80年代中期，我国为了让有天赋的学生参加国际科学奥林匹克竞赛，当时国家教委在师大附属实验中学、北大附中、清华附中设立了奥林匹克数学班、物理班、化学班，从各地挑选了一些在这些科目中有天赋的拔尖学生来集训。后来得奖的学生被清华、北大等校免试录取了。于是有些学校看到培养这些学生有利于提高升学率，就开始办起奥数班来。因为学数学不需要实验设备，举办起来比较容易，所以出现了奥数班。许多家长看到上了奥数班得奖以后可以被名校录取，也就纷纷把孩子送入奥数班。于是奥数班从高中延伸到初中、小

---

* 原载《人民日报》2007年11月13日。

学。社会上一些教育商家看到了这里面的商机，也开始办起奥数班来，从中牟利。就这样，奥数班泛滥于我国大地。

奥数教育是一种特殊性质的教育，只适合于少数在数学方面有天赋才能的学生，并不适合于大多数学生。许多学生上奥数班并非出于自身的天赋或者兴趣爱好，而是被家长所迫，家长又被学校所迫。有的学校为了升学率，为了创收，要求学生上奥数班。既无天赋又无兴趣，这样的学习怎么能学得好？奥数班用奇奇怪怪的题目让学生解答，不仅增加了学生的作业负担，浪费了孩子最宝贵的时间，而且使学生受到沉重的心理压力，这实在是对学生的摧残。许多学生叫苦连天，家长也是有苦难言。

该是奥数班叫停的时候了。有些地方教育行政部门已经明令禁止，但是由于各种利益的驱动，有令不止。为了切实减轻学生的作业负担，学校首先要负起责任来。其实也很容易做到，只要在招生录取中停止为奥数班的学生加分录取。有了这一条，我想奥数班很快就会在中国大地上销声匿迹。

在没有压力下会学得更好[*]

最近有消息传来，上海、辽宁将取消中小学的期中考试。这是一个好消息，是减轻学生负担的有力举措，也有利于素质教育的推进。

考试是教育的一种手段，并无好坏之分，关键在于如何运用。根据考试的目的和性质，考试可以分为两类：一类叫诊断性考试，主要考察教的情况、教的效果、学习的情况和效果，使教师和学生对自己的教和学有清晰的了解，从而改进和提高。当然也起到一种监督和激励的作用，对考试成绩不好的学生会促进反思，有哪些不足，需要如何改进和努力；对考试成绩优异的学生可以坚定信心，加倍努力。另一类考试叫选拔性考试，高等学校入学考试、职务招聘的考试都属于这一类。学校的期中考试应该属于第一类，即诊断性考试。它主要是检查教学效果，进一步督促、改进教和学。但是，现在学校的期中考试已经掺杂着选拔考试的性质，考试完了要按成绩排名，公布于众。家长知道自己孩子的名次，就会给学生施加压力，要他们争取下次考取好名次；学生知道了自己的名次，有的会受到鼓舞，有的则会感到泄气，自暴自弃，总之，孩子们都会受到巨大的压力。这种压力就是学生的心理负担，并不利于学生的学习。

---

[*] 原载《中国教育学刊》2005年第4期。

学校取消期中考试，不能简单取消了之，要做好思想和组织上的准备。首先，要让教师和家长认识到，取消期中考试可以减轻学生的负担，有利于学生更加生动活泼主动地学习。要让老师和家长相信，学生在没有压力下会学得更好。其次，要让学生认识到取消期中考试不是放松学习，而是要自主学习、主动学习。最重要的是，学校要采取措施改进教学，培养学生的学习兴趣，使学生能够生动活泼地主动学习。

没有兴趣就没有学习。兴趣是学生学习最强大的动力。在教学中常常会讲到引起学生的学习动机的问题。学习动机可以分为外部动机和内部动机。老师和家长的奖赏、许诺可以成为学生学习的外部动机，激励学生学习。但这种外部动机是不能持久的，奖赏获得以后，或者未能获得都会使外部动机消失。唯独内部动机才是持久的，这种内部动机就是出于对学习本身的兴趣，对学科知识的兴趣。所以，考试只能激励于一时，不能持久。取消期中考试以后，改进教学要跟上去，使学生的积极性不因此而减退。同时要加强平时的观察、考查，以此来了解教和学的情况，代替诊断性的期中考试的作用。

有的家长担心，期中考试取消了，但变成了周周考、日日考，反而增加学生的负担。这种情况很可能发生，取消期中考试是上级教育部门的举措，如果不能被广大教师所理解，就会引起变相的考试，甚至变本加厉。这就违背了取消期中考试的初衷，是应该竭力避免的。取消期中考试的目的是减轻学生的负担和压力。因此不能再增加别的负担，使学生有自主学习的空间，生动活泼主动地发展。要让老师和家长相信，学生在没有压力下会学得更好。同时要建立一种观念，即学生的成绩是学生和家长的隐私，不能随便公布于众。学习不好的学生，或者因为种种原因偶然考得不好的学生，他们看到公布的名次，对他的尊严、他的自尊心是一次严重的伤害。如果处理不得法，会影响到他今后的发展。国外有的学校也排名，但不公布，只有学生知道自己在什么位置，今后应如何争取更好成绩。

有的人会说，取消期中考试，成绩不排名不公布，不是缺少了竞争，学生学习就没有了动力？我认为，学习本来就不应该鼓励竞争。教师的责任就是用高质量的教学吸引学生学习，引起学生对知识的兴趣，对学习的兴趣，同时指导他们学习，使他们得到充分的发展。学生的智力在教师高质量的教学下得到了充分的发展，教育的目的也就达到了。还要什么竞争？同时，学生的资质不同，有的逻辑思维较发达，有的形象思维较发达；有的喜欢数学，有的喜欢美术，这样的两种人怎么竞争？竞争应该是成人世界的事，不要把成人世界的事搬到儿童世界里来。那种评先进、评"三好"都是把对成人的要求搬到了学生中来，是不符合青少年儿童成长规律的。青少年儿童是在成长过程中，他们还没有成熟，还没有定型。他们的发展不是线性的，有时会犯错误，会有曲折。现在学校中提倡的竞争只是抑杀个性的竞争，是不值得提倡的。人的资质本来是不同的，用一个标准让学生去竞争，怎么能得出科学的结果？就是最讲竞争的体育运动，比赛时要分项目，同类项目用同一个标准竞争，才能决出冠军来。总不能让长跑运动员和跳高运动员去比赛吧？但是我们现在学校的竞争恰恰违背了这个规则，让所有的学生都参加同一考试，这种结果能决出冠军吗？所以我说这是抑杀个性的竞争，是不值得提倡的。

鞭子只能培养奴才，不能培养人才*

　　昨天在电视中看到一条消息，杭州有一所西点男子学校，用黄连、辣椒、鞭子教育顽皮的儿童，画面上还展示了一名儿童背上的条条鞭痕。据说很有效果，家长自愿送自己的孩子去受苦，报名者趋之若鹜。我看了感到十分震惊和愤怒。在21世纪教育民主化、个性化高涨的今天，居然封建教育还有这样大的市场！

　　刚刚公布不久的修订后的《义务教育法》第二十九条明确规定："教师应当尊重学生的人格，不得歧视学生，不得对学生实施体罚、变相体罚或者其他侮辱人格尊严的行为，不得侵犯学生合法权益。"对学生实施体罚是违反《义务教育法》的行为，是违法行为，应该受到法律制裁。开办这个学校的人，首先就没有法制观念，同时也是不懂得教育规律的人。据说此人还是师范学校毕业。这只能怪我们这些办师范教育的人没有把她培养成一名合格的教师。

　　前不久，《光明日报》两名实习记者采访我，问我，法律为什么要禁止体罚或者变相体罚？有些国家现在还没有废除体罚，我国这样规定是否超前了？我的回答是：

　　首先，我国是社会主义国家，我国的文化本来应该是人类最先进的

---

*　原载《中国教育报》2006年9月4日。

文化。我们的教育要尊重人权、尊重人格。人权包括了生存权、受教育权等许多内容，但其中使每一个人都能有尊严地生活是很重要的。体罚或者像吃黄连、辣椒等变相体罚，包括用卑劣的语言辱骂学生，这都是有损于学生的人格，有损于人的尊严的行为，违背了基本人权的要求，严格禁止是非常必要的。

第二，采用体罚的方法，不符合学生成长的规律，不符合教育的原则。今天的教育强调学生的主体性，就在于启发学生的主动性和积极性。体罚只能压制学生的主动性和积极性，更不用说培养学生的创造性了。同时，体罚对学生的心理有很大的伤害。学生屈服于暴力，可能一时表现得很听话、很顺从，但过后他可能会更具反抗性；有时还会对别人施加暴力，培养扭曲了的心理状态。

第三，体罚有损于良好的师生关系。良好的师生关系是巨大的教育力量。师生关系破裂了，学生就不愿意再向老师学习。这个问题在当前教育现实中非常严峻。不少教师不是不会教课（有足够的知识），而是不会教人，常常伤害学生的自尊心，从而使学生不愿意学习。

第四，体罚是培养奴才的方法，不是培养自觉的社会主义新人的方法。关于体罚和严厉惩罚的办法在我国确实有历史传统，所谓"棒子底下出孝子""不打不成器"等谚语在民间流传。但是要知道，那种话是流行于封建时代的，那是培养奴才的时代，而今天是民主时代、重视人权的时代，是培养个性、发展创造精神的时代。今天我们怎么能再用封建的教育方法来培养社会主义新人呢？

有人说，有些国家没有废除体罚。只能说明这些国家还存在着封建教育的残余。封建社会存在了几千年，会有许多观念和制度残存下来，这并不奇怪。我们是社会主义国家，是最讲人权、民主的，我们要反对一切封建的、培养奴才的教育方法。

有人问，严禁体罚或者变相体罚与严格要求，与批评教育是不是矛盾？我认为严格要求和批评教育都是必要的，但都要在说理的基础上进行。没有说理，任何批评教育都是没有效果的。体罚是不讲道理的，是压服，而不是说服。那么，能不能在说服的基础上体罚呢？不能，因为体罚有损学生的人格尊严。另外，如果你把他说服了，也就没有必要再体罚了。

对学生是需要严格要求的，犯了错误也应该批评甚至严厉批评直至处分，不能放任不管，或者一味迁就。但是要求和批评都是在尊重学生的人格的基础上进行的，而且是有理有节的。损人、污辱损害学生的人格，所以要禁止。中国人常讲："人是有一口气的，你打我骂我可以，但不能污辱我。我咽不下这口气。"我认为，所谓一口气，指的就是人格，人格是不能被人污辱的。苏联教育家马卡连柯讲过："更多地尊重人，才能更多地要求人。"对学生，你能尊重他，才能要求他，才能批评他。如果你一开始就认为他不可救药，你又何必去教育他、批评他。你尊重学生，认为他是会改正错误的，你再批评他，他就会理解你的批评，接受你的批评。惩罚，只有当他理解、认识到自己的错误以后才会有效。惩罚对于其他人来讲，也有教育作用，有时犯错误的学生还不理解自己的错误，但影响不好，也必须给予处分，那是为了教育别人。但是也必须在大家都认识到他的错误的时候，才对大家有教育作用。如果公众舆论不认为他有什么错，处罚了也起不到教育作用。

至于批评如何能够做到恰当，这就是教育的艺术和技巧了。这只能意会，不能言传。为什么说，教育既是科学，又是艺术？就是这个道理。

关于有些学校、有些夏令营用许多方法来锻炼学生、磨炼学生，这又是另一回事。这是有目的、有意识的活动，是学生自愿参加的，或者家长有意识安排的。这也需要学生能够理解、认同这种活动和要求。如果学生不自愿，也是没有多大效果的。同时这种锻炼、这种磨炼也应该是有分寸的，符合教育原则的，更不能违法。许多人都说美国西点军校是最严格的，要让学生吃许多苦。我没有参观过西点军校，我不知道是不是像人们说的那样可怕。我只知道西点军校设有各种高科技的学科，许多理工科的学习与普通大学是没有多大差别的。而且，西点军校是培养军人的地方，军人是要讲绝对服从的，而且学生也都是成年人。而杭州西点男子学校的学生却是应该被保护的未成年人，用暴力来"磨炼"他们是不合适的。

现在有些儿童不听话，不会生活自理。其实这都是家长惯出来的。只要家长坚决改变态度，对儿童严格要求，并不是不可矫正的。许多要求是要从小就开始的，从小养成习惯，靠几天甚至几个月的工夫是不能见效的。如接受批评，从小就要有这种习惯。有的孩子为了一两句话就跳楼，说明这是从小娇生惯养的恶果。首先要改变家庭教育观念。如果把孩子放到像西点男子学校去惩罚几个月，回家以后家庭教育观念没有变化，恐怕还是毫无效果的。

最后我还想说几句。不是现实的都是合理的，不是家长没有投诉就是科学的。现在的教育现实中有许多看来大家都热衷的事情，并非对学生的发展都有益。例如，现在许多家长用各种补习班、各种教辅材料压向学生，明知会影响学生健康，也心疼自己孩子，但又不得不这样做，这是有其他社会原因的，并非是科学的、合理的。所以不能说，家长愿意送自己的孩子去受苦，就是值得赞赏和推广的。

从"十佳少年"评审谈起*

我是不大赞同在少年中评什么"十佳"之类的活动的。少年是正在成长的时期，他最需要的是别人的信任、关爱、教育和帮助，然后毫无束缚地自由成长。评上了"十佳"就等于给他套上了一个金箍。孙悟空头上不是有一个金箍吗？什么时候不听话了，唐僧就念紧箍咒，痛得孙悟空只好讨饶。其实很多时候孙悟空是正确的，但是昏庸的唐僧听了谗言，总说孙悟空不对，孙悟空又偏要坚持自己的意见行事，我行我素。于是唐僧就念起紧箍咒来，痛得孙悟空只好按唐僧的意见办。如果没有那金箍和紧箍咒，唐僧何至于吃那么多苦头。

大家想想，评"十佳"有什么好处？对获"十佳"少年的本人来讲可能是一种激励，同时却又给了他一种束缚。戴上了"十佳"的桂冠，与众不同，使他不能融入普通少年的群体，实际上是不利于少年的成长的。有的甚至于受到歧视，遇到很多困难。至于那点激励能不能管用一辈子呢？实在难说。评"十佳"对大众来讲，似乎是树立了榜样，但是有多少同学真正能向他们学习？有些同学可能会认为高不可攀。需要说明的是，我不是反对表扬先进。表扬是教育的重要手段，表扬能激发学生的上进心，能培养学生的积极动机，甚至能改变人的一生。但是这种

---

* 原载《教育参考》2002年第6期。

表扬是面对所有学生的，不是只给少数学生的。

　　说实话，我也不大赞成现在的评"三好生"。思想好、学习好、身体好是我国教育方针所要求的，教育方针是对所有学生而言的，怎么只有少数学生是"三好"呢？难道大多数学生都没有达到"三好"？果真是这样，只能说明我们教育的失败。现在实际情况是评"三好"时并不真正看"三好"，往往只看"一好"，即学习好。所谓"学习好"又指考试的分数高。这样评"三好"不是走上应试教育的轨道了吗？更值得反思的是，从小把学生分成三六九等有什么好处？少年是脆弱的嫩芽，他们需要的是爱护和培育。因此首先要帮助少年树立自信心，他们才能在成长的道路上克服种种困难，勇往直前。评上"三好"的固然可以激励他上进，但也可能使他产生一种优越感；评不上"三好"的，可能会感到"三好"高不可攀，就会失去自信心，他们心理上就会产生一种自卑感，对他的成长是很不利的。至于有些孩子被老师打入另册更是对他们的一种摧残，是现代教育切忌的。笔者建议可以把评"三好"改为评进步，谁有进步就奖励谁。犯了错误改正了就是好孩子，就值得表扬；学习困难的学生有一点进步就要及时表扬，以便巩固他的信心。我们相信每个孩子都有优点，都有上进心。只要教育得法，学生的优点就能得到张扬，缺点就能克服。

　　以上讲的都有一个教育观念问题。传统的教育是精英教育，总是在大众中选拔英才。现代教育是大众教育，希望人人都能成才。大众教育不是不要英才，而是让英才在大众的土壤中脱颖而出，而不是揠苗助长。传统社会要不就是人上人，要不就是人下人；现代社会除了需要一大批高级科技人才和管理人才外，还要数以千万计的技术人员、医师、教师、律师等和数以亿计的工人、农民等劳动者队伍，他们都是人才，都要达到"三好"，才能完成我国社会主义现代化建设的任务。因此，我们要摒弃精英教育的观念，树立大众教育的观念。

我为什么呼吁废除"三好学生"的评选*

2004年5月20日我在"上海教育论坛"上提出废除评选"三好学生"的建议，引起了各界的关注。赞成者有之，反对者亦有之。许多媒体也很关注，约我访谈。但终因时间的限制，不能尽其所言。因此想在这里较为详细地论述一下。

其实这个建议并非今天提出来的。早在1998年我就写过一篇短文，名叫《不要把学生分成三六九等》，最初发表在上海《教育参考》1998年第6期上；2000年又在中央人民广播电台中午一小时节目中与一位三好学生和她的班主任一起座谈过。我的观点是：评选"三好学生"，过去也许起过鼓励优秀的作用，但是近些年来已流于形式，而且把它与升学联系起来，不仅失去了鼓励先进的作用，还产生了许多弊端，不利于学生身心健康的发展。

这要从基础教育的任务说起。什么叫基础教育？就是为人的一生的发展打基础的教育。基础教育对于个体的发展来说，有如楼宇的基础，打得坚实，楼宇就能盖得高大。个体的基础打好了，他将来发展的空间就大。基础教育要打好什么基础？我认为主要是打好三方面的基础：一

* 原载《新德育思想理论教育》2005年第2期。

是少年儿童身心健康发展的基础；二是终身学习的基础；三是走向社会的基础。

打好少年儿童身心健康发展的基础是基础教育中最最重要的任务，是基础的基础。没有这个基础，终身学习和走向社会都不可能发生。但是，在现实生活中，家庭和学校往往只重视少年儿童的身体发育，不大重视他们的心理健康的发展。有时甚至会有意无意地伤害他们的心理。把学生分成三六九等就是对少年儿童的一种伤害。少年儿童的心理是非常脆弱的，需要家长和老师的细心呵护，当然也需要锻炼，使他们将来经得起风浪。

我在《不要把学生分成三六九等》的短文中写过："自尊心是一个人的基本品质，丧失了自尊心，也就丧失了人格。而自尊心是要通过老师和家长对孩子从小尊重而培养起来的。"又写过："自尊心又是和自信心连接在一起的。有了自尊心就会建立起自信心；反过来，有了自信心就会促进自尊心的确立。因此，对于中小学生来说，自尊心和自信心是一种巨大的教育力量，有了它，学生就能够自己教育自己。因此，每个老师都要重视它，从小培养学生的自尊心和自信心。"

评选"三好学生"是把成人中的"评先进"的办法运用到少年儿童身上，这是不符合教育规律的。少年儿童是在成长过程中，一切还不定型，不能说哪个学生优秀，哪个学生不优秀。他们正在变化中，他们的发展不是线性的，有时会犯这样那样的错误。如果不用发展的观点来看待学生，总认为好学生永远是好学生，坏学生永远是坏学生，既不符合学生发展的规律，也不利于对学生的教育。把成人"评先进"的办法运用于少年儿童，恐怕这是中国文化的特色。西方国家就没有这种观念。《报刊文摘》有一期刊登了一篇小短文，大意是讲在美国盐湖城召开冬奥会期间，我国奥委会代表团参观一所学校时，带去了两个熊猫玩具。团长对校长说，一个送给你们学校最优秀的男生，一个送给你们学校最优秀的女生。这一下为难了校长。校长说，我们学校个个学生都是优秀的，没有最优秀的。有的学生学习优秀，有的学生运动优秀，有的学生做义工优秀。最后校长只好把两个熊猫玩具陈列在学校的展览柜里，供所有学生欣赏。他们的教育也许很多方面不如中国，但平等地对待每个学生这一点，不是值得我们借鉴吗？

评选"三好学生"，一小部分学生受到鼓励，但却会伤害大多数学生。当然，也会有一部分学生受到刺激，以三好学生为榜样，争取也能当上三好学生。但三好学生的名额是极少的，因此对大多数学生来说，可望而不可即，其实是起不到激励作用的。相反，对培养他们的自信心和自尊心是不利的。

再从我国的教育方针上来讲。我国的教育方针是使学生在德、智、体、美等方面都得到发展，成为社会主义事业的建设者和接班人。教育方针是要求每个学生都能全面发展。那么，为什么只有极少数学生是"三好"呢？因此，评选"三好学生"显然与教育方针相悖。如果真要评选"三好学生"，那么，应该90%以上的学生都是三好学生。这才说明我们认真地贯彻了教育方针，我们的教育是有成效的，是成功的。的确，"三好学生"曾经激励过一部分优秀学生，恐怕当前各条战线的骨干都曾经是三好学生。但是，从教育工作者的角度来讲，我们最重要的信条是，相信每个学生都能成才，我们面对的是每一个学生，而不是一部分学生。

评选"三好学生"的制度，当初的用意是好的，也曾经起过一些激励的作用。但是近些年来越来越片面化。首先，评选的标准从"三好"变成"一好"，主要是学习成绩要好。或者有些老师认为思想好就是"听话"。其次，不少地区对三好学生给予升学的优惠，或者作为保送上高一级重点学校的条件，或者直接加分。评选"三好学生"被纳入应试教育的轨道。于是争"三好"已经不是争优秀，而是争升学。于是各种弊端应运而生，为了争"三好"，向老师送礼者有之，向老师施加压力者有之，与同学讲关系者有之。成人社会中的一些腐败恶俗侵蚀着学生幼小纯洁的心灵。这种对学生心灵的伤害，作为一名教育工作者能听之任之吗？

有的人说，孩子是需要激励的，评选"三好学生"是对学生的一种激励，不能因为现在出现一些弊端而废之，不要"因噎废食"。"孩子是需要激励的"，这句话千真万确。问题是，三好学生到底能激励多少孩子？对多少孩子产生伤害？有没有别的激励的办法？任何一个制度不能是永远不变的。所谓与时俱进，就是当一种制度不能适应时代的需要时就应该变革。教育制度也是如此。有没有别的激励办法？当然有，而且可以有很多办法。只要我们的思想从传统教育思想中解放出来，各个学校、每位老师都会想出许多办法。我曾经在七八年前参观过广东省中山市一所初级中学，叫杨仙逸中学。这是一所薄弱校，拿校长的话来说，别的中学不要的学生都进入了这所中学，生源之差可想而知。但学校没有嫌弃他们，而是开展"激励教育"，激励每个学生。他们设立了许多奖项，有"学习进步奖"，只要这次考试比上一次考试有进步，就可以获得"学习进步奖"；有"学雷锋精神奖"，只要做一点好事，就可以获得"学雷锋精神奖"；还有其他各种奖，每个月发一次。优秀的学生一年最多可以获得十个奖，差的学生每年也能获得两三个奖。有一个所谓差生，从小就没有人夸过他，总是被批评、被苛责，到这所学校以后居然也能得到奖。他拿到奖时的激动心情是难以形容的，并从此走上进步之路。有的家长也反映，自己的孩子进了这所学校以后变了，变得懂事了。这所学校的"激励教育"不是值得推广吗？其实各地还有许多激励学生的经验。因此，评选"三好学生"的制度是可以有许多更好的办法替代的，激励学生的方法是很多的。我们要有一个信念，即每个学生都是能够成才的，没有教不好的学生，只有不会教的老师。表现差的学生是教育不当的结果，他们更需要老师的呵护和激励。

从经济学的观点来讲，任何改革都是需要成本的，制度的改革是一种利益的再分配。教育改革也不例外。废除"三好学生"的评选，也是一种教育制度的改革，也需要付出成本。有些人赞成，有些人反对是不足为奇的。我作为一名教育界的老兵，提出这个建议，并非心血来潮，也不是为了新闻炒作，而是出于对教育的忠诚，对少年儿童的爱护。但我这也只是一家之言，欢迎大家讨论，取得一致的认识，对教育发展有利，对儿童身心健康发展有利，这是一个教育老兵的心愿。

公平而差异是基础教育的必然选择[*]

　　近几年来教育公平问题受到社会极大关注。这是因为我国基础教育发展极不平衡。也有历史原因，一个国家在教育资源极度贫乏的时候，只能集中资源办好一批学校，以便快出人才。这就是20世纪80年代初重点学校出现的缘由。时至今日，我国经济有了很大发展，教育资源已经比以前相对充足，国家已有财力支撑基础教育的平衡发展，因而教育公平问题就提到议事日程。基础教育是为每一个人的发展打基础的，理应为每一个孩子提供公平的教育机会。以公共财政为主的教育资源理应在所有学校公平配置。当然，不排除引入竞争机制，奖励办得好的学校。但是总体上应该是均衡的。

　　实现教育公平，不仅在办学条件上要均衡发展，还应该特别支持弱势群体子女的教育。这也可以说是对他们的一种补偿。因为长期以来他们缺乏受教育的机会，因此，只有对他们特别予以照顾，教育资源向他们倾斜，才能补偿过去的不足，跟上一般的水平。1998年我到巴黎访问了一个"教育优先发展区"。我开始不理解什么是"教育优先发展区"，区督学向我解释，因为这个区大多是非洲移民家庭，经济比较困难，儿童的学习成绩低于全国平均水平，因此国家把这里定为"教育优先发展

＊　原载《上海教育科研》2007年第9期。

区"，在经费、教师编制上都比普通地区宽裕。这就是向弱势群体倾斜的政策。我国也需要有这样的优先政策，特别是发达的城市要有这样的政策，才能提高所有市民的文化水平。

教育公平有三层内容：一是入学机会公平，二是教育过程公平，三是教育结果公平。今天我们讲教育公平主要是指为每个孩子提供入学机会的公平，提供教育过程（包括教育条件和师资）的公平，并不能保证教育结果的公平。这是因为人的天赋有差异，环境有差异，学生努力的程度有差异。文艺复兴时启蒙学者为了反对神权，提倡人权，提出人生来是平等的，这是指人的权利。人的权利是平等的，任何一个民主国家的宪法上都有这项规定。其实人生下来就是不平等的。你出生在发达地区，他生在落后的乡村；你生长在富裕家庭，他生长在贫困家庭，能平等吗？因此人的平等讲的是权利的平等，每个人都有生存权、受教育权。但是事实上往往是不平等的，因为生活环境的不同、条件不同。这些都会造成教育的差异。今天我们讲教育公平，就是要缩小这种差异，使每个人都有受教育的平等权利，而且是教育过程的公平。由于过去教育资源分配不公，所以今天要加强薄弱学校的建设，并且向弱势群体倾斜，使受教育者能够享受入学机会的公平和教育过程（接受条件基本相同的教育）的公平。

在实现教育公平的时候，产生另一个问题，就是在实现教育公平时允许不允许差异？我认为，不仅应该允许差异，而且要承认差异、重视差异、培养差异。

我今天要讲的差异，还不是指客观环境造成的教育差异，而是讲人的个体的差异引起教育的差异。人的天赋是有差异的，这在心理学界已达成共识。普通的孩子智商在100左右，但有些孩子的智商可以达到130或者140。我们应该承认有特别聪明的孩子。另外多元智能理论也给我们提供另一种认识，就是每个孩子的智能特点是不同的。虽然每个人都会有8种或9种智能，但智能的结构是不一样的。有的孩子语言言语智能比较强，有的孩子数学逻辑智能比较强。因此，教育如何照顾到这种差异，就成了教育界的口头禅"因材施教"，这是值得探讨的问题。

以上是从个体本位的角度，从个体发展的差异来讲的教育差异。从社会本位来讲，也需要教育的差异。当今时代，科学技术迅猛发展，社会竞争日益激烈，说到底，这是人才的竞争。如果教育不能为国家培养具有创新精神和创造能力的各种各样的人才，国家就不能在国际竞争中取胜，我们社会发展就会停滞不前。同时，现代社会是多元结构的社会，社会需要各种各样的人才。正如中共中央《关于教育体制改革的决定》中所讲的，我们需要数以亿计的工业、农业、商业等各行各业有文化、懂技术、业务熟练的劳动者，数以千万计的具有现代科学技术和经营管理知识、具有开拓能力的厂长、经理、工程师、农艺师、经济师、会计师、统计师和其他经济、技术工作人员，还需要有数以千万计的能够适应现代科学文化发展和新技术革命要求的教育工作者、科学工作者、医务工作者、理论工作者、文化工作者、新闻和编辑出版工作者、法律工作者、外事工作者、军事工作者和各方面党政工作者。这样的多种人才，都需要教育来培养。因此教育不能用一个规格、一种模式来培养学生，要供给学生多种选择，要承认差异、允许差异、培养差异，因材施教，因人施教，特别要重视拔尖人才的培养。不能因讲求公平而把人才削平。

有人会说，基础教育是打基础的，应该给所有的儿童提供同样的教育。但是，正是因为是打基础的教育，就更应该根据不同材料打下尽可能发展的基础。

基础教育打什么基础？我认为要打好三个方面的基础：

第一是打好儿童身心健康发展的基础；

第二是打好儿童进一步学习，终身学习的基础；

第三是打好走向社会的基础。

其中打好儿童身心健康发展的基础是基础的基础，没有这个基础，进一步学习、走向社会的基础也打不好。但是儿童生理心理素质受遗传的影响很大。就像前面讲到的，智商不同，智能结构不同。因此，打好儿童身心健康发展的基础就不是人人都一样的，而是要充分发挥他们的潜能，需要因材施教，因人施教，扬长补短，发挥特长。

实现教育公平，并不是平均主义，并不是人人都一样，用一个模型来塑造人才。要为儿童提供平等的机会，内容不同的机会。用一种规格、一种标准来要求每一个儿童，对有些儿童来讲可能是拔苗助长，对另一些儿童来讲可能压抑他的潜能的发展。

今天我们都在提倡大众教育。但是大众教育并不排斥精英人才的培养。大众教育是相对精英教育而来的。精英教育只为少数人提供发展机会。大众教育是为广大群众提供同等发展的机会。但大众教育中会蕴含着精英人才。而且在培养人才方面，在大众教育的基础上更能培养出精英人才。因为教育的基地扩大了，就可能人才辈出。就像培养优秀运动员一样，只有在群众体育运动的基础上才能出现大批优秀运动员。

但是，优秀人才还是要有意识培养的。因此，基础教育还有一个任务，就是要善于发现人才、培养人才。

我国教育的很大弊端是统一规格、统一要求，因而出不了拔尖人才。我们教育讲求公平，讲求人人成才，但不可能人人都成为英才。我们教育界常常有一种自满情绪，认为我国的基础教育在世界上是一流的。但是我们基础教育却没有培养出多少英才，也就是没有培养出具有创造性思维、创新能力的人才。这使我们不能不为我国的创新发展担忧。著名科学家钱学森院士在温家宝看望他时，就提出这样的问题。因此，我们不能不思考如何改变这种状况。我认为，就要提倡公平而差异的原则。

要做到这一点，需要在多方面下功夫。

首先，要有灵活的办学机制，提倡学校办出特色。去年我看到一位华裔美国学生写的一本书《我在美国上中学》，感到他们的学校很有特色。初中就设选修课，就可以到大学去听课。高中的课程更是多种多样，有300多门课，数学就分普通数学、高级数学、强化数学等。学生可以根据自己的爱好和能力选择适合自己发展的课程。高中生还可以到大学里选课，将来入大学承认选学的学分。当然，这种选课是要通过考试的，竞争也很激烈，但考试并不难，20分钟回答50个问题，说明这种考试不是考知识的记忆，而是对该门课的了解、兴趣、理想等。

其次，学校要有灵活多样的课程和评价机制。课程不仅包括列入课表中的显性课程，还应包括影响儿童发展的各种活动。学校应该从小培养学生对科学文化的兴趣。没有兴趣就没有学习，这是颠扑不破的真理。苏联教育家苏霍姆林斯基说过，一个孩子如果到十二三岁时还没有自己的爱好，老师就要为他担忧。担忧什么，担忧他将来成为一个对什么也不感兴趣的平平庸庸的人。我们的老师思考过这个问题没有？教育管理工作者思考过这个问题没有？恐怕大多数人都没有思考过这个问题。我们的老师和家长帮助学生填报高考志愿时，大多数不考虑学生的兴趣和爱好，而是根据学生的考分。

美国的教育就思考过这个问题。美国在1955年就设立一种"先修计划"，为有兴趣有才能的学生提供先修的机会。根据这个计划，高中可在13个学科开设大学水平的选修课程。学生在修完某门课程后，可以参加大学入学考试委员会举行的标准化考试，入大学后可以免修。大学也为中学生开设各种课程，修完后承认学分。中学里设有学习指导老师，学生进了高中选学什么课程，指导老师就会根据学生的爱好、在初中学习的情况帮助学生选课，制订学习计划。因此，美国基础教育整体上看来水平可能不如我国，但他们却有一批拔尖人才。

我国的评价制度也需要改革。没有绝对的好学生和坏学生，只有某些方面甲学生优于乙学生，某些方面则乙学生优于甲学生。因此，要从多种视觉、多种标准来评价学生，最终能达到扬长避短，促进学生的发展，而不是把某个学生评下去。

　　最后，最重要的还是教师，包括教育管理工作者要有一种开放的、民主的、先进的教育理念，坚信人人都能成才，但才有不同。要为每个学生提供他最需要的，或者说最适合于他的教育，这才是真正的公平。这就是我的公平而差异的教育主张。

少年留学要三思而行[*]

  近年来少年留学正在一些大城市流行。是喜是忧，众说不一。我认为，首先要分析少年留学热的原因。少年留学是近几年出现的现象，也就是我国改革开放十几年以后出现的。这种现象至少反映了两种情况：一是一些人富裕起来了，他们想为子女选择更好的教育；二是思想开放了，想让子女出去见见世面。从这一点来看，未尝不是好事，它说明我国经济发展了，人民生活改善了，思想观念也有所转变。但同时也反映我国教育资源的不足：首先，是高等教育不能满足广大青年求学的要求，许多家长是怕子女考不上大学才送少年子女出去留学的；其次，是我国的中学发展不平衡，少数学校堪称世界一流，而大多数办得一般，还有少数薄弱校，子女进不了好学校，家长只好另辟蹊径，走出国留学这条路。家长在择校问题上也有误区，总以为外国比中国发达，学校教育也一定比中国好。再加上我们的政策上、观念上总觉得洋博士比土博士吃香，出现少年出国留学热就不足为奇了。

  但是我在这里要奉劝家长，让少年出国留学要三思而行。首先要想到，孩子年龄太小，离开家庭，离开祖国，对他们身心的成长会有影响。许多家长总以为外国的教育好。但是外国教育中一个很重要的理

---

* 原载《21世纪》2001年第1期。

念却是认为少年儿童不能离开家庭，离开家长的教育。他们对我国办的全托幼儿园、寄宿学校很不理解，责问我们，孩子离开家庭怎么成长？我们常常听人们说，外国人让孩子从小独立生活，这是指家长不包揽一切，并非说让孩子离开家庭。这在许多外国影视中都能见到。少年的身心发展还不成熟，判断能力还不强，在一个完全陌生的世界里，文化各异、思想观念不同、生活习俗差异，必然会使少年的心理产生一种孤独感、苦闷感，不利于他的心理的健康成长；遇到一些困难或困惑，没有家长或亲人的指导，容易产生错误的判断，弄不好还会沾上一些不好的习惯。即使那里有很好的亲友作为监护人，也很难代替父母的作用，家庭的作用。我们说，少年儿童的成长是靠家庭教育、学校教育、社会教育共同培养的，那么少年留学就缺了家庭教育这一块，这是一种不完全的教育。更何况当地的社会与我国有较大的差异，社会教育的影响也不总是正面的，这一点家长要充分估计到。

至于说到学校教育，实事求是地讲，我国基础教育的质量与外国来比还是较高的。我国中小学的课程要比他们深，我们的教学要求要比他们严。因此我国学生的基础知识要比他们的扎实。我国学校教育的缺点是缺乏培养学生的创造性。如果我们的教育观念转变了，教学方法改进了，我国中小学的教育质量还会大幅度提高。现在我国的课程、教材、考试制度正在改革，薄弱学校也正在加紧建设，将来我国的教育会变得更好。因此，家长要走出外国教育比中国好的误区。

青少年阶段是接受祖国遗产，继承中华文化传统最好的时期。不论是在国内学习，还是在国外学习，中华儿女总是心向祖国，愿为祖国富强而出力。要为祖国服务，就要了解祖国，继承和发扬祖国的优秀文化。只有从小生活在祖国的大地上，才能真正继承中华文化传统和培养热爱祖国的感情。当然，华侨和华人在他们的社会里也继承着中华文化，但留学少年与华侨、华人的子女却不同，他不是在那种社会中生长的。因此，我们要让自己的子女将来成为中国人，还是晚一点出去留学为好。

少年留学唯一的好处是可以较早较快地掌握一门外语。当然，如果在国内学习确有某种困难，需要换一个环境，国外又有至亲好友照顾，出国留学可能会对这种情况的少年有利。这就另当别论了。

总之，少年出国留学问题是一个综合性社会问题，有教育资源不足及分配上的问题，也有观念上的问题，需要多方面解决，但对于家长来说，我还是奉劝他们要三思而后行。

《重新审视多元智力》序[*]

美国心理学家霍华德·加德纳教授提出的多元智力理论在20世纪90年代传入我国以后受到基础教育领域工作者的高度关注，近十年来他们不仅进行了不少关于借鉴多元智力理论的理论研究，而且还开展了大量的实践探索，出现了不少以多元智力理论为指导的中小学和幼儿园课程方案。为什么多元智力理论在中国遇到如此高的热情？我想有以下几个缘由：首先，中国十多年来推行素质教育步履维艰，虽然原因是多方面的，但素质教育缺乏理论支撑无疑是重要原因之一。多元智力理论的输入，使许多教育工作者把它作为素质教育的理论基础，并认识到原来人的智力是多元的，潜在于每个人的身上，素质教育就是要发挥孩子的这些潜能。其次，中国教育界不断呼吁要培养学生的个性，不要用一种模式培养学生。那么什么叫个性，怎样培养个性？广大教师感到困惑。多元智力理论恰好提供了发展个性的理论。多元智力理论认为，虽然每个人都潜在多种智力，或者8种智力，但不是人人都一样，每个人潜在的智力是有差别的。培养个性就是要注意开发学生的优势智力。最后，中国正在进行新一轮的课程改革。新的课程标准打破了单纯的知识传授的传统，要求学生用脑探索，用手操作，也就是打破了传统认知理论的语

---

* 写于2007年11月12日。

言言语智力和数理逻辑智力的框框，需要寻求一种新的理论支撑，多元智力理论适逢其时，为新的课程改革提供了新的思维方式。既然每个人都具有多种智力潜能，而且各有差别，学校就应该根据8种智力开设多种课程供学生选择；对学生的评价也应该是多元的，不能单凭语言言语和数理逻辑智力来评价学生。凡此种种，使加德纳的多元智力理论受到中国广大中小学甚至幼儿园老师的欢迎，不少学校还进行实际试验，应该说，也取得了初步的成绩。

但是广大教师，包括我在内，对加德纳的多元智力理论只有一种粗浅的认识，或者说只是一种直觉的、表面的理解。因此在认识上和实践中未免产生一些误区，或者是困惑。例如，我对8种智力的划分就有些困惑，难道这8种智力是由大脑分割的吗？大脑对人的智力确有明确分工，但有没有核心智力，如思维，是不是既包括了语言言语智力也包括了数理逻辑智力？语言言语智力的机能丧失以后，人还有没有数理逻辑智力？有些智力似乎并不能分割开来，如学生的舞蹈能力，恐怕需要融入音乐节奏智力、身体动觉智力，还要有视觉空间智力，但是聋哑人也能跳舞，虽然他没有音乐的能力，可是还可以用身体来感知节奏。又如人的观察力、记忆力属于哪种智力？每个人的不同背景在智力发展中起什么作用？这里存在许多困惑的问题。在实践中，有些学校试图运用多元智力理论编制一套课程，有些试图建立一套智力测验和评价体系。这些做法是否正确，效果如何？

读了霍力岩、沙莉等著的《重新审视多元智力》一书以后，对有些问题才明白一些。本书追溯了20多年以前加德纳教授提出多元智力理论的背景、理论构建，介绍了多元智力理论提出以后国内外学术界的反应。特别是详细介绍了加德纳教授本人对多元智力理论的反思。作者运用理论反思和实践反思两个维度，收集了国外学者、国内学者、加德纳教授本人三个方面在这两个维度上的反思，使我们清楚地了解了多元智力理论在理论上的创新和它还不完善的地方，以及多元智力理论在教育实践中应用的情况和发展的前景。可以说，作者对多元智力理论从理论到实践进行了系统的梳理，并且提出了自己的观点。本书具有较高的学术价值，因为它不是简单地评介加德纳的多元智力理论，而是从源头上分析多元智力理论的产生和发展，介绍分析了加德纳教授在多元智力理论提出20周年的时候所做的反思。加德纳教授以一个学者的严谨学风对自己的理论进行反思和批判，客观地、科学地肯定了提出多元智力理论的意义，同时指出尚存在的不足和进一步完善的前景，为进一步研究多元智力理论铺平了道路。本书还具有重要的现实意义，因为我国许多中小学和幼儿园已经在借鉴多元智力理论的基础上进行教学改革的实验。本书系统地进行了实践中的多元智力理论再思考，介绍和评价了国外多种多元智力课程方案，提出了科学实践多元智力理论的基本原则、多元智力理论为课程开发提供的新支点、为教学过程提供的新基点和为教学评价提供的生长点，对在实践中借鉴多元智力理论进行教学改革提供了指导性意见。

我认为，不管心理学界对多元智力理论有多少质疑，对我们教育工作者来讲确实打开了新的思路。撇开心理实验的科学性不说，我宁可把多元智力理论当作一种教育哲学，即对人的智力的认识。人的智力是多元的，不管是7种、8种或9种；人的智力结构是各不相同的，不能用单一的智力来评价一个人的总体智力；人的智力是一种潜在的能力，是要依靠教育去开发的；但由于各人的智力结构不同，因此不能用一个标准、一个模式去培养所有的学生，应该因材施教，平等而承认差异。我们在借鉴多元智力理论开展教学改革实验的时候还要考虑到我国的文化背景，正如许多中外学者在反思多元智力理论时讲到的，"在潜意识下的西方主流文化始终在多元智力理论中居于主导地位"。因此我们在借鉴多元智力理论的时候，一定要"以我为主"，由借鉴到创造我们自己的理论，也就是使之本土化。

这部著作对教育理论工作者和教育第一线的教师都是很有意义的。它使我们更深入理解多元智力理论，在教育实践中更自觉地、理性地借鉴这个理论。我读了这本书以后就增加了不少知识。作者要我写序，但我拿到这本书以后不知道从何写起，因为我对多元智力理论没有研究。看了书的全部内容才对多元智力理论有了初步了解，才能发表上面一些议论，而且很没有把握，不知说得是否正确。还请读者批评指正。

《最后的图腾》序*

近些年来，教育二字已经成为中国媒体上使用得最频繁的词语，也是中国人讨论得最多的话题。关心下一代的教育，是社会进步的标志。但是大家都来说三道四，却并非是一件好事。有如盖一幢大厦，如果有人说，该先把地基打好，另一人却说先要修饰门面；有人说，中国式的有特色，另一个却说西洋式的有现代性，那么，这幢楼房肯定就盖不好。现在我国的教育也像盖房子一样，有人说基础教育重要，有人则说办一流大学重要；有人说要推行素质教育，有人则说应试教育必不可少；教育界人士呼吁减轻学生学业负担，许多家长则通过种种方式加重学生负担。这样的教育怎么能搞好？现在的状况是，时代要求我们培养具有创新精神和实践能力、有个性的人才，现实却像一位老师讲的"小学生没有时间玩儿，中学生没有时间睡觉"，学生连最基本的需要都得不到满足，何来发展的空间，何以成才？

高中阶段是人的一生发展中最关键的时期，是一个承上启下的阶段，也是一个人走向成熟的时期。个体的生理发育基本完成，人生观、世界观初步形成，学习兴趣、职业爱好也初步有了方向。因此，高中教育的好坏影响到人的一生。一个人在高中能够接受良好的教育，他就能

---

* 2005年除夕写于求是书屋。

很顺利地成长；如果说一个人在小学、初中阶段有些什么挫折，在高中阶段也还可以弥补和纠正。但如果高中教育不到位，则小学、初中的基础会毁于一旦。因此要特别重视高中阶段的教育。

但是，现在高中阶段成了教育系统中的瓶颈。说它是瓶颈，不是规模上的意义，也不完全是质量上的意义，而是一种教育理念上的意义。也就是说，高中教育的本质到底是什么？是承上启下地使学生身心健康地发展，成为有理想、有道德、有文化、有个性、全面发展的人才，还是用题海战术，用多种考试把学生压迫成为只会呆读死记、缺乏创新精神和个性的庸才？现在的高中教育确实受到全社会的关注和重视。但是重视的焦点却不在人的发展成长上，而是在单纯的升学上，在应付高考上。追求升学，并非坏事，但由于追求升学而牺牲学生的正常发展，却不能不让人为之担忧。正如张东娇在文章里所写到的，现在的高中教育有如"戴着镣铐跳舞"，不仅舞跳不好，还会伤了脚骨。现实生活教育了我们，使我们明白，教育并不都是正面的、积极的，也有负面的、消极的。教育可以培养人才，也可以摧残人才。摧残人才的教育是教育本质的异化。我常常在想，人类是唯一具有智慧的动物，但为什么有时却很愚蠢？原因是人类太自私，为了一己的利益，毁了大自然的生态平衡；为了一己的利益，发生战争，互相残杀。压抑人才的教育不也是为了一己私利吗？战争是硬刀子杀人，大家都会感觉到，大家都唾弃它。近些年来人们也看到了大自然受到破坏，生存受到威胁，开始重视保护环境。但是错误的教育是把软刀子，人们不觉得痛，因此至今还没有认识到它的危害，还在孜孜以求。中国人啊，真是可怜啊！鲁迅在八十多年以前为了反封建而大声疾呼"救救孩子"，今天我们仍然还要喊"救救孩子"。

张东娇写了这本《最后的图腾》，分析了我国当前高中教育的价值取向，使我们更清楚地认识到，高中教育非改革不可。她从我国高中教育发展的历史来看人们对高中教育价值取向的变化，分析了变化的原因，提出了改革的思路，把高中办出特色，真正培养时代所要求，我国社会发展所需要的，个人得到发展的人才。我想读者会从书中得到某种启发，更深层次地来探究高中教育改革的路径。本书是张东娇的博士后论文，作为她的合作教师，要我写几句话，我就借此机会发一通空洞的感想。

《我在美国读高中》序*

    常常有人问我："你是研究比较教育的，你说中小学教育中国的好还是美国的好？"我觉得这个问题很难回答，因为国情不同，文化传统，包括教育传统不同，因而教育理念、教育方法不同，很难说谁好谁坏。但是确有差异。依我的看法，各有长处，也各有不足。中国教育历来重视基础知识和基本技能，教育的方式也主要是传授式，重视考试，好的一面是基础知识掌握得比较牢固，不足的一面是学生的主动性发挥不够，因而学生缺乏问题意识，学生的个性和创新性得不到很好发展。美国教育与我国相反，他们重视发挥学生的主动性和个性，处处让学生自己思考、自己动手，但不太重视学生基础知识的掌握，因而学生具有创造性，但基础知识不够牢固，特别是对一些不爱学习的学生放任自流，使得许多学生学习成绩欠佳。如果把两国的优点集中起来，那就比较圆满了。

    说实在的，我们对美国的教育理解得并不深入。许多教育代表团到美国去参观，也只是走马观花，看到一些表面现象。因此回来后说法不一：有的说美国的教育好极了，他们重视发展学生个性；有的则说美国的教育糟透了，学生上课不像上课的样子，杂乱无章。其实这些说法都

---

* 2007年12月17日又记。

有片面性。美国中小学发展也是不平衡的，公立学校较一般，私立学校普遍较好。但不论是公立学校还是私立学校，都有一批要求很严格、水平很高的学校。这些好学校的经验还是值得我们学习的。另外，别看他们上课杂乱无章，其实是有计划的，教师很重视教学设计。一般老师除了对所教的课程设计外，还要为每个学生设计他的学习，使他一学期下来能有所进步。

最近有位朋友送我一本书，是一位留美的中学生写的，书名就叫《我在美国读中学》。我本来以为是一般媒体炒作的书，因而只想翻一翻。但翻了几页，却放不下来了，于是一口气把它读完。真觉得收获不小，使我比较深入地了解了美国中学是怎样进行教学的。我去过美国五次，走访的学校也不少，有较一般的学校，也有较好的、有名气的学校，也到课堂里听过课，但总还是走马观花，并没有能真正深入到他们的学校生活中。因此对美国的学校只是一知半解，对他们如何教学更是一头雾水，说不清楚。看了巩昂同学写的《我在美国读中学》才比较了解了他们原来是这样上课的。也许巩昂读的明尼苏达中央中学是比较好的中学，但他们的这种探究式教学真使我羡慕不已。这种教学表面看来有点乱，没有传授系统的基础知识，但是学生通过这样的探究性学习掌握的知识还少吗？在这种兴趣盎然的气氛中自己收集资料、自己探索，他们获得的知识还能不巩固吗？他们的个性和创新能力还能不发展吗？我真有点佩服他们，竟然让初中一年级的孩子了解达·芬奇、拉菲尔、莫奈、毕加索，而且理解他们的风格、欣赏他们的绘画的美，真觉得难以理解。上个月我刚好到西班牙，参观了毕加索的故居和毕加索博物馆，看到毕加索每个时期的作品，才对毕加索有了初步了解，但巩昂却只是一个13岁的孩子！

巩昂在大家的鼓励下，最近又修订了《我在美国读中学》，增加了高中部分，同时又推出《美国高中作业》和《跟我游美国》。前者介绍他在高中阶段做的各科的作业，老师是怎样要求的，学生是怎样完成的，可以使我们了解美国高中学生的学习生活。后者是介绍美国的一些风景名胜、风土人情。二者都具有可读性。

这套书，在我看来，不仅适合中学生读，而且也适合老师读。我国现在正在推行新的课程改革，课改的精神就是要培养学生的创造能力，因此也在提倡探究性学习等，许多教师不知道如何设计探究性教学，不知道如何发挥学生的主体性、主动性。我想，如果读读这本书，会得到启发。当然，不能照搬。毕竟我国的国情与美国不同，具体的学校环境也与美国学校不同，就拿班级人数来说，我国学校一个班学生是美国学校班级人数的两倍、三倍，我们难以把美国的课堂教学模式搬过来。但他们的某些精神、方法是值得我们借鉴的。

上个月我见到了巩昂，一个纯朴的中国孩子。虽然两岁就到美国，但是不忘祖国的语言，讲一口流利的汉语，真是难能可贵。不久他要上大学了，我祝福他取得更大的成绩。

2005年7月26日写于北京求是书屋

补记*：

巩昂去年进入了哈佛大学学习，今年已经二年级了。他除了专攻他所喜爱的生命科学外，仍然不忘向中国的同学们介绍他在美国的学习经历。最近他又写了一本书，名字叫《成长，最棒的成绩单——走进哈佛》。该书详细地介绍了他们在中学时代如何选择自己成长的目标，迎接各种挑战；毕业时如何选择大学，如何实现自己的梦想；美国的大学又是如何录取新生，如何迎接新生。读来对美国的教育又有了深一步的

---

* 2007年12月17日又记。

了解。其中最让我感兴趣的有以下几个方面：

其一，巩昂上学的明尼苏达中央中学特别重视学生自己的选择。他在书中介绍了几个同学，个个都有自己的兴趣和爱好，而且在平时处处追求自己设计的成长目标。

其二，美国也有高考，叫性向测验，从高中一年级开始就可以参加全国的SAT考试。但是这个成绩只供大学录取参考，各个大学都有自己的录取要求，需要审查考生的申请表。因此，美国中学毕业生考大学不是像中国那样一考了事，等待大学录取通知，而是要向大学提交申请书。这种申请对考生是一次极大锻炼，他们要了解不同大学的特点和要求，要恰当地介绍自己，要向自己想进的多个大学提交申请。大学录取新生也不是单凭SAT考试的成绩，而且要根据考生的申请表了解学生在中学学习的课程和成绩，是否与申请的学科专业有关，有没有发展的基础和潜力。最有意思的是他们会请当地知名校友来面试考生，面试的内容不是中学学习的知识，而是了解考生对所报专业的了解，对大学的了解，对学习、生活的态度等。

其三，大学会充分利用校友的力量。新生被录取后，当地校友会在某个校友家里举行派对，新老校友交谈大学的生活。通过这种聚会，老校友会把他们在学校的生活、学校的传统介绍给新同学，新同学可以得到大学生活的各种信息，有利于他们进入大学以后很快适应大学生活。他们都会为自己的大学而自豪。

我觉得这些经验都值得我们借鉴学习。

《梧桐树下的数学》序*

  生活中数学无所不在，数学本来就是在人类生活和生产活动中产生和发展的。因此，学习数学从生活开始是最自然不过的事情。20世纪80年代国外就流行过数学教育生活化的思潮。我记得80年代末，日本数学教育学家横地清教授到北京师范大学来讲学，就讲到数学教育生活化的问题，并且举了两个例子：一个例子是教学生计算圆锥体的面积，他让学生用硬纸板做一个圆锥体的老人，套上纸的衣服，把衣服脱下来展开，就成了一个扇面形，这样来计算它的面积就很容易了；另一个例子是教学生计算公路上奔驰的汽车的速度。他的讲演给我的印象很深。数学往往被认为是抽象的东西，其实数学是从具体到抽象的，数学的许多公式也是从具体中抽象出来的。因此，小学数学教育从生活入手，既很有趣又容易学会。

  江阴市澄江小学开展了"小学数学教育生活化"的课题研究，取得了很好的成绩，既培养了学生的数学素养，提高了数学教学质量，又促进了教师教育观念的转变，提升了教师科研能力和教学艺术。他们把他们的研究成果汇编成册，名为《梧桐树下的数学》。我先读为快，读后

---

* 写于2006年国庆节。

认为该书有几点值得提一提：

第一，他们论述了数学与生活的关系，非常正确地树立了数学教育观，认为小学数学教育的目的不是培养数学家，也不是只教会学生解题，而是要培养学生的数学素养。这一点非常重要，它关系到小学数学教育的目的和如何上好数学课的问题。现在许多数学课变成解题课，学生并没有理解数学的意义，学习没有兴趣，同时也不会思考问题，缺少创新思维。当然，数学的基本知识和运作技能也是要让学生掌握的。澄江小学的老师们认识到这一点是非常重要的。这是推进素质教育必须解决的教育观念问题。

第二，他们通过研究总结出了小学数学教育的四点基本特征，即主体性、生活性、情意性、实践性，非常符合小学教育的规律。我认为，其中主体性是统率。学生不只是教育的对象，而且是教育的主体，一切教育都要通过学生的自主活动来完成。数学教育的生活性是通过学生的生活来体现的；情意性是要激发学生的情意；实践性是学生自己的实践。因此，在小学数学教育中要充分发挥学生的主体作用。

第三，本书不是一本老师的论文集或者案例集，而是一部论述小学数学教育生活化的专著。澄江小学的老师们对数学教育生活化作了深入的研究，从理论到实践，从小学数学教育的目标、内容、方法，到评价考核都提出了生活化的系统要求。内容非常系统全面，具有可操作性，不仅便于全校数学老师在教学中遵循，也值得在其他小学中推广。

第四，我认为，最值得提出的，也是最可贵的是，澄江小学把教育研究作为他们学校发展的源泉。他们学习教育理论，研讨教学的实际问题，不断提高自己的认识水平，提高业务能力。这是一条教师发展的正确道路。教师的进修提高绝不是听几个报告，学习什么理论就能达到，尽管这也很重要，但更重要的是要结合自己的教学实践，在实践中学习、探究、总结，教师的提高应该在自己的课堂上。教师只有对自己的教学实践不断反思、学习、改善、总结，才能真正提高，才能成为一名研究型的教师。

我非常惊喜小学老师们能够写出如此有理论有实际的著作，惊喜我们小学老师们的钻研精神。这标志着我国教师专业化的深入。我祝愿他们取得更大的成功。

教　师　编

中国呼唤当代教育家[*]

一说起教育家，人们就会想到中国的孔子、韩愈、朱熹、蔡元培、陶行知等，西方的柏拉图、苏格拉底、夸美纽斯、赫尔巴特、杜威等。说到当代，只有西方的教育家了，中国似乎就没有教育家。有13亿人口、2.5亿学生的中国就没有教育家，无论如何也说不过去，也与事实不符。中国教育虽说还有不少问题，但成绩是很大的，培养了众多人才，创造了许多经验，难道就没有教育家？那么，原因何在？我想可能有以下几个原因。

第一，我国确实缺乏有系统的理论体系又能付诸实践、影响全面的教育家。我国的教育工作者分为两种人：一种是教育实践工作者，他们耕耘在教育第一线，培养了大批人才，但是他们不注意总结经验；有少数人有创新实验，也总结过经验，提出过一些自己的教育见解，但还不成体系。另一种是教育理论工作者，他们大多从事教育理论研究，很少参与教育实践，他们有许多科研成果，但缺少实验的支撑，实践的检验，他们的理论还不能影响我国教育的全局。近些年来这种情况正在改变：不少优秀教师开始进行教育实验，提出自己的理论；也有不少理论工作者走进学校开展实验，把理论与实际相结合。我想未来的教育家将

---

[*] 原载《中国教育报》2004年9月。

在他们中间出现。

第二，我们把教育家看得太高，要求太严。就像上面说的，要求有理论体系、能影响全局的才能称得上教育家。有的人认为，长期从事教育工作，有优异的成绩，并对教育有研究，有自己的教育见解，就可以称为教育家。有的人甚至认为，优秀的教师都可以称教育家。在社会上不是有许多"家"吗？从事科学工作的叫科学家，从事写作的叫作家，从事艺术工作的叫艺术家。为什么从事教育工作的不能称教育家？我认为，这种要求似乎又低了一些。如果大家都叫教育家，也就没有了教育家。称教育家还是要有一定的标准。我认为，教育家应该是长期从事教育工作，有自己的理论见解，在教育界有较大影响、被广大教师所公认的人，不论他是第一线的教师，还是教育行政工作者或是教育理论研究者。

第三，我们对优秀教师和优秀的教育工作者宣传介绍得不够。我国有许多优秀教师，既辛勤耕耘在教育第一线，又钻研教育理论，探索教育规律，提出过具有创新意义的教育观点，但没有被大家所了解和重视，因此也就说不上是在教育界有较大影响、为广大教师所公认的教育家。我们也评选模范教师、先进教师，但只看重和宣传他们的教学质量、思想品德，很少总结他们的教育思想和理念，缺乏应有的高度。现在评选的特级教师也都是从教学水平来衡量，缺乏全面的评价。当然，绝大多数特级教师确实是非常优秀的。但我也遇到过一些特级教师，使人感到有一种傲气，对学生严厉而不亲切，没有一种亲和的教育家的气质。教育家不是完人，不能求全责备，但正确的教育观念和高尚的职业情操是必不可少的。

中国需要教育家，呼唤教育家。但需要为教育家的出现创造有利的环境。

第一，要全社会都来切实地尊重教育，尊重教师，像尊重科学家那样来尊重教育家。同时要大力宣传教育工作者的优秀事迹,让全社会都了解。

第二,要倡导教育理论工作者和教育实际工作者相结合,创造出具有中国特色的教育理论体系,指导我国的教育改革和发展。

第三,全面评价教师,不要只看他眼前的教学质量或者升学率的高低,更要重视他的教育理念是否正确,看他培养人才的最终社会效果。

教师职业特点与教师专业化[*]

人类社会自有教育以来就有教师，不过一开始教师不是一个专门的职业，老者长者都可以是教师。等到出现了学校以后，才有专门从事教育职业的教师。但是这个时候教师也还不是一个专门的职业。只要有知识、有学问的人就可以当教师，中国古代长期把教师和做官联系起来，所谓"以吏为师"。或者是学而优则仕，学好了就去做官，做不了官就当教师。历代学问家差不多都当过教师，如古希腊的苏格拉底、柏拉图，中国的孔夫子、朱熹等。而且历来都把教师看作是崇高的职业，许多学问家都用最好的语言赞美教师。例如：

夸美纽斯说：教师是太阳底下最崇高的职业。

乌申斯基说：一个教师……是克服人类无知和恶习的大机构中的一个活跃而积极的成员，是过去历史上所有崇高而伟大的人物跟新一代人之间的中介人，是那些争取真理和幸福的人的神圣遗训的保存者。……他的事业，从表面上来看虽然平凡，却是历史上最伟大的事业之一。

但是，长期以来人们又不把教师看作是一种专门的职业，认为只要认识字、有知识的人就能当教师，或者科举落榜的读书人才去当教师。所以，教师虽然在名义上被捧得很高，所谓"天地君亲师"，但实际上

---

* 写于2003年5月22日，2007年12月3日修改。

不大被社会所重视。

虽然培养教师的师范教育机构如果从法国拉萨尔创办教师训练机构开始，至今已有300年的历史，但是教育专业化的问题在20世纪60年代才提出来。1966年联合国教科文组织在《关于教师地位的建议》中提出，应该把教学工作视为一种专门职业，认为它是一种要求教师具备经过严格和持续不断的研究才能获得，并要维持专业知识及专门技能的公共事务。从而形成了教师专业化的概念。

一、教师是什么样的职业？

要了解教师专业化，首先要了解教师是一个什么样的职业，与其他职业有什么不同。教师的职业确实有许多特点，并非有知识的人就能够胜任的。

那么，教师的职业有些什么特点呢？教师职业的特点要从他的职业对象、职业内容、职业手段等多方面来探讨，看它与其他职业有什么不同。我想可从以下几方面来看。

（1）教师职业的对象是活生生的人，是正在成长中的儿童青少年，而不是无生命的物，他们具有主观能动性，而且是千差万别的。有人说医生工作的对象也是人，但是教师与医生也不一样。医生面对的虽然也是活生生的人，但主要是面对人的机体。而人的机体结构是相同的。但是作为教育对象的人就各有不同，每个学生的智力体力发展不同、天赋性格都不同。这就需要教师有高度的创造性、灵活性。《论语》里讲到一个故事，子路问孔子："听到了就干起来，行吗？"孔子说："有父兄在，怎么能听到了就干起来呢？"冉有问孔子同样的问题，"听到了就干起来，行吗？"孔子说："行。"公西华很奇怪，问孔子为什么两个人问同样的问题，你回答得不一样。孔子说："冉有平日做事退缩，我要给他壮壮胆；子路的胆子有两个人那么大，所以我要压压他。"这就是因材施教、灵活运用的典范。

（2）教师职业的内容是传授知识，是育人，是提供教育服务。韩愈说，教师的任务是"传道、授业、解惑"。要做到这一点，教师自身需要有渊博的知识，但这还不够，他还要能够把知识有效地传授给学生，使它转化为学生自己的知识和能力。但学生是有主观能动性的，他能不能接受你传授的知识和教导，主动权在他那里，不在教师。这和其他职业大不一样。

（3）一般的职业都有工具，工人有榔头、钳子，医生有听诊器、手术刀，唯独教师可以不使用工具就能教书。当然，有黑板粉笔，现在还有电脑，但古代教师并没有什么工具，而是用自己的知识和才能、品德和智慧，即通常我们讲的运用自己的人格魅力，在与自己的教育对象——学生的共同活动中影响他们。因而，教师的工具和他的人格是融为一体的。

由于教师与其他职业有以上一些不同，所以，教师的职业具有以下特点：

（1）具有复杂的脑力劳动的特点。教师首先要研究学生，其次要研究教材，进行课堂设计，写出教案，做出课件。在教育教学中要常常思考如何用最优化的方式达到最好的教育效果，这是一种复杂的脑力劳动。知识天天在变，学生也天天在变，教师要是不动脑筋，照本宣科是教不好学生的。

（2）具有极大的创造性和灵活性。教育本身是一件很有创造性的活动，再加上学生是活泼的、具有个性的人。教育有规律可循，但无固定的模式。所谓"教学有法，教无定法"，教师要根据实际情况设计教育方案，在教育过程中还可能随时修改。所以，我常常讲，与其说教育是一门科学，不如说它是一门艺术。科学的实验是可以重复、复制的，教师的经验不可以复制，教师的艺术在每个教师身上是不一样的，甚至每一节课都是不一样的。就像绘画一样，墨的浓淡，结构的布局，每一幅都是不一样的，老师需要有悟性，不断地创造。

（3）具有鲜明的示范性。教师永远是学生的榜样。中小学生喜爱模仿，老师是学生模仿的对象。教师的一言一行，都会影响到学生的思想和行为。教师的人格魅力、知识魅力是任何手段都不能替代的。我过去在中学做过班主任工作，发现有的班主任做事干脆利落，他带的班也是非常有生气、有秩序；有的班主任做事拖拖拉拉，他带的班就乱哄哄的。

（4）教育效果具有长期性和长效性。教师的作用不是一时能显露出来的，有很长的潜伏期。有时老师的一句话可能影响学生一辈子。因此老师要有耐心，不能因一时一事就给学生下结论。有一位学生在花甲之年去参加母校的校庆，就想对他过去的老师说一句话："过去你批评我的事确实不是我干的。"可见老师对他的不公，他记在心头几十年。因此，老师在学生面前的言行也要慎之又慎。

二、为什么教师要专业化？

从以上教师的特点就可以看出，教师应该是一个专门的职业。但是为什么教师专业化到20世纪60年代才提出来呢？这是因为，教育作为一门科学发展得比较晚，人们对教育的规律，对儿童成长的规律知之甚少，通常只把教育看作是传授知识的工具，把学生看作是接受知识的容器，所以没有认识到教师需要专业化。到了20世纪下半叶，知识越来越丰富，人们发觉光传授死的知识不行，还要教会学生自己获取知识。这里面就有对教育的认识问题、方法问题。同时，教育学、心理学也有了发展，逐渐认识到儿童成长的规律。为了提高教育质量，就要提高教师的专业水平。因此教师专业化的要求可以归纳为下面几点：

第一，学生的成长是有规律可循的，做教师需要了解学生的成长规律。有人说，有知识、有学问的人就能当教师。这就是不承认学生的成长有规律，也就用不着研究这些规律。研究学问和把学问教给学生是不一样的。有学问的人未必能教育好学生。承认学生成长有规律，教育学生要遵循这些规律，就要求教师学习这些规律，研究这些规律，这就要求教师要专业化。

第二，现代教育不是简单地传授知识，而是要发展学生的能力，指导学生学习，学会探究。也就是说，现代教育不是把死的知识塞给学生。传统的经验主义教学，教学生死读书，读死书，教师当然用不着费什么力气。现代教育更重要的是培养学生的能力，而学生又是千差万别的，要使每个学生都得到发展，却不是容易的事。教师要善于研究，要有娴熟的技巧，这就是专业化的要求。

第三，科学技术发展得越来越迅速，教师既要有较高的学科专业知识，又要有宽广渊博的综合知识，这与一个专业科学家是不同的。同时教师要不断地学习，跟上学科发展的步伐，虽然不一定很专深，但要了解学科发展的趋势，以便引导学生到未知的世界。温家宝教师节前在北师大与师生座谈的时候说："师范大学和一般大学有共同点，也有不同点。师范大学学习的综合性更强。一般大学的学生学习重点在于知识本身的研究，为学问而学；而师范大学的学生学习还包括知识关系的研究，为教育而学。一般大学的学生可以'独善其身'，而师范大学的学生要'兼善天下'。"

第四，现代信息技术正在改变教育过程，也改变了教师的角色。教师已经不是知识的唯一载体，学生可以从许多媒体中获取知识。但是教师需要理解信息技术给教育带来的变化，掌握信息技术，并能运用到教育教学中，教师要善于设计教学，善于在汹涌而来的信息面前指导学生选择正确的学习路线和学习策略，教会学生处理信息。

第五，现代师生关系需要建立在民主、平等、理解和信赖的基础上。没有正确的教育观念，不懂得学生心理，不会和学生沟通，不讲究方法是行不通的。

由上面几点可以看出，教师需要专业化。

三、怎样达到教师的专业性？

教师的专业性是随着时代的发展不断提高的。主要有以下几方面：

（1）要掌握本学科的知识和技能体系。也就是说，要精通自己所教的学科知识，了解相关学科知识，不断丰富自己的知识。

（2）要经过较长时期的专门职业训练，指掌握教育学科的知识和技能，并经过"临床"实习，能够把学到的教育理论应用于实际。能够通过实践发现问题，研究问题，反思自己的教育行为，修正和改善自己的教学。根据我的经验，我认为，一名成熟的优秀教师需要经过三个阶段：一是职前学习阶段，即在师范院校学习的阶段，为专业打下知识的基础；二是初职阶段，刚从师范院校毕业，进入中小学当老师，开始的时候像学游泳似的，不知道水的深浅，心里没有底，要经过两三年，向老教师学习，在实践中钻研才能成为一名合格的教师；如果要成为成熟的优秀教师，则还需要三到五年，才能形成自己独特的教育风格，这是第三个阶段。

（3）有较高的职业道德。教师要有较高的思想品德，除了要有一般公民应有的思想品德外，还应该具有教师的职业道德。教师的职业道德如果用一句话来说，就是敬业爱生，就是要做到"学为人师，行为世范"。敬业，就是要热爱教育事业，忠于教育事业，不断学习，在业务上精益求精；爱生就是平等对待学生，理解学生，信赖学生，相信每个学生通过教育都能成才。

（4）有不断进修的意识和能力。科学技术的不断发展需要我们不断学习，社会的不断进步和变革需要我们不断学习，学生的不断成长需要我们不断学习。教育既是科学又是艺术，需要我们不断学习、钻研和创新。终身学习是未来世界每个人的生活必需。教师尤其要有终身学习的意识，不断充实自己，才能引导学生不断发展。学校要成为学习共同体，即为了一个共同的目标，建立一个共同的愿景，共同学习，不断学习，不断创新。

结论

社会职业有一条铁的规律，即只有专业化才有社会地位，才能受到社会的尊重。如果一种职业是人人可以担任的，则在社会上是没有地位的。教师如果没有社会地位，教师的职业不被社会尊重，那么这个社会的教育大厦就会倒塌，这个社会也不会进步。

特级教师的倡议好[*]

在庆祝第二十届教师节的前夕，传来了南京市61位特级教师发出的"倾情奉献教育，拒绝有偿家教"倡议消息，不禁为之叫好。

教育是育人的事业，是一种复杂的智力劳动，教师的工作是很辛苦的。我在中学教书的时候，常常感到时间不够用。特别是语文、数学老师，他们更辛苦，批改作业常常到深夜。担任班主任的还要做家访，和家长沟通。因此有的教师说得好，要把一个不懂事的孩子培养成才，全身心的投入都嫌不足，哪来时间去从事"有偿家教"。

教师是光荣的职业。教师不仅要传授知识，而且要教书育人。教师不是知识的贩卖者，而是要用自己的人格影响学生。对学生来说，教师不仅是知识的传播者，而且是智慧的启迪者、情操的陶冶者。教师要用爱心焕发学生的悟性，用充实的知识启发学生的智慧，用高尚的人格魅力陶冶学生的情操。因此教师时时要以"学为人师，行为世范"来勉励自己，注意自己的一言一行，能否成为学生的表率。"有偿家教"把教育功利化，会使教育蒙上一层商业化的色彩，有损教师的形象，会对学生产生负面的影响。

有的同志说，现在是市场经济，教师也是普通的凡人，教育也是一

---

458   顾明远文集 | 第九卷

种服务劳动，别的行业能够从事第二职业，为什么教师不能从事"有偿家教"？如果纯粹从一个普通职业来议论，当然教师从事"有偿家教"也无可非议。特别是现在教师的待遇还不够高，有些教师可能在家庭经济上有一定困难，利用业余时间挣得一些经济的补助，也在情理之中。但是任何一种职业都有各自的特点，各自的职业道德。教师的职业道德就是"敬业爱生"，就是"学为人师，行为世范"。教师要时时注意自己行为的示范性、教育性。丢掉了这一点，就会丢掉教育的根本，丢掉教师的人生价值。

"拒绝有偿家教"，树立教师高尚的形象，全心全意培育人才。孩子幸甚，国家幸甚，民族幸甚。

再谈"没有爱就没有教育"*

前几年我曾经写过一篇小文,谈"没有爱就没有教育"(见《杂草集》)。近两年我看到《北京晚报》上两篇报道,极为震惊,感触很大,感到简单地说"没有爱就没有教育",太空洞了,感到还有必要再说几句。

一篇报道是登在2002年4月13日的《北京晚报》上,标题是《一个走向绝路的"差生"日记》,记载的是东北某市一重点中学初二学生冯卓阳(化名)因为父母倾家荡产地凑了钱让他上了重点中学,又花钱为他补课,他也废寝忘食用功读书,甚至昏倒在考场上,但终因基础太差,成绩总是在全年级最后几名。他在巨大的父母"爱"的精神压力下,走上了自绝之路。日记最后写道:"爸爸妈妈呀,不是儿子不孝,我真不是上大学的料,我尽力了。你们这是往死里逼我呀!"另一篇报道登在2003年11月18日《北京晚报》上,标题是《暴力家庭教育酿惨剧,十六岁少年手刃生母》。报道说,赵平(化名)的母亲不允许他和别的孩子来往,放学后不许出家门。11月2日是赵平的生日,可母亲却并没有为他准备生日蛋糕,反而因为学习问题把他痛打一顿。11月8日赵平从学校回到家里,母亲照例不让他出门。第二天中午他执意要出去

---

* 原载《今日教育》2004年第4期。

买份报纸，又和母亲发生冲突，又被母亲打了一顿。下午，母亲开始监督他背外语单词，并喝令他把每个单词抄写20遍。赵平趁母亲不备时拿菜刀把母亲砍死，然后如释重负地脱掉血衣，冲了澡，到网吧上网去了。等到警察把他抓获时，他既没有惊慌，也没有后悔，反而对侦察员说："我这几天像出笼的小鸟，幸福极了，你们把我带走吧，监狱肯定也比家里好。"

多么触目惊心的事实！能说两个孩子的父母都不爱自己的孩子吗？为什么孩子就不领情呢？没有一个父母（除了精神变态者之外）不热爱自己的孩子，但是，什么叫爱？怎样爱孩子？他们并不懂得。因此简单地讲"没有爱就没有教育"还不够，还要懂得什么叫爱，用什么方法去爱。不仅父母要懂得，教师尤其要懂得。

爱，这是一个人的情感的体现，它必须建立在一个理性的基础上。这个基础就是信任、理解和尊重。没有这三者，任何爱都是不持久、不巩固的。教育的爱也是如此。

我们首先要信任孩子，相信每个孩子都有上进心，都能成才。这是每一个教育工作者最基本的信念。如果你不相信每个孩子都能成才，你何必白费力气去教育他，当然，一个人能不能成才，还有其他各种因素的影响。但作为一个教育工作者应该相信每个孩子都是可以教育好的。没有这种信念的人最好不要当教师，也不要生孩子。著名教育家、特级教师霍懋征老师说"没有教不好的学生，只有不会教的老师"，这是霍老师从教60多年的总结，也是教育的真谛。

其次要理解孩子，要理解孩子亦和成人一样有各种需要。例如，孩子有学习的需要、玩儿的需要、交友的需要、父母关怀的需要、自由的需要（包括自由支配自己的时间、自由支配零用钱等）、保持尊严的需要、隐私的需要等。如果他的合理的需要得到满足，他的心情必然是愉快的，他就会乐于去做你让他做的事。如果你只是让他学习，别的需要都不能满足，他就会感到，是学习损害了他的其他需要，他就会讨厌学习，甚至于感到生活没有意义。前几年金华徐力杀母的事件曾轰动全社会。徐力为什么杀母？采访他的人曾发现，徐力对生活已经绝望，他的母亲除了让他学习以外，不能满足他任何合理的需要。前面报道的赵平与徐力如出一辙，都是在绝望中向母亲施加暴力。另一种情况是如冯卓阳的父母，为了孩子的学习，宁可倾家荡产关怀他。可惜孩子并不理解父母的心情，父母也不理解孩子的实际能力和想法。父母对冯卓阳的这种爱也造成了悲剧。这两种极端的事例不值得我们深思吗？因此，真正热爱孩子就要理解孩子的需要，满足他们合理的需要。理解，还表现在思想的沟通上。时代不同了，现代的孩子对许多事物有自己的看法。父母和老师要了解他们的看法，不能把我们老一套的看法强加给他们。当然，理解是相互的，父母、老师要理解孩子的想法，也要让孩子理解父母、老师的想法。互相沟通了，互相理解了，我想，教育也就是很容易的事了。

最后是要尊重孩子。孩子也是很讲究面子的。特别是十来岁的少年，更有保持人格尊严的需要，他们最讨厌总把他们当作不懂事的小孩。一旦损害了他们的人格尊严，就很难教育。我们有的教师很不注意这一点，往往把孩子分成三六九等，谁最聪明，谁最笨，动不动就呵斥学生"你真笨"；或者当着孩子的面向家长诉说孩子的缺点；不能平等地对待学生，总是居高临下地和学生谈话。这都是不尊重孩子的表现。有个别的老师用污辱的语言损害学生或体罚学生更是教育所不容许的。上面提到的赵平的妈妈痛打孩子，不仅损害孩子的身体，更重要的是毒害了孩子的心灵，所以造成了悲剧。我们有一种非常有害的传统观念，就是"棍子下出孝子"，"不打不成器"；老师一句口头禅叫"罚你是为你好"等。这都是不尊重孩子的表现。你不尊重孩子，孩子为什么要尊重你？有的人说，现在的孩子心理太脆弱，经不起打和骂，遇到不快的小事就出走，就走绝路，过去的孩子罚跪挨打不是常事吗？但是，要知道时代不同了，旧社会培养的是奴才，所以可以用棍棒的办法，现在我们要培养的是有科学精神、民主精神的人才，怎么还能用封建教育的方法呢？现在确有孩子心理脆弱的一面，但也是教育的问题，溺爱、哄骗、迁就都会造成孩子的心理脆弱。因此，要进行挫折教育，使他们有坚强的心理品质。但挫折教育也不能不尊重学生，更不是通过打或骂教育的，而是要通过帮助他们克服困难来培养。

　　总之，没有爱就没有教育，这是教育的真谛。但要爱得正确，爱得恰当，就需要把爱建立在信任、理解、尊重的基础上。

让教师成为课程改革的主人[*]

教育改革的核心是课程。因为任何新的教育理念总是要落实到课程上，然后影响到学生。纵观20世纪的几次教育改革，都是以课程为核心展开的。进入21世纪，人类面对种种新问题，再一次提出教育改革的必要性。改革的核心依然是课程。我国为了推进素质教育，培养具有高尚品德、创新精神和实践经验的新世纪人才，在20世纪末就酝酿课程改革。随着《基础教育课程改革纲要》的公布，新一轮的课程改革已经启动。这次改革不同于以往的改革，它在指导思想上就有一个根本的变化：提出了以学生的发展为本的思想，强调要培养学生的创新精神和实践能力，发展学生的个性；从而要求在课程内容上要体现课程结构的均衡性、综合性和选择性；教学方法上强调发挥学生主体性，培养学生的探究的科学精神和能力。这次课程改革吸收了世界各国近十多年来改革的经验，理念是很新的，要求是很高的，体现了邓小平提出的"教育要面向现代化，面向世界，面向未来"的精神。要在全国实行新的课程标准，关键在教师。

我常常讲，课程标准的实施要经过多个层次：最高层次是理想课程，这是课程专家们制定的，往往是很完美的、理想的，指导思想是

＊ 原载《开辟中国教育新航道》，北京，人民教育出版社，2003。

很明确的、先进的，要求是很高的；第二个层次是开发课程，这是指教材编写者、教师、专家根据理想课程（课程标准）来设计课程的具体安排，编写教材，如果编写教材者没有充分理解理想课程的精神，或者遇到课程之间的矛盾，编出来的教材就会与理想课程有距离；第三个层次是实施课程，这是指教师具体地用新的课程标准，用新编的教材来教学，如果老师不理解新的课程标准的精神，或者没有能力施用新的教材，那么课程标准也就不能实施；最后一个层次是习得课程，指学生最后从课程中得到的东西。可见任何一种课程标准都要经过多个层次，每个层次都可能对最初的理想课程打折扣。要使专家的理想课程真正变成学生的习得课程，关键在于教师，也即实施课程这个层面。如果教师能够充分地理解理想课程的精神，即使教材编写得差一些，他也能纠正过来。因此教师首先要学习课程标准，领会它的精神实质；其次要试验，精神领会了，也不一定能把课教好，因为新的课程标准毕竟是新的，谁也没有现存的经验，因此要摸索，要试验。

如何使我国的这次新的课程改革顺利进行，关键在教师。但是如何使全国一千万教师都能理解课程改革的精神，适应课改的要求，有能力在具体教学中施行，关键又在于教育行政部门能否采取有力的措施。

首先要制定一个规划。我国幅员广阔，地区发展极不平衡，教育发展很不平衡。东部沿海地区现代化程度已经很高，而西部山区却非常穷困，许多地方连办学的基本条件都没有。在这种情况下要在全国范围内推行新的课程标准是不现实的。应该为农村地区、贫困地区制定过渡性课程标准。西部地区的城市学校具备条件的，当然可以施行全国的课程标准，不具备条件的施行过渡性课程标准。我们现在报刊上的文章，讲教改的文章，大多说的都是针对城里人的话，很少有人为乡下人说话。这样是很危险的。中国离开了"三农"，即农业、农村、农民，现代化就没有希望，更不用说教育的现代化。因此，要给农村教育制定过渡性课程标准，或者制定课程标准纲要在农村的实施办法。

要允许编写多种教材。现在已有多种教材正在编写中，这是值得赞赏的。但从总体上讲仍然不能满足我国这么广大地区的不同需要，特别是没有农村学校使用的教材。我希望教育行政部门组织专门的班子对农村教育进行认真的调查，编写适用于农村的教材。

组织广大教师参与课程改革，参与教材编写。教师的参与是课程改革成败的关键。20世纪60年代，美国的课程改革为什么没有取得预期的效果，原因就是当时的课程改革是自上而下的，教材是由大学的教授和专家编写的。广大教师是处于课程改革的边缘，他们采取的是冷漠的态度，既不关心，也不理解，更不接受。吸取这个教训，我们应该充分调动广大教师的积极性，让他们从课改的边缘走向中心。可喜的是，我国教师对课改的积极性都很高，很想了解课改的精神，探索课改的办法。这种积极性要很好地保护，如果我们的措施跟不上，就可能挫伤他们的积极性。如果他们的希望得不到满足，他们就会消极应付，这是很危险的。要调动和保护教师的积极性，最好的办法是引导他们参加课改。不只是上面编好一套教学计划和教材，让教师被动地试验，而且要让教师真正参加到课改中，甚至参加教材的编写。当然，不可能让一千万教师都去编写教材，但编写者应该广泛地征求教师的意见，而不是拿着编好的教材让教师去试验。总之，要让广大教师认为自己是课改的主体，而不是对象。我们的课改精神不是要发挥学生的主体性吗？如果教师对课改缺乏主体意识，怎么发挥学生的主体性？

教师参与课改也是对教师最好的培训。我们年年讲教师培训，而且确实花费了大量的人力、财力，但似乎成效甚微。原因在哪里？我想有几点：一是教师进修的自觉性、目的性不强，往往是奉命进修；二是培训的内容缺少针对性，理论脱离实际，与教师自己的工作对不上号，因而缺乏兴趣；三是缺乏具体的可操作的方法，教师回到学校不知道如何把学到的理论运用到实际中。我不是说这些年来的教师培训都没有效果，也不是说教育理论都没有用。理论学习很重要，是解决教育观念问题的办法，具有长效性。但就课改来讲，只有结合具体的课改，让教师感到自己是课改的一员，这种培训才是最有效的。

最近首都师大在丰台区建立教师发展学校的做法，是一种教育创新。教师发展学校不是另外建立一个培训教师的学校，而是教师在自己的学校里，结合自己的教育教学工作学习、反思、钻研，使自己得到发展和提高。

教师在参与课改中首先要理解新的课改的精神，正确理解课程改革纲要中新的原则和要求。例如，新的课改提倡探究性学习。是不是所有课程、所有年级都是探究性学习？接受性学习还要不要？课改一定要结合各学科的特点，各年龄阶段的不同特点进行。课改还必须继承我国教育的优秀传统，发扬优点，克服缺点，创造一种新的教育传统。就教师本身来讲，也要结合自身的特点，扬长补短，在教改实践中不断提高自己的业务水平和创造新的经验。

改革教师教育的十点建议[*]

最近以来教师教育成了教育界的热门话题。的确，教师是办好教育的关键。列宁曾经说过："学校的真正的性质和方向并不由地方组织的良好愿望决定，不由学生'委员会'的决议决定，也不由'教学大纲'等等决定，而是由教学人员决定的。"教育方针再明确，课程标准再理想，教材教参再优良，如果教师的水平达不到，或者缺乏教育改革的热情，教育质量仍然难以保证。因此，改革教师教育，提高教师水平和能力，已经到了刻不容缓的地步。如何改革教师教育？教育部原师范司管培俊司长在2004年的《中国高等教育》第2期上谈了十个观点，我很同意。我在这里也强调十个观点，以引起大家对教师教育改革的更多关注。

第一，要立法。过去我们常常强调观念的转变。观念是很重要的，它支配着教师的行为。但观念不是从天上掉下来的，要以物质为基础，即要在一定的条件下才能发生转变。而且不是每一个教师都能转变的。这就需要制度做保证。制度是观念的凝结，它可以保证先进理念的落实。特别是法律具有强制性，是每个教师都必须遵守的。在立法上，我国本来已经有《教师法》，但现在的《教师法》只规定教师的学历要求，

---

* 原载《中国高等教育》2004年第9期。

没有具体的能力要求，而且学历要求也偏低。因此亟须修改《教师法》。

第二，要建立各级各类教师资格证书制度。现在学校的正式教师都有教师证书。但过去颁发教师证书并无严格的要求，这种证书只能代表从事的职业，却不能代表教师的资格。要建立严格的教师资格证书。就像司机的行车执照、医师的行医执照那样经过严格考核，才能发给教师资格证书，并且要定期考查，促进教师不断进修和提高。这也需要通过立法来解决。有了严格的教师资格证书，就可以实行教师教育的开放性，各类高等学校可以按照教师的标准来培养教师，也就有可能在社会上招聘优秀青年补充教师队伍。

第三，实施开放性教师教育，需要对实施教师教育的学校作资格认定。并非因为开放性，任何学校都可以培养师资。必须对开设教师教育的学校有无能力培养师资进行考核，考核的内容包括是否有一套完整的教师教育课程体系、是否有相应课程的教师队伍、有没有实验条件和实习基地等。要有专家委员会来审核这些条件。

第四，教师的培养需要经过三个阶段。这是由教师成长规律决定的。第一个阶段是职前培养，即学校学习的阶段，其学习年限视各级各类教师的要求而定；第二个阶段是初职阶段，即实习练习的阶段，一般二至三年。有如新上岗的医生，需做几年住院医生才能独立出诊，新教师也需要在老教师的带领下研究教学、研究学生。德国就是大学本科毕业以后经过考试取得教师资格，再经过两年实际教学实践，提交论文，再经过考试，才能取得教师资格证书；第三阶段是成熟阶段，大约需要三至五年。也就是说，如果一名教师经过五年到八年的学习与锻炼，还不能成为一名合格的教师，那就说明他（她）没有做教师的天赋，最好请他（她）换一个工作。

第五，要加强教师的职业训练。过去封闭式的由师范院校培养教师，其实教师的职业训练很不够。学校为了提高学生的专业知识，以便能与综合大学毕业生竞争研究生，总是牺牲教师的职业训练。多年的师范教育的学术性与师范性之争，总是以减少师范性而告终。教师是一种专门职业，需要专门培养和训练。这与古代教育不同，不是有了学问就能当教师。儿童青少年成长是有规律的，教育活动是科学活动，是要遵循儿童青少年成长的规律的，否则就会损害他们的成长。当前我国基础教育中教师的问题，固然有文化知识水平不高，达不到规定的学历要求，但更多的问题是教师不会教，尤其是不会教学生做人。教师不理解学生，不能和学生沟通，不能解决学生需要解决的问题；师生关系紧张，教学引起不了学生学习兴趣；更有甚者，有的教师歧视学生，用语言伤害学生，甚至体罚学生。这一切都说明教师缺乏教育的专业知识和专门的技能。实践证明，越是低年级的教师，越需要有专门的职业技能。许多老师和家长都深感现在的孩子越来越难教育。其实不是孩子难教，而是我们跟不上时代的变化，拿不出新的办法。孩子在当今社会转型、文化冲突、价值观变化的时代，心理上有许多矛盾和困惑。教师要善于了解他们心理上的矛盾和困惑，去疏导它，缓解它，才能帮助他们成长。而不能像传统教育那样去训责他、束缚他。教师要做到这一点，唯一的办法就是学习、训练，不仅是专业知识，而且是职业知识和技能的学习和训练。

第六，教师教育和其他专业一样，不可能一次完成，要不断学习，终身学习。要把教师职前培养和职后进修提高结合起来，实行教师教育一体化。也就是要把教师成长的三个阶段连接起来。过去，师范院校只管职前培养，进修学校和教育学院负责职后进修培训。不仅职前职后脱节，而且进修学校和教育学院只能做教材教法上的指导，不能给予教师理论上的提升。教师的终身学习必须和大学结合起来。因为大学是最高学府，是创造知识和新的思维方式的地方，教师只有在大学中接受学术熏陶，才能提高眼界，更新思维。因此，我一直主张，教师的进修应该是开放的，不能只局限在课程教材的研究上。可以分层进修，对新教师来说，要让他们熟悉课程教材，在当前新课程改革中，也要把重点放在理解新课标、熟悉新教材上；但从长远来讲，对老教师来讲，更要重视知识和理念的更新，从而学会研究问题，总结经验，把自己的经验升华为理论，逐渐成为教育专家。

第七，要重新思考小学教师的培养方式。过去小学教师由中等师范学校培养，招收初中毕业生，科学文化水平较低，加上中师生年龄较轻，还不能理解教育的本质，因而小学教师的质量偏低。现在改为由大学专科或本科来培养，科学文化水平大大提高。但是，小学教师需要有较广博的知识、能歌善舞、与小孩子同游戏共学习。而高等学校招生的起点是高中毕业生，高中毕业生不如初中毕业生的可塑性大，难以培养他们能歌善舞的技能。这不能不说是一个矛盾。而且据现在设有小学教育专业的高师反映，生源质量远不如中师时代。这又是另一个矛盾。解决的办法是把小学教师的培养分步走，先办五年制的师专，招收初中生，毕业以后到小学实习两年，再到大学读本科。这样既解决了上述两个矛盾，又可以防止中师盲目地一步升到大学本科而降低大学的质量。

第八，要重视教育硕士专业学位的推广和建设。国务院学位委员会于1996年第十四次会议决定开设教育硕士专业学位。这对教师质量的提高、社会地位的提升有着重大意义。试点工作七年来，已有29所师范大学（今年将增加12所，包括几所综合大学），招生约3万人，获得学位的约7 000人。但中国有1 000多万中小学教师，如果要求10%的教师达到研究生水平，则需100万人。何年何月才能达到这个要求？因此，要加快教育硕士学位的发展。如何既能满足中小学教师学历层次提升的要求，又能保证研究生的质量？我认为，一方面要对试点学校和培养方案、培养过程严格要求，另一方面希望中小学要把优秀教师推荐出来。现在的问题是许多重点学校不愿意让骨干教师出来学习，怕影响升学率。这是一种近视的看法，不利于我国教师队伍的建设，也不利于学校的长远发展。

第九，为了尽快提高研究生在教师队伍中的比例，应该在大学中设置本硕连读。现在的教育硕士专业学位只给在职教师提供，不适用于应届毕业生的直接连读。将来真正实行任何大学都能培养教师，就必然会突破上述的框框。我们应该像英美国家那样，把中学教师培养放到研究生阶段，即先在专业系科读完本科，再到教育学院攻读教师专业课程。这种专业课程也就是今天我们所倡导的教育硕士专业学位。当然，这种培养模式也有一个缺陷，即学生缺乏教师实践的经验。这可以从增加教育实习来弥补，也可以采取学完课程以后，先到学校带薪实习一至两年，然后提交论文，回大学答辩，通过后取得学位。这既有利于教师学历的提高、专业能力的提升，又有利于促进教师教育的改革。目前，我国教师培养的模式已落后发达国家几十年，今天，我国已具备了教师培养模式改革的基本条件，因而应该尽快试点，并逐渐推广。

第十，要认真研究解决优质教师怎样通向农村的问题。大家都认为，"三农"问题的解决在于农业工业化、农村现代化，关键在于农民要有知识。国务院农村教育工作会议已确定农村教育是教育中的重中之重。发展农村教育关键又在于有合格和优质的教师队伍。农村条件艰苦，有较高学历的优质教师一般不愿意到农村学校工作。因此，国家应该制定一些优惠政策，鼓励优质教师下农村。例如，规定城乡教师对口支援，对下乡教师发放特殊津贴，新毕业生志愿回乡服务者可以免交贷款、返回大学期间的学费，并且数年以后可以优先保送攻读研究生等等。总之，得想出办法来改善农村的教师队伍。

以上十点是我对教师教育改革的一些粗浅的想法，供决策部门参考。

霍懋征老师的真善美*
——《真、善、美的丰碑》序

　　霍懋征老师是我们北京师范大学的老校友、老前辈。我认识霍老师是在"文化大革命"以后不久。我在北京师范大学教育系担任系主任，请她来给学生做报告。她的那次报告给我们师生留下了深刻的印象：她对儿童的热爱、对教学的钻研，她的教学艺术、生动的语言，都深深扣动了我们每一个人的心弦。后来我们又到北京第二实验小学去听她讲课。听她的课真可以说是一种艺术的享受。为了把她的教学经验传播出去，我和北京师范大学教务处的同志策划了把她的课拍成电视，这就是《月光曲》一课电视片的由来。这部片子曾经在全国发行了一百多部，反映也非常强烈。

　　此后，我们就经常见面了。1980年成立了小学语文教学研究会。霍老师以及师霞老师、袁镕老师、李吉林老师都是研究会中的著名专家。我曾担任过一届研究会的副会长，但只是做一些组织工作，研究会中唱主角的主要就是霍懋征等几位老师。她们为小学语文教学研究做出了很大贡献。特别是霍懋征老师，经常到全国各地讲学讲课，把自己的经

---

*　写于2003年1月17日。

验毫无保留地介绍给年轻的老师。霍老师还特别关心西部边远地区、少数民族地区的教育，她在古稀之年还奔走于西南、西北贫困地区传经送宝。她献身于教育事业的精神，值得每一位教师学习。

1986年时国家教委成立了全国中小学教材审定委员会，我和霍老师都被聘为这个委员会的委员。委员会每年都要审查一次教材，于是我们每年都要见一次面。小学语文的审查委员恰好都是上面我提到的几位全国著名的小学语文老师，再加上华东师大、华中师大等的几位专家。每次我都会参加小学语文组教材审查，因为我在那里可以学到许多东西。霍老师她们对各种教材的审查是既严格又宽容。所谓严格是一丝不苟，字字句句对学生负责，对教育负责，不容许有一点点不利于学生成长的东西留在教材里；所谓宽容是对于各派的意见、各种体系和选材，只要有利于学生语文的学习，有利于他们健康地成长，都会被保留下来，绝对不拘泥于一家一派。每参加一次教材审查会，有如参加一次小学语文教学研讨会，使我受益匪浅。

霍老师教育经验的精髓是什么？我常常在思索。我有以下几点粗浅的认识：

第一，是霍老师对儿童的热爱。霍老师的这种爱不是普通的爱，不是普通的所谓喜爱孩子，而是建立在对教育的忠诚、对儿童的信任的基础上的。霍老师认为儿童是民族的未来、祖国的希望，她把育人作为她的天职；她相信每一个儿童，相信他们将来都能成才，"只有不会教的老师，没有教不会的学生"，这就是霍老师的教育信条，也就是霍老师的求真。

第二，是霍老师对教育教学的孜孜不倦的钻研，她不断改进教育教学方法，使它尽善尽美。霍老师毕业于北京师范大学数学系，但她成为小学语文教学的专家。当然，她也曾是小学数学教学的专家。这一方面说明霍老师在数学、语文方面都有深厚的基础，另一方面也说明霍老师无论在哪个工作岗位都深刻钻研。教学经验不是凭空从天上掉下来的，也不是随着教龄的增长自然增长的，而是在不断钻研教材，不断反思自己的教学行为，总结提高，上升为理性认识，才能成为成熟的经验和理论。霍老师的经验所以具有普遍意义，就在于经过她的钻研提炼，上升为普遍的理论。这就是霍老师的求善的过程。

第三，霍老师把教育教学视为一种艺术。语文本身就是一种艺术。但是在日常学校生活中居然会有不少学生不喜欢语文。这说明，有些老师没有把语文视为艺术，更没有把教育教学视为艺术，把课讲得枯燥无味。霍老师却相反，她把语文视为艺术，把语文教学视为老师的艺术。我听过她的课，课堂里生气勃勃，师生配合默契，活生生是一堂艺术课。每一册语文课本，一般只有二十多篇课文，但是霍老师每学期可以让学生学到上百篇课文。这样，学生负担重吗？非但学生不觉得负担重，而且越发喜欢语文课。这就是霍老师的教学艺术。有人会说，实验二小都是好学生，一般学校的学生未必接受得了。且看霍老师的做课。她到各地去讲学，不仅要介绍她的教学经验，还要在那里做课，即在当地学校任意一个班上讲一节课，给当地老师观摩。结果是任何一节课都上得同样的生动活泼。为什么？这就是霍老师的艺术。这种艺术不是一般的技巧，而是霍老师用她的心灵表现出来的，她的心是和儿童相通的。这就是霍老师的教学美。

霍老师的教育论文集叫《真、善、美的丰碑》再贴切不过了。这种真善美不仅表现在她的课堂艺术上，而且表现在她的整个教育生涯中：她追求自己的工作的真善美，她要把学生培养成真善美的化身。真善美就是霍老师的人生追求，她是我们学习的榜样。

高雅、亲和是可贵的教师气质[*]

很难说得清，什么是人的气质，但人们能够感觉到它的存在。每个人都有一种气质，有的高雅，有的粗俗。教师应该有特别的气质，因为教师是人类灵魂的工程师，他是知识的传播者、智慧的启迪者、心灵的陶冶者。教师育人，不仅要把知识传授给学生，更重要的是以自己的人格魅力去影响学生，使他们成为高尚的人、有智慧的人。因此，教师的气质很重要。教师的气质不仅应该是高雅的，而且应该是睿智的，并有亲和感，使学生见到老师，就愿意向老师学习，愿意把自己的心里话和老师交流，得到老师的帮助。

刘可钦老师就是有这种气质的教师。我认识刘可钦，是1992年她在河南安阳人民大道小学开展学生主体性教育实验研究的时候，听了她教的数学课。课讲得很好，这是大家在评课时公认的。但是我更欣赏的是她的气质。她那一种高雅、睿智、亲和、自信的气质，感染着每一个学生。可以看出在课堂上，教师对每个学生充满着爱心和信心，学生们则不仅积极主动地参与，生动活泼地学习，而且和教师配合默契，对教师充满着敬爱的感情。教学到这种程度，可以说到了较高的教育境界。这不是一名简单的教学能手所能达到的。我们的学校中有许多教学能手，

---

[*]　2004年7月29日写于北京求是书屋。

他们能把书本知识很好地传授给学生，能使学生考出好成绩，考上好学校，但并非就是最优秀的教师，至少在我的眼里是这样。我曾经遇到过一些特级教师，和他们交谈过，有的还听过他们的课。讲的课当然无可挑剔，但总觉得缺点什么，这就是气质，缺少一种高雅、亲和的气质。有个别的特级教师，可能因为教学质量较高，升学率高，有一种傲慢的神气。局外人尚且有这种感觉，何况学生？这种傲慢肯定会给学生带来深远的影响。这样的教师，即使课讲得很好，也算不上是优秀教师。刘可钦的可贵之处就在于不仅课讲得好，而且给人一种高雅、亲和的感觉。

　　刘可钦的成长不是偶然的，她是在对教育的理解、对教师职业的领悟中成长起来的。据她自己讲，她虽然课讲得不差，但一年一年，每天上课，面对一群孩子，面对教材，曾经产生过一种职业倦怠感。但是，当她理解了教育的本质，看着一个个孩子的成长，她逐渐感到自己生命的价值。过去常常有人把教师比作红蜡："照亮了他人，毁灭了自己。"其实这是一个很不恰当的比喻。任何职业都要为他人服务，社会就是在人们互相服务中组合起来的。当然，在阶级社会里有剥削有压迫，但在平民百姓中总是互相服务的。教师是在育人过程中既照亮了他人，又使自己的生命价值生光。一个人的生命价值在哪里？就在于他对社会做出了什么贡献，对他人做出了什么贡献。自我存在、自我享乐是没有价值的。教师，通过自己的劳动，看到一个个孩子成长为人才，就像辛勤的园丁看到一棵棵幼苗长成参天大树，其内心的喜悦是难以言状的。刘可钦1990年曾在北京师大校园中进修，使她在这所有着悠久历史的高等学府中受到校园文化的熏陶，领悟到教育的真谛，培养了自己优秀的气质。

　　刘可钦也是在她对教育教学工作的不断研究和实验过程中成长起来的。任何一种职业，如果没有创新，是容易使人厌倦的。但教育是一个最有创新的领域。教师面对的是一个个生动活泼的个体，他们互不相同。教师只有用灵活的、创造性的劳动才能促进每一个个体的发展成长。这就要求教师有钻研精神，要研究学生，研究教材，研究如何把教材中的知识教给学生，研究每一个学生如何通过教育教学既获得了知识，又增长了智慧，发展了能力。如果能钻研下去，就会发现我们对教育的理解尚很肤浅，教育教学中有许多许多问题需要我们去研究。刘可钦就是在20世纪90年代初开展主体性教育实验研究中成长起来的。在这次实验研究中，刘可钦也是充分发挥自己的主体性，不是被动地接受专家们的实验方案，而是积极主动地参与实验方案的制订，亲自在第一线实验。在实验研究中不断反思自己的教育行为，使她逐渐成为一个善于思考、重视研究的优秀教师。

刘可钦是在不断学习中成长的。教师是一个需要不断学习、终身学习的职业。只有不断学习才能不断提高。当今的时代是一个不进则退的时代。即使是一个优秀教师，如果不再学习，也不能永远保持优秀。刘可钦重视学习，喜爱学习，在学习中求发展，这也是一个教师可贵的气质。2001年她参加了教育部小学校长培训中心举办的小学校长高级研修班，为期一年。在这一年中她听了许多著名学者的讲演，交流了各地各学校的办学经验，读了教育名著，最后撰写了论文。这对刘可钦来说是一次理论学习，也是她的一次教育理念的升华。我有幸在这个研修班上讲过课。我觉得他们都是十分优秀的小学校长，而刘可钦更具有教师可贵的气质。

校长，希望你走到学生中去[*]

　　不知道从哪一年开始，刮起了兴建大型而豪华的校舍风，动辄几百亩地，几万平方米建筑面积，学生五六千人，有的甚至上万人，简直是一所大学而不是中学了。有的校长和地方干部还洋洋得意地说，这是世界一流的，外国也没有的。的确，外国也很少有。我去过许多国家，只在美国夏威夷见到一所为土著居民盖的中学，名字已不记得了。这所中学在一个山坡上，占地有几百亩，但校舍并不豪华，学生也不是太多。在其他国家真还没有见到过规模很大的中小学，一般上千人的学校算是比较大的了。但是外国没有的并非就是最先进的，就是值得自豪的。过去中国人留辫子、缠小脚也是外国所没有的，但却是封建的、落后的东西。奢侈浪费应以为耻，不能引以为荣，这才是中国的传统美德。

　　我们姑且不去议论造这样大型而豪华的校舍浪费了多少土地，花费了多少资金，就从教育本身来讲，也是不符合教育规律的。就拿中小学校长来讲，一名好的校长应该生活在课堂里、学生中，他不能像大学校长那样可以高高在上，宏观指挥。当然，大学校长也应该关心教学，关心学生，但毕竟大学太大，教学科研头绪繁多，不能太深入。而中小学校长必须和学生在一起，了解学生，研究学生，探索教育的规律，才

*　原载《教育参考》2006年第6期。

能带领全校教师把学校办好。苏联著名教育家苏霍姆林斯基担任乌克兰帕夫雷什中学校长23年，他一直坚持不脱离学生，不脱离教学，担任一门课程的教学，还兼任一个班的班主任，从一年级一直跟到十年级这个班的学生毕业。20多年中，经过他长期直接观察的学生就达3 700余人，他和学生一起活动、一起读书、一起旅行，为每个学生书写观察记录，探索各年龄阶段学生的个性、心理和精神生活的发展规律。所以帕夫雷什中学这样一所农村中学不仅成为苏联当时最优秀的中学，也成为世界著名的实验学校。苏霍姆林斯基本人也成为著名的教育家。我国大型学校的校长能做得到吗？一个学校五六千名学生、三四百名教师，我相信，有的校长别说能叫出几个学生的名字，恐怕连教师的名字也未必能个个叫出来。这样的校长已经不是教育意义上的校长了，只能说是管理学校的官员。

有一次我到一所学校，问校长每周能听几节课？他回答说，没有准，一学期也听不了几节课，大多时间都泡在会议上，不是上级拉去开各种会议，就是在学校会议室里讨论问题，根本没有时间走到课堂里去。这样的校长怎么能领导老师钻研教学呢？

校长应该是学校的灵魂，是全校师生的旗手，而且应该是教育能手。只有教育能手才能受到学生的敬爱，受到老师的尊重，才能带领全校师生奔向一个目标。校长要成为教育能手，就不能脱离学生，脱离教学。只有在课堂中才能摸索出教学的经验和问题，才能把握教学改革的方向。只有在学生中才能了解学生、理解学生、亲近学生、教育学生，才能探索出教育的规律。因此，我们呼吁：

校长，希望你走到学生中去。

春风雨露　情在育人[*]
——怀念董纯才同志

　　董老（董纯才）离我们而去已快一年了，但他那慈祥的面容，谆谆的言辞还深深地印在我的脑海中。他对教育事业的忠诚，常常激励着我努力奋进。当我在教育科研工作中遇到困难的时候，当我有时感到厌倦，想稍事懈怠的时候，想起董老，想起他的教导，就觉得羞愧，便又重新奋起，继续去耕耘前辈未竟的事业。虽然不可能像董老那样为中国的教育事业做出大的贡献，但能够发一点微弱的光和热，才觉得无愧于董老的教诲。

　　还在中华人民共和国成立之初，我在大学生时代，就读过董老的文章。他阐述新民主主义教育思想是那么深刻，介绍苏联的教育经验是那么详尽，使我对新中国的教育事业充满信心。当时我想，如能见到董老，和他讨论中国的教育问题，将是何等快事。但那时我还仅仅是一个在教育系读书的青年学生，那种想法未免天真。

　　但是这种愿望居然实现了。这是1979年的春天，也即是党的十一届三中全会开过以后的第一个春天，中国教育学会成立大会和第一次教育

---

* 原载《董纯才纪念集》，北京，教育科学出版社，1992。

科学研究规划会议在北京召开，我作为北京师范大学的代表出席了这两个会议，并且作为中年教育理论工作者的代表，被选进了中国教育学会的常务理事会。德高望重的董老被全体代表选为会长。于是我就有了机会亲聆董老的教诲。中国教育学会在董老的领导下团结了全国老中青教育工作者开展教育科学研究，迎来了教育科学的第一个春天，从此我国教育科学研究进入了一个百花争艳的新时期。12年过去了，教育科研已经硕果累累，其中倾注了董老多少心血和汗水，我想他一定会在九泉之下含笑欣慰的。

20世纪80年代初，我们在董老的领导下编纂出版了中国有史以来第一部《中国大百科全书·教育卷》。董老为教育卷的编写费尽了心血。他亲自主持编委会，亲自讨论重点词条。记得1983年夏天在北戴河召开编委会讨论"教育"这一重点词条时，董老就发表了精辟的见解。

董老经历了我国新民主主义革命时代，领导过新民主主义教育，因此对新民主主义教育的优良传统有亲身的感受和深厚感情。他认为新民主主义教育是我国社会主义教育的基础，新民主主义教育的宝贵经验和优秀传统，应该在社会主义教育中继承和发扬。我作为北京师范大学教育系的主任，曾邀请他到师大做新民主主义教育的报告。他的报告受到教育系师生的欢迎。

董老十分支持教育实验工作，他认为没有实验，就没有我们自己的经验。1979年在第一次教育科学规划会上，我曾向主席团提交了一份希望重视教育实验的意见书。会后我又找到董老提出要在北京市办一所实验学校的建议。董老对我的建议十分重视，亲自驱车找到当时北京市委以及教育部，商谈创办实验学校的事情。后来虽然因种种原因未能办成，但通过这件事充分说明董老对教育事业的热心，对教育实验的重视。

董老领导我国基础教育工作几十年，对发展我国基础教育做出了很大贡献，同时也有许多精辟的见解。他很早就主张中小学实行"五四三"学制。他认为：小学生的智能潜力很大，现在并未使他们这种潜力充分发挥；小学由五年改为六年没有科学依据，应该继续小学五年制的试验；初中阶段是青少年成长最快的时期，应该加强教育，初中延长到四年，有利于少年的成长，有利于少年向青年的过渡，有利于学习较完善的科学文化知识，有利于引进职业技术教育。根据董老的意见，我校从1983年开始搞"五四"学制的试验，同时着手编写"五四"学制的教学计划和教材。至今这个试验越来越扩大，已经在山东诸城、烟台，湖北沙市以及黑龙江密山等地扩大试验，取得了较好的效果。

董老一生为教育事业鞠躬尽瘁，他是教育工作者的楷模，永远是我们学习的榜样。我们要学习董老的精神，完成他未竟的事业，用我们的努力工作来寄托对他的怀念之情。

润物细无声*
——缅怀刘佛年教授

想起刘佛年教授，在脑海中出现的第一形象是一位谦和的学者，默默地自己在读书，默默地在指导学生读书。"润物细无声"正切合刘老育人的风格。刘老是我国老一辈著名教育家、教育学家，曾任华东师范大学校长，第一批博士研究生导师，培养了大批人才，正可谓桃李满天下。但他却是那样的谦和，那样平易地对待学生，对待青年。正是"润物细无声，桃李自成蹊"。

20世纪60年代初他在北京主持编写《中国教育学》，我曾见过他一面，但当时未能有机会向他请教。"文化大革命"以后我担任北京师范大学教育系主任，想请学者来讲学，想到的第一位就是刘佛年教授。1979年春天，正值中国教育学会成立大会和第一次全国教育科学会议在北京召开。刘老从上海赶来参加会议，我们就把他请到教育系，与一部分教师座谈。我们向他请教，教育系怎么办。他谈了许多精辟的见解。其中有一条，他认为，从教育系的培养目标（中师教师、教育研究者、教育行政人员）来看，教育系最好招收有过教学经验的教师来学习，应

---

* 原载《师表——怀念刘佛年》，上海，华东师范大学出版社，2004。

届高中毕业生缺乏教育实践，难以学懂教育理论。当时我还有一点不同意见。我认为，当过教师往往只是中师毕业生，科学文化知识基础太薄弱，难以胜任将来的教育研究工作。但是后来我越发感到刘老的意见是对的。我们教育系在"文化大革命"后招收的第一、二届学生大多经过知青上山下乡的锻炼，有的当过几年教师，他们都有丰富的实践经验，对教育理论的学习就比较容易理解，现在他们大多数成了教育理论研究或教育管理部门的骨干。而刚出高中校门的应届毕业生读教育就困难得多。从多年的实践来看，教育系的理论课程最好放到研究生阶段去学习，即在学生有了较宽厚的文化科学知识和有一些教育实践经验再学教育理论会更好些。

20世纪80年代以后，我们接触更多了，或是中国教育学会开会，或是国务院学位委员会学科评议组评审博士、硕士授权点，或是各种座谈会。每次开会他都那样谦和、民主、宽容。我从来没有见过他发表鸿篇高论，更没有气势压人的霸气，但他轻轻几句话却总是给人一种沉甸甸的感觉。记得1990年在成都召开中青年教育理论工作者研讨会，邀请刘老出席指导。那时他已年近八十，但仍欣然应诺前往。当时会议主题是教育功能问题。与会代表认为，教育除了具有政治功能、经济功能外，还应该具有发展人的功能。但当时社会上正在批判"人本主义"，对教育发展人的功能的讨论，大家思想上有顾虑。但刘老却说：谈教育怎么能不谈到人呢？短短的一句话，拨开了大家的疑虑。

1985年中国教育学会在武汉召开第二次全国学术研讨会。张承先会长提议编写一部教育大辞典，得到大家的积极响应。编纂这样大型的学术性工具书，本应由教育界最有权威的刘老担任主编。但他说自己老了，要年轻一点的人担任，他竭力推荐我来担任。而我深感自己学术水平不高，才疏学浅，不堪胜任，希望他能出任主编，我可以作为他的助手，帮助他做一些组织工作。但他极力地鼓励我，支持我，并对辞典编纂的方针、原则提出了具体的建议。那天晚上讨论到深夜一点钟，我在他的热情鼓励下，终于鼓起勇气承担了主编的任务。在后来十多年的编纂过程中，刘老给了我们很多帮助。大到体系的安排，小到某个词目的释义，我们都会去请教他。可以说，这部大辞典能够顺利出版，是在以刘老为总顾问的所有顾问的关怀下完成的。

刘老治学严谨，他的好学精神，是年轻人的榜样。他虽身为校长，但从来没有忘记读书，没有忘记了解国际教育的新动向。有一年我到华东师大外国教育研究所资料室查阅资料，发现每本外文书后面都有刘老借阅过的记号，不仅使我惊讶不已，而且从心里产生出一种钦佩之情，同时也感到很羞愧，深感应向刘老学习。

刘老对青年人爱护备至。我们是他的学生辈，但我每次去看他，总把我当客人对待。夫人王老师总要拿出点心来，还要请我们吃饭。有一次我到上海住在上海师大招待所，他与夫人竟然到招待所来看我，送我礼品，使我深感不安。

刘老是我国教育界的学术泰斗，但他虚怀若谷，平易谦和。他的道德文章永远是我们学习的楷模。

深切怀念董渭川先生[*]

董渭川先生是我的老师。1949年我考入北京师范大学（那时还叫北平师范大学）教育系，董先生是校务委员会委员兼教育学院的院长。说实在的，当时所以报考北京师范大学教育系，也因为听说北师大教育系有一批像董先生那样的民主教授。入学以后的第一年董先生就给我们讲新民主主义教育方针，使我第一次接触到教育理论。记得当时他分析教育方针与教育政策的联系与区别，介绍当时新中国的教育方针是为生产服务，向工农开门。

先生早年用一年时间考察过欧洲的教育，回来后出版了《欧游印象记》。我们读了都觉得很新鲜。这本书为我国早期比较教育研究提供了丰富的资料。

可惜我在二年级结束以后就离开北京师范大学到苏联莫斯科留学去了。五年后回来，董先生已经担任我校副教务长兼教育实习委员会副主任，不直接讲授教育学了。但他的教学单位是教育系教育学教研室。我分配到教育学教研室当助教，所以有机会听到先生的教诲。而且每周三下午的政治学习以教研室为单位，所以总是在一起讨论学习各种问题。

董先生为我校学生的教育实习规范化做出了重要贡献。他和苏联专

野 花 集　487

家一起制订了教育实习的方案，对教育实习的目的、内容、要求、规则，指导学校、指导教师的要求、职责等都做了详细规定。他还多次撰文论述了师范生教育实习的必要性。1954年教育部颁发的师范学院和师范专科学校的两种教育实习暂行大纲就是在北京师范大学教育实习的经验的基础上制定的。这些方案和要求至今仍为师范院校学生教育实习所应用。

董先生不仅是教育理论家，也是教育实践家、社会活动家。早年致力于民众教育工作，进行普及教育实验，对社会教育有深入的研究，提出教育大众化、教育社会化、教育生活化、教育民主化的教育主张。他强调学习教育理论要联系教育实际，强调师范生进行教育实习的重要性。他还提出师范院校要"面向中学"的问题。这个问题在师范大学引起了一场争论。师范院校是向"综合大学看齐"还是"面向中学"，后来演绎到师范院校的学术性和师范性的争论，至今尚未停息。其实董先生是在论述师范生要不要进行教育实习的问题。但争论的双方都是从一个侧面来谈问题，所以总也谈不到一起。董先生强调要理论联系实际，认为实习可以论证理论，深化理论的实践性，有利于培养新型人民教师的全面性。这个观点至今也还是应该坚持的。

董先生思想豁达、治学严谨；对学生和蔼可亲，平易近人；他风度翩翩，具有一种人格魅力为学生所崇敬。先生离我们而去已近40年了，但他的容貌犹在眼前，我们深切地怀念他。

音容已逝，风范永在[*]
——深切怀念滕大春先生

　　滕大春先生是我国教育界的老前辈，是教育史学界的泰斗。我虽然没有直接师从滕先生，但也可以算得上是他的编外弟子。在我们交往20多年的时间里，我受到他的教诲甚多，受益匪浅。我们第一次见面是在1979年春季的第一次教育科学规划会议暨中国教育学会成立大会上。当时他就给我一个敦厚慈祥学者的印象。1979年深秋，全国外国教育研究会（后改为比较教育研究会）成立，滕先生就是我们研究会的资深专家，一直指导我们研究会的工作，每次比较教育研究会开年会的时候，总请他到会并发言指导。

　　我们接触最多的是编纂《中国大百科全书·教育卷》的时候。1979年《中国大百科全书》编纂工作启动，《教育卷》成立编委会，由董纯才同志任主编，刘佛年、张焕庭任副主编，滕先生和我都参加了编委会。《教育卷》分几个分支学科，外国教育学科由滕先生任主编，赵祥麟先生、王承绪先生、朱勃先生和我任副主编，成员还有姜文闵同志。实际上，除了开过几次编委扩大会，研究框架结构、条目选定和样条审

---

*　2005年9月11日写于北京求是书屋。

阅的会议外，大量的工作是滕先生亲自做的。当时编委会专门在北京蒋宅口交通部招待所租了几套房子，张焕庭、滕先生几位主要负责人就住在这个招待所里。那时条件很差，尤其是吃饭在食堂，生活很不方便。但年逾古稀的老人独自在这里住了两年，直到《教育卷》定稿付印。我们参加的外国教育分科又分为两部分：一部分是外国教育史，由姜文闵帮滕先生整理；另一部分是比较教育，主要由我帮助滕先生整理修改。因此那两年我隔三岔五就要到交通部招待所和滕先生见面，讨论条目怎么修改。这时候我才真正认识滕先生的学问和品格。滕先生真是学富五车，对外国教育史的资料如数家珍。他特别推崇孟禄的《教育百科全书》，认为资料翔实，常常提到，研究世界教育史不可不读孟禄的著作，不能不查阅《教育百科全书》。他事必躬亲，每个条目都亲自审阅和修改。他是一个大学问家，不仅学术深邃，而且十分谦虚，我们作为晚辈，有时会提出一些不同的意见，凡是合理的他都会欣然接受。

1985年，张承先同志要我编写《教育大辞典》，我当时再三推辞，提出应该由学术界的前辈来担任主编。但承先同志、佛年教授认为编纂《教育大辞典》工程浩大，时间要很长，还是要年轻力壮的人担任，我只好应命。但我认为要编好这部辞典，还是要依靠老一辈的学者的指导。因此请了我国的知名学者担任顾问。但考虑到滕先生是外国教育史的权威，编写这个分卷非他莫属。于是我只好请滕先生屈尊担任编委，并请他主持外国教育史分卷的编纂工作。他却丝毫不介意我这个小辈当主编，他却只当编委，而欣然答应，这给了我很大的勇气和帮助。本来想请他挂个帅，有号召力，具体工作请其他较年轻的专家来做，但他十分认真，亲自召开了多次分卷编委会讨论框架和词条，审阅了一些重要条目，使我非常感动。

滕先生对我国世界教育史学科的建设做出了重大贡献。他对美国教育研究尤深。改革开放的初期，因为当时急需了解外国教育的情况，他出版了《今日的美国教育》一书，虽然只是一本小册子，但该书不仅对美国教育作了简要的介绍，而且作了深入的分析。当时我们就是通过这部书对美国教育有了较为全面的了解。后来他又撰写了一部《美国教育史》巨著，详细地介绍了美国教育发展的历史，美国教育与美国政治、经济发展的关系，它的基本特征和发展轨迹，对美国教育作了详尽的剖析和评价，是我国最有权威性，内容最丰富的一部著作。滕先生在晚年仍然不辍耕耘，在他耄耋之年还主持编写了六卷本的《外国教育通史》，为我国外国教育史留下他最珍贵的财富。

滕先生是我们北师大国际与比较教育研究所的最早的客座教授，最好的顾问。我们经常请他来指导。他常常帮我们评审科研成果和毕业论文，我所第一名博士王英杰的论文就是请他来参加答辩的。比较所的同仁都把他当作自己的老师，非常尊敬他，怀念他。

滕先生平易近人，他对我尤为亲切。他常常讲，我们是忘年之交。他迁居北京以后，我们见面的机会就更多了。我差不多每年春节都去看他。他十分关心国家大事，尤其是教育界的事情。我们一见面总是谈论好几个钟头。因为后期他年事已高，较少参加外面的活动，但他又非常关心教育界的动态，所以非常希望有人去看他。有几次他专门打电话给我，说非常想念我，希望我去聊聊。我们见面以后，我首先向他介绍最近教育界有什么动向，出了什么好的著作；告诉他教育界老朋友的状况。他则问长问短，有说不尽的话题。临别时总是依依不舍。我至今非常后悔，因为工作太忙，没能更多地去看他。

滕先生已经离开我们三年了，但他的慈祥的容貌永远留在我的记忆中，他留下的宝贵教育遗产更是我们学习的资源，他的学者风范、道德文章永远是我们学习的楷模。

杂 感 编

"浙江省博物馆免费开放"有感[*]

　　新春伊始，传来了"浙江省博物馆免费开放人员旺"的消息，精神为之一振。这真是代表先进文化、群众利益的新举措，是社会进步的表现。据中国丝绸博物馆馆长徐明德同志答记者问，为什么博物馆要免费开放，说："我们希望免费制度能够培养出公众的博物馆情结，从而使走入、参观、利用、享受博物馆成为人们的一种必不可少的生活方式和生存状态。"说得多好呀！

　　博物馆是民族文化乃至人类文化遗产的保存、传播、继承的重要场所。博物馆的任务不只是保管好文物，更重要的是要让这些文物为大众所知道、享受、利用、传播，从而使人类的优秀的文化得以继承和发扬。博物馆又是教育场所，属于社会教育范畴。博物馆通过各种实物标本向公众展示自然界和人类发展的历史、各种自然科学和人文科学、艺术的知识。公众不论男女老少都可以在这里学习自己感兴趣的东西，受到爱国主义、科学精神、生产劳动、审美艺术的教育。因此博物馆称得上是无围墙的大学。

　　世界各国都很重视博物馆的建设，把它作为民众自我教育的公益事业；当然也向各国游客开放，展示本国的文化瑰宝。博物馆建设和维护

---

* 　原载《教育信息报》2004年4月10日。

需要大笔经费，通常主要由国家拨款，也收一些门票，以补贴日常运作。除了文物价值很高，需要采取保护措施，或者纯粹作为旅游景点，收取高额门票外，为了吸引民众参观、学习，门票价格一般很低，有的还规定免费日。如法国巴黎地区有100座历史文化遗产，从1999年10月开始，每月的第一个周日都免费向游人开放。当年12月我们正在巴黎，我的同行都享受到了这种优待。我则是早在1974年就享受到卢浮宫每周日免费参观的待遇。我国过去，博物馆、纪念馆收取的门票价格也很低。但是最近十多年来，在市场经济的条件下提倡市场运作，门票价格骤然暴涨，使许多民众望而却步，许多博物馆门庭冷落。把公众学习的场所变成了营利场所，从而就失去博物馆事业是公益事业的性质。近些年来，许多先进城市开始明白过来，开始开放博物馆和一些文化遗迹。有些地方是先为老年人开放，如深圳、珠海等地的博物馆都向老年人免费或半票开放。杭州市在这方面做得最好。去年我在杭州住了大半个月，漫步在西湖湖畔，发现花港公园、曲院风荷都不再收门票，心情特感舒畅。我似乎感到这样的举措一下子提高了城市的文明程度。其实，即使从经济上算账也是划得来的。门票免了，但游人多了，每个游客在园内总要消费一点，其经营额也就增加了，地方的税收也就增加了。

我国正在全民奔小康。全面小康社会的重要标志不仅表现在经济收入上，还表现在人民群众的文化水平和品德素养上。党的十六大提出在全面建设小康社会期间要形成全民学习、终身学习的学习型社会。什么叫学习型社会，就是以学习求发展的社会，就是人人学习、终身学习的社会，各种社会组织都应该是学习型组织。博物馆本来就是学习的场所。博物馆免费向公众开放正是迈向建设学习型社会的重要步伐。

从"某正厅"说起[*]

我在美国的一位学生告诉我一个故事：有一次他接待中国内地的一个代表团，团长是某某副厅长，但名片上在他的名字的后面括弧中写着"正厅"二字，表示他虽是副厅长，但享受着正厅级的待遇。在会见客人时，有一位台湾学者就称呼他为"某正厅"，让别人听了莫名其妙。原来，中华人民共和国成立前，知识分子中每个人除了名字外，还要起一个号或字，一般朋友来往，不能直呼其名，只能呼他的号或字。例如，毛泽东，字润之。他的老师和朋友都称他为润之，而不称他为泽东。在美国，台湾朋友按照旧习惯，以为那位副厅长字正厅，所以称他为"某正厅"。实际上闹了一个大笑话。无独有偶，有一位某地方的大学校长要访美，当地一所大学校长给他发了邀请信。但他不满意，认为他虽是地方大学的校长，但是享受副省级的待遇，因此要求美方州长发邀请信他才能接受。当然，对方并不买你副省级的账，访问只好告吹。这种事在国内更多，名片总要印上是什么级别，以示自己的身份和地位。

这些现象说明什么呢？说明我国社会还是一个官本位的社会，还不是一个现代化的民主社会。在现代化的民主社会，人人是平等的，没有

---

[*] 2005年1月3日写于北京求是书屋。

高低贵贱之分，因此用不着表明自己是什么身份。在当今中国，为什么要处处表明自己的身份呢？因为不同的身份有不同的价值，可以享受不同的待遇。接待方也很看重对方的身份，因为不同的身份可以给他们带来不同的好处。如果是中央某某部掌握着经费的大员来，当然要认真接待，即使是小小的一位处长，也不能怠慢，因为说不定他的一句话影响到本地的一个大项目。原来，身份与权力相关，与利益相关。

中国讲究身份等级与我国的传统文化有关。为什么这样说？且听一位封建文化的卫道者的一席话。中国清末民初有一位学者，名叫辜鸿铭（1857—1928），人称"文化怪杰"。他长期住在欧洲，精通数国文字，他写了一本具有世界影响的书，名曰《中国人的精神》，原名《春秋大义》或《原华》，是用英文写成的，曾被译成法、德、日多种文字，1996年才被译为中文。他认为，中国孔子创造儒教，不同于欧洲的宗教。欧洲的宗教是教导人们做一个善良的（个）人，儒学则教导人们做一个善良的公民。他说："儒教则认为人生的主要目的，是做一个孝顺的儿子和善良的公民。"他解释说，孔子教导人们，人类社会的所有关系中，除了利害这个基本动机外，还有更高尚的行为，这就是"责任"。为了给这种责任找一个基础，孔子提出了"名分"，所谓"名分大义"。中国人历来教育人们要"安分守己"。原来讲身份、讲等级就是从这个"名分大义"而来的。中国人每个人都有一个身份，它规范着每个人的行为。做了与身份不符的行为，就会被视为大逆不道。辜鸿铭把它称之为"责任"，但这种责任不是"国家兴亡，匹夫有责"的责任，而是尽你的"名分"内的责任，超过了"名分"的事，就是越规，就是不尽责任。他说这种"责任"是"利害这个基本动机"之外的。但实际上如何能跳出这"利害"二字？封建社会讲究名分，不就是为了维护封建地主的利害？今天讲究身份也就是讲究名分，不也是为了一己的利害？所以这种"名分大义"实是当今官本位的文化基础。这种传统文化的价值观根深蒂固地扎根于中国人的思想深处，所以至今还有广泛的市场，而且越演越烈。

这里我要申明，我绝无贬低我国的优秀传统文化的意思。现在正当大家弘扬传统文化的时候，我却来说传统文化的坏话实在不识时务。但是，事实上我是十分珍爱我们民族的优秀传统文化的，也希望大家都来弘扬我国的优秀文化传统。但是我们却不能陶醉在我国传统文化之中，不能否认，我们传统文化中有许多消极的东西，与现代化格格不入的东西。如果认识不清楚，我们永远走不到现代化。讲究名分、官本位就是我们应该抛弃的东西。

银行取款有感*

　　去年12月初到澳门大学教育学院讲学，按照澳门大学的规矩，差旅费的报销不能取现金，只能从银行付款。我只好回到北京。今年1月底，支票总算寄来了。春节刚过，高高兴兴到银行取款。一进门就看到两名全副武装的保安，手里拿着警棍，冲着我们两个老人问："干什么？"我说："取款。"咨询桌旁本应该有银行咨询员，但却坐着两个不相干的人在聊天。问了旁边的营业员，澳门寄来的支票哪里取款，告诉我们在拐弯7号柜窗。我们刚走进去，另一个保安又虎视眈眈来问我们干什么，我又告诉他取款。到了柜窗，营业员小姐说，澳门寄来的支票不能立即取款，需要填写委托书代办，要收取一定的手续费，45个工作日以后才能领取。这是银行规定，倒也罢了，但委托书必须亲自填写，而且不能涂改。刚巧我又没有戴老花眼镜，支票上的号码又不清楚。我说，姓名等项我自己填，支票号码能不能请你代我填一下。回答说不行。这次只好白跑一趟。

　　在银行遇到这种情景，心里很不舒服。银行本是为顾客服务的。顾客到银行，无论是取款还是存款，都是你的客户，应该客气对待，现在却把客人当敌人。当然，现在抢劫银行的事时有发生，加强防范是十分

---

*　2006年2月5日写于北京求是书屋。

必要的，但总应该内紧外松，不必那样时时如临大敌。

其实，说到底还是一种服务态度问题。我在国外多次进出银行，都没有遇到我国银行这种情况。在香港我一进银行，就有营业员来引导，问你是取款还是存款，是取港币还是取外币，然后引导你去排队。在日本，银行的服务态度更是无可挑剔。有一次我拿着十几万日元去兑换美元，营业员详细地问我要现金还是旅行支票，帮我填好表格，恭恭敬敬地把钱送到我手里。在日本，走到什么公共机构，老人都有人照顾。到邮局寄信，寄资料，营业员都会帮你填表，真正尝到了顾客是上帝的味道。

现代世界各国企事业管理都在强调人性化，管理扁平化。就拿银行来说，传统银行是收票、验票、会计、出纳分工很清楚，取一次款要排几次队。现代银行则是扁平化了，一个业务员是多面手，顾客只要面对一个业务员就可以把事情办妥。就像日本有些银行，业务员不是坐在柜窗后面，而是走到顾客中，办事非常方便舒适。

与外国对比，我国的服务行业从制度上、管理理念上、业务人员的素质和观念上离现代化还有多远？

西行漫记和随感编

引　言*

今年五月初到六月初，我们老两口利用探亲和休假到西欧走了一趟。本来早盼着退休后能有余暇到国外或国内休闲一番，可是年逾古稀，仍是无退无休，似乎越来越忙了。去年终于病了，平生第一次住院，第一次挂吊针，住了半个月，也没有查出什么大毛病。同志们给我总结一条：说是太累了，要减少活动总量，注意休息。但身不由己，总是不断冒出一些事情来，这里请你去开会，那里请你去讲学，有时还不好推辞。怎么休息？好不容易，今年下决心利用探亲出国休假。说是探亲，其实女儿经常回国，主要是有个借口，无非想让人找不着，无法找，强迫休息。为什么选择这五月初至六月初，也有两个缘由：一是忙里偷闲，这期间刚好博士论文审阅完毕，送给同行评议，答辩要等到六月份，对我来说是硬任务中一个空当；至于软任务，只好随他去了，实在有点对不起那些热情邀请我的单位和朋友；另一个原因是，女儿告诫，要来就五月，否则只能待在家里，再晚就到了旅游旺季，不仅旅费要贵许多，而且可能订不到旅馆，在路上往往会堵车一天半天。

这次出国，本来就是休闲，纯属私人活动，而且并非第一次出国，没有什么新鲜劲儿，本无所可记。但是这次海外生活四周，由于身份

---

*　写于2002年6月。

不同，感受也与过去有所不同。20世纪50年代在苏联留学，那是学生身份，每天三点一线：宿舍、课堂、图书馆。虽然在莫斯科吃了五年洋面包，但却没有深入到他们的社会中，更何况当时的苏联，虽然属于欧洲，却与西方截然不同。改革开放以后，也曾多次出国，但都是学者身份，从三点一线变成了两点一线：从旅馆到会场，或者到学校。虽然偶尔也组织一些旅游，甚至有两次还住在外国朋友家里，但也只是浮光掠影，只窥见西方生活方式之一斑。这次可不一样，四周里我们几乎都在驾车旅行。由杰克开车，一家四口，从荷兰的马斯特里赫特（Maastricht）出发，经德国的拜罗伊特（Bayreuth）到奥地利的萨尔茨堡（Salzburg），再到维也纳；从维也纳越过阿尔卑斯山脉到意大利的威尼斯，游览了维罗纳（Venora）、博洛尼亚（Bologna）、帕多瓦（Padova）；再从威尼斯出发沿着北部意大利穿过阿尔卑斯山隧道经过瑞士到达法国东南部勃朗山下的小镇夏莫尼（Chamonix）；然后经法国、卢森堡回到荷兰。在欧洲中部兜了一个小圈子，后来又在比利时、荷兰逛了几个地方。看到了欧洲的平原风光、湖光山色、雪山美景，又随着大批旅游者逛景点，坐酒吧，别有一番风趣，也对西方文化有了新的认识。又由于现在记忆力极差，如果不及时记下来，过时即忘，于是就萌发了写这个游记的念头。但游记要写好，需要有丰富的地理历史知识，最好有点文才，但我却没有，所以只能凭道听途说和自我感受，写点观感。女儿周航为我收集了不少资料，并对初稿作了修改补充、润色。因此，这份游记也可说是我们两人的作品，但为了便于行文，还是用了我一个人的口气。

热闹的马斯特里赫特，宁静的马斯特里赫特*

这是我第二次来到荷兰的马斯特里赫特，第一次是1999年12月初。我曾在《杂草集》中写道"这个城市古老又宁静"，但这次看来，古老依旧，宁静却又不尽然。

来到荷兰第一天，从马斯特里赫特机场到女儿家时已是当地时间下午6点钟。荷兰的夏时制要比北京时间晚6小时，这时北京应是午夜12点，该是睡觉的时间了。但这里因为纬度高，相对于俄罗斯的西伯利亚，夏天白天时间特别长，此时却还烈日当空，有如北京的两三点钟。女婿杰克邀请我们到外面走走，并到菜馆晚餐。走出家门，只见满街都是人，气氛像过节一样。原来当天5月9日还真是不少欧洲国家的重要节日"耶稣升天日"。由于11日就是周六，因此许多人10日自动休假，凑个长周末。马斯特里赫特是欧洲著名的旅游城市，所以特别热闹。市中心福莱托夫广场上搭起了游乐场，有窜天龙、海盗船、双人蹦极、旋转飞碟，应有尽有。这些当然都是给年轻人和孩子们准备的，但也有老年人的位置，这就是广场周围的咖啡馆、酒吧和餐馆。每家店面门前都摆

---

* 以下各文稿除《人与自然的和谐》外，均写于2002年，连载于《明日教育论坛》2003年第13至16期。

起了露天座位，而且家家座无虚席。有老年人、中年人，还有一家老幼，推着儿童车的在这里休闲。要上一杯啤酒或一杯咖啡，可以坐上两小时。到了晚上10点钟，夜色才刚刚降临，夜生活也才刚刚开始。

第二天是周五，早上4点天就亮了。9点钟，各地游客逐渐来到。有团队，也有散客，开车的，骑车的，背包的，提袋的，熙熙攘攘，把个小城拥挤得像个大集市。

并不是假日才这样，平时虽然没有这样热闹，但也是游客如云。这是一个值得一游的很有特色的欧洲小城。它位于荷兰最南端，向东开车不到半小时就到了德国，向南则油门还没踩到底就进了比利时。马斯特里赫特因位于马斯河畔而得名，两千多年前罗马人在这里建城，称之为"越过马斯河的地方"。1991年又因欧盟《申根协定》在此签字而闻名于世。正是该协定决定免除了大多数欧盟国家之间的来往签证，消除了许多贸易壁垒，而且决定从2002年起使用统一货币欧元。正巧为我们这次在欧洲的旅行提供了方便。

马斯特里赫特保存有许多名胜古迹。残留的城墙据说建于10世纪，大多数建筑物是十六七世纪建造起来的，现在都成了游人参观的景点。马斯河有许多大大小小的支流遍布全城，穿过街道和房舍。马斯特里赫特大学的音乐系就在河上。女儿家就在一条小河的边上。小河上立着一个水磨，这个水磨可是有些来头，它原建于1099年，距今已有九百多年的历史。早先属于一个当地的贵族，十字军东征的时候，这名贵族由于需要军费，就将水磨卖给了比利时里耶什的主教，由此这水磨就称为"主教的水磨"。现在它已经成为此地一景，每天来参观的游客络绎不绝。令人惊讶的是这个"老古董"还老当益壮。女儿家隔壁的面包房，也是如今水磨的主人，每周六仍在用它磨面，但只做一种面包，就叫"主教的水磨"。可惜这种小本经营的买卖，竞争不过大规模的连锁店，就在我们逗留期间，忽然有一天歇业了。起初我们以为是周末休息，但一看门口贴的告示，才知道真的关门了，真有点可惜。（2005年我们再去的时候，它又开业了，而且磨坊供人参观，不知是不是原来的主人——作者又记）城市中心的街道都是用石块砌成，没有高楼大厦，一般只是四五层的小楼，古朴而典雅。许多建筑物上保存有原始的石牌，标有年代及名称，往往是以当时主人的名字命名的。可惜都是古老的文字，纪年都用罗马文，看不懂它们的内容。

　　整个城市中最多的要算教堂、咖啡馆和酒吧。走几条街就能遇到一座教堂，每一刻钟，各处就此起彼伏地响起悠扬的钟声，到做祈祷或礼拜的时候，则要连续响上10分钟，好像在召唤人们到教堂去。咖啡馆和酒吧则遍布大街小巷。不少欧洲的城市都是这样。欧洲人坐咖啡馆与我们南方人坐茶馆相似，但他们更愿意坐在露天的地方，如马路边或广场上。荷兰的天气多阴雨，少阳光。一到出太阳的日子，各个咖啡馆都搬出桌椅和阳伞，不到中午，各处就坐满了人，杯盏声、说笑声不绝于耳。不时还有悠扬的乐声飘过，是街头音乐家们在巡回演奏。马斯特里赫特的咖啡馆和酒吧在周边很有名气。一方面是数量多，而且内部装饰都很有特色，很多还有自己的主题。它们与小城独有的古老而典雅的环境十分和谐，不少店面已有上百年的历史。不论是坐在这里喝上一杯香浓的咖啡，观赏来往的形形色色的人群，还是漫步街巷广场，观赏五彩缤纷的阳伞下悠闲而坐的人们，你会觉得自己也在这种文化的氛围之中。

　　然而马斯特里赫特也有宁静之处，这就是周边的树林和草地。女儿的家在旧城的东南角，离东面的古城墙不到一百米，每次出去进来都要经过古城门。这古城门别称"地狱之门"，建于1229年，是马斯特里赫特现存唯一的城门，也是荷兰最古老的城门，是当时守卫城市的重要关口。之所以叫"地狱之门"，是因为统治者认为它可以将地狱的幽魂恶鬼（其实是遭受贫穷而疾病肆虐的乡下人）挡在城外。如今地狱也已变成天堂。城门外，昔日的护城河畔，是大片的公共绿地。有四季常绿的草坪，浓荫蔽日的树林，其间点缀着一簇簇鲜花，更有小桥流水隐然其中。护城河上，喷泉在空中划出美丽的曲线。这一切使你忘记了仍身处城市之中。每当明媚的日子，当地及外地的人们就都携家带口，分布于这些小路、草地、木桥之上。河边总有垂钓者耐心地等待，只是从没见到他们有任何收获，正所谓"垂钓之意不在鱼，而在山水之间也"。绿地以东就是马斯河，河上不断有各地的运输船经过，还游弋着不少游艇，携来带去了大量游客。从这里坐船南可到比利时，北可去鹿特丹。城南的绿地之间还有一个动物园。其实更像一个饲养场。有一个大鸟笼，养了几十只黄鹂、杜鹃之类的小鸟；几桩围篱，一边圈着的几头梅花鹿和小山羊在晒太阳，另一边几只孔雀、雉鸡和火鸡在懒洋洋地散步。旁边的护城河里却是热闹非凡，骄傲的天鹅与野鸭、绿头鸭及其他水禽共同嬉戏，鸽子也时时加入这个快乐的大家庭，享受游人们提供的美食。平日主要是老人们和年轻的妈妈们带着孩子来此散步，他们都带着面包饼干来喂动物。所有的动物都不怕生，自由的天鹅野鸭们见到食物就围拢上来，路人反而要给它们让路。这里看不到正规动物园的"戒备森严"，也没有"请勿喂食"的牌子，感觉到的只有人与动物和自然的亲近与和谐。绿地各处都有椅子供人休息，许多年轻的情侣或小家庭干脆在草地上或躺或卧，尽情享受这城市中的山野情调。我们住在女儿家时，每天都要到这里来，坐在椅子上仰望着一尘不染的蓝天白云，呼吸着沁人心脾的新鲜空气，无比惬意。

我喜欢古朴典雅且又时尚现代，宁静而又充满活力的马斯特里赫特。

人与自然的和谐*

　　马斯特里赫特这座城市可以说是传统与现代的圆满结合：旧城区基本保持了原貌，巍巍的教堂、典型的荷兰式住宅、石块砌成的街道，古老的城墙还残留着一千余米，城墙上依然可见当年的炮台和大炮，这一切都展示着浓厚的古城风貌。但整个城市的现代化程度却很高。不仅周围建起了现代化的楼宇，全城有现代化的各种设施，而且市民的现代性素养也很高。例如，环保意识很强，全城除公共场所设有垃圾桶外，市民家门口、路边看不到有什么垃圾，街道可以说是一尘不染。垃圾都分类处理，定期收集，超市购物不提供塑料袋之类的一次性容器，减少了污染。虽然游客众多，特别是中心广场如有什么活动，都会有喧闹的场面出现，但一切都很有秩序。

　　马市古城墙南面有一大片绿地，那里有参天的大树、茵茵的草坪，一条马斯河的支流流过这里，由于中间设置了一个水闸，缓流经过这里变成了急流，潺潺的流水声不绝于耳，是人们休憩的好地方。在风和日丽的日子里，你总会看到有簇簇人群在这里充分享受着自然施与的柔软的阳光和新鲜的空气。草坪上躺着簇簇青年，也有整个家庭，他们一面接受阳光的沐浴，一面复习功课或谈情说爱；小径上有双双老年人在缓

---

* 此稿写于2005年，曾载《中国教师》2005年第10期。

缓散步，也有坐着轮椅的，有牵着宠物的，他们在这里吸收着生命的活力，有一次我还遇到有人在这里练中国的太极拳。

绿地中央有一个小小动物园，约有两公顷的面积。说它是动物园，不如说它是饲养场。铁栅栏里只饲养着八九头梅花鹿、几十只小山羊，还有几十只鸡和孔雀；一座大鸟笼中饲养着七八个品种百来只小鸟，有黄莺、黄雀、小鹦鹉、鹧鸪等；旁边流过的马斯河里，自由游弋着白色黄嘴的鹅和彩色斑斓的野鸭子。就是这么一个小小动物园却吸引了众多的家庭和游人。每天上午，尤其是休息日，你会看到不少孩童和老人在喂饲这些小动物。他们把菜叶、吃剩的面包，不，也许是新鲜面包，因为我看到不少人拿的是整块整块的，好像刚从店里买来的，掰碎了送到小山羊的嘴里。所以小山羊只要一见到有人走近栅栏，它们就会奔跑过来，梅花鹿倒是没有那么积极，只是懒洋洋地走过来，也不与山羊争食，摆出了一副大家绅士的样子。很多青年夫妇推着儿童车把孩子带到这里来让孩子与动物亲密接触。孩子们把面包塞到小山羊的嘴里，有时还会抚摸一下小山羊的头或脖子。小山羊有时很娇气，竟然只吃人们手喂的食品，掉在地上的都不屑一顾。我们说，真是把它们惯坏了。有时小山羊会把头靠在栅栏上，让孩子去抚摸。旁边的小溪边也不寂寞，一群鹅和鸭子围着游人的脚转，它们哇哇叫，好像在向游人喊："我们也要食物！"其实游人们也不会亏待它们，总会有人把食物撒到河里或河边的草地上，足够它们饱餐一顿。有一次看到两位白发苍苍的老人，一位还推着助步的手推车，也来到这里，用颤抖着的手喂饲着这些小动物，嘴里喃喃，不知讲着什么，但看得出她们在与动物交流，像是把它们当作自己的孩子在交流。这些孩子和老人与动物的接触，描绘着一幅人与自然和谐的感人的景象。

我和老伴对这个动物园和这片绿地也是依依不舍。我们住在这个城市的时候，每天都要到这里来散步、休憩，总要围着动物园转转，分享孩子和老人喂饲动物的乐趣，欣赏这幅人与自然和谐的美景。离开马市的前夕，我们又去了一趟，见到动物园的栅栏上挂着一幅海报，上面通告，周日这里将举行一次活动，有剪羊毛表演，有歌唱音乐会。我们看到园内有汽车在搬运器材，为活动做准备。可惜我们第二天就要离开，享受不到这次的欢乐了。

由此我在想，我国各地都在建动物园，饲养一些只供游人观赏的凶猛大动物，不允许游人喂饲动物，更不能与动物接触，有时因设置不安全或管理不善，还会发生猛兽伤人的事故。为什么不能建设一些简易的，像荷兰的马斯特里赫特的那种动物园呢？把这种建设和绿地休憩建设、文化教育结合起来，让我们的孩子们和老人们有亲近大自然、享受大自然的场所和机会，我想，这也是学习型社会建设所应考虑到的。

欧洲的田野风光

　　到马斯特里赫特后只休息了两天就开始了欧洲的旅行。一家人乘坐一辆宝马轿车，由杰克驾驶，从马斯特里赫特一路向东，经德国向奥地利进发。《申根协定》签署之后，西欧国家之间国界已经模糊，更没有什么边防检查站。所谓边境就是路边竖着一块带有欧盟标志，中间标有该国国名的牌子，越过这个牌子，就算进入了这个国家，不注意早就一闪而过。在中国，即使是省界的牌子也比这明显些。

　　荷兰地势之低和平坦在世界上是有名的，德国靠荷兰的部分也是如此。第一天开了五百七十多千米，都在德国境内，晚上在拜罗伊特休息，第二天继续前进，也基本在德国境内，只有最后一小时多进入奥地利。这一段路大多是一马平川。一眼望去，只见片片深绿色的树林，大片碧绿的农田和草地，夹着块块鲜黄色的油菜花地；远处几栋红色屋顶的农舍，一群花白色奶牛，把大地点缀得如花似锦。临近奥地利时，远处已隐隐出现了阿尔卑斯山的身影，仿佛给这画面添上了一个背景，更觉增添了几分立体感。看着这样的景色我不由得羡慕起这里来。记得"文化大革命"期间下放山西劳动，那里则是一片黄土，常年干旱。种田先得平整土地，打井修渠，然后引渠水灌地。而在眼前的原野，却是一片翠绿。这里风调雨顺，土地起伏，却用不着平地和灌溉。当然，为了精耕细作，他们都备有先进的机械设备，如几天不下雨，就有灌溉设备浇水。但不论走到哪里，不论多大的土地，几乎见不到什么人在干活，只见庄稼茂茂盛盛地生长着。

说到欧洲中部的气候也与我国大不相同。那里大多数国家都地处北纬50°以北，比我国哈尔滨还要北，但夏天不热冬天不冷，这与大西洋暖流经过有关。一年四季随时都能下雨，往往早上天气晴朗，万里无云，到中午却下起雨来，不久又雨过天晴，原野显得更加清澈美丽。

我在想，如此美丽的田野，历史上多少次欧洲战争却在这里发生。我们祈望着这类战争永远不再发生。

莫扎特的故乡

　　萨尔茨堡是奥地利西部的边城，是莫扎特的故乡。但之所以为世人所熟悉，更因为著名的电影《音乐之声》是在这里拍摄的。它位于萨尔茨河畔。"萨尔茨河"翻译过来是"盐河"，萨尔茨堡自然也就是"盐堡"了。这是因为过去这里产岩盐，此河是运盐的重要通道。萨尔茨堡古城区都在河的南边。周围高处矗立着好几座威严的城堡，是过去贵族们驻兵守城用的，现在可以坐缆车上去。旧城面积并不大，因为莫扎特出生在这里，所以几乎一切都与莫扎特有关：莫扎特故居、莫扎特广场、莫扎特雕像；还有他夫人的故居，姐姐的故居等。商店里卖的各种纪念品上都有莫扎特的头像，许多商品以莫扎特命名。最有名也最有特色的莫过于莫扎特巧克力了。它已有上百年的历史，每一个有弹球大小，包有莫扎特彩色肖像的锡纸，外层巧克力壳的里面是用上好原料制成的馅心，最里面是一个大榛子。有一家老店，据说是该巧克力的首制者，在橱窗里展示了当年手工制作这种夹心球形巧克力的过程。

　　小城的街道很有趣。粗看没什么特别，只是几条平行的小巷，而且两边建筑也很一般，现在都成了小吃店、专卖店或纪念品商店。可后来发现每两条平行的街道之间有许多通道，里面却是别有洞天。不少餐馆、咖啡馆和酒吧隐藏其中，大多还有露天座位，安静而惬意，与外面街道的喧闹形成了明显对比，可算是闹中取静的典范。这些餐馆中居然还有不少中餐和日餐馆。中餐全世界都是，没什么新鲜，而这里日餐馆的数量却超乎寻常。其实再看看四周就不奇怪了，各个旅游点、商店、货币兑换处都有日语的提示，说明来此旅游的日本人之多，肯定是当地重要财源之一。甚至后来有一回我们随便走进一家餐馆吃饭，里面正在进餐的三桌客人竟然都是日本人，且彼此互不相识，我们还以为进了日本人专卖餐馆呢。

小城的确很小，我们在旧城区转了约三小时，已将其面貌了解得差不多。除几处建筑，如音乐厅、教堂、大学和几座广场雕像较有特色外，没有让人记忆犹新的地方。但我们都很喜欢这个小城，因为其平淡而恬和，赫赫有名却毫不张扬，没有某些旅游城市的烦躁和喧嚣。

我们旅馆所在的新城区在盐河的北侧，面貌就和旧城区大不相同，主要是商业区。现代化的商店、旅馆、咖啡店、酒吧，和别的城市没有什么两样。但我们却在这现代化背后，发现了隐藏着的古老。主要街道的一侧是依山而建。我们从商店之间一条不起眼的小路上山，石阶尽处，一座修道院隐然而现。山上即便是现在也没有几个人，可以想见过去新城区不存在的时候该有多么僻静。进得其中，不大的教堂，简单的装饰，并无十分特别之处，却见说明写道：此修道院建于1240年。而教堂钟声响起，旁门轻开，一位身着麻衣道袍的修道士匆匆走过，不禁仿佛一下有了中世纪的感觉。站在修道院前面的平台上可以看到新老城区全貌。新区无非是楼房公寓，但许多顶层人家都把房顶布置得有如庭院一般，摆满花草，放上几把躺椅或桌椅。我们不禁微笑：真个是会享受的欧洲人，楼房都住出别墅的味道来了。

萨尔茨堡虽以莫扎特闻名，其可爱之处却是在于它本身的古朴恬静。

美丽的维也纳

5月15日，我们从萨尔茨堡驱车三百多千米来到维也纳。早已通过新年音乐会和电影《茜茜公主》久闻这个著名的音乐之乡的大名，如今我们真的来到这里了。

游览维也纳，首先想到的当然是举办新年音乐会的金色大厅。可惜那里正在装修，外面一片狼藉，丝毫没有金碧辉煌的痕迹。而且没有演出时不能进去参观，可能是怕影响排练。穿过几条宽阔的街道，就到了圣斯蒂文大教堂。奥地利的教堂是我见到过的装饰最为富丽堂皇的教堂。即使是简陋的，也有不少壁画和雕塑。至于如圣斯蒂文教堂这样的经典之作，则确实非同一般。从外观上已是不同凡响：高高的两座镂空尖塔，庞大的教堂主体，建筑的四壁满是精美的石雕，整个建筑错落有致，镶砌在市区最热闹的中心，不像一般的教堂给人形单影只的感觉。进去一看，仿佛进入了一座宫殿：拱形屋顶呈现优雅的曲线，五彩斑斓的玻璃不可思议地拼出各种精细的画面，各个石柱上布满雕塑，各面墙壁上壁画栩栩如生。教堂很大，除主圣坛以外，里面还分出几个单独的圣坛，供奉不同的神祇。主圣坛对面有一座巨大的管风琴，高有十几米，两侧各有一座较小的管风琴，其背后各有一个唱诗台。可以想见每当重要宗教场合，三座管风琴齐鸣，两侧唱诗班齐声合唱圣经歌曲，该是多么神圣庄严的气氛。教堂在第二次世界大战中被美军炸弹严重损坏，如今有一半是战后重修的。重修的部分都特地用浅色的原料，以示与原作的区别。

教堂四周就是市中心商业区，同北京的王府井类似。建筑主要是新建的，中间也夹杂着一些老房子。商业区内的街道都是步行区，没有车辆，行人们自由自在地游荡。但也不尽然，清脆的铃声响处，人们都自觉地让开道路，华丽的马车由几匹雄健的高头大马牵引，从街道中间穿过，马蹄敲打着青砖地面发出嗒嗒的声响。马车夫身着漂亮的古典制服，不时向周围的人们脱帽致意。一个小广场上，正值检阅的军乐队在为人们演奏，博得阵阵喝彩。街道两边有许多咖啡馆，在门前支起阳伞，摆上桌椅。正值当午，阳光灿烂，各处都坐满了顾客，或用午餐，或喝着饮料聊天，或者就仅仅观赏街景，无一不是优哉游哉。我们以前总是不解为何欧洲人都喜欢在露天咖啡馆一坐几小时一动不动，在我们看来似乎是浪费时间。待到亲身体验，才领略到它的妙处。试着想象一下，明媚的阳光，微风徐徐，乐声在耳，眼前一片安乐祥和的景象，一杯香浓的咖啡在手，生活的艰辛，工作的烦恼，早已无影无踪。那份自得其乐、人生何求的感觉，真是无法描述。维也纳的咖啡馆举世闻名，多少著名的音乐家在此留下了他们欢乐和心酸的故事。我们路过几家已有上百年历史的老咖啡馆，仍然保留着传统的特色，只是身价早已倍增，不再是平民的去处了。到维也纳，不能不品尝一下当地的特色咖啡"维也纳混合咖啡"（Viener Melange）。它与意大利的"卡布其诺咖啡"齐名，是在"卡布其诺咖啡"（奶沫咖啡）的基础上加入了可可粉，使咖啡在香浓润滑之中又增添了巧克力的味道，更加醇厚芳香。

从斯蒂文广场坐马车可以到皇宫及帝国广场。这一片雄伟华丽的宫殿是17世纪里欧波德一世为其皇后，来自西班牙的玛格丽特·特雷西亚而建的。不料建好刚两年就焚于大火，连皇帝一家都险些葬身火海。火灾被归罪于犹太人，导致犹太人第一次遭到驱逐。皇宫的重建工程几乎马上就开始了，比以前更加浩大，足足用了近10年的时间才全部完成。其建筑雄伟壮观，气势磅礴，体现了当时奥地利皇族盛极一时的场面。

但这还不是维也纳最著名的皇宫，这美誉自然要归属于舍恩布龙宫。它位于维也纳西侧，始建于16世纪，原不属于皇家，后被皇室购买作为一座简单的狩猎行宫。几百年间不断扩大，但真正达到如今的规模是在18世纪，查理六世将它作为礼物送给女儿玛丽亚·特雷西亚。这位玛丽亚·特雷西亚可是赫赫有名。她在奥地利历史上是一位举足轻重的人物，可与我国的武则天和慈禧太后相比。她的丈夫是弗朗茨一世。弗朗茨一世生性软弱无能，他在位时玛丽亚·特雷西亚就经常干预朝政，弗朗茨一世死后她干脆独揽大权，以冷酷无情的铁腕政策而著称，但总的来说，政绩十分显赫。帝国广场上还矗立着她高大威严的铜像，脚边四周是她手下四位大臣的塑像。玛丽亚·特雷西亚虽然主要居住在市内的皇宫，但她十分钟情于舍恩布龙宫，在世时多次请著名建筑家设计翻修扩建，使之成为维也纳皇权和政治的中心。舍恩布龙宫总体的设计风格类似法国的凡尔赛宫，由U字形的建筑和巨大的花园组成。建筑的内部装修甚至比凡尔赛宫还要华丽：每间房间都有其不同的特色和主题，而且有自己的名字，可以说集中了当时世界上装饰之大成。其中一间中国特色的房间，四壁都贴有瓷砖拼成的壁画，还有名贵的中式传统家具和瓷器，都是特地在中国定制的。不禁让我感叹当时中国的皇帝却不懂得这样享受。另一间大厅就更令人惊叹：整个大厅由玻璃组成，加上不计其数的豪华灯具，闪闪发光。人一走进去，几乎头晕目眩，睁不开眼。只是不知要费多少人力去维护。宫内各处陈设有名贵的油画、雕塑及各种工艺品，而皇室成员日常所用的生活用具也都按原来的方式摆放，相比凡尔赛宫和俄国的冬宫，更有生活气息。配上录音讲解，使人觉得仿佛到了中世纪，与这些王公贵族共处一室一般。其实看过电影《茜茜公主》的观众对其已有所目睹，因为茜茜公主成为皇后之后就住在舍恩布龙宫，许多房间都有她的肖像，的确是美貌非凡，不像很多颇有名气的美女，看了肖像后其实大不尽然。我的老伴周蕖因为看过电影，因此对那时的一段历史，对茜茜公主的生活起居特别感兴趣，看得也特别仔细。

与其他一些世界名宫相比，舍恩布龙宫的花园虽然没有凡尔赛宫的精心雕琢，也没有圣彼得堡夏宫的富丽堂皇，但仍然十分宽旷宜人。大面积的草地被树林分割成几个部分，各处都有雕塑或喷泉。正对皇宫是一个山坡，全部覆盖着草地，两边有之字形的小路上山。顶上有一个喷水池和一座门楼，登上门楼可以看到整个皇宫。园内还保留着大片森林，可以想见当时确是狩猎的好地方。当然，现在已没有了野兽，只有鸟儿在林中鸣叫，松鼠在树梢上跳跃。

我们在维也纳住了三天，把城里主要的景点都看了看，当然不能忘了在国家公园施特劳斯的金色塑像前留个影。大家一致认为维也纳是一个美丽而迷人的城市。我们的旅馆就在市中心，走不多远就到了主要街道。维也纳的街道宽阔整洁，地上几乎可称一尘不染。街上秩序井然，虽听说停车位极其紧张，可从没有看到有汽车乱停乱放的现象。总的来说，没有一般大城市的纷乱嘈杂。而它比其他大城市更吸引人的当然就是它的众多古典建筑，不论是皇宫、市政厅，还是剧院、音乐厅，无不雄伟壮丽。尤其是每一座建筑顶上或墙上都有许多雕塑，工艺之精美，让人叹为观止。走在大街上，就如同徜徉在艺术与美的花园，无时无地不感觉到浓厚的文化气息。但对当地人来说，这已成了他们日常生活的一部分。

临走的前一天晚上，我们到维也纳南部郊区的一个小镇吃晚饭。这个小镇叫格林津（Grinzing），以葡萄酒庄自开餐馆、供应新鲜的葡萄酒而闻名。这种葡萄酒别名"两日酒"，是指其发酵时间很短，只有两星期左右，而真正的葡萄酒至少要发酵三个月。由于葡萄汁内的糖分没有完全转化为酒精，因此酒精度较低，且带有果香味，比较爽口易饮。但是饮家都知道，越是这种酒越要小心。因为糖分会促进酒精在体内的作用，而度数低会让人不知不觉多饮许多，后果可以想见，而且喝这种酒醉过之后会头痛难耐。小镇十分宁静，没有什么商店，但餐馆随处可见。成群结队的游客特地到这里享受晚餐。餐馆大多位于酒庄院内，门前并无炫人的霓虹灯，只有古色古香的照明灯。门口多摆着大酒桶，上面放着自家酿造的葡萄酒。我们挑选了一家走进去，院内是简朴大方的农家风格，摆满了长条的木头桌椅，并没有豪华的装饰。两个歌手拉着小提琴和手风琴，唱着民歌，更增加了乡间情调。客人们可以点歌，似乎什么乐曲他们都能演奏，客人们也毫不吝啬地给予掌声和一两元小费。走到我们面前时，两个歌手却被我们难倒了，他们不会中国歌曲。于是点了俄罗斯民歌，一曲《莫斯科郊外的晚上》倒也有情有调。当晚天气极好，屋内、院内，甚至二楼的凉棚内都坐满了人。食物都是当地的农家饭菜，烹调简单，却也可口，对我们来说，比高级饭馆里随意爽快得多。我们吃着，喝着，聊着，听着音乐，看着周围景色，不知不觉已是深夜。游客刚刚开始离去，而附近的酒吧还飘荡着音乐声和人们的欢笑声。

美丽的维也纳，音乐和文化的城市，这三天的确让人意犹未尽。如有机会，我们还会再来。

阿尔卑斯山，欧洲的骄傲

我们这次旅行有一大半在阿尔卑斯山脉中穿行。从萨尔茨堡开始，已经在它的山脚下，气候明显变得时雨时晴，不可预测。维也纳离山稍远一些，接下来到达的克拉根福（Klagenfurt）就又是山区了，而我们留宿的小村（Emmoersdorf）整个就在山坡上。这里上下三排房舍，不过五十多户人家。村中最显著的位置当然是教堂。最东边有一个小学，我想学生不会太多。我们住的是一家家庭旅店。主人是农民，每天早上还要开着拖拉机去地里干活。自家的一幢三层农舍作为客房。房内虽然设备简单，但整洁舒适。我们想这样偏僻的地方会有多少游客呢？但由于这里靠近阿尔卑斯山，冬天是滑雪的好地方，游客自然会多起来。沿路我们经过很多这样的地方，有许多漂亮的旅馆，周围山坡上全是草地野花，没有农田，山势比较柔和。这些都是冬天滑雪的圣地，从山顶处还可见到雪道的痕迹。旅游，尤其是冬季滑雪旅游，占奥地利国家收入的首位。

从克拉根福往南到威尼斯我们就到了阿尔卑斯山的南部。这边的山峰明显要比奥地利那边险峻得多，有许多刀砍斧削般的悬崖峭壁，好像一个强悍的壮汉代替了俊秀的男孩。中间山势起伏，一会儿上坡，一会儿下坡，穿过了无数的隧道。但道路非常好，总体上来说十分平稳，不像我们国内有些山间公路，弯道很多，坡度又大，令人感到险象丛生。一路上风光无限，山坡时而草地片片，时而树林丛丛，不时有一线瀑布从石间进出，落在岩石上，撒出万点繁星。几处较高的山顶上终年存有积雪，景色特别美。这样近地看到雪山，在我平生还是第一次。我情不自禁地拿起相机在飞驰的汽车中就拍起照来，生怕错过了这样的美景。谁知越走风景越美，后来到了欧洲著名的，也是阿尔卑斯山脉的最高峰勃朗峰脚下，才真正感受到了阿尔卑斯山的魅力。

从威尼斯往回转一直西行，经过维罗纳、米兰，我们几乎横穿了意大利。下一个目的地是法国的夏莫尼（Chamonix）。但首先，我们必须"过雪山"，这雪山不用说，就是阿尔卑斯山。这会儿是从南部返回北部，我们选择了走山顶隧道。过了奥斯塔（Aosta）就已离开高速路进入山区了，一路上经过长长短短无数隧道。到了意大利边境的柯玛耶（Courmayeur），海拔已有两千多米。宝马车在盘山道上奔驰，感到山势越来越险峻。两边不见了草地，只是岩石和森林。树木也逐渐从阔叶林转为针阔混交林继而针叶林。令人惊叹的是在这崇山峻岭之间，云雾缭绕之中，竟每隔几千米就有一座城堡赫然而现。它们几乎都位于山峰之巅，而这些山峰又都在山谷的转弯及狭窄之处，真是"一夫当关，万夫莫开"。原来，古代罗马人曾经此处出征欧洲，这些城堡都是当时他们留下守关的。不禁想到如今有了高质量的公路和真正日行千里的"宝马"尚觉道路艰险，而两千年前的人们是怎样在如此高处修建城堡，或行军作战，或长期驻扎的，真是不可思议。

从柯玛耶到夏莫尼最直接的通道是走西北向的勃朗峰隧道，几乎可以直线到达。这条隧道位于阿尔卑斯山的最高峰，海拔4 810米的勃朗峰山腰之上，长度11.5千米。而且由于直达法国，我们所持的申根签证没有问题。可三年前隧道内的一场大火不但造成多人伤亡，也使隧道关闭了两年有余。我们听说近来已经开放，可是到了隧道不远处却看见路边竖着一块牌子，上面写着由于山上积雪未化，隧道不能通行。此时要退回去从山脚下绕行从时间上来说已很困难，唯一的选择是向北走另一大圣伯纳德（Grand St. Bernard）隧道到瑞士的玛蒂格尼（Martigny）再绕道到夏莫尼。但瑞士不是申根国家，要是有边防检查，我们的签证就成了问题。但事到如今，我们也只好去试试运气，一旦通过可以节省数小时的路程。进入隧道不远就看到有军人在查车，我们不禁有点紧张。但待我们开到面前，他却挥挥手让我们继续前进，可能看到车是荷兰牌照的缘故。大家这才把悬着的心放下。大圣伯纳德隧道全长5.8千米。盘山路有一半是半封闭的，即靠山谷的一面是开放的，如同带顶棚一样。此时还在上山，坡度有10度。在山脚下时，气温约有30℃，但从隧道出来只有8℃了，好像一下子从夏天走到了冬天。穿过隧道后就开始逐渐下山，从玛蒂格尼再向西南方向折回，气温也随之回升。夏莫尼正位于勃朗峰的脚下，海拔不到800米，气温约16℃。我们似乎又回到了秋天，半天之内我们经过了三个季节。

夏莫尼是法国东部边陲的一个小镇，离法国、瑞士、意大利三国交界处不远，由于它是离勃朗峰最近的镇，因而以滑雪圣地而闻名。我们去的时候是五月中旬，是那里旅游的淡季，整个镇子空空如也，许多商店和旅馆干脆关门歇业，职工们都到别处度假去了。对我们来说倒也乐得清净。镇上有各种滑雪用品商店，许多设施都是为滑雪特意修建的，特别引人注目的是一条条缆车道，有的甚至从某个旅馆直接通向山顶，真是足不出户就能上山。虽说夏天不能滑雪，但我们觉得这里仍是度假的好地方，空气清新不说，风景也是十分优美。从阳台上望出去，前面群山林立，此起彼伏，层层叠叠。山顶积雪终年不化，正对小镇的一座山峰，一条冰凌如火山的熔岩从山顶直泻到山脚，再多几米几乎有进镇的危险，但却十分壮观。山峰之间云遮雾绕，时晴时阴，更显出其奇伟壮丽。我们到达的时候天气晴朗，山峰清澈如画，本想立刻把这美景照下来，但想着天色已晚，而且要在这里住两天，明天再照也不迟。但到第二天早上起来向窗外一看，一下子让我傻了眼，山峰无影无踪。阴雨绵绵，整个山区淹没在密云浓雾之中，气温也下降到8℃。下午，雨好不容易停了，但雪山仍是云雾蒙蒙，若隐若现，虽然别有一番神秘风采，但对于照相却不是良机。我心里后悔不迭。这一天只好在公寓里看书，研究地图，期盼着明天是个好天气。真是老天不负有心人，最后一天雨过天晴，雪山又露出了本来面目，半山腰还有云彩在不断变幻。我赶紧拿出相机，从早上照到晚上，随着浮云的变动，从各个角度、不同距离，把雪山的各种姿态照了下来，几乎照完了一整卷胶卷。到夏莫尼最大的愿望就是看到勃朗峰顶。杰克说因为山区气候多变，尤其春夏多雨，能清楚地看到勃朗峰是很不容易的，最佳的季节是冬天。可老天有眼，让我们如愿以偿。在傍晚游览回去的路上，勃朗峰撩开了它神秘的面纱，将真面目展示在我们面前。只见其隐然群山之中，虽唯其独尊，却并无咄咄逼人之感，反之只觉其雄伟巍峨，博大精深，似一位将军，领导群雄，胜券在握。我们惊叹其俊美，却不知如何用语言形容，赶忙在一个比较好的角度把它照了下来。其实不用看照片，直到现在，它的形象还清晰在目，它已深深地印在我的脑海里了。回到夏莫尼已是晚上，雪山又是另外一种景象。真是一天之中千姿百态，美不胜收。可惜我的傻瓜相机不够高级，不能把这些美景尽皆拍下。

阿尔卑斯山连绵起伏，横跨西欧大陆，长有3 000多千米，是欧洲第一大山脉。数千年来，它变化无常的气候和艰苦的生活条件赋予了山区居民吃苦耐劳、忠厚朴实的特点；而其壮美俊秀又使人们充满浪漫和博大的胸怀。且看那些建筑在高高山峰之上的房屋，不由人不钦佩居住者的勇气和坚忍不拔的精神，也羡慕他们融入大自然，享受大自然的豪放与清新。登山、滑雪是欧洲人最喜爱的运动项目，他们把征服阿尔卑斯山作为人生的一大挑战，希望自己从大山中汲取智慧和力量。他们又非常注意保护阿尔卑斯山，使之常绿常新，永葆青春。因为阿尔卑斯山是他们的生命之脉，是欧洲的骄傲。

喧闹的威尼斯

威尼斯是世界著名的水城，这次可真领略了这水城的味道。偌大（其实我估计市内面积比颐和园大不了多少）一个城区，没有任何陆上交通工具，只有在运河中穿行的水上巴士。小河道中，只好乘旅游的手划小船冈多拉了。外来的车辆根本无法进城，全部停在城外的停车场内。我们当然也不例外。可停车场早已车满为患，我们中午到达时早已没有车位了，场外轿车排成一条长龙。我们也只得老老实实地排在队尾，等着开出一辆进一辆。还好，一直不断有车开出，但即使这样也花了一小时多才把车存好。麻烦还在后面，我们的旅馆虽然离停车场只有15分钟路程，却没有任何交通工具。我们只好肩扛手提，如同乡下人进城一样，照着地图走过一条街又一条街，越过一座桥又一座桥，好不容易才在一条一人宽的小巷里找到了旅馆。虽然距离并不远，却已过了三座颇有些高度的桥，累得大家汗流浃背，深悔不该带这么多行李出来。（可谁能想到有了宝马，还要自己扛行李呢？）当然，这并非苦了我们一家，街上到处都能看到游客拖着箱子，背着大包的，倒也成了威尼斯的一景。

在旅馆简单洗了洗就上街游览。先得填饱肚子才走得动。到了意大利，自然要尝尝正宗的比萨饼。上得桌来，吓了一跳，这里的比萨足有面盆大小。好在杰克有经验，只要了一份，大家分着吃。但看到邻桌的欧洲人，不论男女，一个吃下去，好像并不费劲。正宗的比萨饼真是名不虚传，好吃。在此之前我也吃过几次。第一次是在美国，又大又厚，并不觉得好吃；另一次在北京，饼虽小了一些，但厚度不减，而且又软又韧，更觉得还没有国产的发面饼好吃。意大利的比萨饼可不一样，面饼又薄又脆，上面的奶酪西红柿等料也颇适量，因此饼看起来很大，实际分量不多，胃口好的一个人是能吃下一份的。女儿解释说那种又厚又软的是美国人按他们的口味改造过的。难怪！

吃饱饭就开始逛街，一路随着游客潮走过去。河道星罗棋布，走几步就是一座桥。街道十分狭窄，有许许多多像北京的胡同或上海的弄堂一样的小巷，有的仅能容一人通过。许多欧洲人谈起这一点觉得很新奇，对于我们这些在北京上海生活多年的人来说，却没有什么新鲜。走在街上好像来到了上海的城隍庙，街道两边密密麻麻全是旅游品商店，有的甚至摆到街上，许多商品不用细看，准是中国制造。

忽然看到有的墙上张贴着照片，大都是壮年男子或妙龄少女，下面还写着什么。我们原以为是寻人启事，可这丢失的人也太多了！？杰克读了下面的文字才知道，原来这些都是讣告。按当地的习惯，人去世后，家里人就将讣告到处张贴，告知亲朋好友这不幸的消息，通知葬礼举行的时间。可为什么他们这么年轻就去世了呢？仔细一看，大多都享年七八十岁，敢情他们的家人都将他们年轻时最好的照片贴了出来，是想给人们留下最美好的印象吧。

威尼斯的房子都是古老的石头房子，有的外表看来已经十分破旧，大概大多在水里泡了几百年。由于河道几乎和街道一样多，许多房子下半部就在水里，这一点又有些像我国江浙一带的一些水乡人家，怪不得看着有似曾相识的感觉。

最热闹的景点是大运河上的里亚托（Rialto）大桥。大桥很宽，被中间搭起的旅游品商店分为两半。桥上挤满了游客，有照相的，有凭栏欣赏来往游船的，当然还有在商店里挑选纪念品的。从大桥往南走，就到了著名的圣马可广场。广场很大，东面是公爵宫（Palazza Ducale），其他三面原是市政府的办公楼，现在全已成为画廊、商店和餐厅。正如我们以前在文章中读到的，广场上有许多鸽子，它们一点也不怕人，肆无忌惮地从人手中叼取食物，还会飞到人的头上、肩膀上，反把游客吓得够呛。有许多小摊专门卖喂鸽子的谷物，供游人与鸽子戏耍。广场南面就是大海。海风阵阵，海水特有的咸腥味扑面而来，海鸥在海面上盘旋飞翔。岸边一大排冈多拉在招揽生意。海面只比广场低一两米，据说每到海潮特别高的时候，圣马可广场就一片汪洋。水患历来是威尼斯的大威胁，历史上威尼斯已经有很多次被淹过。我们游览时却是阳光明媚，坐在广场边的海岸上，任海风尽情地吹拂，感到特别凉爽和惬意。等到我们回到北京不久，就在电视里看到6月初一场大雨，威尼斯再次被淹，圣马可广场完全沉入水中，据说还有人员伤亡。我们十分庆幸早去了几天。

广场在市区的最南端，我们住的旅馆在最北端。我们沿市区东部边界走了半个城市，也不过半天时间。从广场往回走，却迷了路。在朦胧的夜色中，只见都是相同的小巷、类似的小桥，根本弄不清东南西北。好像迷路的不只我们。在一条一人宽的小胡同里碰到一位女同胞在打手机，说是怎么也找不到要去的地方。杰克用他仅会的几句意大利语向当地人打听，才知道方向完全搞错了。于是，我们摆正方向，认定沿着运河边走，才终于找到了旅馆。可见方向比路线还重要。一个下午我默默数着，一共走过了30座桥。真不愧是水乡桥乡！

曾经多少次读过描写威尼斯的文章，无不满口赞美之词。因此印象中的威尼斯应该是浪漫而优雅的。也许是期望太高的缘故，实地游览以后却有点失望。除了水和桥，以及依水傍桥的古老建筑外，并无突出的地方。凡是去过周庄、乌镇的人们，都会感到威尼斯十分面熟：狭窄的街道，阴沉的小巷，破旧的（当然还是很有特色的）房屋；星罗棋布的河道，污浊的河水；只有黑漆的冈多拉可与乌篷船媲美。尤其是大批的游客把各个著名景点挤得水泄不通、人声嘈杂，连艄公的情歌都淹没在人声中。过多的旅游品商店充斥各条街道，商业气息过于浓厚，使这座原本的确是充满诗情画意的小城多了几分轻浮和俗气。这和维也纳形成了鲜明的对比。我很不情愿地冒天下之大不韪写下这几句话，也是为威尼斯失去了往日的风采而惋惜。

醉人的湖光山色

以往多次到欧洲都是出公差，虽跑了不少地方，但大多是大城市，而且每次日程都很紧，没有时间游览。这次来度假，就想多看看欧洲各个不同的方面。女儿女婿了解我们的心思，精心安排了这次出游，使我们不但参观了一些没有去过但闻名已久的历史名城，更饱览了欧洲的自然景观和乡土风情。阿尔卑斯山我已另篇描述，这里来谈谈欧洲的五个湖。

我们到的第一个湖是萨尔茨堡附近的沃尔夫冈（Wolfgang）湖。湖相当大，夹在山间，我们开车一小时多才绕湖半圈到达对面的沃尔夫冈小镇。小镇几乎完全是为旅游者服务的，有不计其数的餐馆、咖啡馆、饭店、旅游品商店，还有许多公寓式旅馆。说起公寓式旅馆，这次我们在欧洲各处都见到很多，在夏莫尼还住过三天，而在国内好像还没有听说过。所谓公寓式旅馆，顾名思义，就如同租用普通的公寓，游客（往往是一家人或多个亲朋好友一起）租用一套公寓，一般要住上几天或更长时间。公寓里提供一切生活用品，但没有饮食服务，也没有人打扫房间，一切都是自己动手。这种房间由于不用许多人管理，比旅馆便宜得多，而且可以自己做饭洗衣，在各种自然风景旅游点尤其流行。许多公寓旅馆都是私人拥有的，建筑和当地人自己的家庭住宅没有什么区别。沃尔夫冈小镇上的公寓旅馆就是奥地利典型的房屋样式：房子很大，一般为三到四层，而长度还要大于高度。宽大的房顶，总体基本为木质结构，梁柱都由粗大的整木搭成，楼梯、地板、窗户及每层的大阳台也都是木头的，墙壁则是由砖或石头砌成。所有显露在外的木头都漆成黑色或深棕色，与雪白的墙壁形成鲜明的对比，远远望去，十分朴素大方。每家阳台的栏杆上都满满地摆了一溜鲜花，有大红的、雪白的、藕荷色的，把整座楼点缀得生气勃勃。镇里各处也布满了鲜花，表现出当地人对生活的热爱和对远方来客的盛情。小镇依山而建，道路高低起伏，建筑错落有致。我们从高处一路下坡向湖边走去，中间经过一个教堂，其中供奉着圣者沃尔夫冈。原来小镇就是以他的名字命名的，后来我们又见到了他的塑像。湖边全部被餐馆占领了，中间夹杂着游船码头。湖水清澈，有很多鱼在游动。湖边看不到什么景色，只有回到山腰，才看到湖的大概面貌。可惜那天天气不好，阴沉沉的，湖上好像笼罩着一层清纱，隐隐看到有船在移动。对面青山倒映在宁静的湖水之中，一幅典型的淡墨山水国画。虽未领略到其真正的美丽，也可想见夏天一定是避暑的好地方。

离开沃尔夫冈湖不远，我们的车开上了旁边的山间小路，一会儿就进入了森林。向上开了很远，杰克将车停在一块林间空地上。我们跟随他走进森林，眼前豁然开朗，另一片湖面出现在面前！这个湖很小，像一个大池塘，位于密林之间。湖水平静如镜，清澈见底。我们如见仙境，急忙走到跟前，却被栅篱拦住。湖边一块牌子上写道：湖面属私人财产，其他人不得入内。不过夏天它向游人开放，人们可以租小船游览。旁边一座别墅，并不见有人居住，想来是主人度假用的。周围安静极了，只偶尔有鸟儿的鸣叫，正应了"蝉噪林愈静，鸟鸣山更幽"之句。远处的水面上鱼儿在浮萍间嬉戏。一只小鸟飞到湖中的朽木上梳理着羽毛。这一切是那么恬然和谐，使人心旷神怡。我们不禁想象会不会有一群仙女降临到此沐浴嬉戏。

在从维也纳到威尼斯的途中，我们在克拉根福市附近的小山村（Emmoersdorf）留宿。当天到达后，我们驱车到克拉根福市里，打算在那里吃晚餐。该市的执政官是赫赫有名的奥地利极右派领袖海德，三年前他在全国大选中赢得了27%的选票，震惊了全世界。各国都对此十分忧虑，恐怕纳粹势力抬头。但奥地利人却很坦然：这是民主选举，他取得这么多选票自有他的道理。主要是政府处理移民问题不当，造成犯罪率和失业率上升，他的主张得到一部分人的拥护。但是由于他过于极端，现在已经失去了许多支持。可是其他许多国家，如法国和荷兰却正在重演这一幕，原因也是一模一样。不谈政治了，我们进到市里，只见全城空空荡荡，街上行人罕见，只偶尔见到几位老人，店铺也都关着门。那天是星期六，一般店铺只开门半天。可是为什么连行人都很少呢？我们受不了这冷清的气氛，决定开车到市外不远的湖（ther Lake）去。这第三个湖不太大，为一长条，是有名的旅游胜地。我们到了这里，才明白原来城里的人都到这里来了。虽未到旅游旺季，这里却已游客如云。有老年夫妇结伴而行，有年轻夫妇肩扛手推着幼儿，有青年伴侣牵着宠物。此时仍以本地人为多，但到夏天，德国和荷兰来的游客就会多起来。老天爷又一次照顾我们，刚刚还是阴雨绵绵，到了湖边，已是晴空万里。虽然已经晚上七点多钟，仍是阳光普照。忽然一阵马达轰鸣，一艘汽艇飞驰而至，从下船的游客脸上可以看出他们玩得多么开心。远处几艘小帆船在湖上漂荡，另有一艘汽艇牵引着一位滑水者在湖面上穿行，滑水板将平静的湖面划出道道白色的波纹。湖边还停了许多汽艇、游艇和手划的小船，看得出夏天这里是水上运动的乐园。靠湖边有一座露天平台，上面摆有很多音响和灯光设备，一看就知道是演出台。旁边牌子上写着水上音乐会的时间，可惜我们来得不凑巧，没能欣赏到演出。湖周围一样有许多旅馆和公寓向游人出租。有几个大旅馆还在湖边有专门的位置，他们摆上了阳伞躺椅，真不亚于海滨沙滩。此时绝大多数的人们还是在湖边漫步，或是坐在长椅上欣赏湖景。湖上成群的水鸟在盘旋飞翔，野鸭在自在地游动，还有一些围绕在长椅周围捡拾游人残留的食物，甚至就在人们腿边挤来挤去，丝毫也不畏惧。我们决定找餐馆吃饭。餐馆鳞次栉比，但室内都空无一人，所有的顾客都坐在湖边搭起的各式各样的大棚内，有的大棚甚至延伸出水面。我们进了一个大棚，棚内凉风习习，湖光山色，尽收眼中。我们的临桌是一对姐妹与她们的丈夫和孩子，他们有说有笑，边吃边聊，有时还有朋友加入，比我们先来，我们走时他们还兴致正浓。另外一桌是一对年轻人，牵着一条大耳朵的大狗。它显然有些饿了，看到食物上桌就摇头摆尾地向主人企求，主人总是拍拍它的脑袋让它趴下。我们真怕它会跳到桌上争食。老伴最怕狗，恐怕它窜到我们桌来，眼睛一眨不眨地盯着它。但它却一直在主人的安抚下乖乖地趴在桌下，直到最后主人才给它一点剩下的食物。看来这种宠物也很有趣。我们酒足饭饱，又饱览了湖景，直到夜幕降临，十一点钟才往回走。本想此地离我们住的地方不远，很快就能到达，不料由于天黑路疏，拐错了弯，竟然迷了路，来回兜了几大圈，正不知所措时突然发现了指向我们所住小村的路标。此时已过了午夜。

第四个湖就是著名的嘎达湖（Garda Lake），位于意大利维罗纳西部不远，也是著名的旅游点。它的面积很大，是南北向的一长条。我们到时正值正午，烈日当空，气温在30℃以上。我们找了一处餐馆吃饭，吃完再想要咖啡时却被告知下班了。原来南欧国家如意大利和西班牙由于天气炎热，中午都有午睡习惯。从一点半到三点半，各处一片寂静，别指望办什么事情。我们真希望收钱的也下班算了。从餐馆出来，我们沿湖边散步，树荫下仍十分凉爽。不远有一个码头，走过去看看有没有游船可坐。原来这里不仅有游船，还有轮渡，一日中有固定班次开往湖边不同的地点。游船有环湖一日游，途中在各个景点停靠。可那要一大早来才行。看了半天没有合适的班次，只得作罢。却见几艘小帆船驶入港湾，是从法国和德国来的。嘎达湖与前几个湖不同，湖水并不平静，时有些风浪，更适合帆船运动。我们开车沿湖西岸向北，来到一个小镇（Salo）。这里以墨索里尼的夏季别墅而闻名。到实地一看，不由感叹这些王公贵族享乐的眼光。这里的港湾很长，停满了游艇。有的是私人的，甚至很久没有动用，已经锈迹斑斑；有的有统一编号，称为水上出租，不时有游客与船长在讨价还价。这里也是轮渡的一站，一艘中型渡轮带来了不少游客。湖边许多天鹅、野鸭在悠闲地游荡。有的野鸭在久弃不用的帆船上做巢，一群小鸭正呱呱待哺。岸边全是酒吧和咖啡馆，人们坐在阳伞下分享着阳光和湖光秀色。中间一个广场上有第一次世界大战纪念墙及塑像，这里曾是当时鏖战的战场。湖边不远有几座小山，山上遍布树木，郁郁葱葱。墨索里尼的别墅就在山上，在高处俯瞰全景，一定是尽享山水之乐的了。可惜他并不甘寂寞，偏要和希特勒一道发动战争，打破了这宁静的世界，自己也落得身败名裂。

我们所到的最后一个湖更是鼎鼎大名：日内瓦湖。它位于法国和瑞士的交界，是世界名湖之一。湖的形状像月牙，在法国一边可清楚地看到对岸的瑞士。我们企图效仿过阿尔卑斯山隧道时以荷兰车蒙混过关到日内瓦城里逛逛，却被认真的瑞士边防警察拦住，耐心地告诉我们申根签证不适用于瑞士，客气地让我们返回。我们只好在法国这一边的湖边游览。湖中都不见有任何边防检查，如果我们驾船或甚至游泳过去，不是照样可以到达瑞士吗？日内瓦湖是帆船运动的天堂，湖面上已有许多五彩的船帆在漂荡，岸边的港湾内满满的都是大大小小的帆船。我们到了小镇依云（Evian），这里以盛产矿泉水而闻名。以其命名的矿泉水遍销全球，也是最早进入中国市场的矿泉水之一。也许正值周末，这里如过节般热闹，码头上飘扬着欧洲各国国旗，停车场停满了各国车辆。我们在码头上站了很久，眺望广阔的湖面，沐浴着阳光，轻风拂面，只觉得心旷神怡。这时只见一辆接一辆的货车开到一个广场。原来这里要举行热气球表演，怪不得这么多人。日内瓦湖并没有特别与众不同的景色，但由于水上运动发达，旅游业也很兴旺。沿岸有许多很有特色的小镇，当然是法国风格的。真想到对面去看看那边的小镇与这边有什么不同。

这五个湖有大有小，有动有静，周围的自然和人文景色都各有不同，但无不让人心驰神往，流连忘返。我们一次又一次沉醉在迷人的湖光山色中了，却"但愿长醉不复醒"。

古老的维罗纳

　　5月20日我们到意大利北部重镇维罗纳游览。维罗纳是一个古城，在罗马时期已经建立了，现在有许多名胜古迹。最著名的是罗马时期的露天竞技场遗址，名叫圆形竞技场（Arena），建在维罗纳罗马城墙的外面。据推算这个露天竞技场建于公元1世纪初，公元3世纪时，高卢人皇帝又把它扩建。它是罗马第二大的和最重要的竞技场。场呈椭圆形，四五层楼那样高，最上层长456英尺①，宽360英尺；底部长243英尺，宽144英尺。整个竞技场由混凝土和碎石筑成，面上砌着砖和从维罗纳周围山上采来的花岗岩石块，颜色的对比非常引人注目。竞技场是供各种比赛和重大的活动使用的，但是1913年开始实际上成为著名的歌剧院。每年在这里举行多场歌剧，歌剧《阿依达》就是这里最有名的传统节目。据说要到这里来听歌剧，需要提前两年订票。我们参观的时候，剧场内正在紧张地布置着，可能不久要有演出。

　　站在这古罗马剧场遗址前，我们不仅想象着当年罗马帝国在这里举行典礼的壮观场面，也慨叹2000多年前的劳动人民的伟大的创造，为后世留下了宝贵的文化遗产。

　　另一个著名的遗址是罗马狮子门。维罗纳在公元前1世纪就是古罗

---

① 1英尺=0.3048米。

马重要的中心。考古挖掘出来的狮子门就是古罗马城的一部分，建于公元1世纪中期，它由拱门和两侧的圆柱组成。现在只剩下它的基座，过去的雄伟依稀可见。这个遗址正好在一条街道的中间，在路面下约2米，周围用栏杆围着，供游人随便参观。可惜没有英文说明，看不懂更多的内容。欧洲国家所有古迹都没有外国的文字说明，这恐怕也是欧洲强烈的民族主义的一种表现。

城市图书馆也是著名的遗址。这个图书馆建于1792年，是意大利很重要的图书馆之一，实际上是保存古文献的档案馆。藏有50万册图书、1 209册善本书籍（1500年以前的书）和3 700多份手抄本；还有许多古老的文件、彩色的手抄本、2 000多册版画和图画、3万册手稿。许多善本都非常稀有和珍贵。

我们非常喜欢这个古老城市。虽然游客也很多，但它不像威尼斯那样充满商业气息，而更多的是浓郁的文化气氛。可惜我们时间仓促，不能更多地去品味它。

维罗纳不仅有丰富的人文景观，还以附近的嘎达湖（Garda Lake）的自然景观而出名。这在前面我们已经谈到了。

朝圣博洛尼亚

5月21日我们来到博洛尼亚。它以创建第一所中世纪大学博洛尼亚大学闻名于世界教育界。按一般史料所载，博洛尼亚大学始建于1067年，1158年经夫累得克一世（Frederick Barbarossa）的敕命，成为正式的大学，以研究罗马法著称。著名的法学家欧内乌斯（Irnevius）曾在这里讲授《民法大全》；宗教法学家格雷先（Gretian）在此编辑了《教会法汇编》。但是1988年9月欧洲各大学曾经在这里庆祝该校成立900周年，创建日期是如何计算的，就不得而知了。当时欧洲300多所大学校长、著名教授和学者会聚在这里，世界各国著名大学都派代表去祝贺，时任我国北京大学副校长王义遒曾出席了那次庆典。庆典期间还发表了《欧洲大学宪章》宣言，对20世纪末的高等教育改革提出了许多有价值的意见。据悉，三年前它又提出了改革的新举措，把本科阶段独立出来。这里要说明一下，欧洲的大学大多不分本科和硕士阶段，所以一般都不设学士学位和硕士学位。博洛尼亚大学三年前提出的改革，对欧洲各大学产生了很大影响，荷兰、比利时等国的大学都在酝酿这种改革。也由此可见，博洛尼亚这所古老的大学至今还不断焕发着青春。

这所大学坐落在博洛尼亚城中心东北的萨帕尼街（Via Zamboni）上，没有统一的校门，一座座学院分布在街道的两旁，街道边上、学院的门口摆满了各种兜卖纪念品的小摊。拿现代大学校园的标准来看有点不像大学。我们首先走进法学院，那是三层楼房的四合院，院子里三三两两地聚集着许多年轻人，有的拿着书，有的拿着笔记本，上面用彩色笔画得花花绿绿。杰克和他们交谈，得知原来是法律系二年级的学生，正在等待考试。教育系在旁边另一座楼房里，进门就是一条长廊，门口柜台里坐着一位女士，像是传达室或问讯室，但我们进去却无人阻拦。廊上墙壁上有如布告栏，贴满了课程表和各种通知。楼上就是教室和研究室了。楼梯很古老，树立着罗马式人物雕像。旁边一座楼是信息系，格局基本相同。大致都建在十七八世纪。主楼在街道的南面，建于16世纪，现在主要做图书馆用。楼里廊上树立着在这所学校任过教的著名教授和学者的胸像，但丁的胸像就立在图书馆的门口。

作为一名高等教育工作者，讲到高等教育发展史，总要讲到这所世界上最早的具有近代意义的大学，到这里来参观，心里不免有点"朝圣"的感觉。

从这所大学就可以看出，博洛尼亚也是意大利的一座古老的城市。城市的建筑也很有特点，街道两旁的楼宇都有廊檐，有点像我国广州的街道，但要比广州街道的廊檐宏伟得多。廊檐很宽、很高，顶部呈拱形，配着廊边的大柱，有点像教堂的拱顶，大概是哥特式的建筑，远远望去非常壮观。

我们还参观了那里的圣彼得洛尼奥（S.Petronio）大教堂，建于十四五世纪。离大教堂不远是一座建于12世纪的双塔。双塔呈正方形，有五六米见方，上下一般粗，有如两个石柱矗立在去博洛尼亚大学的街口。双塔并不是一般高，高的一座高97.2米，矮的一座只有它的一半，47米，而且已经倾斜。可惜地方太狭窄，无法把这个双塔照下来。中世纪时期的建筑在这个城市比比皆是，无法一一记录了。

下午我们在回威尼斯的路上又到了意大利北部另一个古城帕多瓦（Padova），参观了迄今为止我们看到过的最大的教堂。教堂中除了中心大礼拜堂以外，两边还有无数个小礼拜堂，有如现在会议大厅中套有许多小会议厅。祭台后面保存着安东尼奥皇帝（St.Antonio）的牙颌，左边中间一间存放着他的石棺。许多善男信女在那里献上鲜花，手扶石棺祈祷着。

帕多瓦有一个大广场，呈圆形，约有足球场大小，四周小溪围绕，有几座小桥通向街道。小溪的两岸树立着大约36对人物雕像，共72尊（也许还要多一些，数了几遍数不过来），非常壮观。

从大广场出来进入闹市区，已是傍晚8点钟，进入另一个小广场，那里聚集着上千人，旁边还有警车。我们以为有什么重要集会，一打听，说不是什么集会，而是天天如此，大家到这里来消闲、交流，多数是大学生，手里拿着饮料，三三两两在交谈着。

访问布鲁塞尔和鲁汶

5月29日，鲁汶理工学院和鲁汶师范学院的校长韩德华（Johan DeGraeve）约我去比利时访问，派了校长助理黎伟来接我们。我们首先游览了布鲁塞尔。他们特地安排我们参观比利时的议会大厦。为了让我们了解比利时议会在国家事务中的作用，他们特意让我们观看了比利时议会的组织结构及其职能的录像。然后引导我们参观了众议院和参议院会议厅。两个厅设在大楼的东西两头，众议院按党派分成各自的席位，参议院则按荷兰语和法语两个不同地区安排席位。中间是各种小会议厅、图书资料室。厅内装饰庄严华丽，特别是参议院大厅，座椅都是红色金边，一派贵族景象。墙上有各种历史油画和名人画像，走廊里也有各种名人塑像。议会大厦是可以供人参观的，而且可以旁听各种会议。今天法律小组正在开会，我们去旁听了约五分钟。荷兰语和法语都是官方语言，所以有些议员戴着耳机。我想，其实他们都能听懂，但为了保持自己的立场，所以宁愿脖子上挂个译意风。

从议会大厦出来就到了市政广场。那里有市政大楼、教堂和各种古老的建筑，大多有几百年的历史。各座建筑物上都有许多雕塑，都是一座座艺术品。可惜来不及详细欣赏和了解雕像的故事。这种市政广场也是市的中心广场，在欧洲城市是普遍的，但布鲁塞尔的要大一些，且更有气派，各种建筑物上的雕塑更精美。欧洲城市还有一大特点，除了公园和林荫大道外，广场和街道很少有树木，布鲁塞尔的广场也是这样。广场上游客如织，当然也有许多中国同胞。广场旁边有不少饭店和咖啡馆，供游人边用餐边赏景。我们也在旁边的饭店吃了当地的特色菜肴。与众不同的是，这里不是一道一道上菜，而是用一条木块托着三碗菜一齐上来，有红烧牛肉、猪肉丸子和一碗鸡汤，面包是另加的。这种吃法在别处确未经历过。

饭后参观了小于连雕像，就是那个撒尿的小孩。传说是在西班牙入侵时他撒尿浇灭了炸药的导火索，使布鲁塞尔免于毁灭，人民为了纪念他，在一条小巷的十字路口一边塑了这个雕像，现在成了游客必到的景点，商店里摆满了雕像的复制品，成了布鲁塞尔的标志性旅游商品。

下午驱车到鲁汶。鲁汶是一个小城市，但很古老，曾经和布鲁塞尔争首都未果，发展当然就不及布鲁塞尔了。我们参观了市政大楼。这是一座很有特色的古典建筑，整个大楼似乎是被雕像包围起来的，除了门和窗户外，全部由雕塑建成，简直是一座雕塑艺术品。大楼里面有各种议事厅，墙上挂满反映这个城市历史的油画和名人画像。向导用英文滔滔不绝地向我们介绍，可惜她的英语太蹩脚，再加上我的英语水平不高，所以没有听懂多少。

大楼对面是圣彼得教堂，也与其他教堂不同。一般教堂内都比较昏暗，因为窗户较小，窗户的玻璃都由各种颜色的画像镶成。但这个教堂却很明亮，玻璃上没有什么画像。

广场一端有一个小小喷泉，由一座雕像组成。雕像是一个青年人，左手托着一本书，正在聚精会神地读着，右手拿着啤酒杯，举过了头，不断地向脑袋中灌啤酒。寓意是双关的，一方面象征着读书会不断增加人的智慧；另一方面比利时以生产啤酒而出名，喷泉也象征着啤酒有益于智慧。鲁汶理工学院校长韩德华送给我的纪念品就是这个喷泉的复制品。

离广场不远就是著名的老鲁汶天主教大学。老鲁汶天主教大学建于1425年，由教皇马尔丹创办，是欧洲较古老的大学之一。法国大革命时期被取缔。1834年重建，本来以荷兰语和法语为教学语言。1968年因荷兰语区和法语区在文化方面的分治，发生语言冲突，部分学生占领学校，酿成动乱，导致当时执政的天主教社会党和自由进步党联合政府辞职。1970年正式分成荷兰语和法语两所独立大学。我们参观的是老鲁汶大学，即荷兰语鲁汶大学。古老的主楼好像已弃之不用，大厅中空荡荡的，成了招生处。另一幢楼是学生宿舍，楼很古老，但院子里的雕塑却是现代派的。

最后我们来到鲁汶理工学院。这是一所私立大学。教学楼是新建的，设计得很别致，中间是空心圆形大厅，楼梯是坡形的，围着圆形大厅螺旋上升，一层楼是一个年级，达到顶层就该毕业了，同时也象征着学问的步步高升。校长给自己取了一个中国名字叫韩德华（Johan De Graeve），正在我们北京师范大学攻读教育管理学博士学位。他向我们介绍了他做的论文研究，他要用新的理念来改造工程教育，称之为3E教育，即教育（Education）、工程（Engineeing）、进取（Enterprise）。确有新意!

上帝创造了世界，荷兰人创造了荷兰

　　这是我们在欧洲的最后一天了。我们从比利时的根特出发一路向北，目的地是荷兰的阿姆斯特丹。杰克选择的是沿海的路线。根特以北约二十千米就进入荷兰境内，再向西北开了一段，我们便来到了渡口。一艘巨型渡轮已经停在码头，岸边汽车、卡车以及摩托车、自行车和行人分别有秩序地排好队准备上船。绿灯一亮，运货卡车先开到轮船底层，接着客车、小卧车开到中层中间部位，同时摩托车、自行车和行人进入中层两侧。舱内面积很大，足足容下了近百辆汽车。车就位之后，大家纷纷下车，从旁边的舷梯上到上层甲板。这时船已经开动，尽管开得十分平稳，仍能感觉到海浪在船下涌动，偌大的渡轮被轻轻地托起又放下。那天晴空万里，缕缕白云使蓝天显得更加纯净，远处海天交接的地方，几乎看不出分别。海鸥在我们四周盘旋鸣叫。站在这船头的甲板上，观赏着无边无际的大海，顿时觉得心胸开阔，神清气爽。甲板上海风阵阵，吹乱了众人的头发，让人感到一丝凉意。但谁也不在意，个个兴奋地指点着，谈论着，合影留念。对面开来的渡轮与我们擦肩而过，两船互相鸣笛致意，船上的人们也都挥手问候。只一刻钟的时间，对面的码头已清晰可见，一排代表荷兰特色的风车像迎接客人似的在微风中转动。人们恋恋不舍地离开甲板，回到车上，靠岸后，又按次序开出船舱。

再次登上陆地，我们便来到了一个小半岛上。其实它只有细细的一条道与大陆相连。这里有举世闻名的防洪大堤。荷兰可能是世界上平均海拔最低的国家，国土面积的三分之一在海平面以下。自古以来，大海是荷兰人赖以生存的资源宝库，也是无数灾难的罪魁祸首。为了生存，荷兰人在不断地与大海周旋斗争中磨炼了百折不挠的意志，也发展了他们的聪明才智，凭借科学的力量，掌握了一套世界上领先的治海技术。1953年的一次灾难性洪水，淹没了整个半岛，两千多人葬身大海。从那时起，荷兰政府就决心修建一条大堤来保护半岛。工程的初级阶段在洪水之后不久就开始了，但大堤和排水系统的设计工作却远不那么简单。由于这是一项前无古人的工程，没有可供参考的经验，承担设计工作的戴尔夫特大学（Delft University）以及全国的优秀工程师们经过十几年的艰苦工作，终于成功地设计出了独一无二的、可双向调节堤内外水位的水闸装置。大堤经过近四十年的施工，于20世纪90年代才最终完工。之后世界许多地方，包括我国在内，都借鉴了此项技术。直到今天，它仍是世界上最先进的水利工程。行驶在大堤上，只见靠海的一面有一排柱状结构，仔细看去，它们下部是巨型分闸门及抽水设备。杰克解释说，平时水位正常时闸门开放，一旦海水上涨，超过警戒水位，闸门就会关闭，强劲的抽水设备将水从堤内抽到堤外。当时闸门设计初期曾为是固定的还是可以开闭的进行了激烈的讨论，因为如果纯粹出于防洪考虑，固定闸门已经可以达到目的，而且能够节省大量资金。但最后还是决定不惜花费巨款建设活动闸门，目的是使堤内外水环境相互沟通，使堤内仍处于活水状态，从而保持生态的平衡。

荷兰人与海洋斗争的另一个传奇就是"围海造田"。小时候就知道"精卫填海"的故事，也知道这个成语的意思是精神可嘉，却是白费力气。而荷兰人居然将这梦想变成了现实。荷兰国土面积很小，只相当于中国的1/240，和北京城郊总面积差不多大。从19世纪开始，他们就开始向海洋要土地，经过百年的"愚公移山"式的不懈努力，在北部填出了一大片良田，现在已成为重要的农业基地。怪不得荷兰人有这么一个自豪的说法，"上帝创造了世界，荷兰人创造了荷兰"。

到杰克妈妈家做客

到荷兰的第二天我们就去杰克的老家看望他的老母亲。他家位于荷兰东南部林堡省（Limburg）的一个名叫马斯布雷（Maasbree）的小村庄。说是小村庄，却不像我们中国农村家家户户挨在一起，而是一家一户分散在大片农田和树林之间。这也难怪，那里的农业都是规模经营，每一户都至少有几十甚至上百公顷的土地。杰克母亲家夹在一大片田野之间，一排平房一边住着他母亲和他未结婚的两个弟弟，另一边住着另一个弟弟一家七口。杰克的母亲告诉我们，这片房子还是她丈夫的祖父于20世纪初盖的，算来有近100年的历史了，她丈夫就出生在这里。当然，后来经过多次改建尤其是第二次世界大战后随着生活水平的不断提高，房内用具及装饰几经更新，才成了现在这个样子。杰克说他小时候（20世纪50年代）家里还使用原始的石头烤炉，烧煤和劈柴，家里总是尘土满地。六七十年代后才逐步用上了现代化的厨具，如煤气炉、电烤箱、煮咖啡机、烤面包机，现在又有了微波炉、洗碗机等。

杰克妈妈今年80岁了，满头银发无一根杂色，且闪闪发亮，一看就是一位慈祥善良的老人。她除了有些血糖高和腿脚不太方便外，还十分健康。去年她还动手术换了一个髋关节，居然很快就能下地走动，而且比以前利落了很多。她虽然行动不便，家务事却一点也没放下。除打扫卫生、做饭、洗衣外，满院的花花草草、蔬菜瓜果，都是她亲自栽种。

看着门前山坡上绿草茵茵，几十种鲜花争奇斗艳，草莓扁豆长势喜人，水塘中鱼儿在睡莲间游动，真不敢相信这是出自一位80岁老人之手。据她自己说，养花种草是她的嗜好，只要还能动，就怎么也放不下。杰克妈妈还是编织的高手，家里的桌布杯垫、枕套挂帘，无不出自她的手。看那些作品中的花鸟鱼虫，栩栩如生，有些是模仿世界名画或是耶稣像，真可称得上艺术品。现在她年纪大了，眼睛不大好，日用品就不再编织了，可她凭着娴熟的技术，只靠手感，仍坚持编织小孩衣服、帽子、围巾等，全部捐献给非洲的儿童。这种精神真是值得敬佩！

我们去看她，她十分兴奋。一到就热情地请我们喝茶、吃点心。之后坚持要陪我们出去散步。她推着一辆助步小车，在我女儿的搀扶下，带我们沿门前的小路绕了一圈。这里的景色真是太美了！不光有农田，还有大片树林、池塘，有的旁边还有牌子说明，可供骑车人和散步人游览，看得出都是受到精心保护的。在这里我们又闻到了久违的泥土芳香，听到了各种各样的小鸟清脆的鸣叫声，使得我们这些平日生活在钢筋水泥之间的人们，竟然不禁有一丝感动。

杰克妈妈在此住了一辈子，村里所有的人她几乎都认识，每一寸土地她都熟悉。村里原来都是农民，杰克爸爸就曾经营蔬菜大田和温室。作为家里的长子，杰克自然是父亲寄予厚望的祖业继承人，他在十七八岁上农校毕业后已经完全可以在农活和买卖经营上独当一面。但杰克却有他自己的理想，他放弃了家里的一切，独自到阿姆斯特丹打工，挣钱供自己上大学，直到博士毕业，后来又到公司工作，并仍在大学兼任物理学教授。他的大弟弟也没有兴趣继承家业，父亲年事已高，失望之下，卖掉了全部农业经营用具，退休在家，并于几年前去世。杰克的二弟却又部分重操父业，除自己正式的工作外，在自家的土地上种一些应季蔬菜出售。

我们去的时候正是芦笋上市的季节，林堡的白芦笋在世界上都是有名的。我们在国内很少见到白芦笋，其实它与我们熟悉的绿芦笋是一样的，只是在其生长初期，用麻布将它盖住，不让它照到阳光，于是就成了白色。这同韭菜和韭黄的道理是一样的。白芦笋是西餐中应季的上品，一年中只有4月24日至6月24日才有收获。但并不昂贵，人人都吃得起。我们也在餐馆里吃过，它本身没有十分特别的味道，需要浇上特别的奶油汁。我们由于吃不惯西餐的奶油，因此并不觉得有什么好吃。而许多欧洲人都对它非常热爱，据说每到这个季节，林堡人凡是到海牙政府机关办事的，都要带上两千克芦笋作为见面礼，看来这里也是有"礼"好办事。杰克的二弟就种了许多芦笋。

杰克妈妈家房后有一个小山坡，坡的阳面铺着草坪，周围种着各种花卉。坡上面种着李子、樱桃、苹果等多种果树，以及覆盆子、醋栗等野果。果子成熟时女儿就会在这里自己动手采摘，是绝对的绿色食品，而且据她说味道比任何市场上买的都好得多。除了吃鲜果外，余下的都由杰克妈妈做果酱。

我们临走前一天又第二次来到这里，在女儿陪同下在周围走了一大圈。尤其是在树林中散步，让人感到无比惬意。那天烈日当空，树林中要凉快得多，但湿度明显增加。我们踏着地面厚厚的枯枝败叶，软软得如同踩在地毯上一般。阳光从不同层次的密密的树叶间透过，在地上留下斑驳的影子。树林里空气清新，是真正的天然负氧离子。树木和泥土的芳香，更是我们久违的大自然的味道。一小时之前我们还在繁华的城市，此时我们却好像进入了原始森林，真有些世外桃源的感觉。树林里没有方向和距离的感觉，出来后居然不知身在何处，只见四周都是草地、田野、树林、农舍，一匹小马在篱笆那边自由自在地游荡，看见我们却向着我们走来。可哪里是杰克妈妈的家呢？好在我们认定大方向没有错，继续走了很远，才又看清了道路。远远望见杰克妈妈的房子，位于草地花丛之中，简直就是郊区别墅。羡慕是当然的，可要我们老两口住在这里却也不可能。这里离最近的商店、餐馆、银行等服务设施都有好几千米，没有车什么事也办不了。

这次我们去时，他们自己种的草莓已经成熟，一粒粒鲜红鲜红，十分诱人。我们边摘边吃，大饱了口福。

告别时，杰克妈妈将她自己编织的洁白的桌布和自己制作的果酱送给我们，这真是最最珍贵的礼物。

欧洲的基督教文化

　　这次欧洲之行虽然时间不长，但却深深感受到欧洲文化与中国文化之大不同。首先感觉到的是宗教文化。这次我们走了十几个城市和乡村，教堂之多，出乎我的意料。而且无论城市或乡村，都是以教堂为中心。中心广场上显要的位置就是教堂。每隔一刻钟，教堂的钟声就会响起来，尤其在礼拜日早晨，各个教堂的钟声齐鸣，似乎在召唤着教民们快快到教堂做礼拜。

　　基督教的教义是认为人从始祖就有罪，叫原罪，只有信仰上帝和他的儿子耶稣基督才能赎罪。欧洲人绝大多数都信奉基督教。教会曾经势力很大，中世纪的时候国王都要受教皇的加冕，才能得到正式承认。直到16世纪宗教改革，教会的势力才衰落下来。因此，欧洲的基督教是干预政治的，所以教堂总是处于城市的中心。教堂的建筑也是最雄伟壮丽的。现在，教堂不仅是信徒做礼拜的地方，而且已经成为旅游者必到的景点。我们每到一个城市也总要到教堂里去参观，主要参观里面的雕塑和油画。许多教堂都是在中世纪建造的，雕塑和油画都有悠久的历史，雕的画的都是《圣经》中的故事。有的教堂非常华丽雄大，如维也纳的圣彼得大教堂，还有帕多瓦的大教堂；有的以雕塑的装饰为主，有的以油画为主，各有特色，很有欣赏价值。参观教堂有如参观中世纪的艺术馆。

中国的佛教寺庙或道教的道馆，除少数如雍和宫外，很少有壁画等艺术品。几座大殿，几尊菩萨，千篇一律。佛教、道教都不参与政事，而且劝人出世，所以寺庙、道馆都是建在深山老林之中，和尚、道士过着清净的生活。

　　欧洲人的信仰宗教也和中国人不一样。欧洲人对宗教是一种信仰，而且有严密的组织、各种派别。而中国人对宗教却是功利主义的，把它作为工具，有困难了，想发财了，才去求财拜佛，平时是不大理睬的。别看着庙里香火旺盛，真正虔诚的信徒是很少的。欧洲人信教很专一，只能认定一派，或天主教，或东正教，或新教，并且排斥对方。中国人大多不信教，信奉多种神仙，信佛教的也可能信道教；原来人间被人们崇敬的人死了就成神仙，也会被世人供奉膜拜，如关公之类。大致总有点迷信色彩。

欧洲人的休闲文化

　　欧洲城里最多的是酒吧、咖啡馆，广场、大街小巷，无处不有。特别是夏天，这些酒吧、咖啡馆的桌子都放到路边上。恐怕也不光是夏天，冬天也有在户外的。我在马斯特里赫特的广场酒吧就发现门外屋檐下装着电热器。广场上更是热闹。一般广场的一边全是酒吧和咖啡馆，因此，广场似乎就成了它们的天下，一清早店员就把桌椅摆好，遮阳伞插上。于是，广场上红红绿绿一大片，煞是好看。

　　说是酒吧、咖啡馆，其实没有什么两样，酒吧也卖咖啡，咖啡馆也可喝酒，有些还可以吃简单的饭菜。每天早晨九点钟开始陆续就有客人坐下来，待到中午时分，几乎就客满了。于是人来人往，络绎不绝，直到午夜。游客可以在遮阳伞底下，要一杯咖啡或一瓶啤酒，一坐两小时。过去我到过法国，看到大街上的酒吧坐满了人，或聊天，或看报，或者简直无所事事地看着街上形形色色的行人，感到很奇怪，自己从未亲身体验过。这次在欧洲旅行，几次坐酒吧，才觉得酒吧确实是休闲的好去处，坐在那里可以什么事情都不想，完全放松下来。中国人一讲休闲，总是在家里，最多躺在沙发上，看看报纸，看看电视。但在家里，总是会想想这个，做做那个，静不下心来。欧洲人认为休闲，要不就是外出旅游，要不就去泡酒吧，在家里总不能把心情安定下来。他们的泡酒吧与中国人的坐茶馆很相似，但在酒吧里是没有戏可看，也不能打牌的。

欧洲人对于休假十分重视。他们有一种价值观，认为工作和休息是同等重要的。工作是我对社会的责任，休息是我个人的权利。许多欧洲人认为平时辛勤劳动挣了钱，就是为了去旅游度假。据说发生过这样一件事，某校一个系主任和中国某大校谈判合作交流，秘书为他写好了方案，他却把它锁在抽屉里自己休假去了，对方来催方案，秘书找不到，只好重做一份。这当然是个别的例子，一般欧洲人对工作还是很认真的，这只是说明休假对欧洲人来说是神圣不可侵犯的权利。所以欧洲人看起来没有美国人那么紧张。前几年我在西班牙，特别感到西班牙人的松散气氛：九点钟还不上班，中午要午休，但一到晚上，似乎大家的劲头都起来了，往往午夜才开始吃晚餐，直到凌晨两三点钟才结束。所以有人曾批评这是欧洲所以落后于美国的原因。

欧洲人假期也多，除了公共假日外，每年都有多天的假期，什么时候休假可以自己定。这次我们到欧洲旅行，杰克和女儿就是利用他们的假期陪我们的。一般休假都选择在夏天。因为欧洲阴雨天气较多，所以他们喜欢在夏天到南方阳光地带如意大利、西班牙等海边去晒太阳。

欧洲人的饮食文化

　　过去总以为吃在中国，中国饮食文化历史悠久，丰富多彩，而且全世界都有中国餐馆，说明中餐已得到广泛认可。这次到欧洲才知道欧洲的饮食文化也很丰富，但与中国很不相同。

　　中国菜有所谓四大或八大菜系，其菜的调味和做法大相径庭。欧洲各国的菜式也是这样，各有各的特色。西欧和北欧国家如英国、荷兰、德国、瑞典、丹麦等国家的传统主食物非常简单，以畜肉为主，少数禽蛋，加上土豆、面包、黄油，就覆盖了80%的食谱。近几年虽然逐渐接受了一些世界其他国家的风味，可总的来说仍然十分保守。它们大多为沿海国家，可打捞上来的海产品大都供出口，自己很少消费，至于一些不常见的动物及动物的内脏等根本就不敢问津。而南欧国家如西班牙、意大利、希腊等国家食品内容就丰富得多，不光有大量海产品，其他肉类和内脏也多有利用。如法国的蜗牛和鹅肝就是名菜。另外，北欧国家的食物大多粗犷豪放，法餐精工细作，意大利餐简单却美味，他们的比萨饼和通心粉则是典型代表，世界闻名。中西餐的差别主要在调味和烹饪方法上：西餐多用黄油、奶油，味道肥腻厚重，中餐则多用植物油，比较清淡爽口；西餐多采用煎、炸、烤，中餐则丰富得多，尤其是蒸、炒等快速烹饪的方法是西餐很少见的。但我认为，作为饮食文化，中西餐的差别主要表现在用餐的形式上。

在欧洲用餐可以到咖啡馆或餐馆。前者是小吃店和快餐店的结合，较大众化，价格也较低，服务员大多为学生等临时工，用餐气氛随意，但有些味道并不差，是一般家庭出来吃饭的首选。餐馆则正式得多，厨师和服务员大多受过专门训练，用餐气氛相对高雅讲究，价格自然不菲，用餐者多为请客或特殊日子的聚餐。要区别这二者有一非常简单的方法：桌上铺着纸制桌布和小块纸垫，使用餐巾纸的为咖啡馆，铺正式桌布和使用餐巾的为餐馆。欧洲的餐馆似乎是"酒香不怕巷子深"，许多讲究的餐馆都开在十分偏僻的地方，有的甚至在荒郊野外。欧洲人开车几十千米去吃一顿饭是极其平常的事情。这些餐馆一般都不大，但装饰布置都很讲究，有自己的特色。不少是利用古老的建筑，如城堡、酒窖、农舍，甚至仓库等，别有一番情调。有许多没落的贵族家庭仍想保有祖上的房产，就以开餐馆或旅店的形式以业养业。餐馆大都没有单独包间，有特殊需要就隔出一块地方。客人们谈笑风生，但都轻声细语，以对方听清为度，更没有划拳劝酒之事。所以在大厅里也没有喧闹的感觉。就这一点来看，咖啡馆就又略逊一些。

我们在比利时时，鲁汶理工学院的校长韩德华宴请我们。陪同告诉我们，这是在鲁汶最好的餐馆。我以为是在哪一家大酒店，可是轿车却向乡间开去，在一个僻静小镇的一座普通房舍门口停下。外面不见任何炫人的招牌，只在路边不显眼的小木牌上写着餐馆的名字。进到屋内，原来是一家家庭餐馆，摆着四五张桌子，一个老板娘，一个小伙计。我们猜想，小伙计可能是她的儿子。老板娘亲自做菜，有时也出来问问饭菜是否可口，客人还有什么需要，小伙计则负责招待。陪同告诉我们，这里任何时候都必须早早预订，临时来是没有座位的，每天晚上也就只接待一批客人。这里的菜肴的确可口，量不大而十分精致。

我们临走的前一天，女儿女婿给我们饯行，还特地请了他们的好友普特（Put）夫妇。普特先生经常到中国来，我们也见过多次，算是老朋友了。这次也是在一家比利时的家庭餐馆，位于离马斯特里赫特三四十千米的一个小镇上。餐馆是两层建筑，门前有一条小溪和一个古老的水磨。里面的装饰十分有特色，楼梯地板都是木质的，楼梯扶手上有许多雕花装饰，布艺选择与整个色调十分和谐。二层天花板上还有几面镜子，很有新意，也使空间感觉大了许多。据说这些装饰都是老板亲自设计甚至同工人一起施工的，为此他还扭伤了背部，留下了劳损的病根。老板和老板娘原来都是教师，老板娘是第二代比利时意大利人，家传了一手好厨艺，于是两人就开起了餐馆。老板娘是厨师，老板带领几个伙计负责招待，现在儿子也继承家业，做起了招待，连老板娘的老母亲还帮助做甜点。由于老板的女儿是普特先生儿子的女朋友，又在鲁汶大学学习中文，所以普特夫妇及我女儿女婿都与他们很熟，到这里就像在家里吃饭一样，可以让老板娘做你想吃的东西。上次我来荷兰，也是在这里吃的饭。这次正赶上有一桌几十人聚餐，因此上菜比较慢。直到客人都走了，老板娘换了一身红色的连衣裙出来见我们，陪我们喝酒。只因为我们送了她一点小礼物，临走时她拿出一大盒巧克力和两瓶橄榄油一定让我们收下。

欧洲人非常讲究饮食的礼仪，规矩较多。乱了规矩，就会被认为没有教养。女儿说，欧洲人怎么吃比吃什么更重要。先说喝酒，喝什么酒用什么杯子都有讲究。红白葡萄酒都用半圆锥形的高脚杯，口较小，这样可以保持酒的香气。红酒杯比白酒杯更大一些，因为红酒香气更浓郁，需在杯内留更大空间使酒充分氧化，散发出芳香物质。上酒时服务员会先给点酒的客人杯内倒上一点，同时将瓶上的标签展示给客人；而客人往往先摇动杯子，使酒香散发，接着闻一闻香气是否纯正，然后浅尝一口，同时看标签是否确实是自己点的品牌和年份，表示满意后服务员才开始倒酒。先女士后男士，最后才给点酒的客人倒满。当然，不能随便拒绝，只是有时酒由于瓶塞的质量问题等有变味现象时才能另换一瓶。酒和菜的搭配更是大学问，一般是白肉配白酒，红肉配红酒。白葡萄酒的温度要保持在6～8℃为最佳，红葡萄酒则以室温为宜。威士忌和白兰地只能餐前或餐后饮用，绝无配餐一说。至于中国人喝红酒加话梅，兑雪碧，只有在酒吧喝鸡尾酒时才有，餐桌上是根本见不到的。酒的品种、厂家、产地、年代都十分有讲究，酒客们对此都如数家珍。在欧洲，即便在饮食文化相对丰富的法国、意大利，菜单也只有薄薄的几页，而酒单却有厚厚的一大本，这和国内餐馆正好相反。对酒没有基本了解的人根本无从下手。幸亏杰克是内行，每次我们出去吃饭，他都要根据我们点的菜反复斟酌，选出不同的酒来相配，而且每种酒他都能说出它们的优劣。对我来讲除了上好的或是特别差的，都是差不多的味道。

再说菜。欧洲人吃饭是分餐制，每人一份，比较简单。一般是三道菜：第一道汤或冷菜，第二道主菜，第三道甜点。丰盛一些也有五六道菜的，最多可到七道，每道菜的分量则相应减少，往往是中间加一些小吃之类。每吃完一道再上一道，不像中式把所有菜都端上来，四大碟八大盘，摆得满桌子。菜的品种也较单一，一般只有鱼虾和肉两类，没有专门的蔬菜。意大利则加上通心粉和比萨饼两类。鱼和各种肉类都只吃肉的部分，带骨头的都很少，更不用说中国人所吃的稀奇古怪的东西。每个餐馆都还有自己的套餐，相对便宜一些。餐具虽然都是刀叉，却又有不同。每上一道菜都要换一副，头盘所用的刀叉较小，主菜的刀叉要大一号，喝汤的勺比甜点的勺要大。上菜前餐具就已依次摆好，用餐时从外向里依次使用。吃的时候，如果刀叉分靠在盘子两边，说明还没有吃完；刀叉合并放在盘上，说明用餐完毕，即使盘中还有菜，也表示不再吃了。等全桌的客人都吃完了，服务员就会收走餐具，准备上下一道菜。而每上一道菜，都应等大家的菜都上齐了再一起开始，自顾自地先吃起来是不够礼貌的。有时客人们点的菜不一样多，但上菜的程序却是不变的。那么点菜少的客人在上他没有点的那一道菜时，就只能坐着干等，下一道菜是不会给他提前上来的。吃东西时也有许多讲究。如不论吃什么，绝对不能发出声音。尤其是喝汤，对中国人来讲最困难，特别是很烫的汤。盘子始终要留在桌子上，即使只剩盘底，也不能把盘子端起来喝。吃面包时不能大口咬，而是要掰成小块。其他东西也须用刀切成小块，再用叉子送进嘴里，基本上没有"咬"的吃法。带皮或骨头的东西要在盘中去掉皮或骨头后再吃，因为从嘴里吐出东西来是不合礼仪的。怪不得他们很少吃带骨的鱼，吃葡萄也经常不吐皮，有时连核也咽进肚里。相反，他们用手倒没有什么顾忌，有时用手抓了鸡腿或剥了虾皮，手指上蘸了酱汁，还要放进嘴里舔一舔，看着像小孩一样，十分有趣。

欧洲由于劳动力很贵，因此餐馆里的服务员很少。一个服务员要负责好几张桌子，往往照顾不周，客人要招呼半天才能叫住他。要是在国内，客人早就发火了，这里却是习以为常。总的来说，这里的服务员没有国内感觉亲切，虽礼貌却有些僵硬。有些高级餐馆的服务员甚至"店高压客"，似乎认为客人到他们那里吃饭应该感到荣幸。究其原因，还是竞争不够，一到气候宜人的周末几乎处处爆满，不预订是很难有座位的。欧洲人吃饭是一种社交活动，目的主要是会友谈天，吃什么却并不重要。餐馆上菜时也照顾到这一点，速度放得很慢，两道菜之间相隔一小时是十分正常的。这之间客人们就只是喝酒交谈，这是中国人吃西餐时最不习惯的一点。饭后往往还要喝咖啡，有时一直到深夜，服务员从来也不会来催促。直到客人招呼要求付账时，账单才会送上来。如我们最后一次饯行宴会，从七点到餐馆喝餐前酒，近八点开始上菜，一直到午夜一点钟才离开。这和美国都有不同，在美国服务员在客人用过甜点后，会立即送上账单，似有送客之意。在餐桌的礼仪方面，美国要比欧洲简陋得多。

从欧洲人的请客吃饭，可看出与中国饮食文化的不同：中国人着重在"吃"上，内容上飞禽走兽，山珍海味，无奇不有，烹饪上煎炒烹炸，无所不全，虽然自古以来也有成套的礼仪，真正平时用到的并不多；欧洲人着重在形式上、社交上。请客吃饭主要是与亲朋好友聚会的场合，是休闲文化的一部分。平时他们工作时吃得极为简单，尤其是荷兰人，中午就只是面包夹奶酪和一杯冷牛奶，很少有热食，连法国和意大利人都称之为"牢房食品"。餐桌礼仪对他们来说是文明礼貌的一部分。中国人由于不了解西方人的饮食习惯，在国外常常会闹出笑话来。因此我认为国人在出国之前，最好先了解一下西餐礼仪，这样会更加赢得别人的尊敬，也可展示我们礼仪之邦尊重别国习俗的大国风范。

图书在版编目(CIP)数据

顾明远文集/顾明远著. —北京：北京师范大学出版社，
2018.10
ISBN 978-7-303-23976-4

Ⅰ．①顾… Ⅱ．①顾… Ⅲ．①教育理论－理论研究－中国－现
代－文集 Ⅳ．①G52－53

中国版本图书馆CIP数据核字（2018）第176353号

营 销 中 心 电 话　010-58805072 58807651
北师大出版社高等教育与学术著作分社　http://xueda.bnup.com

GUMINGYUAN WENJI

出版发行：北京师范大学出版社 www.bnup.com
　　　　　北京市海淀区新街口外大街 19 号
　　　　　邮政编码：100875
印　　刷：北京盛通印刷股份有限公司
经　　销：全国新华书店
开　　本：710mm×1000mm　1/16
印　　张：35.5
字　　数：456 千字
版　　次：2018 年 10 月第 1 版
印　　次：2018 年 10 月第 1 次印刷
定　　价：1980.00 元（全 12 册）

策划编辑：陈红艳　　　　　　责任编辑：齐　琳
美术编辑：李向昕　　　　　　装帧设计：王齐云　李向昕
责任校对：段立超　陈　民　　责任印制：马　洁